世界のオーケストラ(3)

日本、オセアニア、中東、アフリカ、アジア全域 編

上地 隆裕 著

目　　次

1. シドニー交響楽団

(SYDNEY SYMPHONY ORCHESTRA)

　かつて、白豪主義の国、といわれたオーストラリアの最大都市シドニーで、オーケストラ・コンサートが始められたのは 1889 年である。

　同年ロベルト・ハゾン指揮の下、57 人の演奏家が集まり、ハゾン・アマチュア管弦楽協会を創設。1891 年から数年間、不定期的ではあるがコンサートを行っていた。

　また 1908 年には、イギリス人指揮者アルンデル・オーチャードが組織した楽員数 65 人からなるオーケストラが、1 シーズン 5 〜 6 回の定期公演を組んで、意欲的な活動を展開している。そして同団は、名称を「シドニー交響楽団」と名乗り、当時の国際的演奏サーキットの中心都市ロンドンに比肩する、高水準の演奏実現を目指した。

　ところがその後、同団の試みは次第に萎んで行く。原因は、お定まりの財政基盤の不安定さが齎す資金難、加えてアマチュア楽団特有の組織力の脆弱さなどによる長期的活動が不可能となったこと、であった。

　結局市民の間の、常設アンサンブルの登場に対する期待は高かったものの、シドニーがそれを実現するまでには、あと 10 年の歳月を必要としなければならなかった。

　そしてその 10 年後の 1917 年、シドニーにプロフェッショナル・アンサンブル創設の礎を築く人物が登場する。ベルギー人指揮者のアンリ・バーブルゲン（フェアブリュッヘン）である。

　当時から著名なヴァイオリニスト兼合唱指揮者（グラスゴー合唱連盟）として活躍していたバーブルゲンは、1916 年シドニー音楽院創設責任者に任じられて渡豪。翌年早くもプロフェッショナルを主体とした 70 人編成のオーケストラを創設する。

　更にその翌年バーブルゲンの楽団は、サウス・ウエールズ (SW) 州政府の助成を確保。楽団名称を「サウス・ウエールズ州立響 (SWSO)」と改め、1 シーズン 25 公演を提供する一方、ニュージーランドでの公演をも実施した。

　ところが 1922 年になると SW 州政府は同団への援助を打ち切った。そのため SWSO はたちまち資金難で解散に追い込まれ、バーブルゲンもシドニーでの全ポジションを辞任。渡米してミネソタ管の MD（音楽監督）を引き受けることになった。

　そのバーブルゲンの後任としてシドニー音楽院院長に招かれたのは、前出のアンデル・オーチャードである。彼は前任者同様、音楽院の教授スタッフと当院学生を主体にプロ・アンサンブルを創設。それから 10 シーズンに渡り、1 シーズン平均 8 回の定期公演を実施する。

　かくてオーチャードの創設した楽団が、それから 1932 年までの間、シドニー楽壇

を牽引する役目を担うことになった。

　そんな状況下でシドニー楽界を再編、強化したのが、オーストラリア国営放送＝(ABC=Australian Broadcasting Corporation) である。

　1932 年 ABC はオーストラリア放送局（Australian Broadcasting Company）傘下の全ラジオ局（カバー区域はオーストラリア全域）を引き継ぎ、それと併行して専属演奏家、およびその管理中枢も移籍させた。

　同ネットワークの一つシドニー局では、15 人編成の器楽アンサンブルが引き継がれ、同団体が現在のシドニー響（以下 SSO）の前身となる。そのアンサンブルを率いたのは地元オーストラリア出身のヴァイオリニスト兼指揮者バーナード・ハインツ。彼は以後スケール・アップを遂げて行く SSO の初代音楽顧問となった。

　ABC はラジオ局を吸収した後、音楽監督の更なる整備強化策が打ち出す。大型編成のオーケストラ（ABC 管弦楽団＝ ABCO）創設が検討されたのもその一環である。中心となったのは、既出の音楽顧問 B・ハインツ、ABC 初代 MD のウィリアム・ジェームス、総支配人チャールス・モーゼス、そして理事長のウィリアム・J・クリアリーだった。

　彼らは早速 15 人の楽員を 24 人に増員、1934 年にはイギリスからハミルトン・ハーティ卿を客演指揮者として招き、SBCO のオープニング・コンサートを行う。同公演は大成功を収め、ABC 理事会は 1936 年度シーズンを期して予約定期公演シリーズの実施を決定する。最初の客演者には超大物歌手エツィオ・ピンツァが招かれ、地元アーティストも加わって着々スケール・アップを実現して行く。

　アンサンブルの管理運営を順調に進める ABC は、翌 1937 年既設のシドニー響〈1908 年既出の A・オーチャードや G・プラマーらが創設したアンサンブル〉から「シドニー」の名称を購入することを決める。総支配人モーゼスを交渉役に立て、G・プラマーからその名称を購入、以後 ABCO は正式に「シドニー交響楽団＝ SSO」を名乗ることとなった。

　大組織の傘下の下で財政基盤も各段に強化された SSO。しかしその一方で演奏水準は国際級には程遠く、市民の知名度も初期の頃は極めて低かった。その原因は第二次世界大戦にあった。

　SSO が創設されたのは大戦の直前ではなく、戦争突入後のことである。そのため同団は国際級のゲスト・アーティストを定期公演に招くことが出来ず、更に主力楽員の大半を兵役にとられたため、その空席をアマチュアの女性楽員で埋めねばならなかった。その結果、アンサンブルのレヴェル・ダウンは著しく、そんな事態が組織全体の士気の低下に繋がって行くのは当然である。

　草創期にはそのように演奏水準の整備強化面で苦慮したが、一方では楽団支援団体の組織作りも相次いだ。特に注目されたのは、サブスクライバー・コミティ（予約定期公演会員委員会＝現 SSO 友の会）の活躍である。ゴードン知事夫人を中心とする同団体は積極的に会員を募り、初動シーズンから僅かの期間で約 5 百人の会員を獲得。

SSO 最大の後援会となった。

　しかも同団体の活躍はその後も続き、定期会員数を 1940 年度シーズンまでには何と、1700 人にまで増やしている。

　草創期における演奏面での低調さは仕方がなかったものの、組織力の強化面では順調な発展を見せた SSO。向上への歩みは遅々としたものだったが、支援者たちの活躍が楽員のモラルを高めていたのは間違いなかった。

　また戦時下でプロ奏者を確保することが困難だったにもかかわらず、多数のアマチュアを含む楽員数の変遷にも、「アンサンブルの火を絶やさず、しかし同時に向上をも図ろうとする、楽団管理中枢の抱く意欲の強さ」を認めることが出来る。創設時 24 人だった楽員数は、1936 年までに 45 人、1946 年までには 72 人へと増員され続けていた。

　さらにそのような戦中戦後の低迷期に、数は極少だったとはいえ、以下のような巨匠達（G・セル、O・クレンペラー、T・ビーチャム、A・ドラティ、ユージン・オーマンディなど）をポディアムに招いたのも、理事会の飽くなき「企業努力」のなせる業であった。

　低迷期における同団の積極果敢な英断はまさしく、戦後の「SSO 新時代」創造への布石といえた。

　そして戦後。SSO は早速組織改編に乗り出す。戦争直後は戦地から帰還した楽員を順次補強しながらのスタートとなったが、演奏水準の急上昇には繋がらず、あくまでも組織維持への努力が中心課題である。

　しかしそれでも 1946 年には、オーストラリア政府が主導し、それに米国戦時情報部が協力する形で、「自国の文化政策復興強化」事業が本格化。演奏芸術面での強化策の一つとして、指揮者の E・オーマンディが招かれ、SSO 公演の指揮とオーストラリア楽壇の情勢分析が依頼された。

　オーマンディは手兵フィラデルフィア管を鍛えた手腕で SSO をアップ・グレード。楽員に強烈な印象を与え、加えてオーストラリア主要都市に常設楽団の設立を勧める内容の報告書を提出し、それを受けて同国楽壇関係者は早速各都市で楽団の創設作業に着手する。

　戦争でダメージを受けた SSO もそれを機会に、フル編成の常設楽団を目指して再々度組織編成を始める運びとなって行く。

　そこで中心的役割を果たしたのが、SSO の総支配人モーゼスである。彼は当初から SSO を欧米並みの盤石な組織に再編成する構想を立て、シドニー市議会とニュー・サウス・ウエールズ州政府に援助を要請。その結果、見事に助成金を獲得し、加えて厳格なオーディションを行い、82 人の楽員を確保した。

　SSO はその後、名実共にオーストラリアの看板オーケストラとしての道を歩み出すことになる。そしてそれを実現する立役者となったのは、以下の歴代音楽監督たちであった。

1. バーナード・ハインツ（1934 〜 1943：音楽顧問、1943 〜 1946：音楽監督）
2. ユージン・グーセンス（1947 〜 1956）
   ＊客演指揮者の時代（1956 〜 1957）
3. ニコライ・マルコ（1957 〜 1961）
   ＊客演指揮者の時代（1961 〜 1964）
4. ディーン・ディクソン（1964 〜 1967）
   ＊客演指揮者の時代（1967 〜 1969）
5. モーシェ・アツモン〈1969 〜 1971〉
   ＊客演指揮者の時代（1971 〜 1973）
6. ウィレム・ヴァン・オッテルロー（1973 〜 1978）
   ＊客演指揮者の時代（1978 〜 1979）
7. ルイ・フレモー（1979 〜 1981）
   ＊客演指揮者の時代（1981 〜 1982）
8. チャールズ・マッケラス（1982 〜 1985 ＝元ＳＳＯオーボエ奏者で、同団初のオーストラリア人ＭＤとなった。）
9. ズデネク・マカール（＝マーツァル）（1985 〜 1987）
10. スチュアート・チャレンダー（1987 〜 1992）
11. エド・デ＝ワールト（1992 〜 2003）
    ＊客演指揮者の時代（2003 〜 2004）
12. ジャンルイジ・ジェルメッティ（2004 〜 2008）
    ＊客演指揮者の時代（2008 〜 2009）
13. ウラディーミル・アシュケナージ（2009 〜 2013）
    ＊客演指揮者の時代（2013 〜 2014）
14. デヴィット・ロバートソン（2014 〜 2019）
（＊ 2017 年 7 月の理事会発表によれば、ロバートソンは 2019 年の在任契約終了後、同団 MD を降板する予定。そしてその 2 年後の 2019 年 12 月、同理事会はロバートソンの後任にシモーネ・ヤング（同団史上初の女性指揮者となる）が決まったことを公表した。

　初代ハインツとのシーズンは組織を維持するのに精一杯で、アンサンブルを高水準に引き上げ、かつ維持する余裕はなかった。

　そのためＳＳＯが、オーストラリア楽壇の中核体として国際的な演奏サーキットに登場するのは、二代目のグーセンス体制下に入ってからである。

　1946 年度のシーズンは、いわばＳＳＯにとって有益な音楽監督を見極めるため、ゲスト指揮者を特に多く招聘することに力点が置かれた。その中からグーセンスが選ばれたわけだが、その選択はまさに大当たり。彼はオーケストラのみならず聴衆及び評論家の双方から絶賛を浴び、新生ＳＳＯの草創期を充実させるのに最適な人材となった。

グーセンスはＭＤ業務と併行して、ＳＳＯが買収したシドニー音楽院の院長職をも兼務。たちまち同市楽壇の主役として、在任中辣腕を揮う。（なおグーセンス以後、ＳＳＯのＭＤが、同院の校長を兼務する形が固定されることになった。）

　「ＳＳＯを世界のＢＥＳＴ６にランク・インされる楽団にします」

　というのがグーセンスのＳＳＯＭＤ就任の弁だが、その宣言通り彼は前職シンシナティ響で見せた圧倒的なリーダーシップを発揮。厳格かつ猛烈極まる訓練を課して、同団の水準を一気に引き上げたのである。

　グーセンスが思いっきりアンサンブルの革命、向上に取り組んだ理由の一つは、破格の好待遇で迎えられた（当時のオーストラリア首相の給料が５千ポンドであるのに対し、グーセンスのそれは８千ポンドだったという）ことだと言われている。

　加えて楽員の音楽に対する取り組み方も、他では見られないほどの熱心なものであった。そのため指揮者とオーケストラが一体となり、アンサンブルの充実度は驚異的に上昇したのである。

　更にそのような理想的な展開がシドニー市民に歓迎され、支援体制が爆発的に強化されるという結果に繋がった。そして 1951 年には何と、定期公演の予約会員数が１万５千 531 人にまで急増する。

　しかもグーセンスは勢いを緩めず、ＳＳＯと自らの構築した成果を問うべく、1953年には世界へ向けて初録音（ＥＭＩ）を実現。結果は大成功となり、ここで世界の聴衆は早くも、オセアニアのビッグ・バンドに熱い視線を向け始めたのだった。

　その思いがけない躍進に自信をつけ、誇りを抱いたのがＳＳＯ管理中枢である。勢いを更に増幅させるため、ＳＳＯの常設定期公演会場を建設する案が浮上した。同案が後に世界の聴衆を驚かせることになる「西半球最大の複合文化施設＝シドニー・オペラ・ハウス」の建設計画（開場は 1973 年＝座席数 2,679 席）であった。

　グーセンスの尽力で躍進を続けるＳＳＯ、そしてそれを支える新会場建設計画。誰が見ても同団の前途は洋々としていた。が、そこに予想もしなかった悲劇がやって来る。何と成功の立役者グーセンスが、今度は大失態を演じてしまったのだ。

　彼は 1956 年、シドニー空港で輸入ポルノ本の持ち込みを摘発され、マスコミにその件を暴露されたのである。その結果、グーセンスはＳＳＯのＭＤを解任されてしまい、同団は急遽後任のリクルートを始めねばならなくなった。

　ＳＳＯは全組織を挙げてグーセンスの後任探しに努めた。が、彼の穴埋めは困難を極め、３代目のマルコから 10 代目のチャレンダー（彼はエイズを発症し、それが因で悲劇的な死を遂げた）まで、大半が短命に終わる在任、かつ皮相な実績しか築けなかった。

　その中で注目される結果を残した人を敢えて挙げるとすれば、ディクソンとオッテルローの二人だけである。オッテルローは初のヨーロッパ楽旅を実現したこと、ディクソンはアンサンブルの精度を高めた事、の二点が注目される。が、いずれも若くし

て世を去り（オッテルローの場合は自動車事故死）、ＳＳＯとの絆をグーセンスのように満足の行く形で深化する、ことは出来なかった。

　組織力、支援体制、アンサンブルの緊密度等、いずれの面でも抜群の潜在力を持ちながら、SSO はデ・ワールト体制に入るまでついに、世界最高水準の演奏力を発揮できるまでには至らなかった。

　その原因は、歴代 MD の在任期間が２〜５シーズンという短いものだったこと、に他ならない。ゆえにデ・ワール体制は SSO にとって、いわば成功へと繋がって行く分岐点であった、と言うことが出来る。

　デ・ワールトは、同団との初来日公演の際に行った筆者とのインタビューで、「SSOの可能性は、今発見された巨大な金鉱のようなものであり、いくら掘っても掘り尽くせない豊かな埋蔵量を持つ存在であることを感じさせます。」と述べていた。

　それから今日に至るまでに、ジェルメッティ、アシュケナージ、そして現在のロバートソンと、三人の MD が君臨したが、いずれも他にヒケをとらない成功を収めてきた。

　特に注目されるのは、アシュケナージ・ロバートソン体制で固まった録音、および国内外楽旅プロジェクトの充実ぶりである。そして今はそれにロバートソン体制下で整備された「北米スタイル」の楽団運営方式が加わり、組織力が一段と高まった。

　ロバートソンは就任当時下降気味だった前職のセントルイス響（SLSO）を建て直すことに成功し、その実績を引っ提げて SSO を引き受けた。着任後は SLSO での経験がいかんなく発揮され、お陰で SSO は一気に勢いを増し、今ではシーズンを重ねるごとに、グローバル・スケールで「LEADING ORCHESTRA」の地位を窺える実力、を蓄えてきた。

　今後の注目点は、彼の後任（シモーネ・ヤング）がそれを如何に継続し、更に伸ばして行くか、である。（完）

＊推薦ディスク
　1.「ロミオとジュリエット」（プロコフィエフ）（全曲）：V・アシュケナージ指揮
　2.「ピアノ協奏曲第３番、第５番」（プロコフィエフ）：(Pf) A・ガヴリリュク、V・アシュケナージ指揮
　3.組曲「キージェ中尉」、「三つのオレンジへの恋」、「みにくいアヒルの子」（プロコフィエフ）：V・アシュケナージ指揮
　4.「チェロ協奏曲ほか」（ウォルトン）：(Cl) P・ウィスペルウエイ、J・テイト指揮
　5.「春の祭典」「火の鳥」「ペトルーシュカ」（ストラヴィンスキー）：D・ロバートソン指揮

2. メルボルン交響楽団
(THE MELBOURNE SYMPHONY ORCHESTRA)

　オーストラリアのメルボルンは、都市圏人口約 410 万人（市域人口約 435 万人＝
2013 年度調査）を抱える、同国第二の大都市である。同国の看板板都市はあらゆる
面でシドニーだが、同市が近代的で多忙であるのに対し、メルボルンは歴史的建造物
や文化が残り、落ち着いて住みやすい印象（エコノミスト誌の調査で、二度（2002,
2004）に渡り、「世界で最も暮らしやすい街」に選出された）を与える。

　メルボルンの本格的な沿革史は、1835 年の 4 月～ 10 月、居住地を拓くため別々に
冒険を繰り広げていた二人の英国人開拓者＝ジョン・バットマンとジョン・パスコ・
フォークナー＝による初上陸争い論争（既に探検した土地を互いに分配し終えていた
ため、「どの移民団が最初の上陸者か」を論争しないことに同意した）の決着〈1835
年 10 月 16 日〉によって始まった。

　互いに移民団を引き連れた二人は同じ土地に住み、1836 年の人口は合わせて 177 人。
それから 1 年後の 1837 年 3 月、同地は幾多の仮の呼び名を経て、（当時の英国首相メ
ルバーン卿にちなみ、「MELBOURNE」＝メルボルン）と名付けられた。

　同地はオーストラリア大陸の南東部に位置し、現在は同大陸の最南部に位置する州
都（ビクトリア州）である。各国から多くの移民、難民を受け入れており、人口の約
74％がアングロ・サクソン系、約 19％がその他のヨーロッパ系、そして約 5％がアジ
ア系となっている。（ギリシャとキプロスを除き、世界で最多のギリシャ系人種居住国
としても有名で、世界最高クラスの生活水準・環境および治安の良さは、移民先とし
て世界屈指の人気を誇る）

　そんな人気都市メルボルンでオーケストラの胎動が見られたのは 1850 年代、ビク
トリア州中央部で金が発見され、ゴールド・ラッシュが始まる時期であった。

　当時コンサート活動の主役となったのは、イギリス人作曲家兼指揮者のチャールズ・
ホースリー。音楽文化の中心ロンドンではなく、遠いオーストラリアのメルボルンを
自らの音楽活動の本拠と決め、金山労働者やその他の入植者を対象に意欲的かつ積極
的な演奏活動を展開した。

　更にメルボルンでは EXPO（国際博覧会＝ 1880 ～ 81）時に全豪から 121 人の楽
員を集め、特別編成のオーケストラを組織して多数の公演を提供、市民の音楽熱を煽っ
た。その後も国際移住百周年記念祭〈1888 ～ 89〉に際し、80 人の楽員を集め（主力
奏者の 15 人は、ロンドンから招かれた）て同様の楽団を組織し、合計 244 公演（指
揮を執ったのは、同じく英国人指揮者のフレデリック・コウエン卿）を提供するなど、
音楽愛好家に大きな刺激を与えている。

　ところがそのコウエン卿が率いた記念オーケストラは、ビクトリア州政府の資金援

助を受けていたものの、5000 ポンドの給料を楽員に払うなどの無理がたたり、結局短命に終わった。

　常設化を期待されたコウエンの楽団が中途で不発に終わった後、メルボルン楽壇のアンサンブル部門は、元のアマチュア主体で不定期に公演を実施するだけの形に戻った。

　一方、コウエン卿の楽団で中心的役割を果たしたロンドン出身楽員の中には、記念行事終了後もメルボルンに留まり、永住を決める者もいた。彼らはイギリス人オルガニスト＝ハミルトン・クラークの求めに応じ、ヴィクトリア・ナショナル管弦楽団 (VNO) の創設にも参加したが、お定まりの資金不足でこれまた閉鎖を余儀なくされる。

　その後メルボルンでは、G・W・L・マーシャル・ホール（イギリス人作曲家兼指揮者）が 1892 年度から定期シリーズを開始、オーケストラ運動の先頭に立つ。彼はメルボルン大学に音楽学部を創設し、その教授、学生を主体に、一般の演奏家を加えたオーケストラ（メルボルン大学音楽学部オーケストラ＝ UMCO）を組織〈1982 年〉する一方、もう一つの手兵（アマチュア主体の楽団）でも指揮を執っていた。

　ところが 1910 年、そのようなホールの積極的活動に対し、演奏家組合からの抗議が相次ぐようになり、ホールのもう一つのオーケストラは解散に追い込まれてしまう。

　それでもホールは諦めず、残った UMCO と関わりながら、市内で活動する他のオーケストラと競合する形で演奏活動を展開した。

　そのホール＝ UMCO の活躍を他所に、常設化への努力を終始続けていたのは、地元出身のヴァイオリニスト兼指揮者アルバート・ゼルマン。彼は 1906 年アマチュア主体のアンサンブル＝メルボルン交響楽団（MSO）を創設（ちなみに現在の MSO は、同団を同団の前身であると規定している）。ホールの UMCO やその他の楽団と互いに競い合いながら、各々独自のコンサート・シリーズを提供し、ファン層の拡大に務めていた。

　ところがホールは、手兵の一つを解散に追い込まれてからはすっかりヤル気を失くし、暫くの間は UMCO や市内の他のアンサンブルと関わっていたが、2 年後の 1912 年にはついに帰国してしまう。

　ホールの帰国後、UMCO を受け継いだのはスコットランド出身のオルガニスト＝フランクリン・ピーターソン。更に 1924 年には地元出身のヴァイオリニスト＝バーナード・ハインツへとリレーされる。

　一方、ゼルマンの率いるアマチュア団体 MSO は、1927 年ゼルマンが他界するとフリッツ・ハート（イギリス人指揮者兼作曲家）に引き継がれた。

　そのため 1920 年代後半のメルボルン楽壇は、これら二つのオーケストラ（UMCO と MSO）の活動である程度活性化されていたと言えるが、依然として「市民の期待する常設楽団の創設」までは至らなかった。

　しかしこの頃になると、腕達者な楽員の確保にはある程度展望が開け、オーケストラを支える市民の数、そしてその意識の高まりも目立ってきた。残るは、「誰が常設楽

団創設へ向けての舵取り役を担うか」という問題を解決するだけである。

　ところがその答えが出るまでに、長い時間はかからなかった。1932年、地元の実業家シドニー・マイヤーがMSOの累積赤字の穴埋めをして、同団のパトロンとなったのだ。

　続いてメルボルン大学が無料定期演奏会を創始、それへ向けてよりグレードの高いアンサンブルを起用する旨発表した。

　当時地元でグレードの高いアンサンブルを組織するとなれば、UMCOとMSOを合体することが近道であり、市民もそうなることを望んだ。かくて両者は合体し、名称をMSOとすることに決定。ハインツとハートの二人が指揮を分担することになった。

　更に幸運は続き、同年オーストラリア放送協会（ABC）が発足。同会は他の都市同様メルボルンでも、専属のオーケストラ創設の構想を打ち出した。同構想は将来的にはフル編成のアンサンブルに繋げていく考えで始まった。

　その初期段階としてまず放送録音用に15人の楽員が正式採用された。いずれも将来楽団の中核体になることを目された人々である。
一方、ABCとの連携が始動し、将来的には同組織の傘下に入って管理運営面での不安が解消される可能性を得たとはいえ、当時のMSOは依然として自主管理団体扱いだった。

　演奏の模様がラジオで紹介され楽員の士気が一気に高まったのはいいが、問題はやはり楽員の身分保障、日常生活の安定確保である。

　その二つの不安要素を取り除くため、演奏活動とは別に大きな功績を残したのは、1934年のシーズンから指揮を執ることになったアイルランド人指揮者＝ハミルトン・ハーティ卿だった。

　ハーティは着任間もなくから、MSO楽員全体の身分安定を目指し、ABCの管理中枢と折衝を重ねる。彼の主張点は特に、正式採用の楽員の数を増やすこと、それにはオーストラリアの各主要都市に、オーケストラを創設すること、であった。
その結果ABC側は、従来の正楽員15人を1936年度には35人に増員し、1940年度にはMSOの管理権を全て取得した。かくて同団は名実ともに、大組織の傘下に入ることとなった。

　それから後も引き続きMSOは、より高い運営安定度を実現して行くものと見られたが、第二次世界大戦の勃発により阻まれてしまう。

　大戦がはじまると、徴兵によって楽員の確保が困難となり、定期公演の存続あるいは聴衆動員も低調を続けた。当然だが戦時中のMSOは、他の楽団同様組織を存続させることだけで精一杯、という状態に陥ったのである。

　そんな否定的状況を抜け出すのは戦後暫く経ってからだ。が、その前に、組織内では変動が起こった。すなわち1950年、まずビクトリア州政府、メルボルン市評議会の双方がMSOに資金援助を確約した。そのためABCはアンサンブルの楽員数を82

人（その大半が MSO のメンバーであったのは言うまでもない）に増やし、一気にフル編成の楽団体制を固める。

　ところがその際には、名称を MSO からビクトリア交響楽団（VSO）へ変更せざるを得なくなった。その点に関しては、資金提供者の発言力が強まるのは仕方のないことである。同団は結局 1965 年のシーズンまで、VSO の名称の下、活動を続けることとなった。

　戦後の混乱をようやく抜け出し、オーケストラの安定度が高まり始めるのは、その 1965 年度シーズンになった頃である。

　市民の間で「メルボルンを本拠とする楽団が、VSO を名乗るのはおかしい」という声が聞こえるようになり、楽団管理者側は即刻それに反応し、名称を元の「MSO」に戻したのだった。

　かくて MSO は体制固めを万全の形に整え、今日的発展へ向かうことになった。そのポディアムに招かれた歴代の指揮者達は以下の通りである。（注）同団の沿革史に従い、初代指揮者を創設者のゼルマンとする。）

　1. アルバート・ゼルマン・Jr（以下：数字は在任期間：1906 〜 1927）

　2. フリッツ・ハート（1927 〜 1932）

　3. フリッツ・ハート、バーナード・ハインツ（共同首席指揮者＝ 1932 〜 1937）

　4. バーナード・ハインツ（1937 〜 1950）

　5. アルチェオ・ガリエラ（1950 〜 1951）
　　＊客演指揮者の時代（1951 〜 1952）

　6. ホアンセ・ホセ・カストロ（1952 〜 1953）

　7. ワルター・ススキンド（1953 〜 1955）
　　＊客演指揮者の時代（1955 〜 1956）

　8. クルト・ヴェス（1956 〜 1959）
　　＊客演指揮者の時代（1959 〜 1961）

　8. ジョージ・ツィビン（1961 〜 1965）
　　＊客演指揮者の時代（1965 〜 1967）

　9. ウィレム・ヴァン・オッテルロー（1967 〜 1970）
　　＊客演指揮者の時代（1970 〜 1971）

　10. フリッツ・リーガー（1971 〜 1972）
　　＊客演指揮者の時代（1972 〜 1974）

　11. 岩城　弘之（1974 〜 1997）
　　＊客演指揮者の時代（1997 〜 1998）

　12. マルクル・ステンツ（1998 〜 2004）
　　＊客演指揮者の時代（2004 〜 2005）

　13. オレグ・ガエタニ（2005 〜 2009）

14. 尾高　忠明（2009〜2012）
    ＊客演指揮者の時代（2012〜2013）
15. サー・アンドリュー・デーヴィス（2013〜2022）
16. ハイメ・マルティーン（2022/23- ）＊

　次に主要な歴代指揮者達の注目すべき足跡を辿ってみよう。特徴的なのは「第二次大戦後に MD を務めた人々は、岩城を除けば、大半が在任１〜５シーズンという短期在任ばかりだという点である。

　そのためアンサンブルの練磨および確立は不十分で、目立った実績作りなど望むべくもない、という状況が続いた。言葉を換えて言えばそれは、大半の MD が「腰かけ的なポジション」と捉えていたからであろう。

　そういう意味で、22 シーズンもの間 MD 業務に打ち込んだ岩城（MSO の MD 在任最長記録保持者）の真剣さは、文句なしに絶賛されてしかるべきだ。彼はまさに MSO 中興の祖であり、その業績は同団の歴史に燦然と輝き続けるに違いない。（なお岩城は MD を辞して後も MSO との密な関係を続け、1989 年には桂冠指揮者の称号を与えられ、2006 年に他界するまでその地位にいた。）

　岩城以外の歴代 MD で注目されるのは、まず初代のゼルマンだ。我が国での知名度は低いものの、彼は当時ロンドン・フィルやベルリン・フィル等に、「オーストラリア人指揮者として」初めて客演を果しており、問題山積だった草創期の MSO でよく楽員を纏め、ひたすら常設楽団の地位をめざしたその意欲は、高く評価されるべきだと思う。

　また何より注目されてよいゼルマンの功績といえば、1923 年ベルタ・ヨルゲンセンをコンサート・ミストレスに抜擢したことだ。ベルタは同団で 50 シーズン務めたが、オーストラリア・プロ楽団で初の女性コン・ミスであり、さらにその勤務年数も世界有数のものであることを忘れてはならない。

　その他の MD では、国際的演奏サーキットの常連と目され、その人脈を活用して名流ソロイストを南半球に招いた面々が注目される。ガリエラ、ススキンド、ヴェス、オッテルロー、シュテンツ、わが岩城に尾高、そして現常任のデーヴィスらである。

　中でもススキンド、オッテルローの二人は群を抜く国際派として名演を展開し、現常任のデーヴィスは今年で就任５シーズン目に入り、脂の乗った練達のバトンでかなりのグレード・アップを実現している。今後彼との在任期間の延長が実現すれば、MSO のアンサンブルはかなりの高水準に達するのではなかろうか。

　そのことを予感される材料は幾つもあるが、最も説得力を持つものは、シーズンを重ねるごとに国内外での巡演を増やしていること（MSO は欧米主要都市、南米や日本を含むアジア諸国などを積極的に巡演してきた）と、録音プロジェクトの充実だ。

　2018 年現在 88 人の常勤楽員を抱え、年間 150 公演を提供するまでに進化を遂げた MSO。今やシドニー響のライヴァルとしての地位を確立し、2008 年には「メルボ

ルン・コラーレ」と名付けられた専属合唱団を附設して、更に勢いを増している。そして 2021 年 6 月 13 日、サー・アンドリュー・デーヴィスの後任人事が発表された。その後任首席指揮者となる人物は、スペイン出身のハイメ・マルティーン（56 歳）である。（完）

＊推薦ディスク

1. 交響曲第 9 番「新世界より」（A・ドヴォルザーク）：尾高忠明・指揮
2. 交響曲第 1 番、第 2 番（C・アイヴス）：サー・アンドリュー・デーヴィス・指揮
3. 交響曲第五番（G・マーラー）：マルクス・シュテンツ・指揮
4. 交響曲全集（A・タンスマン）：オレグ・ガエタニ・指揮
5. 組曲「中国の不思議な役人、弦楽器・打楽器・チェレスタのための音楽、四つの管弦楽曲」（B・バルトーク）：エドワード・ガードナー指揮

3. ニュージーランド交響楽団
(THE NEW ZEALAND SYMPHONY ORCHESTRA)

　ニュージーランド（首都はウェリントン）は人口約 451 万人（2017 年度 7 月の調査による）の多民族国家（ヨーロッパ系 74%、先住民族マオリ人 14.9%、アジア系 11.8%、その他太平洋諸島系、中東系、ラテン系、アフリカ系、＝ 2013 年度の国勢調査による）で、1947 年 11 月 25 日にイギリスから独立した「立憲君主制国家」であり、ニュージーランド王国を構成する最大の島国（二つの主要な島＝北島と南島、そして多数の小島から成る）だ。

　同国最初のオーケストラは、1940 年のニュージーランド建国百周年を祝うため、1939 年 NBS（ナショナル放送サーヴィス）が創設した NBS ストリング・オーケストラ（NBSSO）である。

　同団の指揮を執ったのはモーリス・クレア。第二次世界大戦がなければ、同団がそのまま発展を遂げて常設楽団へと成長して行く筈だった。が、それは叶わぬ夢となる。

　戦争のため、ニュージーランド軍に従軍する楽員が多数出て、オーケストラの編成が不発に終わった、というのがその理由であった。（NBSSO に残ったのは、僅か 12 人の弦楽器奏者だけとなってしまった。）結局 NBSSO は、活動中止に追い込まれる。

　戦争が終わり、楽員が続々復員して来ると、新楽団創設への期待が高まって行く。それを受け、有志たちは早速楽団復活への取り組みを始めた。

　元楽員の再召集が行われ、更に人員不足のパートには新メンバーが補強され、1946 年 10 月 24 日、ついに 59 人編成による新楽団ナショナル・オーケストラ（NO）が

誕生する。

　NO は初代指揮者にアンダーセン・テイラーを選び、翌 1947 年 3 月 7 日ウェリントンのタウン・ホールで、開幕コンサートを行った。待ち焦がれたオーケストラの再結集に市民は歓呼の声を上げ、公演は大成功に終わる。そしてその NO が、現在のニュージーランド交響楽団（NZSO）の前身となるが、同団の今日的発展の礎は以下の歴代指揮者達によって築かれることになった。

　1. アンダーセン・テイラー（1946 ～ 1949 ＝常駐指揮者）
　　＊客演指揮者の時代（1949 ～ 1950）
　2. マイケル・ボウルズ（1950 ～ 1953）
　3. ワーウィック・ブレイスウェイト（1953 ～ 1954 ＝常駐指揮者）
　4. ジェームス・ロバートソン（1954 ～ 1957 ＝常駐指揮者）
　　＊客演指揮者の時代（1957 ～ 1958）
　5. ジョン・ホプキンス（1958 ～ 1963）
　　＊客演指揮者の時代（1963 ～ 1964）
　6. ジョアン・マテウッチ（1964 ～ 1969）
　　＊客演指揮者の時代（1969 ～ 1973）を経て、常駐指揮者制を廃止
　7. ブライアン・プリーストマン（1973 ～ 1976：首席指揮者）：当時の楽団名称は、
　　NEW ZEALAND NATIONAL ORCHESTRA OF WELLINGTON
　　＊客演指揮者の時代（1976 ～ 1977）
　　＊井上道義（1977 ～ 1982 ＝首席客演指揮者）
　　＊客演指揮者の時代（1982 ～ 1984）
　　＊フランツ・パウル・デッカー（1984 ～ 1985 ＝首席客演指揮者）
　　＊客演指揮者の時代（1985 ～ 1987）
　　＊フランツ・パウル・デッカー（1987 ～ 1989 ＝首席客演指揮者）
　　＊客演指揮者の時代（1989 ～ 1990）
　　＊フランツ・パウル・デッカー（1990 ～ 1994 ＝首席指揮者）
　　＊ケネス・ヤング（1993 ～不明）
　8. ジェームス・ジャッド（1999 ～ 2007 ＝音楽監督）
　9. ピエタリ・インキネン（2008 ～ 2015 ＝音楽監督）
　　＊客演指揮者の時代（2015 ～ 2016）
　10. エド・デ・ワールト（2016 ～　　＝音楽監督）

　次に主要歴代首席指揮者及び音楽監督たちの足跡を見ると、まず初代のタイラーはアンサンブルの整備と組織の基盤作りに力を注いだ。特に草創期から国内を隈なく巡演し、楽員のモラリティを向上させ、刺激を与え続けたのは注目すべきである。

　ところがタイラーの頑張りに比べ、ボウルズからロバートソンの時代に関しては特に注目すべき実績は見当たらない。

5代目のホプキンズは、キリ・テ・カナワ等、オセアニア出身の名流歌手の伴奏で知られる人物。来日経験もあり、ディスクもかなりの数を出しているため、NZSO の知名度アップに貢献している。

　ただホプキンス体制下の長さを見ても察しが付くように、NZSO に招かれる指揮者たちは殆どが短期の在任である。これでは落ち着いて独自の音色を仕込むことは出来ない。

　更に当初から「首席指揮者」や「音楽監督」あるいは「芸術監督」などの固定制度を設けず、コンサートの大半を「客演指揮者」（いわば「旅人のような存在」）に任せてきたことが、NZSO のアンサンブルが長い間独自性を築けなかった、もう一つの理由だと思う。

（ちなみにわが井上道義もコンクールを制して間もなく（1946 年生まれの彼が「グィド・カンテルリ国際指揮コンクールの覇者となったのは、1971 年 25 歳の時」である）、NZSO の「首席客演指揮者」に招かれ約 5 シーズン在任したが、あくまでも客演に専念したため「彼独自のカラー」を植え付けることは出来なかった。）

そんな中で、飛び飛びではあるが、1966 年に客演して以来 40 シーズン近くにわたって同団との絆を深めてきたのが、F・P・デッカーだ。

　ドイツはケルン出身のデッカーは、オセアニア州のアンサンブルに君臨した数少ないヨーロッパの「本格の指揮者」であり、更にアメリカやカナダのメジャー楽団で MD を務めた経験豊富な、名流指揮者の一人である。（例えば、ロッテルダム・フィル MD = 1962 ～ 67、モントリオール響 MD=1967 ～ 1975)、バルセロナ響 MD=1985 ～ 1991 など）

　加えてレパートリーも、モーツァルト、ハイドン、ベートーヴェンを筆頭に、R・シュトラウス、ワーグナー、マーラー、ブルックナー等を得意としていたところから、NZSO では楽員、聴衆の双方から大歓迎を受けた。

　また NZSO はそのアンサンブル作りの巧みさに魅了され、聴衆動員の点で好調を維持するのは当然としても、その芸術的遺産には計り知れぬほどの重みがあった。そのため彼が NZSO に長年にわたって刻印した芸術的功績に報いるべく、楽団が桂冠指揮者の称号を贈った（1995）のは当然だと思う。

　さてその偉大なデッカーの後任として「Conductor in Residence ＝常駐指揮者」を務めたのは、NZSO 元楽員（首席チューバ奏者）のケネス・ヤングである。彼は指揮と作曲をこなし、NZSO には重宝な存在だったが、フルタイムの指揮、作曲および録音活動に専念するため、2001 年に退団した。

　ヤングの後任は、英国人の J・ジャッド。彼の登場により、NZSO は初めて音楽監督（MD）のポストを設置。以後それを固定することになった。

　また歴代指揮者が在任期間を長期化し始めるのも、ジャッドの体制からである。彼は 8 シーズン在任し、かなりのスケールとグレード・アップを実現した。具体的には

まずレパートリーを一気に拡大したことだ。

　新たに英米作曲家中心のプログラム（コープランド、バーンスタイン、ガーシュイン、V・ウィリアムス等）を積極的に導入、彼らの新旧作品を紹介し、オセアニアンの支持を得たのである。

　加えて精力的に NZSO を外へ連れ出し（例えば 2000 年度にはシドニー五輪会場へ、2003 年度にはアックランド市で行われた国際芸術祭、および大阪フェスティバルへ、更にはミレニアム記念公演へ「キリ・テ・カナワ」を帯同したり、その他ロンドンのBBC・PROMS、アムステルダムのコンセルトヘボウ等＝マーラーの交響曲第 9 番＝いずれも 2005 年度＝で演奏させるなど）、世界のコンサートサーキットに乗せる努力を続けた。

　その偉大かつ巨大な功績に対し、NZSO はジャッドに名誉指揮者の称号を贈っている。

　更にジャッドは退任後も積極的に同団の後押しを続け、後任のピエタリ・インキネンを補佐しながら、NZSO を側面から盛り立てた。

　今や世界指揮界の時代を担う有力候補の一人となったインキネン。1980 年 4 月 29 日フィンランド生まれの彼は、わずか 28 歳で NZSO のポストを引き受けたわけだが、同団へは期待通り新旧の「北欧プログラム」を紹介、ファンを喜ばせた。

　特に J・シベリウスと E・ラウターヴァーラの作品録音は世界の注目を集め、その実力を一気に世界に認めさせる原動力となった。そのため世界の各都市から客演のオファーが舞い込み、特に日本からのもの（新日本フィル＝首席客演指揮者）を受諾した後は、彼の争奪戦が更に加熱した。

　オペラにも既に大気の片鱗を見せていたインキネンは、メルボルンの歌劇場で「リング・サイクル」を成功（2013 年）させるなど、着々キャリアを積み上げ、ついにNZSO のポディアムだけでは飽き足らない存在となっていく。

　インキネンがプラハ響の首席指揮者招請を受け入れて NZSO を去ると、後任に就いたのは超ベテランのデ・ワールト。

　サンフランシスコ響の MD を皮切りに、欧米の主要アンサンブルでシェフの経歴を積み上げる一方、発展途上にある世界の楽団へ積極的に客演を続けてきた名匠中の名匠。そのレパートリーの膨大さは言うまでもなく、アーティスト達との厚い人脈、華々しい録音契約のすべてを、いわばローカル楽団の NZSO の発展に役立てるのである。NZSO にとっては、いわば大飛躍への願ってもないチャンスだ。

　そしてその結果は予想通り、楽団史上例のない破天荒なものになりつつある。NZSO ファンにとって何より堪えられないのは、定期公演やその他のコンサートで招かれる、独奏者たちの顔ぶれの豪華さだ。

　いずれも世界のコンサート・サーキットのフロント・ランナーばかり。そんな BIGNAMES が引きも切らずにやってくる。（完）

そのため今後の課題は、どうしてもポスト・ワールトということになってしまう。

＊推薦ディスク

1. 「交響曲全集」（J・シベリウス）：指揮：ピエタリ・インキネン
2. 「管弦楽曲集」（J・シベリウス）：指揮：ピエタリ・インキネン
3. 「狂詩曲"春の始まり"」「交響詩"夏"、"海"」（F・ブリッジ）：指揮：ジェームス・ジャッド
4. "タリス幻想曲""グリーンスリーヴス幻想曲""合奏協奏曲"他」（V・ウィリアムス）指揮：ジェームス・ジャッド
5. "ワイアータ〜マオリの歌"（Tama Ngakau Marie）他」（ソプラノ＝キリ・テ・カナワ）：NZSO, 合唱：オークランド大学室内合唱団、指揮・編曲＝カール・ウィリアム・ドーイ

4. クィーンズランド交響楽団
(THE QUEENSLAND SYMPHONY ORCHESTRA)
5. アデレード交響楽団
(ADELAIDE SYMPHONY ORCHESTRA)
6. タスマニア交響楽団
(TASMANIAN SYMPHONY ORCHESTRA)

　ABC（オーストラリア放送協会）は、イギリスBBC（英国放送協会）の公社方式にならい、全豪主要都市で現在六つのオーケストラ（シドニー交響楽団＝ SSO ＝ 1934 年創設、メルボルン交響楽団＝ MSO ＝ 1906 年創設、クィーンズランド交響楽団＝ QSO ＝ 1936（又は 1947）年創設、アデレード交響楽団＝ ASO ＝ 1936 年創設、タスマニ交響楽団＝ TSO ＝ 1936 年創設、そして西オーストラリア交響楽団＝ WASO ＝ 1928 年創設）を運営している。

　各団体が独自の定期公演シリーズや特別公演を提供し、楽旅を実施。1 シーズン公演数は合計約 700 〜 800 回、聴衆動員数は同じく 100 〜 150 万人以上に達し、いずれの公演も ABC の FM 放送網を通じて豪州全体に流され、更に CD などの録音も活発に行われている。

　オーストラリアの総人口は 2、424 万 4 千人（2011 年度の調査による）。ABC 傘下の常設楽団が本拠を置く都市地区に人口が集中（メルボルン＝ 380 万 6 千人、シドニー＝ 433 万 6 千人、ブリスベイン＝ 187 万人、アデレード＝ 116 万人、タスマニア＝ 51.2 万人＝ただし州都ホバートを含む州全体のもの、そしてバース＝ 155 万人＝い

ずれも（2007 年度センサス＝国勢調査＝による）しているとはいえ、国際レヴェル
の看板楽団を 2 〜 3 団体抱えて行くのは並大抵のことではない。（ちなみに全豪の楽
団総数は、室内楽団を含め 36 団体＝ 2018 年 11 月 1 日現在の調査による＝である。）

それにフランチャイズにおける定期公演シリーズや啓蒙活動、更に録音プロジェク
ト等も、かなり苦戦を強いられるものだ。

にもかかわらず ABC は、ラジオ局で「ABC Classical FM」というクラシカル専用
番組を提供、ヴァラエティ豊かなプログラムを連発し、ファンの関心を常に高めてい
るのだ。

そこには紛れもなく、豪州全土に於いて「音楽文化」「演奏芸術」を活性化させよう
という意欲が満ちており、同公社の抱える六つのオーケストラは、いわばその促進役
なのである。

またオーケストラの楽員調達基地としての音楽院を各地に設置、ローカル演奏家で
固めたアンサンブル作り（ただし SSO と MSO を除く）を基本にして、将来的には豪
州全体のレヴェル・アップを図ろうという遠大なプロジェクトを推進中だ。（現在同国
のような計画を実施し、大きな成果を上げているのはおそらく、スエーデンとフィン
ランドの北欧諸国だけであろう。）

金に任せて欧米の音楽教育機関に多数の留学生を送り続ける東洋の某国とは異なり、
オーストラリアは地道に自前で「人作り」「アンサンブル作り」を心掛けている。確か
に時間はかかるかもしれないが、同国のやり方は文化運動としては最も安定的、かつ
成功する確率の高いものではないだろうか。

それではここから順を追って、QSO,ASO,TSO、それから NSO の順番で沿革史と
現状を述べ、かつオセアニア楽壇の未来へ言及して行くことにしよう。

まず QSO だが、同団の創設年については 2 説ある。本論ではそのうち、「第一回目
の公演が行われた年を基に 1947 年 3 月 26 日説」を採用したい。

同公演(楽員数45人)で指揮を執ったのは、パーシー・コード(SSO の初代首席指揮者)
である。ブリスベイン市を本拠に、近在各都市を隈なく巡演。またこれまで二度にわ
たり、他楽団との合併、および名称変更を繰り返している。（2001 年：クィーンズラ
ンド・フィルと合併しクィーンズランド管と改称したが、2009 年 10 月 14 日には元
の QSO に戻った）。

歴代 MD は以下の通り。

1. ジョン・ファーンワース・ホール（1947 〜 1954）
2. ルドルフ・ペカレク（1954 〜 1967）
  ＊客演指揮者の時代（1967 〜 1968）
3. スタンフォード・ロビンソン（1968 〜 1969）
  ＊客演指揮者の時代（1969 〜 1970）
4. エズラ・ラクリン〈1970 〜 1972〉

＊客演指揮者の時代（1972 〜 1973）

5．パトリック・トーマス〈1973 〜 1977〉
　　＊客演指揮者の時代（1977 〜 1978）

6．ヴァンコ・カヴァダスキ（1978 〜 1982）
　　＊客演指揮者の時代（1982 〜 1983）

7．ウエルナー・アンドレアス・アルベルト（1983 〜 1990）
　　＊客演指揮者の時代（1990 〜 1991）

8．ムハイ・タン（1991 〜 2001）

9．マイケル・クリスティ（2001 〜 2004）
　　＊客演指揮者の時代（2004 〜 2008）

10．ヨハネス・フリッチェ（2008 〜 2014）
　　＊客演指揮者の時代（2014 〜 2017）

11．アロンドラ・デ・ラ・パーラ（2017 〜 2019）
　　＊客演指揮者の時代（2019 〜 2021 ＊＊＊「COVID19 パンデミックのため、公
　　演はキャンセルまたは不定期となった）

12．ヨハネス・フリッチェが次期首席指揮者に指名さる（2021.2 月 19 日付けの発表
　　によるもの）

　これら歴代常任指揮者たちの中で特記される人を上げると、唯一美形で若さも魅力
の現ＭＤ＝デ・ラ・パーラだ。彼女の活躍は全豪楽壇の注視の的となり、更に勢いを
増しヨーロッパ楽壇にも進出、大活躍を見せた。

　だが QSO での治世は 3 シーズンという短期的なものに終わり、彼女の後任には彼
女の前任者ヨハネス・フリッチェが再び招かれることとなった。

　再登板のフリッチェの最初の在任期間は目下、依然として落ち着く先の見えない
COVID19 禍の中である。そのような時代に、彼がいかなる新機軸を打ち出して来るか、
注目される。

1．「バレエ音楽 “ 妖精たちの名付け子 ”」(A・アダン)：

2．「映画音楽 “ バルジ大作戦 ”」(B・フランケル)：ウェルナー・アンドレアス・ア
　　ルベルト指揮

3．「交響曲第 1、第 2 番、他」(C・マリア・フォン・ウェーバー)：ジョン・ジョー
　　ジアデス指揮

4．「室内音楽第 5 番、白鳥を焼く男、他」(P・ヒンデミット)：ブレット・ディー
　　ン指揮

5．「ただ憧れを知る者だけが(管弦楽編曲)」(P・チャイコフスキー)：(Vn ＝西崎崇子、
　　ピーター・ブレイナー指揮

続いてアデレード響(ASO)だが、同団は既に 80 余年の歴史(創設は 1936 年)を持つ、全豪では中堅のアンサンブル。オーストラリア西部では最大の規模を誇る演奏団体である。

　SSO や MSO が厳格なオーディションにより世界各地から優秀な楽員を採用して来たのに対し、同団は地元オーストラリア出身でしかも腕利きばかりを集めた（楽員数は 2018 年 11 月現在で 75 人）、いわばオーストラリアン・オリジナル・オーケストラだ。

　創設の発端となったのは 1936 年、ウィリアム・ケイド（地元アデレード出身。後にロンドンへ渡り、サー・トーマス・ビーチャムに師事している）が 15 人編成のラジオ・アンサンブルを編成した時である。

　同団は ABC（オーストラリア放送協会）の援助を得て順調に発展を続け、1949 年には更にヘンリー・クリップスを首席指揮者に迎えて再編（楽員数 55 人）され、楽団の名称も南オーストラリア交響楽団（SASO）へと改称。更に 1975 年からは、現在の楽団名称 ASO を使うようになった。

　自国出身者で固めた同団の特徴はまさに、「オーストラリアン・オーケストラの演奏水準を忠実に映し出す鏡」、と言ってよく、楽員もそのことを十分に意識しており、盛んに行う海外楽旅でもそんな姿勢が如実に反映されている。

　その海外楽旅プロジェクトは、1996 年から既に搬化され始め、同年には早くも中国、韓国、香港、シンガポール等を巡演して大成功を収め、その後もソプラノのキリ・テ・カナワを帯同しての海外楽旅を実施、次々と大きな注目を集めてきた。

　一方、公演内容の充実ぶりも豪州屈指の見事なもので、交響管弦楽を柱にした定期公演シリーズの他に、各種音楽祭及びオペラとバレエ（いずれの公演も南部オーストラリア州立劇場で行われ、ASO は両方の団体の伴奏を務めている）、更にはジャズ、ポピュラー等、ジャンルを超えたアーティストらとのジョイント・プログラムを積極的にこなす。その中でも特にワーグナーの楽劇「ニーベルングの指輪」全曲上演（初回は 1998 年、再演は 2004 年＝ CD 化されている）の成功は、世界中の度肝を抜いた。

　なお同団の歴代 MD は下記の通り。

　　＊草創期（1939 〜 1972）は、MD 制を敷かず、レジデント・コンダクター（常駐あるいは専任指揮者システムを採っていた。）

　　＊ウィリアム・ケイド（1939 ＝レジデント・コンダクター）

　　＊バーナード・ハインツ（1939 ＝客演指揮者）

　　＊客演指揮者の時代（1939 〜 1949）

　　＊パーシー・コード（1949：インテリム＝中継ぎ＝レジデント・コンダクター）

　　＊ヘンリー・クリップス（1949 〜 1972 ＝レジデント・コンダクター）

　　＊客演指揮者の時代（1972 〜 1975）

　1. エリヤクム・シャピーラ（1975 〜 1979：首席指揮者）

　　＊客演指揮者の時代（1979 〜 1982）

＊ホセ・セレブリエール（1982〜1983：首席客演指揮者）
　2．ピエーロ・ガンバ（1983〜1985：首席指揮者）
　　＊客演指揮者の時代（1985〜1986）
　3．アルバート・ローゼン（1986 ＊首席指揮者）
　　＊客演指揮者の時代（1986〜1987）
　4．ニコラス・ブレイスウエイト（1987〜1991：首席指揮者）
　　＊客演指揮者の時代（1991〜1993）
　5．デヴィッド・ポルセリン（1993〜1998：首席指揮者）
　　＊客演指揮者の時代（1998〜2004）
　6．アルヴォ・ヴォルマー（2004〜2013：首席指揮者）
　　＊客演指揮者の時代（2013〜2016）
　7．ニコラス・カーター（2016〜　　：首席指揮者）
　現常任のN・カーターは待望のオーストラリア出身。前歴はシドニー響でV・アシュケナージのアシスタント、続いてハンブルク州立歌劇場でシモーネ・ヤングの、そしてベルリン・ドイツ・オペラではD・ラニクルズのアシスタントをそれぞれこなし、2014年には祖国に戻ってASOの準首席客演指揮者に抜擢される。
　管弦楽、オペラ・バレエとクラシカルの全ジャンルを高水準にこなす若きカーター。これから彼の活躍にオセアニアの音楽ファンの興味は膨らむばかりだ。
＊推薦ディスク
　1．楽劇「ニーベルングの指輪」全曲（R・ワーグナー）：アッシャー・フィッシュ指揮
　2．「交響曲第8番」（D・ショスタコーヴィチ）：ニコラス・ブレイスウェイト指揮
　3．「パワー・ハウス、ルンバ、カプリッチオ・他」：デヴィッド・ポルシェリン指揮
　4．「オペラ・イン・ザ・アウトバック」：（ソプラノ）キリ・テ・カナワ、ロビン・ステイプルトン指揮
　5．「交響曲第3番“悲歌のシンフォニー”」（ヘンリック・グレツキ）：(Sp) イヴォンヌ・ケニー、湯浅卓雄・指揮

　さて最後に登場するのはタスマニア響（TSO）である。同団の創立は1948年、当初は24人のメンバーでスタートした。初のコンサートは同年5月25日、タスマニア州の州都ホバートの「ホバート市公会堂」で行われ、ヨーゼフ・ポストが指揮を執った。またピアノ独奏者には地元出身のアイリーン・ジョイスが招かれ、グリークの「ピアノ協奏曲」を披露した。
　以後同団はオセアニア楽壇の発展を支えていくが、公式に最初の首席指揮者となった人物はケネス・M・ボーンであった。
　以下、そのボーンを筆頭に、TSOの歴代MD及び首席指揮者達は以下の通りである。
　1．ケネス・モリソン・ボーン（1948〜1962）

2. トーマス・マシューズ（1962 〜 1968）

3. トーマス・マイヤー（在任期間不明）

4. ヴァンコ・カヴダースキー（1974 〜不明）

5. バリー・タックウェル（1980 〜 1983）

6. ジョフレー・ランカスター（在任期間不明）

7. ニコラス・ブライスウェイト（在任期間不明）

8. ドブス・フランクス（1989 〜 1991）

9. デヴィット・ポルシェリン（在任期間不明）

10. オーラ・ルードナー（2001~2003）

11. セバスティアン・ラン・レッシング（2004 〜 2011）

12. マルコ・レトーニャ（2011 〜 2020）

13. エイヴィンド・アードランド（2020~　）

　歴代指揮者達の注目すべき足跡としては、まず初代ボーンのラジオ定時番組創出（1956）が挙げられる。TSO は同番組のお陰で、州内はおろかオセアニア全域に知られるようになった。

　ところが彼以後 MD の入退出が頻繁となる。すなわち特定の MD が長期間在任して独自の音色を育てる、という形が実現できなかったのである。（5 代目 MD の B・タックウェル＝世界的なフレンチ・ホルン奏者でもある＝も、オーケストラの名伯楽にはついになれなかった。）

　中でもデンマーク出身のポルシェリンが MD となり、ベートーヴェンの交響曲全集録音を実現し、新しく定期公演会場（フェデレーション・コンサート・ホール）＝ホバート在＝を建設し移動するなど、長期在任を期待された。が、その彼も、結局短期の在任に終わり、後任のルードナーも同様となった。

　在任期間が多少長期の形になり始めるのは、11 代目のレッシング体制からである。彼は市民の期待通り、TSO のスケールとグレード・アップを図り、定期公演および楽旅、そして録音の面でも充実度を上げて行く。

　その後任でスロヴェニア出身のレトーニャも先代の意志を引き継ぐ形で尽力。ウィーンで名称 O・スイトナーし指揮法を師事、1991 〜 2003 年にスロヴェニア・フィルの MD 務め、その後バーゼル歌劇場の MD を皮切りに欧州オペラ界で活躍。2012 年度からは再びオーケストラ・コンサートへ活動の中心を移し、ストラスブール・フィルの MD を経て TSO へ転出してきたレトーニャ。

　彼の TSO 於ける最大の功績は、サウンドにフレキシビリティを仕込んだこと、それによって演奏力が向上し、レパートリーが広がったことに尽きると思う。

　そして 2020 年度シーズンからは、ノルウェイ出身のアードランド（2004 〜 2010＝トロンハイム響 MD）が首席指揮者兼芸術監督の座を受け次ぐ。

　これまでアードランドは母国のトロンハイム響を本拠に、これまで活動の中心をヨー

ロッパに置いてきたが、オセアニアでの活動も既に定着させており（2011〜13年度シーズン＝クイーンズランド響の首席客演指揮者）、TSOとの新時代を切り拓くのに、特に問題となるようなものは見当たらない。（完）

＊推薦ディスク

 1.「交響曲全集」（L・V・ベートーヴェン）：指揮＝デヴィッド・ポルシェリン

 2.「ピアノ協奏曲第1，6，7番」（I・モシュレス）：指揮とピアノ＝ハワード・シェリー

 3.「交響曲第2，3番」（C・ライネッケ）：指揮＝ハワード・シェリー

 4.「ピアノ協奏曲全集」（M・ウィリアムソン）：(Pf) ピアーズ・レーン、指揮＝ハワード・シェリー

 5.「アリア集」（W・A・モーツァルト）：(Br) テディ・タフ・ローデス、指揮＝オーラ・ルードナー

1. ケープタウン・フィルハーモニック管弦楽団
(CAPE TOWN PHILHARMONIC ORCHESTRA)

　南アフリカ共和国ケープ州（Cape）に位置する都市ケープタウンは、1652年に建設され、立法府の所在地および同州の州都であり、かつアフリカ有数の世界的メガシティである。

　都市圏域の人口は、2011年度センサス＝国勢調査＝によると約375万。ケープタウンの中心はケープ半島の北端に位置し、テーブル湾に面した地区となっている。

　市街地の背後には、テーブルマウンテンと呼ばれる1000メートル以上の高さの、ほぼ垂直の崖で囲まれた山がそそり立っており、ケープタウンのシンボル的存在である。

　同市の沿革を簡単に述べると、スエズ運河が開設される200年以上も前、東アフリカ、インド、および東アジアとの貿易を盛んに行っていたオランダが、食糧基地として建設したのが始まりだった。

　もっと具体的に言うと、1652年の4月6日、同国人ヤン・ファン・リーベックがテーブル湾南岸の、現在のケープタウン中心部初上陸、入植して南アフリカ最初のヨーロッパ植民地を建設、同地がテープタウン市へと次第に発展を遂げて行ったのである。

　更にそれ以前からの経緯を述べると、ポルトガル人のヴァスコ・ダ・ガマが1498年に喜望峰まわりの欧印航路を開拓して後、この地方は欧州と東洋を結ぶ主要航路となった。が、喜望峰沖は航海上の難所であるにもかかわらず、水や食料の補給に必須の中継港の建設がなされていなかった。

　その解決に乗り出したのが、オランダの東インド会社である。同社は直ぐに補給港の建設を計画、社員のヤン・ファン・リーベックに命じて、1652年上述のケープタウン上陸、入植を実現させたのである。（そしてその地で、現在のような国際的演奏サーキットに乗るフル編成のオーケストラが登場（同地初の楽団創立は1914年）するまでには、それから約260年の歳月が過ぎ去るのを待たねばならない。）

　乱暴な比較であるのを承知で述べるが、リーベックの入植地を仮に北米のマサチューセッツ州に例えるなら、今や世界有数の大楽団に成長発展を遂げたボストン交響楽団（ＢＳＯ）のような成長過程を辿りそうな楽団が、ケープタウンのプロフェッショナル、ケープタウン・フィル（CPO）だろう。

　いずれもヨーロッパ（正確にはイギリスだが）の入植地として出発し、後に世界有数の大都市に発展した地で誕生するという歴史を持つ。

　ただ現時点では、CPOは依然として発展途上にあり、BSOが達したスケールとグレー

ドに至るまでは、途方もなく時間が掛りそうだと言わねばならない。

とはいえ、国情が安定度を増し、演奏芸術面で必須の諸条件が整っていくに従い、CPO の前途は洋々たるものだ。

さて話を元に戻して、ケープ植民地への入植者たちは、一部は自由農民となって農耕や牧畜を開始。またオランダ人以外の入植者（＝フランスを追われたユグノー達）は、ワイン作りを始める。

そのような形で、時代と共にケープの入植地は多彩な生活形態が生まれ、それまでのケープタウン市のみの植民地から、多面的な広がりを見せていく。そしてそんな状況に拍車をかけたのは 1679 年、第 10 代ケープ植民地総督シモン・ファン・デル・ステルが内陸部（ステレンボッシュ）に居留地を建設したことだった。

すなわち 18 世紀に入ると、同市は次第に補給基地の枠を超え始め、都市そのものの性格を変化させるようになって行くのである。

具体的に言うと、欧印航路の商船の寄港が相次ぎ、彼らを相手にする商人層及び職人層が増え、その一部は次第に富を蓄えて裕層へと脱皮したのだ。

一方農民層は独立自営農民として巨大な農園経営者に成長。豊富な奴隷を使い、大規模農園や牧畜を営み、これまた巨万の富を築くことになった。

そして 18 世紀末までには、同市の世帯数は 1100 戸に達するまでに成長。いよいよ本国オランダとの間で、植民地で築いた富を守るための条件闘争を始める時代へと突入する。

つまり北米東部の植民地がイギリス本国へ代表団を送り、植民地で築いた富を回収する目的で発布した様々な条例（例えば印紙条例など）を撤廃させ、ついには独立運動へとなだれ込んで行ったように、ケープの植民地も富裕層の都市商人、および富裕な農民層からなる代表団を組織。同地の政治的代表権と、貿易の自由を要求したのである。が、結局その試みは黙殺され、北米植民地で勃発したような闘争を生み出すことはできなかった。

その後ケープで待っていたのは、1795 年の英国占領下での植民地、1803 年バタヴィア共和国による支配、1806 年英国による再占領、1815 年ウィーン議定書による正式な英国領土、1910 年英国自治領（南アフリカ連邦）、1994 年（南アフリカ共和国連邦）という時代の変遷であり、激烈な人種差別（アパルトヘイト）である。

だがそれでも白人の持ち込んだクラシック音楽の根は強く、さながら不屈の男ネルソン・マンデラ（黒人初の南アフリカ共和国大統領で、ケープタウン沖合のロベン島刑務所に、27 年間＝1964 ～ 1990 ＝収監されていた）のように、タフな時期を乗り越え、好楽家に夢と希望と平安を与え続けてきた。

かつてロスアンジェルス・フィルで Z・メータ～ E・P・サロネン体制初期まで楽団総支配人を務めた E・フライシュマン。その彼は LA 入りする前、CPO のマネジャーとして君臨し、在任中は同団の経営基盤を確立するため辣腕を揮っている。（アフリカ

最古のオーケストラとして発足した CPO は、創立当初から 72 年の間、ケープタウン市の全面的な財政援助を受けていた。ところが同市が 1986 年から 10 年計画で、徐々に自主管理へ移す」方針に転換したため、それ以降は国内外の大企業をスポンサーにつけ、非営利団体としての組織固めを行い、結局 1998 年から名称も CPO に変更。新生アンサンブルの道を歩むことになる。フライシュマンはそこへ至るまでの準備を整えたわけである。)

　CPO の沿革については、L・ヘイネマンの労作＝ A　Century Of Symphony: The Story of Cape Town's Orchestra、Johannesburg and Cape Town=Jonathan Ball　社刊 (2014) に詳述されているが、概要を述べると、まずケープタウン及びその近郊で三々五々、不定期に演奏活動を続けていた幾つかのバンドが結集。the Cape Town Philharmonic Orchestra in Cape Town の名称の下、常設の組織となった。
　同団は以後 1968 年まで活動を続け、その間「the Cape Town Municipal Orchestra」「the Cape Town Symphony Orchestra (1969 ～ 1997) と名前を変えながら、様々な障壁を乗り越えて行く。(但し 1996 年には運営資金不足から閉鎖。のち翌年＝ 1997 年、CAPAB Orchestra と合併し、Cape Town Philharmonic (以下 CPO) と改称。以後同名称の下、今日に至っている。)
　CPO 再編後の第一回公演は 1997 年 4 月 1 日。その後は各方面からの支援の下、年間約 120 公演を提供している。それらの内訳は、本務の定期公演を中心に、ケープ・タウン歌劇場のピットに入ってオペラ、あるいはケープ・タウン・バレエ団の伴奏を務めることだ。
　同団はその一方で、様々なプロジェクトにも参加。ミュージカル、ポップス、コミュニティ・コンサート、ファミリー・コンサート等やクロスオーヴァー・コンサート等へも出演をもこなす、という具合に、多彩な活動を展開中である。
　さらにそれらと並行して、将来の楽団サポーターの育成事業に力を注ぎ、CPO 直属のユース・オーケストラ以下、各種の大小アンサンブルを編成、市内各地を始め、近郊諸都市へ出かけてコンサートを行い、新しい聴衆層の開拓育成に余念がない。
　現在その効果は如実に現れており、地元出身の CPO 楽員の数が徐々に増えたり、著名な外来のゲスト・アーティストの数も増加中だ。
　ところで CPO はその歴史を通じ、常任の音楽監督 (MD) および首席指揮者 (PC) 制度を設けてこなかった。つまり、長期在任を果たした＝ MD (または PC) が皆無だったということである。(と言うより、音楽の本場ヨーロッパからはあまりにも遠隔地にあるという地理的状況から考えて、当初から常任の MD または PC を置くことが困難 ((あるいは「なり手が中々現れなかった」))、と言い換えた方が適当だろう。) そして当然ながらそのことが、長く同団のアンサンブルの伸長を阻んできた最大要因であった、と言える。

だが一方で、そのような否定的状況にも拘わらず、古くはストラヴィンスキー、ハイフェッツ、ビーチャム、現代ではV・アシュケナージらの名流を続々客演に招き、楽員の士気を高める努力を欠かさなかった面も、高く評価されねばならない。

　CPOの常任指揮者と言えば、MD及びPCに代わるポジションが首席客演指揮者（PGC）とRESIDENT CONDUCTOR（以下RC）の二つ。同ポストは、航空機の発達、アンサンブルの成長、演奏環境の整備、そして何より政治体制の安定という「諸要素の向上」が生み出したものである。（近い将来は、他の団体同様、本格的なMD及びPC制も導入されると思う。おそらくその時迄には、長くクラシカル辺境の地と目されたアフリカ楽壇が、世界の音楽都市に伍す程の発展を遂げていることだろう。）

　さてそのPGCが本格的に敷かれたのは二十世紀末で、まず招聘されたのは英国ウエールズ出身のオウエン・アーウェル・ヒューズ（OAH=1942年生まれ）。我が国での知名度は低いが、ボールト、ハイティンク、ケンぺらに師事した実力派である。

　かなり幅広いレパートリーの持ち主で、発表したディスクも80点以上に上る（それらの中には、わが小川典子を独奏者に迎えたラフマニノフのピアノ協奏曲第1，4番及びパガニーニの主題による狂詩曲なども含まれている。但しオーケストラはマルメ響）という人気指揮者だ。

　ヒューズに続いて招かれたのは、ブルガリア・ソフィア生まれの若手マーティン・パンテリーヴ。2011年にCPOを帯同し、アフリカン・オーケストラとして初の北米楽旅（18都市）を敢行。大成功に導いて一躍注目を浴びた。

　彼はその翌年から同団のPGCに着任、かなり意欲的な活動を見せるものと期待される。が、その実力に魅せられた団体は引く手数多で、結局4シーズン後の2016年には、ドイツ人指揮者でS・チェリビダッケの愛弟子＝ベルンハルト・ギューラー（1950年生まれ）にバトンを譲った。

　ギューラーは最初から指揮者として演奏キャリアを始めたのではない。出発はチェロ奏者で、シュトットガルト音楽院でA・ヤニグロのマスター・クラスを受け、更にP・トルトゥーリエのクラスでチェロを、室内楽をメロスSQに学び、同地で演奏キャリアを積み始める。

　その後26歳（1976年）で、チェロ奏者としてシュトゥットガルト放送響（SRSO）へ入団。三年後の1979年、今度は「全ドイツ放送局主催による指揮者コンクール」で優勝を修め、本格的な指揮者への道を踏み出したのであった。

　飛躍への糸口は1981年、S・チェリビダッケの代役でSRSOのドイツ国内演奏旅行に帯同、大成功を収めたことである。

　以後カナダの地方オーケストラ（ヴィクトリア響＝PC, ノヴァ・スコシア響=2003年から現在までMD、ハリファックス響＝もとMD、など）、母国ドイツ（ニュルンベルク響）等のMDを務めながら、世界各地（我が国へのデビューをも既に果たしている）で客演を重ね、また南アフリカとはCPO以前に、ヨハネスブルク響のMDに

指名されたのをきっかけに関係を深め、1998 年にはついに同地へ移住。2016 年からは CPO の PGC に就任し、アフリカ楽壇の底上げを図るべく、奮闘を続ける日々を過ごす。

　ギューラーは最近のインタビューで、アフリカン・クラシカル界の可能性について、「期待大」であることを熱心に語っており、今後の動向が注目される。

　最後に、CPO 史上初の PC が誕生（ブランドン・フィリップス＝任期は 2015 年度シーズンから）したことを付記しておく。（完）

＊推薦ディスク

1. 交響曲第 0 番 / オラトリオ「長崎」（A・シュニトケ）：（独唱；ハンネリ・ルパート＝ MS）：合唱：ケープタウン国立歌劇場合唱団：OA・ヒューズ指揮
2. 合奏協奏曲第 1 番 / 交響曲第 9 番（A・シュニトケ：A・ラスカトフによる復元版）：（独奏：シャロン・ペザリー＝ Fl、クリストファー・コーウィー＝ Ob.// 編曲・アレクサンドル・ラスカトフ、：OA・ヒューズ指揮
3. クラリネット協奏曲全集（L・シュポア）：（独奏：マリア・デュ・トワ＝ CL.：アルヤン・ティエン指揮）
4. ヴァイオリン協奏曲 Op.14 (S・バーバー), ヴァイオリン協奏曲ニ長調 Op.35（E・W・コンゴールド）、カルメン幻想曲（F・ワックスマン）、シントラーのリスト・メイン・タイトル・テーマ（J・ウィリアムス）：（いずれも独奏はアレキサンダー・ギルマン Vn.）：ソー・ペリー指揮
5. クラリネット協奏曲集（J.M. モルター、L. シュポア他）：（独奏：H.de グラーフ、M. デュ・トワ他）：アルヤン・ティエン、M. ファン・スターレン他・指揮

2. カイロ交響楽団

(CAIRO SYMPHONY ORCHESTRA)

　カイロ交響楽団 (CSO) は当初ラジオ・オーケストラという名称の下、エジプト国営放送局専属オーケストラとして活動を始めた。現在では、名実共にアラブ世界に於ける最高水準のアンサンブル、と言われるまでに成長を遂げている。

同団を創設したのは、1934 年ラジオ放送を始めたエジプト国営放送局。その理由は、音楽番組を制作する必要からであった。

　ところが創設するには、演奏家を雇用しなければならない。だがクラシカル音楽の歴史の浅い同国内では、楽員を調達できなかった。

　そのため大半の楽員をヨーロッパで雇用する。（従って CSO が創設される以前のエ

ジプトでは、演奏家といえばヨーロッパ人を意味していた。)

　そのような状況下で、CSO 創立時の中核体となったのは、ヨーロッパ出身者（当時の CSO 構成メンバーは、全楽員中の 70% がヨーロッパ人、残りの 30% が軍楽隊で活動していたエジプト人、そして指揮者は当然のようにヨーロッパとなっている。）である。

　それから時は巡り、創設後約 30 年が経過した 1956 年になると、ラジオ・オーケストラの活動は軌道に乗り出していた。そしてエジプト国営放送はそれを機に、局のスケール・アップを図る。ラジオ・オーケストラのスケール・アップも、その一環として実現されることになった。

　アンサンブルのスケールを拡大する目的は、これまで以上に演奏活動を通して"芸術音楽"をエジプトの聴衆に提供すること、エジプト人作曲家の作品を国の内外へ積極的に紹介すること、グローバル・スケールに達した自国のソロイスト、及び指揮者を育成すること、等である。

　そこで問題となるのは、再び指揮者及び主要楽員のリクルートであった。楽団関係者は結局、昔同様ヨーロッパに頼らざるを得なくなる。

　まず指揮者として、オーストリア人の F・リシャウアーが招かれた。彼はアンサンブルの基盤作りに専念。その補佐役として、G・ズラヴコヴィッチ、J・フェエイズ、T・フレソらのヨーロッパ人指揮者達も招かれ、草創期のアンサンブルを錬磨する。

　その一方でラジオ・オーケストラは、エジプト文化省の後押しを受けたいわゆる国策楽団のアンサンブルとして、エジプト人演奏家の育成にも努めた。1960 年代までには、かなりのレヴェル・アップを実現している。

　更に地元出身楽員の数をもシーズン毎に増やし続け、それと並行する形でアンサンブル内に室内楽チームを幾つも組織し、総体的なレヴェル・アップをも実現した。

　注目されるのは、名流演奏家（C・ミンシュ、A・ハチャトリアン、M・ロストロポーヴィチ、G・ロジェストヴェンスキー等）を常時招いたことだ。そのプロジェクトは、楽員の士気を高める結果を齎した。

　かくのごとく同団は、レヴェルとスケール・アップに繋がるあらゆる努力を重ね、最近では年間約 10 か月のシーズン・スケジュールを組み、通算 70 ～ 80 公演数をこなすまでに躍進を遂げている。

　常時財政を圧迫する外国人楽員の補充問題を初め、度重なる政変（1922 年に独立を果たして以来、エジプトは首都をカイロに定めたものの、政治の実権はイギリスが掌握していた。その後 1952 年 1 月 26 日市民の反乱＝「黒い土曜日事件」と呼ばれる大暴動事件＝が起こり、同年ナーセルが率いる自由将校団によるクーデターによりファールーク国王が追放され、最初のエジプト革命が成功した。また 2011 年にはホスニー・ムバーラク大統領の長期政権が市民の反乱で崩壊＝二度目のエジプト革命＝している）、楽団組織の改編、定期公演会場の焼失、国家的経済不況、2012 年ころから始まった電力不足による停電の常態化等など、閉鎖の危機に直面しつつも、不退転

の決意と努力でそれらを乗り越えようとしている。

その解決策として現A・アッ＝シーシー政権が打ち出したのが、カイロ中心部から東方約35～50キロにかけての地区への、「新首都都市開発計画」の実施である。同地区へは約650万人（2019年度現在におけるカイロ市の市域人口は、2200万人）の居住が見込まれており、同事業は総額約450億ドルをかけ、中華人民共和国の「一帯一路」プロジェクトの一環として、取り組まれている。

その事業が完成した暁には、今や国家の看板楽団の地位を築いたCSOの存在も、更にかなりの向上を遂げていくと思われる。

さてそのCSOは、以下の常任指揮者達によって錬磨の日々を過ごしてきた。

1. フランツ・リシャウアー（1959～1960）
   ＊客演指揮者の時代（1960～1963）
2. サーシャ・ポポフ（1963～1964）
3. ギーカ・ズラヴコヴィッチ（1964～1971）
   ＊客演指揮者の時代（1971～1982）
4. ユシフ・エル・シシ（1982～1992）
5. アーメド・エル・サエディ（1992～2003）
   ＊首席指揮者
1. セルジオ・カルデナス（2003～2004）
2. クリストファー・ミューラー（2004～2005）
3. スティーヴン・ロイド（2005～2007）
4. アンドレアス・シュポーリ（2007～2008）
5. マルセロ・モタデル（2008～2011）
6. イルジー・ペトルドリク（2011～2014）
7. アーメド・エル・サエディ（2014～　）＝首席指揮者・音楽監督

次に、その主要な歴代MD達が築いた足跡を辿ってみたい。（草創期については上述したので、ここからは1970年代以後に絞ることにする。）

1970年代半ば頃になると、いわゆる外国人楽員雇用にかかる費用がかさみ、世界的な不況も追い打ちをかける形で、CSOはついにエジプト人主体のアンサンブルへ向かって急速に脱皮を始めた。更にその頃には地元奏者の育成も順調に推移していたため、ついに待望の「エジプト人楽員にCSOを任せる時代」へ突入することが出来た、のである。

そして1980年代初頭には、エル・シシが初の国産MD（通算第4代目）となり、次いで同じく国産のエル・サエディが、シシの後任に抜擢された。

サエディはウィーン音楽大学で名匠O・スイトナーに指揮法を、F・セルハに作曲、そしてF・エイブナーに音楽理論を学んだ実力派である。

ヨーロッパを中心に、世界各地でオペラとコンサートの両分野で堅実な活動を続け

ており、CSO 就任後はその成果を同団に注ぎ込んできた。その甲斐あって 1996 年度シーズンにはついに CSO を帯同し、ベルリン、ウィーン、パリの主要楽都へ楽旅を敢行、大成功を収めている。

　ところがそのサエディの評価が高まるにつれ、活躍の場が飛躍的に広がり、常時カイロにいて、アンサンブルの業務のみに集中するわけには行かなくなった。そのため CSO は、新たに首席指揮者のタイトルを設け、在任期間が 1～2 シーズンという短期のものではあるが、多忙なエル・サエディの穴を埋めるやり方に出る。

　しかしそのやり方は好結果にはつながらず、結局サエディを再招聘（2014～15 年度シーズンより）して失地の挽回を図ることになった。

　さて CSO が一本立ちするまで惜しみなく運営資金を投入し、独立後は全ての楽員スタッフをエジプト出身者で賄うという、思い切った楽団経営に転じたエジプト政府。その姿勢はまるで、クラシカルの分野でもエジプトが「世界の頂点に立つ」日が来るものと信じているようだ。

　そうでなければ、まるで砂漠に森を育てるような仕事だった「クラシカル音楽を根付かせる試み」を、これだけ熱気を以てやり抜くことは出来なかったろう。

　CSO の現 MD は、二度目のサエディである。彼はベートーヴェンのピアノ協奏曲全曲の録音などを初め、相変わらず旺盛な活動を展開しているが、その前には大きな課題が立ちはだかっている。

　それは上述したカイロ市の都市中枢機能の移転後、劇場施設及び聴衆動員に関する計画をいかに効力のあるものにして行くか、ということである。（完）

＊推薦ディスク
1.「ピアノ協奏曲第 1, 2 番」（L・V・ベートーヴェン）：Pf. 独奏：ラムジー・ヤッサ
　　指揮：アーメド・エル・サエディ
2.「ピアノ協奏曲第 3 番」「合唱幻想曲」（L・V・ベートーヴェン）：Pf. 独奏：ラムジー・ヤッサ、：指揮：アーメド・エル・サエディ
3.「ピアノ協奏曲第 4, 5 番」（L・V・ベートーヴェン）：Pf. 独奏：ラムジー・ヤッサ
　　指揮：アーメド・エル・サエディ
4.「ピアノと管弦楽のためのコンチェルト、インテルメッツォ」：Pf. 独奏：ベン・アイク・ランディン、：指揮：アーメド・エル・サエディ

1. イスラエル・フィルハーモニー管弦楽団
(ISRAEL PHILHARMONIC ORCHESTRA)

　名ヴァイオリニスト＝ブロニスラフ・フーベルマンは、その著書「シオニズムとパレスチナ」の中で、「イスラエル・フィルハーモニック管弦楽団（ＩＰＯ）は、シオニズムが追求する理想の一つを実現したものである」と書いている。

　シオニズムが追求する理想とは何か？

　ＢＣ２千年頃、ユダヤ民族はパレスチナに定住。その後ダビデとソロモン王の治世下（ＢＣ 11 世紀）に、ユダヤ人国家を建設した。

　しかしＡＤ 135 年、ユダヤ人達はこの地から追放され、世界各地に離散。祖国のない流浪の民、となっていく。

　そして 19 世紀、ヨーロッパ諸国で民族主義が興隆すると、そのうねりはアラブ世界にも波及、そこで二つの波紋、すなわちアラブ民族主義とシオニズム運動を広げることになった。

　シオニズムの目標は、当初チェンバレン（英国植民相）の推すウガンダ案（同地で自治国を建設するという案で、1903 年の第六回シオニスト会議に提出された）が有力となったが、1905 年の第七回会議以降はパレスチナ案で一本化される。それから 1920 年国際連盟がパレスチナに「ユダヤのナショナル・ホーム」建設を認め、以後ユダヤ人は続々この地に移住を開始。それと共に、アラブ民族との死闘も激化の一途を辿るようになっていった。

「シオンの丘を目指せ！」

世界中に散在し強烈な選民意識を持つユダヤ民族は、こうして永遠の祖国を求めることになるが、その中には勿論、音楽家達もいた。

　元々商才と勤勉さを随所で発揮し、世界各地で頭角を現すユダヤ人達。音楽の世界でも、昔から名流独奏家や名流楽団のメンバーとして才能を発揮してきた。そのユダヤ人演奏家達が、まるで雪解け水から始まった流れが川になり、大河に成長して海を目指すように、世界中からシオンの丘を目指して移住を始めたのである。

　そしてユダヤ人達は幾多の困難な局面を乗り越え、1948 年ついにイスラエル共和国を建国する。

「神との約束」なる「自分達には関係のない言い伝え」を振りかざし、断りもなくいきなり大挙やって来て国を作り、二千年も前に移住してきた者たちを追い出す人々の神経を理解するのは困難だ。

　また一方では、パレスチナを正当化し、世界を動かして国家を建設してしまうユダ

ヤ人達の持つ「民族的凝集力」にも、底知れぬパワーのようなものを感じる。

　今日イスラエル・フィル（以下 IPO）がキナ臭い国内外の情勢を抱えながらも、世界最高のアンサンブルを保持できる秘密は、その辺りに存在するのではなかろうか。

　1928 年と 1931 年にパレスチナでリサイタルを行ったフーベルマンは、そこで多くのユダヤ人音楽家達と出会う。彼らは大半が、当時ヨーロッパ中に吹き荒れていたナチズムの影響によりメジャー楽団の職を解雇され、行き場を失い、エルサレムへ逃れてきた人々だった。

　更に彼らは当時、同地で既にアンサンブルを結成しており、しかもそのレヴェルは早くも、定期公演を組んでもおかしくない高みに達していた。

　加えてそんな考えを現実化するのに最も強力な後押しとなったのは、人口の急激な増加であった。1931 年に 17 万 5 千人だった人口が、五年後の 1936 年には 38 万 9 千にまで膨れ上がっていたのである。しかもその数は更に増加の一途を辿っていたため、プロの常設オーケストラを発足させるには充分であった。

　フーベルマンはその機を逃さず、「シオニズムの更なる発揚と、ユダヤ民族の持つ音楽性の優秀さを世界に発信し、更に反シオニズムとの闘争継続のための演奏団体創設」を提案する。

　その結果、フーベルマンの考えに世界中のユダヤ人達が賛意を唱え、演奏家達は芸術面でのグレード・アップに、また財を成した人々は資金面での協力を申し出た。（今でもそのような流れは続いており、中でも「American Friends of the Israel Philharmonic Orchestra は特によく知られている。」）

　更にそれまで世界中のメジャー楽団で、コンサートマスターをはじめ主力楽員として在籍中だった実演家達も、フーベルマンの呼びかけに応じて続々とイスラエルに渡り、それらの人々を結集してついにパレスチナ交響楽団 (PSO) を結成したのであった。（その時の参加メンバーは本稿に掲載してある一覧表の通りだが、一見して分かるように、さながら首席奏者のオン・パレードといった趣だ。なお PSO はその後、イスラエルの建国と共に「イスラエル・フィルハーモニー管弦楽団 (IPO)」と改称。名実共に同国の看板オーケストラとなった。）

　創設第一回目のコンサーとは、新楽団の結成に助力を惜しまなかったアルトゥーロ・トスカニーニの指揮により、1936 年のクリスマス、テル・アヴィヴのレヴァント・フェア・ホールで盛大に行われた。

　当時のトスカニーニは、ナチスに抵抗してバイロイト音楽祭をキャンセル。代わりに PSO のオープニング・コンサートに登場するという、音楽史上に燦然と輝くドラマティックな展開を招来した。（ただ同公演では、後に同楽団の存在意義に反するものとして世界的に注目を浴びる「ワーグナー作品」も演奏された）

　部分的な繰り返しにもなるが、そこで何より強調しておかねばならないのは、創設当時の PSO が「世界初のオール・スター・オーケストラ」だった、ということである。

全楽員 70 人中 60 人が世界各地のメジャー上位級楽団から参集した人々で占められ、地元イスラエルからの参加者は僅かに 10 人という豪華版。

　更に楽員構成について詳細を述べると、第 1 ヴァイオリン（13 人）の中で、コンサートマスターの前歴を持つ人が 7 人。各セクションの中で首席の前歴を持つ人が 27 人。両者を合わせると、リーダー・クラスの前歴を持つ人が 34 人もいるという、新楽団は発足時からまさに「スーパー・ヴィルティオーゾ」バンドであった。

創設時のメンバー表＝全員

	氏名	ポジション	IPO 入団前のキャリア
1	ルドルフ・バーグマン	コンサートマスター	ヴィースバーデン市立管 コン・マス ハンブルグ新歌劇場 コン・マス
2	アンドレアス・ワイズガーバー	第 1 バイオリン	
3	フェリックス・ガリミア	〃	ガリミア・カルテット コン・マス ウィーン・コンサート管 コン・マス
4	ミクジスオフ・フリーダーバウム	〃	ワルシャワ・フィル＝コン・マス
5	パシア・ポリスチュク	〃	ジュード・カルチャーバンド＝コン・マス
6	ローランド・フェニクス	〃	ブダベスト・フィル 第 2 コン・マス ブダベスト・コンサート管 　　　　　第 2 コン・マス
7	マレク・ラク	〃	レンベルグ・フィル コン・マス 同オペラ コン・マス
8	ダビット・グルンスラク	〃	ウィーン・コンサート管
9	ハインリヒ・ハフテル	〃	ウィーン・コンサート管
10	シュヲミット・シルバー＝チャジェス	〃	パリ放送管
11	アルフレッド・ランガー	〃	ウィーン・コンサート管 コン・マス
12	ティー・ゴンブリッチ	〃	アドルフ・ブッシュ室内管
13	ジョゼフ・バーンスタイン	〃	
14	ヤコブ・スロヴィッツ	第 2 バイオリン	ワルシャワ・フィル首席
15	ベン・アミ・シルバー	〃	パリ放送管
16	モスセク・レワク	〃	ローズ・フィル首席
17	モスゼ・シティグリク	〃	ワルシャワ・フィル
18	アルフレッド・ギンズバーグ	〃	ワルシャワ・フィル
19	アスザー・ボロチョワ	〃	パリ・コルトー管
20	シズロモ・ボー	〃	プラハ管
21	ラージャ・パーソン	〃	
22	ボリス・ロゴフ	〃	ブエノス・アイレス管
23	セルマー・チェーシン	〃	
24	リフトマン・ボルック	〃	ワルシャワ・オペラ
25	クレッキ・マナザ	〃	ライプツィヒ・ゲバントハウス
26	ハリー・ブランベルグ	ヴィオラ	ベルリン四重奏団
27	ロッテ・ハマーシュラグ	〃	ウィーン・コンサート管首席

	氏名	ポジション	IPO 入団前のキャリア
28	ベレサック・ギンスバーグ	〃	ワルシャワ・フィル首席
29	レネー・ガリミア	〃	ガリミア・カルテット
30	ヤロスラフ・フロント	〃	サグレブ・フィル コン・マス 同オペラ コン・マス
31	アリス・フェニヴス	〃	ブダペスト市立管
32	ドーラ・ローブ	〃	
33	シャイム・ボー	〃	
34	ヤコブ・バーンスタイン	チェロ	ストックホルム・フィル 首席 ライプツィヒ管 首席
35	アリイ・シュイヤー	〃	フランクフルト・オペラ首席
36	ボレスラフ・キンズバーグ	チェロ	ワルシャワ・フィル首席
37	アルバート・ケイツ	〃	ライプツィヒ管首席
38	アドルフォ・オドノポソフ	〃	
39	ジョセフ・ワイズガーバー	〃	
40	シャイム・ホーテンスタイン	〃	
41	ラズロ・ヴィンクス	〃	ブダペスト・コンサート管首席
42	エルネスト・ベーム	ベース	コロンヌ放送管 首席 フランクフルト・アム・マイン・ 　　バンド 首席
43	セーウ・マーキン	〃	レニングラード・フィル首席
44	ワルター・ブライヤー	〃	
45	アドルフ・ファーネシ	〃	ローマ放送管首席
46	モーデシャイ・ビンスキー	〃	ティフリス音楽院教授
47	エイブラハム・ウェインカー	〃	ローズ・フィル首席
48	ヤコブ・シューマー	フルート	シカゴ交響楽団首席
49	サロモン・エンゲルスマン	〃	ドレスデン・フィル首席
50	エリック・トーベリッツ	〃	フランクフルト・アム・マイン管
51	サロモン・V・D・ベルグ	オーボエ	ハーグ・レジデンツ管
52	ジョゼフ・マークス	〃	オハイオ州ティトン管首席
53	ハンス・レヴィトゥス	クラリネット	リンツ歌劇場首席
54	ハインリヒ・ツィマーマン	〃	ウィスバーデン市立管 首席 フランクフルト・アム・マイン 首席
55	ルイ・ストール	〃	ハーグ管首席
56	レオン・シュルク	バスーン	ウィーン国立オペラ 首席 ワルシャワ音楽院教授
57	ジョゼフ・サムソン	〃	グローニンゲン・フィル 首席
58	ホルスト・サロモン	ホルン	ユダヤ・カルチャーバンド 首席
59	プロニスヲフ・シュルク	〃	ワルシャワ・オペラ 首席 グラスコー・フィル 首席
60	ティボー・シルク	〃	ブダペスト・コンサート管首席
61	ウォルフ・スプレヒャー	〃	ザール・ブリッケン市立管 同・オペラ首席

	氏名	ポジション	IPO 入団前のキャリア
62	ツヴァイ・フェルドマン	トランペット	ワルシャワ・フィル
63	ハンス・ザックス	〃	サン・レモ市立管首席
64	ミッシャ・レキヤー	〃	ドレスデン・フィル ザールブリッケン市立管
65	ハインリッヒ・シャイフアー	トロンボーン	ユタヤ・カルチャーバンド首席
66	ミカエル・ボテムスキー	〃	ローズ・フィル首席
67	オスカー・ヘラー	〃	コーシス国立劇場管
68	グスタフ・トッツラー	チューバ	ウィーン・オーケストラフェライン
69	プロニスラフ・ギンスバーグ	ティンパニ	ワルシャワ放送管
70	イスラエル・セガル	〃	リガ響・同オペラ

　そのため同団は創設当初から既に完成度の高いオーケストラであり、ゲスト・アーティストの確保にも何ら問題はなく、管理体制、芸術性共に他の名流楽団同様、国際演奏サーキットでも先頭集団に位置する団体と言えた。

　歴史の短さという点からいえば、そのプログラム・ライン・アップはあまりにも豪華すぎるものだった。

　それでも設立当初は MD（音楽監督）をおかず、それに代わるものとして「音楽顧問＝ Music Advisor ＝ MA」制を導入。オープニング・コンサートを振ったトスカニーニをはじめ、大半の公演を MA 又は客演指揮者で賄っている。

　ズービン・メータに本格的な MD のタイトルを冠するまでの間、様々な職名（MA、LC ＝桂冠指揮者、PC＝ 首席指揮者等）を贈られ、IPO のポディアムに君臨した歴代指揮者達は以下の通りである。

　　＊客演指揮者の時代（1936 〜 1940）
　　＊ウィリアム・スタインバーグ（1936 〜 1938 ＝音楽顧問）
　　＊完全客演指揮者の時代（1940 〜 1947）
　　＊レナード・バーンスタイン（1947 〜 1990：桂冠指揮者）
　　＊ポール・パレー（1949 〜 1951：音楽顧問）
　　＊完全客演指揮者の時代（1951 〜 1957）
　　＊ジャン・マルティノン（1957 〜 1959：音楽顧問）
　　＊完全客演指揮者の時代（1959 〜 1968）
　　＊ズービン・メータ（1969 〜 1977：音楽顧問）
　1. ズービン・メータ（1977 〜 1981：音楽監督）
　2. ズービン・メータ（1981 〜 2019：終身音楽監督）
　3. ラハフ・シャニ（2019 〜 2020 ＝次期音楽監督候補、2020 〜＝音楽監督正式就任）

　IPO と言えば、その存在自体が政治体制あるいは国家の存続意義と深く関っていることで有名だ。つまり、1938 年 11 月の「ユダヤ人一斉摘発で知られる Kristallnacht

Pogroms＝クリスタルナハト虐殺＝いわゆる"水晶の夜"事件」以後、反ユダヤ主義
思や言質を繰り返したワーグナーやR・シュトラウスの作品演奏が、「かつてのナチズ
ムを想起させるものであり、楽員の大半がその犠牲者達という理由により、演奏禁止
となった」ことがその証左である。

　そしてその禁止条項は戦後半世紀を過ぎた今も、楽員、聴衆間に出口の見えない対
立を醸成しており、演奏芸術の力にも人間の業の深さを和らげるのに限界があること
を見せつけているのだ。

　さてここからは、今や世界有数の高水準アンサンブルとして認知されたIPOの沿革
史、および同団の発展に貢献したマエストロ達の足跡を辿ることにしよう。

　まず現在のIPOは世界最多の定期公演予約者数を誇る団体でもある。テル・アヴィ
ヴを中心に、ハイファとエルサレムの三都市で同公演シリーズは提供され、そのゲスト・
アーティストは世界の名流がズラリと並ぶ。1シーズンの公演数は190 〜 200回に上
り、海外公演が特に多い。

　楽団の運営形態は自主管理によるもので、終身定期会員と楽団代表で構成される人々
が理事会役員を選び、更にその中から楽員代表3人が選ばれ、楽団の運営方針、プロ
グラム構成、ゲスト指揮者やゲスト・ソロイストとの契約、楽旅、広報などの業務を
2か年の任期で行うという仕組みだ。

　上述したように、IPOは国際政治情勢の動きに大きく左右されながらも発展を続け
てきたが、その内容は概して戦後のユダヤ民族の浮沈を如実に示すもの、となっている。
つまり、世界の楽壇に於けるユダヤ人音楽家のネット・ワークの強さ、支援体制の凄
さを見せつけるもの、ということである。

　創設14年目の1955年にはS・クーセヴィッキーとL・バーンスタインに率いられ
て北米及び欧州への楽旅、ついで1960年には世界一周楽旅と、草創期から早くもグ
ローバルな活躍を展開してきた。

　その当時の難を言えば、一つは他の実力団体と異なり、いわゆる音作りに強烈なリー
ダー・シップを発揮できる「名流シェフ」を常任に迎えなかった、という点だろう。

　そして二つ目は、常設の定期公演会場がなく、まるでジプシーのように国内の映画
館や小劇場を渡り歩いていた、ことだった。

　そのためIPOがいくら「技術的には世界の名人奏者の集積所」だったとはいえ、ア
ンサンブルの安定度はかなり不安定なものであった。

　それでも何とか高水準のレヴェルを維持できたのは、草創期に総支配人及び芸術監
督を務めたL・ケステンバーグの力に拠るところが大きい。

　彼は名流指揮者達が指揮した公演の隙間を、大小様々な形の公演を創出して埋め続
け、楽員のモラルの低下を防ぎ続けたのである。

　またそのケステンバーグと共に、演奏面での実質的なレヴェル・ダウンを防いだの
はスタインバーグだった。彼はオーケストラ・トレーナーとしての役目を果したので

ある。

　だがそのスタインバーグが北米のピッツバーグ響へリクルートされ、パレー、マルティノンも次々に手兵との長期的な活動を始めて行くに従い、IPO もいわゆる常任シェフを招請する方向へと動き出す。

　その前に IPO はコンサート中心のオーケストラなのに、創設と同時に何故常任の音楽監督、あるいは芸術監督、または首席指揮者などの類の常任指揮者制を採用しなかったのか、という疑問が残る。

　それに対する答えは、IPO の使命を完全に理解し、楽員と一体感を持てる指揮者がいなかったこと、だと思う。

　そしてメータが最初の音楽監督として招かれ、後に長期在任を果し、最後は終身音楽監督などと言う最高の待遇を受けたのは、彼がまさしく IPO の使命を理解し、楽員と一体感を持ち、「今風に言えば "IPO　FIRST"」と常に念じていたからであろう。（その証拠が、湾岸戦争が勃発した時、当時 NY フィルの音楽監督を務めていたメータが、同団との公演を全てキャンセルし、IPO の危急を救ったことはよく知られている。実を言うと筆者は当時、NY に住んでおり、その出来事を目の当たりにした。）

　さてその IPO 最大の功労者メータにもついに引退の時が来た。彼が去ると IPO に残されるのは、同団が依然としてイスラエル国家と一蓮托生の存在であり、平和こそが同団の未来を形成する鍵である、という存在意義だけだ。それを守るためメータは、半世紀の間いわば体を張ってきたと言える。

　その後任に決まった若きユダヤ人指揮者ラハヴ・シャニは、おそらく IPO 全楽員のみならず、世界中のユダヤ人が待望していた生粋のイスラエル人（テルアヴィヴ生まれ＝ 1989 年）のユダヤ人だ。イスラエルで生まれ育ち、音楽教育もイスラエルで受け（但し、指揮とピアノは、テル・アヴィヴの音楽院に在籍しながら、ベルリンの「ハンス・アイスラー大学」で、それぞれ F・ビディーニ、D・バレンボイムに並行して師事した）、演奏家としてのキャリアも同様で、言ってみればまさに純国産の大器である。メータ後の IPO 新時代を築いて行くのに相応しい人材ではなかろうか。

　IPO の指名を受けるまでのキャリアも堂々たるものだ。2013 年 10 月の「G・マーラー指揮コンクール」で優勝した後、IPO へは指揮と独奏ピアニストに度々招かれ、中でも同団創立 80 周年記念公演（2016 年 12 月）シリーズの最終日の指揮は、絶賛を浴びた。

　IPO 以外では、ウィーン・フィル、バイエルン放送響、ベルリン国立歌劇場管、パリ管、アムステルダム・コンセルトヘボウ管、ロンドン響等の主要ヨーロッパ楽団、更に北米ではボストン響、フィラデルフィア管をはじめとする上位メジャー級を総ナメにするという大の付く躍進ぶりだ。

　2018 〜 19 年度シーズン現在、IPO の指名した地位の他に、オランダのロッテルダム・フィル（Y=N= セイガンの後任として 2018 年度から MD に就任した）、ウィーン響（2017 〜 18 年度から首席客演指揮者に就任）の両アンサンブルを兼務。世界の

演奏サーキットで、その重要度を益々高めている。

　まさに本格的な飛翔を始めたシャニ。世界中のクラシック音楽ファンには当年（2018年）とって僅か29歳のこの青年指揮者が、IPOでいかなる時代を切り拓いて行くかを見聞できるのは、大きな楽しみになると思う。（完）

＊推薦ディスク

　1.「交響曲第9番"ザ・グレート"（F・シューベルト）」

　　「交響曲第38番"プラハ"（W・A・モーツァルト）」：ズービン・メータ指揮

　2.イスラエル・フィル・ライヴ録音集（惑星＝G・ホルスト、春の祭典＝I・ストラヴィンスキー）：ズービン・メータ指揮

　3.「ヴァイオリン協奏曲（J・シベリウス）、スコットランド幻想曲（ブルッフ）」

　　：五嶋みどり（Vn.）、ズービン・メータ指揮

　4.「交響曲第3番"エロイカ"（L・v・ベートーヴェン）、高雅で感傷的なワルツ（M・ラヴェル）」：ジュゼッペ・シノーポリ指揮

　5.「交響曲"大地の歌"（G・マーラー）：レナード・バーンスタイン指揮

2. エルサレム交響楽団
（JERUSALEM SYMPHONY ORCHESTRA）

　「我々は決して希望を捨てない。2千年間抱き続けてきたこの希望を。我々の土地で自由の民となることを。シオン（ZION）の地、エリサレムの地で。」

　という内容の、シオニズム運動歌「ハティクバ」（＝ヘブライ語で「希望」の意）は、シオンの丘を目指して世界中から集まったユダヤ人達が、イスラエルの地（パレスチナの地）からパレスチナ人（アラブ人）達を追い出して、自分達だけの新しい国イスラエルを建国し、その国歌となった。

　一方、国を追われたパレスチナ人（アラブ人）達は、ディアスポラ（離散）状態となり、インティファーダと呼ばれる大衆蜂起を繰り返しながら、自らの国を建設するために、流血の道を選ぶ。

　パレスチナ問題は宗教戦争（ユダヤ教対イスラム教）であり、一つの地域を二つの民族が争っているという領土問題である。

　従ってそこには、解決の方法や妥協の道はあり得ない。」」

　かつてパレスチナ問題は、そのように受け取られていた。それから今日に至るまでに、発展はあっただろうか？

　確かに停戦条約が結ばれ、表面的には平和が訪れつつあるかのようだが、その一方

でベギン首相（イスラエル）が暗殺され、各地では大小規模の衝突は依然後を絶たない状況だ。

イスラエルとパレスチナ、あるいはユダヤ人とアラブ人・・・その対立抗争の歴史を考える時、シンフォニー・オーケストラに言及するのは無意味なことだろうか？

すなわちユダヤ人には国際的水準に達した優秀な交響楽団が二つ（イスラエル・フィル（IPO）とエルサレム響（JSO））があるのに、アラブ側には何故ないのか、ということである。

ユダヤ民族の持つ集団の凝集力に対する考え方と、アラブ民族のそれとの違い。あるいは、それが両民族に於ける優れたオーケストラの有無の理由を解くカギになるかもしれないし、対立の図式の根底にあるもの理解していくキッカケになるかもしれない。

文化の諸相が出揃った今、アラブ側に優れたオーケストラがない、あるいはそのような高水準に達したアンサンブルを創設しようという動きさえ見せないのは、アラブとユダヤの対立の源泉を探る上で極めて象徴的であるような気がする。

1936 年、イギリス支配下のエルサレムを本拠地としていたパレスチナ放送局（PRB）は、小編成のアンサンブル（JCO）を編成した。これが JSO の前身となる。単一チャンネルで、ヘブライ語、アラビア語、そして英語による放送を行っていた RPB は、既に設立されていた IPO のライブ放送を開始。国民からの熱狂的な支持を得た。

それと並行して番組での音楽の需要が高まり、PRB は室内楽チーム JCO を編成したのである。同団は歌手兼作曲家カール・サロモン（のちにシャロモンと改名）、及びピアニスト兼ハープシコーディスト＝アリー・サックスの好指導により、グレード・アップを遂げた。

特にサロモンは、大半のコンサートを指揮、戦争で運営資金調達がままならぬ時でも、楽員を励ましながらアンサンブルの水準を維持し続けた。そしてイスラエル建国前には不定期の開催だったコンサートも、建国後は一週間に一度確実に行われるようになり、JSO の実力も徐々に向上して行った。

ところがアンサンブルとしての知名度や水準に関して言うと、IPO のそれには遠く及ばない。世界的演奏サーキットへ打って出るには、JSO は明らかに力不足で、思い切ったスケールとグレードを向上させる以外、方法はなかったのである。

その両面の急伸を図るチャンスがやって来たのは 1967 年、すなわち第三次中東戦争（いわゆる六日間戦争）終了後であった。この戦争で大勝利を収めたイスラエルは、パレスチナを支配下に収め、世界中からユダヤ人移民をの入植を更に促進する。

この時期特に目立ったのは、旧ソヴィエト（現ロシア）とアメリカから数多くの優秀な奏者がやって来たことだった。

それまで腕利き奏者を IPO にとられ、中々レヴェル・アップを果たせないでいた ISO。それが一気に解消される見通しとなり、しかもフル・スケールのアンサンブル

に再編可能な楽員数を確保出来たため、ISO は名実共に IPO と競いあえるレヴェルまで、組織拡大を実現して行った。

　IPO の後塵を拝してきたとはいえ、ISO は創設以来音楽監督制を敷いて、アンサンブルの向上を図り続けており、そのライン・アップを紹介すると以下の通りとなる。

1. カール・サロモン（のちシャロモンに改名）（1936 ～ 1954）
2. ハインツ・フローデンタール／ジョージ・シンガー（1954 ～ 1956）
　＊客演指揮者の時代（1959 ～ 1962）
3. メンディ・ローダン（1963 ～ 1972）
4. ルーカス・フォス（1972 ～ 1974）
　＊客演指揮者の時代（1974 ～ 1977）
5. ゲイリー・ベルティーニ（1978 ～ 1986）
6. ローレンス・フォスター（1986 ～ 1992）
7. デヴィッド・シャローン（1992 ～ 2000）＊＊シャローン急死の為、任期途中からシャスランが代行
8. フレデリック・シャスラン（1999 ～ 2002）
　＊客演指揮者の時代（2002 ～ 2003）
9. レオン・ボツスタイン（2003 ～ 2013）
10. フレデリック・シャスラン（2012 ～ 2019）＊＊ボツスタインが任期途中に降板したため、シャスランが代行
11. スティーヴン・スローン（2019 ～ 　）

　次に JSO の活動内容と、歴代シェフ達が残した実績の一部の紹介に移ろう。まず活動内容だが、同団は現在イスラエル国営放送（IBA）クラシック音楽部の 1 部門として機能する一方、独自の定期公演シリーズ（約 35 回）を提供している。定期公演に集まる会員数は、IPO の 5 分の 1 と少ないが、JSO が提供するコンサート総数からすれば、かなりの大人数である。

　さて初代シェフ・サロモンによって基盤作りを終えた JSO は、スエーデン人のフローデンタールとイスラエル人のシンガーに引き継がれ、定期シリーズの整備充実を図る。が、その後は強力なシェフのリクルートが不調に終わり、3 シーズンをゲストで凌がねばならない。

　ようやくシェフを任される人材としてルーマニア出身の若手ローダンを三代目に起用。彼は約 10 シーズンにわたりアンサンブル作りに励んだが、国際的名声を得るまでには至らなかった。

　4 代目のフォスは L・バーンスタインらと同世代のアメリカ人。JSO の前に既にブルックリン・フィルやミルウォーキー響等の MD を歴任していたとはいえ、どちらかと言えばフォスは、指揮者というより作曲家としての方が評価は高い。

　イスラエルでのポジションよりも、アメリカで活躍の場を求める気持ちが強かった

らしく、ユニークなマラソン・コンサート等の企画を実施する他、わずかな業績が目立った程度で、JSO には 2 シーズン留まっただけである。

　フォスの後任はイスラエル人のベルティーニ。そのためかなりの時間を JSO に割くものと期待された。が、他への客演活動に力点を置いたおかげで、目立つような成果を残せなかった。

　続くフォスターはアメリカ人。彼の場合は地味なアプローチが災いし、結局 JSO をメジャーな地位へ押し上げることが出来ないまま終わっている。

　続いてシャローンが登場。ベルティーニと同じイスラエル人（テル・アヴィヴ生まれ）の彼も、長期の在任とアンサンブルのグレード・アップを期待される。というのも、彼のキャリアがあまりにも飛びぬけて華々しいものだったからである。

　ウィーンで名伯楽ハンス・スワロフスキーに指揮法を学び、ウィーン・フィルに客演を重ねるバーンスタインの助手に招かれたことを皮切りに、そのウィーン・フィル、ベルリン・フィル、ロンドン・フィル、更には北米の主要楽団及び主要オペラ・ハウスへ次々に客演して成功を収め、一躍スター指揮者の仲間入りを果たしての JSO 入りだったからである。

　ところが好事魔多し、日本へ客演に訪れ、その一つ東京メトロポリタン響に登場した時、ASTHMA　ATTACK（喘息の発作）に襲われ、急送された病院で亡くなってしまった。（2000 年 9 月 16 日）

　志半ばで逝去したシャローンの代役（タイトルは首席指揮者）を務めたのはシャスラン、続いてボツスタイン。シャスランはその後、再度 MD に招かれるが、最初の時は 3 シーズンの在任であるため、目立つ実績はなかった。

　その点では、後任のボツスタインとて同様である。彼の場合は活躍の中心が NY（アメリカ響）ゆえ、距離的な問題もあり、長期の在任ではあったが、目を集中的にアンサンブルを鍛えることが叶わなかった。

　結局その課題を引き受けたのは、彼の後任で返り咲き（再任でのタイトルは MD）のシャスランである。

　我が国での知名度は低いものの、シャスランはパリでバレンボイムのアシスタントとして指揮のキャリアを本格化、その後北米のサンタ・フェ・オペラ（MD）、ウィーン国立歌劇場、ルーアン歌劇場、等でオペラの主要演目をこなし、コンサートの面でも、ウィーン・フィル、同シンフォニカー、UK のハレ管、ロンドン響、ロンドン・フィルなどへ精力的に客演を続け、ハノーバーでは「指輪」の全曲上演を成功させている。

　シャスランの強みはレパートリーの広さで、オペラの新旧作品はもとより、交響管弦楽の分野でも安定した実力を披露。特に JSO では、フレキシビリティの面を錬磨。公演ごとに聴衆を唸らせ、動員力の向上を実現してきた。

　だがそのシャスランも 2019 年度シーズンを以て JSO を離れる。同団はボツスタインに桂冠指揮者の称号を贈ったが、いわば「中興の主」ともいうべきシャスランの功

績に対し、楽団がどのような形で報いるかも注目される。

　そしてシャスランの後任に指名されたのは、アメリカ出身のホープ＝S・スローンだ。加州 LA 生まれ（1958 年）のスローンは就任時 61 歳を迎え、もはや若手と言うより「壮年」の部類に入る指揮者である。

　1980 年代の大半をイスラエルで過ごし、フランクフルト歌劇場（楽長）ではオペラを、2007 〜 2013 年度シーズンにはスタヴァンゲリ響で MD を歴任。北米でもスポーレット音楽祭（1996 〜 2000）、アメリカ作曲家管（MD）等を率いてきた。

　彼の強みは現代作品に明るい点で、レパートリーは前任者に比べ広くはないが、これまで JSO にはなかった機軸を打ち出すものと期待されている。（完）

＊推薦ディスク

1. 6 大陸の音楽 1991：「ア・ガール・ネイムド・レモネード」（T・フライシャー）：指揮＝S・ロンリー＝リリクス

2. 小さな三文音楽・「マハゴニー市の興亡」（K・ヴァイル）：指揮＝L・フォス

3. ギター協奏曲第 1 番（M・カステルヌオーヴォ＝テデスコ）、二つのヘブライの歌—第 1 番カディッシュ（M・ラヴェル：編曲・N・ボネ）他：独奏 Gt. リアット・コーエン：指揮＝R・カディシュソン、F・シャスラン

4. クレオール風舞曲の組曲 Op.15 ＝（A・ヒナステラ作曲、S・コーエンによる管弦楽編曲）他：指揮＝G・ベン・ドール

5. ヴァイオリン協奏曲ホ短調（メンデルスゾーン）、同ニ短調 Op.56（N・ウィルヘルム＝ゲーゼ：独奏 Vn. トーマス・アルベルトゥス・イルンベルガー：指揮：D・サロモン

3. ビルケント交響楽団
(BILKENT SYMPHONY ORCHESTRA)

　トルコ共和国（正式名称＝ TURKIYE CUMHURIYETI、英語表記では「Republic of Turkey」、通称は「トルコ」：首都アンカラ、最大都市はイスタンブール）は、世界 19 位（2017 年度調査）の人口 7、700 万人を擁し、西アジアのアナトリア半島（いわゆる小アジア：同国国土の 96％がこの地方にある）と東ヨーロッパのバルカン半島東端の東トラキア地方にまたがる、アジアとヨーロッパの両州に広がる共和国である。

　建国年（すなわち共和制宣言）は 1923 年 10 月 29 日。旧石器時代（1 万 1000 年〜 60 万年前）からの遺跡（アナトリア地方）が存在するほど古い歴史を誇っているが、

「ヨーロッパの国なのか、それともアジアの国なのか」という問題の答えは、今も不鮮明である。（ただし現在の同国政府の公式見解は、「ヨーロッパの国」ということになっている。）

　首都アンカラはアジア側に位置し、一方で同国最大都市イスタンブールはアジアとヨーロッパにまたがる海峡都市である。それゆえ、上述の問題は今後も、論議の的になり続けるかもしれない。

　さてそのような国土に、古くはヒッタイト、古代ギリシャ、ローマ帝国、そしてイスラーム等多種多様な」文明文化が栄え、それらの混交がトルコ文化の基層を築いてきたと言える。

　その中で、特に西洋のクラシカル音楽の文化は、どのような形で今日的隆盛を迎えたのであろうか。一つの例としてオーケストラを取り上げてみる。同国では現在九つの楽団が活動を続けており、その中で国際的な演奏サーキットに乗っているのは、イスタンブール国立交響楽団（Istanbul State Symphony Orchestra）、ビルケント交響楽団（Bilkent Symphony Orchestra）、そして大統領の管弦楽団（Presidential Orchestra）、の三楽団だ。

((ちなみに、上述の九団体の創立年と現音楽監督（MD又はそれと同等、あるいは同類と目される役職）は以下の通り＝（2019年5月8日現在))

　　　楽団名　　　　　　　　　創立年　　　　　MD又は首席指揮者など

　1. Presidential Symphony Orchestra：1826　Erol Erdinc（ただし在任は2011〜2013まで、現在のMDは不明

　2. Bilkent Symphony Orchestra：1993　　　　Klaus Weise

　3. Istanbul State Symphony Orchestra：1945　　Erol Erdinc

　4. Borusan Istanbul Philharmonic Orchestra：1999　Sacha Goetzel

　5. Izmir State Symphony Orchestra：不明　　　Rengim Gokmen

　6. Dokuz Eylul University Symphony Orchestra：2001　不明

　7. Antalya State Symphony Orchestra：1995　　Inci Ozdil

　8. Burusa State Symphony Orchestra：1995　　Oguzhan Balci

　9. Cukurova State Symphony Orchestra：1988　Emin Guven Yaslicam

このリストから、同国楽壇は一見、活況を呈しているように感じられる。ところがその一方で、隣国や国際社会との政治情勢の複雑化により、内情は不安定なものなのだ。

　総じて言えば、国家自体はヨーロッパの一員になるという宿願を持ちながらクラシカル音楽の分野では他に比べかなり立ち遅れている、というのが現状なのである。

　にもかかわらず、これから国情が安定して行けば、一気に後れを取り戻せるという可能性が残されているのもまた事実だ。

　既に国際的なスーパー・スターとなったピアニスト兼指揮者、そして作曲家のファジル・サイ（代表盤はベートーヴェンのピアノ・ソナタ全集）、かなりの点数のCDを

グローバル・マーケットに放ったイレーナ・ビレット（代表盤はベートーヴェンのピアノ協奏曲、およびソナタ全集等）らの活躍が目立つからである。

　その認識を基に、これから同国の代表的なアンサンブルで首都アンカラのビルケント市に本拠を置くビルケント交響楽団（正式名称は、Bilkent Senfoni Orkestrasi＝以下 BSO）の細かい沿革を紹介しながら、他の二つの団体のそれをも随時俯瞰していきたい。

　まずその前にトルコの「クラシカル・アンサンブル史」を見ておこう。それを語るには、上述した「Presitential Symphony Orchestra」（以下 PSO）に言及するのが最適である。

　1826 年、スルタン（君主）・ムハンマド II 世の命により、Imperial Band（軍楽隊＝当時は Mizika － i Humayun と呼ばれていた）が首都アンカラに創設された。これが PSO の前身であり、同時に実質上のトルコにおけるアンサンブル史の幕を開ける役目を果たした。従って PSO は、「世界最古の楽団の一つ」と呼ばれてもおかしくない歴史を持っているのだ。

　PSO はそれから 2 年後の 1828 年には、ジュゼッペ・ドニゼッティを首席指揮者に迎え、次第に演奏水準を上げる一方、様々な国難、政変を乗り越えながら存続する。

　同団最大の功績は、一般的な演奏活動と並行して、トルコ独特のポリフォニー音楽を普及させたことであり、数多くの楽旅を繰りかえす中で、演奏能力に磨きをかけ続けてきたことだ。

　PSO は更に 1932 年 6 月 25 日には「Riyaseti Cumhur Orkestrasi」（Republican Orchestra ＝共和国のオーケストラ）、そして 1957 年の法改正で「Cumhurbaskanligi Senfoni Orkestrasi」（Presitential Symphony Orchestra ＝大統領の交響楽団・オーケストラ）へと改称を繰りかえし、今日に至っている。つまり他の団体は、そのような PSO の浮沈を見ながら独自に発展を続けてきた、というわけだ。

　トルコ共和国の国情は、相変わらず不安定要素に取り囲まれトラブルが絶えないが、そんな中でも PSO は、積極的に国際的なサーキットでの活躍を止めることはない。（例えば、2015 年度のシーズンに行った「WORLD TOUR」は、まさしく世界各地を巡演し大成功を収めている。）現在の MD は 1955 年イスタンブール生まれのレンギム・ギョクメン。

　そして同団におくれをとらじと果敢に動いているのが、Borusan Istanbul Philharmonic（以下 BIPO）とビルケント響（以下 BSO）だ。BIPO の前身は、1993 年イスタンブールに創設された「ボルサン室内楽団」。その 6 シーズン後にスケール・アップして BIPO となった。本拠地は変わらずイスタンブール市である。BIPO の初代 MD に招かれたのはギューラー・アイカル。

　現在はオーストリア出身のサーシャ・ゲッツエルを MD に据て、BBC プロムスやザルツブルク音楽祭等をはじめ、ヨーロッパ各地およびロシア等へも楽旅を敢行、好評を得ている。同団は録音にも積極的な姿勢を見せ、Naxos レーベルを中心に、同国出

身のファジル・サイ（名流ピアニストでもある）が作曲した作品（例えば「イスタンブール交響曲」）等をリリースしている。

　そして BSO だが、同団は 1993 年、ビルケント大学演奏芸術学部の付属団体として創設されたアンサンブル。楽員は当初、同大学の教授職員に卒業生そして OB で構成され、コンサートの際には、音楽監督または首席指揮者制を敷かず客演で一貫した。

　そのためポディアムには、同大学の教授を中心に、世界の演奏サーキットで活躍する名流指揮者（V・アシュケナージ、V・フェドセイエフ、Y・レヴィ、C・ポッペン、I・マーリン等の錚々たる面々）が招かれ、またソロイスト（V・アファナシェフ、P-L・エマール、R・バボラーク等世界の名手揃い）には、世界の名手たちが多数登場している。

　その後、卒業生が増え、教授職員が離団するに従い、BSO は次第に独り立ちしていく。その結果、ついに「トルコ初の自主運営団体」へと成長を遂げ、初の「MD（音楽監督）または首席指揮者」を招聘するまでに体裁を整えた。（が、初代 MD の就任年度は不明である。）

　BSO はそれからも順調な発展を続け、2018 年度シーズンには楽団創立 25 年目を迎えた。本拠地のアンカラにある定期公演会場の聴衆動員率は何と平均 95％。関係者の企業努力、すなわち開明的な管理運営方針と、楽員の労を惜しまぬ演奏力向上への取り組みが奏功した結果である。

　また同団の楽員補給基地ともいえるビルケント大学音楽学部の卒業生も既に 2,000 人を突破。将来の演奏レヴェル維持はもとより、定期会員予備軍の養成も好調だ。

　演奏水準の上昇と平行する形で、BSO は商業録音（Naxos,CPO,EMI 等の各レーベルから、20 点余のディスクをリリースしている）にも乗り出し、リリースする点数を増やしてきた。今や世界的サーキットでの、更なる活躍を期待される域に入りつつある」。

　以下 BSO の歴代 MD、および推薦ディスクを記しておきたい。

＊歴代音楽監督

　1. ヌスレ・イシュピル（NUSRET ISPIR）

　2. クラウス・ワイズ（KLAUS WEISE）

＊推薦ディスク

　1.「祈り・二十世紀のメロディ」より

　　「チェロ協奏曲（2008）」（ベンジャミン・ユスポフ作曲）他・世界初録音

　　チェロ独奏：ミーシャ・マイスキー、リリー・マイスキー、：指揮・B・ユスポフ

　2.「ピアノ協奏曲変ホ長調」（ジュール・マスネ作曲）：(Pf.) イディル・ビレット

　　「交響曲的変奏曲 M46、交響詩「鬼神」M45」（セザール・フランク作曲）：指揮・アラン・パリ

　3.「ピアノ協奏曲全集」、「合唱幻想曲」（L.v. ベートーヴェン作曲）：(Pf.) イディル・ビレット

4.「チェロ協奏曲（2006）」「アド・インフィニトゥム＝永遠に向かって」（エミール・タバコフ作曲）：（チェロ独奏）・ティム・ヒュー、指揮：エミール・タバコフ

5.「交響曲第2番"コンスタンティノープルの陥落"」（1994）、「トルコの民族楽器と声楽のための協奏曲」（2002，2009）、＊「ピアノ協奏曲」（1984）：独奏 Pf.・カムラン・インス

「赤外線のみ」（1985）（いずれもカムラン・インス作曲）：指揮・カムラン・インス（＊のみイシン・メティン）、ビルケント・ユース合唱団

民族楽器（カッコ内は担当楽器）：ネヴァ・オズゲン（ケメンチェ）、ヴェラレッティン・ビジェル（ネイ）、アリ・ベクタス（ズールナー・1）、セブデッド・アクデニス（ズールナー・2）（完）

《東南アジア》

1. マレーシア・フィルハーモニー管弦楽団
(MALAYSIAN PHILHARMONIC ORCHESTRA)

「Unity is Strength」（団結は力なり）を国の標語に定めたマレーシアは、東南アジアのマレー半島南部（国土の4割）とボルネオ島北部（同6割）を領域とする、「連邦立憲君主国家」で、かつ「英連邦加盟国」及びASEANの一員である。(但し「イギリスから独立したのは1957年8月31日」そしてマレーシアが成立したのは1963年9月16日)

主な宗教はイスラーム教で、三つの公用語（マレーシア語、英語および中国語）を持ち、首都はクアラルンプール。3200万人の人口（2017年度調査による：6割はマレー系、3割は華人系、1割はインド系で構成される。）を擁し、国家元首である国王は13州のうち9州にいるスルターン（首長）の互選により選出され、任期は5年（実質的には輪番制）。同システムは世界でも珍しい、世襲ではなく選挙でえらばれる（しかも終身制ではない）というもの。(更に、行政府の総責任者は「首相」であり、国王は内閣の補佐を受けて行政を担当している。)

大半の東南アジア国家が欧米列強による植民地支配により発展が遅れる中、マレーシアはシンガポールと共に、戦後は日本を手本として工業化と経済発展を実現。更にリゾート開発を推進して観光産業の整備強化（ペナン島、ボルネオ島、キャメロンハイランドなどが有名）を推進。民族間の貧富の差や政情不安などの否定的側面は存在するとはいえ、「東南アジアの優等生」等と呼ばれるほど、国力の総合的発展を遂げてきた。

特に注目を集めたのはIT分野における躍進である。「アジアにおける先進国」となるべく、ITインフラの整備を推進。目覚ましい勢いで発展を遂げてきた。

それに伴い、文化芸術面での政策をも積極的に推進。中でも巨大国営石油企業＝ペトロナスは当初から、本格的なクラシカル音楽の普及発展に寄与すべく、その分野における熱心な後援者となった。

そして1997年にはなんと、世界中から演奏家（楽員の国籍は25か国にのぼる）をリクルート。105人の楽員編成による管弦楽団＝マレーシアン・フィルハーモニック管弦楽団（MPO）＝を創設。西洋音楽の伝統のない同国で、「Dewan　Filharmonik　Hall」という名称の定期公演会場を建設し、一気呵成に国際水準のアンサンブルをスタートさせたのである。

更にユース・オーケストラをも併設し、長期的展望に立ってアンサンブル総体を支えていくプロジェクトをも、同時進行でスタートさせた。この快挙に世界中の楽団関

係者が驚いたのは当然であった。

　ＭＰＯは創立後間もなく、草創期の楽団経営面における混乱（特に音楽監督の就任直前の理由不明の解雇、あるいは楽員のオーディションのボイコット騒動など）に見舞われるが、それを乗り切って継続への布石を打ち続けるという「その後の経営努力」は、いささか強引な処もあるとはいえ、他の手本となって行く。

　正式な MPO の創設は 1997 年、初公演は翌 1998 年の 8 月 17 日である。以後同団は以下の歴代音楽監督（MD）または首席指揮者（PC）達によって牽引されてきた。

1. キース・バケルス（（蘭）またはキース・ベイクルス（英）、あるいはキース・ベークルズ）本論ではオランダ語の表記＝キース・バケルスを採る。）（1998 〜 2005）
　＊ジェームス・ジャッド（2003 〜 2004）
　（注）ジャッドは、理由不明のまま就任前に辞任
2. マティアス・バーメルト（2005 〜 2008）
3. クラウス・ペーター・フロール（2008 〜 2014）
4. ファビオ・メケッティ（2014 〜 2020）
5. 準メルクル（2021 〜 2022）

　＊＊（以下、後任の MD は発表されておらず、現在は「RESIDENT CONDUCTOR」というタイトルで、我が古澤直久（元 NHK 響ダブル・ベース奏者で MPO の現役楽員）が指揮者を兼任している。）

　次に各 MD の足跡を辿ってみる。まず初代常任のバーケルスから始めよう。1945 年 1 月 14 日オランダのアムステルダムで生まれた彼は、最初演奏家としてのキャリアをヴァイオリニストとして始めた。後に指揮法を修めたのは、地元のアムステルダム音楽院、およびイタリアのキジアーナ音楽院に於いてである。

　本格的に指揮者へ転向した後は、オランダ室内管、オランダ放送響のシェフを歴任。更に国外での MD キャリアはイギリスのボーンマス響で 10 シーズン在任し、その間同団と RV・ウィリアムスの交響曲集などを録音（NAXOS）、世界的な注目を集めた。

　MPO からの MD 招請はその実績を評価されてのもので、初代のシェフらしく草創期のアンサンブル、及び楽団組織作りに大きく貢献した。バケルスは当初 5 シーズンを以て降板を表明、その後は「桂冠指揮者」の称号を贈られ、後任のジャッドにバトン・タッチ（契約の締結は 2003 年）が決まっていた。

　ところがそのジャッドはこともあろうに、就任直前になって辞任を表明。理由は不明のままだが、消息通によれば「楽団の管理中枢との間で起きたトラブル」が原因だとのことである。

　バケルスは仕方なく新後任が正式に決まるまでの間（2005 年まで）契約を延長し、事態の収拾に努めねばならなかった。

　そしてようやくスイス出身の作曲家兼指揮者バーメルトが 2 代目の MD に決定する。バーメルトは祖国スイスの音楽院を出た後、ダルムシュテット及びパリで P・ブーレー

ズそして K・シュトックハウゼンから音楽理論と作曲を学んだ俊才。当初は作曲家を目指し、1942 年生まれと前任者より年上である

　だが 1965 〜 69 年のシーズンにザルツブルク祝祭管の首席オーボエ奏者として活動する中で指揮に魅了され、本拠を北米に移して G・セル、L・ストコフスキーの助手を歴任しながら、更に名門クリーヴランド管（G・セルと L・マゼールの時世）でレジデント指揮者（常駐ポジション）に採用され、続いてスイス放送管の MD（在任期間は 1977 〜 1983）に抜擢されていく。

　ついに指揮活動を本格化したバーメルトは、その後ロイヤル・スコティッシュ・ナショナル管（首席客演指揮者）、グラスゴー及び現代作品ムジカ・ノヴァ音楽祭の音楽監督等を歴任（1985 〜 1990）し、武満徹、ジョン・カスケン、ジェームス・マクミラン、ウォルフ・ライム等の作品を世界初演している。

　その後も彼の活躍は続き、1992 〜 1998 年には母国スイスのルツェルン音楽祭を率いて、コンサート・ホールを完成したり、イースターフェスティヴァル、ピアノ・フェスティヴァルを創設するなど、内外から注目された。

　しかし一方オーケストラの MD としては、いわゆる世界的コンサート・サーキットの最前線を走るメジャー団体ではなく、どちらかと言えばクラシカルの辺境地域（例えば、オセアニア、東南アジア、そしてわが日本の地方団体から招請されるケースが多い。

　いわば発展途上の団体を鍛え上げ、アンサンブルを整えていくといった職人芸を期待されるタイプである。そのため MPO 着任前のキャリアには、ニュージーランド響（2000 〜 2005 ＝首席客演指揮者）、ウェスト・オーストラリアン響（2003~2006 ＝首席指揮者＊但し、同響はバーメルトに対し、契約期限の 18 か月に、同ポストからの解任を通告している）等がある。

　MPO 在任中のバーメルトは、新作を精力的に紹介する一方、定期公演プログラムを精選し、精密な音作りを目指して室内楽を奨励したり、その成果を中国、台湾などへの楽旅で披露する等、グレード・アップを図った。（その後彼は 2018 〜 2019 年度シーズンから 3 シーズン（初回契約年度）の在任契約で、わが北海道の「札幌交響楽団」MD に就任することが決まっている。）

　さてバーメルトの後任は、1953 年ライプツィヒ生まれの旧東ドイツ人クラウス・ペーター・フロール（KPF）。彼が MPO に植え付けたのは、主として得意の独墺系プログラムで、ブルックナー、マーラー、R・シュトラウス、ブラームスおよびシューマン等を含むもの。

　就任前からすでにグローバルな活躍を展開していた KPF は更に、ショスタコーヴィチ、ドヴェザーク、そしてスークらの主要作品を加え、レパートリーの広さで聴衆を魅了。

　東独の政変で若い才能の流出が相次いだ当時、29 歳（1984 年）にベルリン・コン

ツエルトハウス管の音楽総監督に抜擢されたのを皮切りに、ライプツィヒ・ゲヴァントハウス管、ドレスデン・フィルそして35歳（1988年）にはベルリン・フィルにデビューを飾ったKPFのような才能を射止めたのは、MPOにとってまさしく僥倖と言えた。（なおMPO就任前のポジションはイタリアはミラノの「ミラノ・ジュジェッペ・ベルディ響」（2003 ～ 2008）である。）

MPOは国際級の、それも最前線で活躍するKPFに長期在任を期待したが、好事魔多し、初期契約中の2012年2月にトラブル（9人の楽員が急に退団を表明がMPOの楽員オーディションへの参加をボイコットするという騒ぎに発展した）に遭遇。更にMPOは罰金（理由は2006年度に総支配に＝キム・サージェントを解雇したこと）14万7千米ドル支払いを命じられるという事態も出来。

結局トラブル続きに嫌気が差したKPFは、2013 ～ 2034年度のシーズンを以てMDポジションを降りてしまった。

彼の後任に招かれたのは、ブラジル出身のファビオ・メケッティ。ジュリアード音楽院で指揮法と作曲を学んだあと、1989年デンマークで行われたニコライ・マルコ国際指揮コンクールで優勝し、その後本格的な指揮活動に入る。主に北米の地方オーケストラ＝スポーケン響、シラキュース響、ジャクソンヴィル響等でMDを歴任、更にいわゆるメジャー中～上位クラスの楽団へ客演し、加えてメキシコやベネズエラそしてブラジル、またスペインをはじめとするヨーロッパ全域、英国、スカンジナヴィア、オセアニア、日本（札幌響、東京響、広島響へ客演）等のアンサンブルへも登場、グローバルな活躍へつながる実績を積む。MPOからの招請はその結果であった。

ところがそのメケッティ、2014年度のシーズンに着任し、在任期間は僅か6シーズンという短さで終わる。退任が2020年末となったのは、（筆者の推測だが、COVID19のため、メケッティが自由に動けないからだと思う。この点は、香港フィルが、NYフィルのMDを兼任しながら自由に行きかえりが出来ないJ.V.ズエーデンの職務を分担させるため、新しくレジデント・コンダクターとしてリオ・クオークマン（マカオ出身）を迎えている方式と同様だと考えられる。

そしてMPOは、独日混血の指揮者準メルクルをメケッティの後任に決定、受諾された。（在任期間は2021 － 22年度のシーズンから）

ただしメルクルの場合はあくまでもMDとして招聘されるものであり、しかも彼は同シーズンから「フィルハーモニア台湾」の芸術顧問（AD）にも就任するという「売れっ子」だ。

台湾の看板楽団と、マレーシアの多国籍バンド（現在の楽員数は105人、同じくその国籍数は25か国）のポストを牽引することとなったメルクル。両団の思い切ったこの人事は今後大いに期待されるものである。（完）

＊推薦ディスク

1.「バレエ音楽 " アラジン "」（C・デーヴィス）：指揮・カール・デーヴィス

2.「交響曲第 7 番、8 番、9 番 " 新世界より " 他」（A・ドヴォルザーク）：指揮・
　K・P・フロール

3.「交響曲第 1 番、第 2 番」（V・カリンニコフ）：指揮・K・バケルス

4.「" わが祖国 " 全曲」（スメタナ）：指揮・K・P・フロール

5.「管弦楽曲大集成＝交響組曲 " シェヘラザード "、交響曲第 1 ～ 3 番、ピアノ協
　奏曲嬰ハ短調作品 30、他」（R・コルサコフ）：Pf. 独奏・小川典子、指揮：K・バ
　ケルス

2. ベトナム国立交響楽団
(Vietnam National Symphony Orchestra)

　東南アジアで市場の拡大、植民地主義を推し進めるヨーロッパ列強は、征服先の同
地域の国々に自国の文化（演奏芸術の面ではクラシカル音楽）を持ち込み、自国での
鑑賞様式を貫徹しようと試みる。

　その際には、地元の伝統音楽に対しては徹底した軽視または無視あるいは支援体制
の構築などもっての外、という政策を推し進めたのだ。理由はそれが「支配の論理」
の根幹を成すものであり、歴史的に最も成功例の多いスタイルだからである。

　例えばフランスの支配下にあった時代のベトナムの場合もその例に漏れない。当初
から、同国のオリジナル音楽、すなわち宮廷音楽（ニャー・ニャック＝「雅な音楽」
の意＝儀式の音楽、ダイ・ニャック＝「大きな音楽」の意、ティエウ・ニャック＝「小
さな音楽」の意＝王のための室内楽、の三種に分類される。）および民謡の両方は、国
内国外の音楽文化の影響を受け続けてきたが、フランスはそんな国情をよそにオペラ
ハウスを建て、西洋音楽の育成発展を目指して奏者の供給基地＝音楽院を建設したの
だ。

　ベトナムの民謡は多種多様（例を挙げると、「チェオ」、ハッサム（Xam)、クァン・ホ、
ハット・チャン・バン、カ・チュ、ホー等）であり、全国各地で独特の向上発展そし
て継承が為されていたにも関わらず、フランスも他のヨーロッパからの侵略者たち同
様、それらのオリジナル・ブランドを飛び越え、西洋音楽の本流を持ち込んだのである。

　それを象徴する建物＝首都ハノイ在の「ハノイ・オペラハウス」＝ 1901 年に着工、
それから 100 年後に完成した。大理石がふんだんに使われ、フランス本国の様式に従っ
た、いわゆる「フレンチコロニアル」の建造物だ。

「フランス植民地時代」にフランス人が建てた、「西洋クラシカル演奏芸術のメッカ」
＝ハノイ・オペラハウス。皮肉なことにその建物は今日でも、同国を代表する「演奏

会場」となっている。

　さて西洋クラシカル音楽はかくのごとく、いってみれば「侵略戦争の添え物」として、植民地時代のアジア各地域に根付いた。そして今日に至るまで、ローカルの各「伝統的音楽表現様式」と、飽くなき「対立」「競合」「同化」「合流」を繰り返してきた。

　その結果この頃では、「共生」の道へとようやく針路を定めつつある。理由は地域や関係者の指導の濃淡など色々挙げられるだろう。が、決定的なのはやはり、そのクラシカルが内包する「ユニヴァーサリティ」な魅力、接しているうちにいつの間にか惹き込まれて行く不思議な力、ではないだろうか。

　最初は侵略者、権力者、あるいは支配者の愛好品として登場する。だが被支配者をいつの間にか魅了してしまう。優れた演奏芸術には、そのような「言葉では表現できない力」があるのだ。

　さて本稿で紹介するベトナムの看板楽団、「ベトナム国立交響楽団」（以下 VNSO）もそのような経緯を経て生まれた楽団である。同団は勿論、西洋クラシカル専門の演奏団体であり、その前身は 1959 年にまで遡る。

　当時は 1955 年 11 月から始まった「第二次インドシナ戦争」の最中である。しかもそこで 1960 年当時の北ベトナムで結成された「南ベトナム解放民族戦線」が、南ベトナム政府軍と戦争を始める展開になった。

　南ベトナム政府軍を支援するアメリカは、1961 年 1 月 20 日から同戦闘に軍事的にも介入を始める。そして南北ベトナムの争いが終戦を迎えるのは 1975 年 4 月 30 日。実に 20 年にわたる長期的戦闘となった。

　戦争が長期化したのは、当時の米大統領ジョン・F・ケネディが、「南ベトナム軍事援助司令部（通称 MACV）を設置し、ベトナム国土を掃討する作戦に出たためである。その軍事作戦は北ベトナム軍の激烈果敢な抵抗に終始遭い続けたのだ。

　おかげで戦況の泥沼化に従い、戦争末期には、南北両ベトナムの国土および国民は、いずれも疲弊の極に追い込まれてしまった。

　そのような背景を持つ国で、オーケストラが活動を維持して行くのは至難の業というより、不可能に近い。

　日常目にするのは銃を担いで出没する兵士の姿であり、聞こえてくるのは機関銃の音や絨毯爆撃を連日連夜続ける BOMBERS（戦闘機）の不気味な飛行音、発射音だけである。

　アンサンブルを纏めようにも楽員は兵士となり、楽器は手入れをされぬまま朽ちるのを待つだけである。

　それでも南北両ベトナムが対立関係に入る前の、いわゆるオーケストラの草創期には、（1）ハノイ・オペラハウスの楽員とハノイ音楽院所属のアマチュア団体「ハノイ・フィルハーモニック管」の楽員たちが合流して演奏会を開く、更にプログラムによっては（2）同院の西洋音楽を演奏する楽団と、市内の劇場で伝統楽器を演奏する奏者

たちが合同公演を提供する、という二つの形が見られた。

　アンサンブルの水準は、アマチュア並みの出来栄えではあった。勿論世界に発表の機会を求める等、楽団関係者の意識の外である。ただ平和の中で、演奏活動が存分に継続できさえすればよい、という」感じであった。

　ところが1960年代初頭、アメリカの介入で「ベトナム戦争」が激化する社会体制下に突入すると、オーケストラの活動も次第に不安定なものへと変わって行く。

　戦時下では当然のことだと思うが、「まず楽員調達が儘ならず、アンサンブル作りも困難を極める状況」に一変する。戦争が演奏芸術の最大の敵であることは、ベトナムでも明らかにされたのだ。

　それと関連する話だが、筆者は後年、同国の生んだ巨匠ピアニストで「ショパン・コンクール」を制覇したダン・タイ・ソンと、二回にわたってインタビュー（沖縄公演時）を行なう機会を得た。その際、ベトナム戦争中、音楽家を目指す若者、および指導者たちがいかに苦境にあえいでいたのかを、つぶさに伺うことが出来た。その内容はまさしく、筆舌に尽くし難いものであった。

　ダン・タイ・ソンが7歳の時に始まったベトナム戦。彼はその戦争中、5年もの間ジャングルの中に避難し、そこで暮らしたという。

「私の家族はハノイ市出身ですので、ジャングルに避難する時は、まるで家ごと引っ越すような感じでした。今では信じられない話ですが、音楽学校についても同様です。今まで平地、すなわち街のフラットな場所にあった施設が山の中、ジャングルの中に移るのです。私が学んでいた音楽学校では、アップライトのピアノを、なんと二十台もそのジャングルの中で運び入れたのですよ。」

　そのダン・タイ・ソン少年が極度の緊張の中で練習を重ねたピアノ。それが音を立てるジャングルに猛爆を加えるため、連日連夜飛び立っていく米軍の爆撃機B52。その出撃基地は筆者の住む沖縄の嘉手納基地であった。

「でも夜間にはどうしてもピアノの音がハッキリ聞こえるようになります。だから私はそれを恐れて、大きな白紙に八十八鍵盤を書き、ローソクの明かりを頼りにそれをなぞって練習を続けました。」

　ダン・タイ・ソンは、母親（マダム・タイ・ティ・リエン＝ベトナム国立音楽院教授。また彼女はハノイ市立音楽院にピアノ科を創設したことでも有名。）がピアニストだったお陰で、ベートーヴェン、ショパンなどの楽譜を多数所持していたという。

　それにしても、やる気さえあればクラシカル音楽は、演奏家志望者を優れた奏者にしてくれるものである。ただベトナムの場合、国土を南北に分断しての「米ソの代理戦争」という異常事態が二十世紀終盤まで続いた。そのため国土および国民の精神状態は疲弊の極に達し、特に演奏家をプロレヴェルにまで育成するのに時間が掛かった。

　戦争で破壊されたアンサンブルを回復させるには、長い年月と教育施設などの受け

皿、および優れた指導者が必要である。欧米の侵略者たちは結局、ベトナム民族の誇りと命がけの抵抗の前に屈したものの、演奏芸術面での便宜供与には熱心ではなかった。

　なのでベトナムの人々は、徒に先進国へ指導協力を頼まず、時間をかけて地力本願を目指したのだ。同国民の「向上心」および「創意と工夫」には頭が下がる。米国の大学で「ベトナム戦争」の課目を受講すると、（筆者の実体験を踏まえての主張だが）「いわゆる北ベトナムの人々」が、いかに世界最高級の人間的資質の持ち主であるかが理解できるくらいだ。同国民は、圧倒的劣勢を跳ね返してフランス、米国を打倒したその精神力で、今度は演奏芸術面の深化・発展を目指す。

　そしてここから話を本筋に戻そう。

　今日ある VNSO が再び現れたのは 1984 年、すなわちベトナム戦争終了後であった。再出発の形は、VNSO がハノイ音楽院（現在の名称は「ベトナム国立音楽アカデミー」）の専属組織を離れ、新たに文化省（現在の名称は、「文化・スポーツ・観光省」）の直属機関となり、楽団名称も「Vietnam National Symphony Orchestra」と変更されたものとなった。

　VNSO が本拠を置くのは首都ハノイ。近年は 1 シーズン約 60 回の公演を実施。それに加え、国内外への楽旅（その中には、2008 年 5 月から参加を始めた「La Folle Journee au Japan」（ラ・フォル・ジュルネ　IN　Japan」や、2011 年度に実施された北米公演＝ NY のカーネギー・ホールでの演奏会は大成功を収めた。さらに 2013 年度シーズンから始まったヨーロッパ巡演なども含まれている）、録音活動と、多忙を極めるスケジュールをこなす。

　外国への楽旅先で特に多いのは日本である。公演地には東京や大阪それに地方都市が含まれ、盛況を博しているのは、帯同する指揮者が邦人、それも約二十年にわたって VNSO のアンサンブルを磨いてきた本名徹次だからに他ならない。

　本名が同団の指揮を始めたのは 2001 年。それから同団の熱心な招請を受け、2009 年の 2 月には音楽監督（MD）に就任し、現在に至っている。
「本名は MD 就任に際し VNSO が契約書で彼に指示した項目は、「2001 年から 2005 年までの 5 シーズンで、VNSO の演奏力をアジア有数のレヴェルに引き上げること。そして次の 5 シーズンで世界水準に引き上げること。」であったという。(Yahoo! ニュース特集編集部ライター＝中安昭人氏の報告による)

　世界のアンサンブルの実態を知る本名は、そのような実力団体とは比較にすらならない VNSO の非力さに苦笑しながらも、厚顔にして無恥なそのオファーを受け入れる。理由は本名独特の「挑戦者精神」に押されたから、であった。

　本名の VNSO 初指揮（リハーサル）は、2001 年 2 月 11 日である。（上述の中安報告による）以後、多忙の度合いを増す日本での仕事を切り詰めながら、ある種の使命感を持って同団に通い続け、今日に至っている。

結果的にアンサンブルは格段の進歩を遂げてきたとはいえ、世界のサーキットで互角に勝負できるほどのレヴェルではない。が、楽員たちの情熱と、何よりそれを牽引する本名のプロ魂がある限り、前途に悲観する要素は見当たらない。

　ベトナム人と言えば、嘗て、世界最大にして最強の軍事大国アメリカを、粗末な旧式の兵器と巧妙なトンネル戦で敗走させた、不屈の精神力の持ち主なのだ。

　今は状況がいくら否定的でも、名伯楽本名の厳格な指導に食らい付き続けておれば、いつかはアンサンブルを錬磨する闘いでも勝利を納める日が来る、と気楽に構えているのではなかろうか。もしそうであるならば、実に頼もしい。（完）

＊推薦ディスク

(実力不足から世界の演奏サーキットには未登場で、かつ気鋭のフィランソロピストも現れていない今、VSNO が現在グローバル・マーケットに紹介しているディスクは、下記の一点だけである。)

1.「交響詩"幸せを私たちに運んでくれた人"」、「糸紬の歌」（ベトナムバクニン省民謡・チャン・マイン・フン編曲)、「交響曲第9番ホ短調 OP.95"新世界より"」（A・ドボルザーク)：指揮・本名徹次

　＊ 2018 年 7 月 18 日、20 日、来日公演 LIVE 盤

3. 香港フィルハーモニー交響楽団
(HONGKONG PHILHARMONIC ORCHESTRA)

　中国広州 (コワンチョウ) の東南 140 キロに位置し、南シナ海に臨む香港は、香港 (ホンコン) 島、新界、九龍 (「クーロン」または「カオルン」)、ターショイ (ランタオ島) の 4 地区から成っている。

　2019 年現在の正式名称は「中華人民共和国香港特別行政区」。端的に言えば「一国二制度」下にあり、我が国をはじめ、世界中から多くの観光客が訪れ、広大なスカイライン及び天然の良港に恵まれ、世界有数の自由貿易地域である。

　また 738 万人 (2016 年度センサスによる) の人口 (内訳は 93.6% が華人、6.4% がその他の民族) を抱え、世界有数の高い人口密度を有し、かつ 150 年以上の植民地の歴史を持つことでも知られている。

　人口の動態、民族の流入状況について細かく述べると、香港には、太平天国の乱 (1851～ 1864)、義和団事件 (1900～ 1901)、辛亥革命 (1911～ 1912)、日中戦争 (1941～ 1945) 等の戦争が原因で、難民が大量に流入。(これが人口の増大に直結し、水不足を慢性化させ、英国に香港の全領域の返還を決断させる遠因になったといわれる。)

次に香港の主権移行のプロセスを簡単に述べると、まず第一次阿片戦争（1840〜1842）の結果結ばれた南京条約（同年）により香港島が、第二次阿片戦争（1860）後の北京条約（同）によって九龍島がそれぞれイギリス領となり、新界とその他235の島が、1898年条約により、イギリスの租借地となった。そして以後百年目が過ぎて新界租借期限が切れ、1997年7月1日以降中国は香港での主権を回復した。(1984年12月19日＝中英共同声明署名、1997年7月1日＝香港特別行政区成立。しかしその一方で中国政府は、むこう半世紀（50年）の間に限り、現行の資本主義システムの維持を確約した。)

　何はともあれ香港はこれで高度の自治権を保証され、言論、出版、集会の自由を容認され、フリーゾーン等、経済面での国際金融センターの機能を保持することが可能となった。

　国政の変革もさることながら、香港の文化芸術全般にも変化の波は押し寄せてくる。イギリス統治下時代、当然のことだが香港は西洋文明のエキスを取り入れ、アジアで最も目覚ましい発展を遂げる地区となっていた。

　特に演奏芸術の分野では、当然の如く、当事者側にイギリス人中心となり、「本場」直送のクラシカル音楽を移植したのである。

　同地最初期の楽壇を牽引したのは、1895年に創設された香港フィルハーモニック協会（HPS）。同会のアンサンブルは同年に初のオーケストラ・コンサートを提供した。

　ところが当時のアンサンブルは、不定期的に招集されたアマチュア主体の小規模なものであり、第二回目（1903）、三回目（1907）に本格的な公演を提供して後、再結集されることはなかった。

　当時の香港楽壇はどうみてもクラシカル辺境の地であり、地元勢を中心とした本格的な常設オーケストラを創設するには時期尚早、と言わざるを得なかったのである。

　が、時が流れ、機が熟すると、そのような背景を持つ地にも、本格的なオーケストラが誕生する。時は1947年、創設の音頭を執ったのは、イギリス人のヴァイオリニスト＝ソロモン・バードである。

　彼は自ら組織した楽団の名称を、Sino-British Orchestra＝中英管弦楽団（以下SBO）と名付け、香港楽壇の牽引者として活躍を始める。が、バードの正体は正真正銘のプロの音楽家ではなく、当時英国領だった香港へ医学を学ぶためにやってきた人物だった。

　しかしその一方でヴァイオリニストでもあった彼は、第二次大戦に従軍した際、捕虜となって収容所で演奏会を開き，好評を博するという思いがけない経験にも恵まれる。

　その時の思い出がよほど強烈なものだったらしく、バードは戦後退役すると直ぐに上述の名称を冠したアンサンブルを組織したのだった。

　SBOの初公演は1947年10月31日、香港大学陸佑堂で行われた。指揮を執ったのは、言うまでもなくバード自身である。そしてその後離合集散はあったものの、同団

が現在の香港フィル（HPO）の前身となっていく。

　結論を先に言うと、HPO は 1974 年香港政庁主導によりプロ化される。そこへ到達するまでの変遷（但し楽団名称の変更、活動期間、および歴代音楽監督あるいは常任指揮者たちの三点に限る）を纏めると以下の通りになる。

　＊ Sino-British Orchestra （＝中英管弦楽団）の時代（1947 ～ 1957）

　（（注）Sino= サイノウと発音し、意味は「中国の、中国系の」）

　（常任指揮者・・・1. ソロモン・バード＝ 1947 ～ 1953

　　　　　　　　　2. アリゴ・フォア＝ 1953 ～ 1957

　＊ Hong Kong Philharmonic Orchestra （＝香港フィルハーモニック管弦楽団）の時代（1957 ～ 1973）

　（常任指揮者・・・1. アリゴ・フォア（1957 ～ 1969）

　　　　　　　　　2. ケーク・ジャン・リン（1969 ～ 1973）

　＊ Hong Kong Philharmonic Orchestra(= 香港フィルハーモニック管弦楽団) の時代（1974 ～　　）

　＊歴代音楽監督

1. ケーク・ジャン・リン（＝林克昌＝ 1974 ～ 1975）

　＊客演指揮者の時代（1975 ～ 1977）

2. ハンス・ギュンター・モマー（1977 ～ 1978）

　＊客演指揮者の時代（1978 ～ 1979）

3. トン・リン（＝董麟＝ 1979 ～ 1981）

　＊客演指揮者の時代（1981 ～ 1984）

4. ケネス・シャーマホーン（1984 ～ 1989）

5. デヴィッド・アサートン（1989 ～ 2000）

6. サミュエル・ウォン（＝黄大徳＝ 2000 ～ 2003）

　＊客演指揮者の時代（2003 ～ 2004）

7. エド・デ・ワールト（2004 ～ 2012）

8. ヤープ・ヴァン・ズエーデン（2012 ～ 2022）

　次に、Sino-British Orchestra の時代から、HPO の沿革と歴代の各音楽監督（MD）あるいは常任指揮者たちの足跡をもとに各論を述べよう。

　その前に特記しておきたいのは、創設時の MD を含め、これまでに HPO のポディアムに君臨した 13 人のマエストロのうち、10 人が外国籍であるということだ。

　この事実からだけでも、HPO がいかに西洋志向の強いアンサンブルであるかが理解出来ると思う。

　さて本題に戻るが、香港に居城する英国人及び中国人演奏家たちを結集してスタートした SBO は、バードの厳格な訓練によってメキメキ力をつけて行った。

とはいえバードがMDの座に留まったのは、僅か6シーズンだけである。1953年になるとバードは、イタリア人ヴァイオリニスト兼指揮者のフォアを招聘し、手兵の鍛錬を託す。

　フォアはバードと異なり本格的に指揮術を修めた人物であり、また1919年にはコンサートマスターとして上海市響に入団、その後1942年には同響の指揮者に抜擢されるなど、プロとしてのキャリアを積んでいた。

　そのため彼はバードの期待通り、当時の香港に居住するイギリス人好楽家達を満足させる水準に、SBOのレヴェルを引き上げた。

　更にフォアは、単にアンサンブルの訓練に留まらず、海外の名流演奏家（ジュリアス・カッチェンやルッジェロ・リッチ等）をゲストに招き、定期公演のプログラム内容をも充実させる。彼のそのような努力が実を結び、SBOは年々グレード・アップを実現。それに伴い、香港楽壇の再整備も進行した。

　すなわちそれまで既に解散していた楽団の再編強化が行われたのである。その中心となったのは、1957年SBOが所属する団体「Sino-British Club」（「中英倶楽部」）から離脱して、正真正銘の独立組織となったことだった。

　独立後のSBOは、新たに「香港フィルハーモニック協会（HPS）」という名称の下、コンサート活動を開始する。

　フォアとバードの二人はそのHPSに参加、組織の牽引役を果たすことになった。そして1962年3月には、同団の本拠となる香港市民会館（現在の本拠は、ツム・シャ・ツイ文化センター）が落成。本格的なプロ化への第一歩を踏み出すことになる。HPOはいうなればこの時点で、常設楽団に必須な基盤整備に成功したのだった。

　勢いに乗ったHPOは、プロ化の布石の一つとして、三人目の常任指揮者から地元中国人指揮者の起用を決定。直ぐにリム・ケク・ジャンを招聘する。

　またアンサンブルの精度を上げるため、本格的な楽員オーディションを実施。その結果7人の香港人と20人の外国人を採用した。

　これでHPOは一気にアンサンブルのスケールとグレード・アップを実現。残る課題はプロ化への条件を満たすだけとなった。

　そしてそれも1974年に解決する。香港を本拠地とする大中小の企業による資金援助をはじめ、何より市民の熱望に応える形で香港政庁が主導し、ついにその年HPOのプロ化が実現したのである。

　とはいえプロ化後の草創期におけるHPOのレヴェルは、世界の演奏サーキットを狙えるものではなかった。ケーク・ジャンの後任モマー体制下に入っても、アンサンブルの整備に力注するのが精一杯である。だが、それでもHPO管理中枢は資金力にモノを言わせ、モマー後の歴代MD達の要請を容れ、オーディションを連発。次々と腕利き奏者を入団させて行った。

　その結果、1978年には楽員数67人、更に1984年には83人、更に2000年には

常勤楽員数を 100 人（補助員 6 人を合わせると、計 106 人）の大台に乗せる、という離れ業をやってのけたのである。

　一方で歴代指揮者たちの動きにも波乱が起きた。同団の歴史の中で楽員との相性が悪かったのは、興味深いことに二人の中国人 MD 達（リン・タンとサミュエル・ウォン）である。

　一人目のリン・タンは、モマーの後任として招かれた指揮者だが、ことあるごとに楽員と対立を繰り返し、かつ馘首、退団に追い込まれる例が相次いだため、理事会によって契約を打ち切られた人物。彼のあと、暫くの期間「客演指揮者体制」が敷かれたのはそのためである。

　二人目はサミュエル・ウォンである。彼の場合は、前任者二人（シャーマホーン、アサートン）が君臨した 16 シーズンで、かなりマンネリ化の度合いを強めていたアンサンブルに活を入れること、から始まった。

　すなわちグレード・アップを図るためと称して、楽員の大幅な若返りを断行、楽員を大量に整理したのである。

　それが引き金となり、指揮者と楽員との間には深刻な軋轢が生まれ、HPO は一気に危機的状況に追い込まれる。が、ウォンは決して譲らず、自らの信念を貫徹する。

　シカゴ響で黄金時代を築いていたショルティの下で、指揮者助手を務めたこともあるウォン。その時培った経験の齎す自信で、彼は HPO のアンサンブルの建て直しを図ったのだ。

　そして結局、彼の先見力の正当性は認められる。同団の若返ったパワーが、次代のエド・デ・ワールトの鍛錬によって更に洗練度を増したからである。

　北米のミルウォーキー響（MSO）を育て上げたシャーマホーンの実力は、HPO に於いてもいかんなく発揮され、高水準のアンサンブルを実現した。加えて動員やプログラム・ビルディングの面でも、かなりのスケール（アメリカン・スタイルの定期公演の形態を導入や、HPO 支援のための婦人後援会の組織を提唱、実現するなど楽団管理運営面でも尽力を惜しまなかった）およびグレード・アップ（コンサート回数を増やし、特に教育プログラムを充実させた）を遂げている。

　その点は文句なしに高く評価されるが、惜しむらくは在任期間の短さ（僅か 5 シーズン）だ。北米に本拠を置く彼には、太平洋を頻繁に往復しなければならない HPO のポジションの継続は、かなりの負担でもあった。

　もう一方のアサートンはイギリスの指揮者であり、HPO はかつての（Sino British Orchestra）と称していた歴史上の観点から見ても、同団に於ける彼の活躍は予想できることだった。そしてそれはその通りとなり、既に世界の演奏サーキットで定評を得ていた彼の下、HPO は更なる発展を遂げていく。

　とはいえアサートンも、客演などの激務の中での業務である。演奏面での細部の彫琢、および管理面で半可通な部分が出てくるのは致し方なく、それらの負担はサム・ウォン、

そしてデ・ワールトに任されたのだった。

　デ・ワールト体制下の8シーズンは、HPOが名実ともに、本格的な国際級のアンサンブルへと脱皮していく時期である。

　オーケストラ・ビルダーとして名高いデ・ワールトは、オペラ、バレエ、そして大小の声楽曲、およびポップスとのクロスオーバー等、多彩な公演を積極的に取り入れ、HPOのサウンドに高度なフレキシビリティを仕込んだ。そのため聴数が大幅に増え、運営面での好調さを維持する要因となっていく。

　デ・ワールトの後任はズエーデン。彼は前任者の勢いに劣らぬパワーを発揮。新旧の大作交響曲をはじめ、今度は何とワーグナーの「ニーベルングの指輪」全曲を上演、映像ディスクとしに纏めて売り出すという、破天荒なプロジェクトを貫徹する。

　その圧倒的なリードぶりはやがてNYフィルの目に留まり、任期半ばで同団のMDにリクルートされることになった。が、ズエーデンはHPOとのプロジェクトを継続するため、2021〜22年度のシーズンまで、同団のMDに留まることを明らかにしている。（完）

*推薦ディスク

　1.「管弦楽作品集1〜3」（グラズーノフ）：指揮・ケネス・シャーマホーン

　2.「バレエ音楽集」（ストラヴィンスキー）：指揮・D・アサートン、K・ナガノ、S・ラトル

　3.「三つの音符の交響詩、オーケストラル・シアター・他」（タン・ドゥン）：指揮・タン・ドゥン

　4.「長征交響曲」（丁善徳）：指揮・福村芳一

　5.「楽劇・ニーベルングの指輪」全曲（R・ワーグナー）：指揮・J・V・ズエーデン（独唱：M・ゲルネ他)」

4. シンガポール交響楽団
(SINGAPORE SYMPHONY ORCHESTRA)

　人口561万（2015年度調査）のシンガポール共和国、通称シンガポールは、東南アジアの主権都市国家で、マレー半島南端、赤道の137Km北に位置し、領土は菱型の本島シンガポール島、および60以上の小規模な島々（同島嶼に定住がはじまったのは2世紀）から構成される島国である。

　シンガポールという国名はサンスクリット語で「獅子」を意味する「シンハ＝simha」に由来しており、日本語の「シンガポール」は、マレー語の「スィンガプラ

(Singapura)」の英語表記をイギリス英語発音を真似て、ローマ字読みにしたもの。（なおマレー語のスィンガプラは「ライオンの町」を意味し、そのため現代のシンガポールを「LION CITY」という愛称で呼ぶこともある。）

　シンガポールは、1819年英国人トーマス・ラッフルズがジョホール王国の許可を得て、イギリス東インド会社の交易所として設立によって拓かれ、1867年同国の植民地となり、第二次世界大戦中は日本に占領された。が、大戦後は再び英国の支配下に入り、その後同国の自治領（1955年）となったあと、1963年にはマレーシア連邦に参加、1965年8月同連邦を離脱して完全独立を果し、次いで同年12月には英連邦内共和国になる、といった歴史を歩み、今日に至っている。

　総じて高度に都市化を進め、原初の現存植生は殆ど見られず、一貫して埋め立てにより領土拡大を図ってきた。現在のシンガポールは正式には、一院制議会政治のウェストミンスター・システムでヘゲモニー政党制の「議会制共和国」である。事実上一つの都市から構成されているため、シンガポール国内には地方自治体も存在せず、首都も一応はシンガポール市となっているが、実際には首都は存在しない。

　英国の支配下にあった時代の発展繁栄をバネに、中継貿易の戦略拠点としての重要性を益々高め、今日貨物取り扱い量で世界第二位の地位を得るまでに発展を遂げており、現代のビジネスチャンスに敏感に反応し、電子・電機と機械類、石油精製、造船などの輸送用機械生産を三つの基幹産業に、着々と更なる発展への礎を築いてきた。総じてグローバル・スケールの貿易、交通及び金融の中心地のひとつである。

　文化芸術の分野では、特に演奏芸術の発展が著しく、長くイギリスの支配下にあったことから、アマチュア楽団創設への胎動が早い時期から見られた。その中の一つは1945年にスコットランド人作曲家エリック・チズホルムが創設したシンガポール交響楽団という名称を冠した団体だが、同団は現在のSSOの前身ではない。

　以後、1979年国立オーケストラ創設への動きが本格化するまでに、以下のような演奏団体および鑑賞組織の活動が見られた。

1. シンガポール音楽協会管弦楽団
2. シンガポール室内アンサンブル
3. シンガポール青少年管弦楽団
4. 1970年代に国立劇場トラストによって設立されたシンガポール国立管弦楽団
   （同団は短期間しか存在しなかった。）
5. 1977年、大半がアマチュア・プレイヤーによるシンガポール・フィルが、日本人「ヨシナオ・オサワ」の主導で創設される。同団は成功を収め、その事実を基に、FEASIBILITY（楽団創設計画の実現可能性をはかる予備調査）が行われる。

　話は戻って、シンガポールにおける常設楽団創設までの経緯は、他の植民地に見られる例（たとえば香港フィルハーモニー管弦楽団など）と酷似したもので、草創期は

「支配者が祖国から持ち込んだ文化行政のモデルとして始めたものを、植民地の人間が引き継いで発展させていく」という形であった。

　すなわちシンガポールでは、まず上述のような英国支配下時代に作られた幾つかのアマチュア・アンサンブルの活動が見られ、それが同地に於けるクラシカル音楽発展の素地を整える。そして国家が整備充実されて行くに従い、人々のクラシカルに対する関心も強まり、そのような状況がついには自前のオーケストラ創設運動へと集約されて行ったのだ。

　あとは創設運動に関わる人々が、自国内で新楽団を発足させるのに必要な条件（例えば十分な楽員数の確保、一般聴衆の音楽受容度の高さ、楽団組織を国家が運営することに対する十分な社会的理解あるいは意識の高さ、等々）整備を怠りなく継続し続けるだけ、となる。

　そんな作業が順調に進めば、国家に余程の政変が生じない限り、残るはシンガポール・オリジナル・オーケストラの創設を実現するだけだ。このような形は言ってみれば、ごく自然な「演奏芸術界に於ける民族自決主義」である。

　そしてシンガポールでそのプロ楽団創設へのリーダーシップを執ったのは、同国人のチョー・ホイだった。ホイは1955年英国の王立音楽院でマンズ記念賞、アーネスト・リード賞を得て卒業したのち、ベルギーのブリュッセル音楽院で指揮法を修め、ストラヴィンスキーの「兵士の物語」で公式な指揮デビューを飾った人物。

　同公演で成功を収めたホイは、ヨーロッパと南米で次々と指揮のキャリアを積み上げて行き、特に1968年には、ギリシャの国立歌劇場首席指揮者に指名され、同地のラジオ・テレビ放送交響楽団を指揮。数多くの放送録音を残している。

　祖国シンガポールから招請されたのは1979年。理由はSSOの創設責任者の職を任されたからである。

　ホイは帰国後精力的に動き回った。特に大企業を足繁く尋ね廻り、SSOのスポンサーシップへ加わるよう呼び掛けている。加えて行政側にも熱心に働きかけ、その結果資金援助を取り付けた。

　勿論本職の面でもその熱心な取り組みは変わらず、精力的に楽員オーディションを実施。国中から腕利き奏者を集めた。

　更に、楽団の直截的管理運営団体として、「SINGAPORE SYMPHONIA COMPANY」（SSC）を組織。欧米のオーケストラ同様、ビジネス面の分業体制をも確立する。この試みは成功し、期待の新楽団は当初から、世界的水準のアンサンブルを目指せるシステムで動き出すことになった。

　ホイはオープニング・コンサートの指揮を執り、国民の期待に応え圧倒的な成功を収める。彼はその勢いで初代音楽監督に就任。1997年度シーズンまで在任し、アンサンブル草創期の総合的基盤作りを無事にやり終えた後、自らは楽団総支配人のポストに就き、後任ポストを中国人ラン・シュイに譲る。

SSO の歴史は 40 年にも満たないもので、しかもその歴代音楽監督は二人だけである。だがその活動範囲は創設以来順調に拡大を続け、東南アジアでは今や、香港フィル、マレーシア・フィル等と共に、将来を最も期待されるアンサンブルと目されるまでになった。

　歴代音楽監督（MD）は以下の通りである。

1. チョー・ホイ〈1979 〜 1996〉
2. ラン・シュイ（1997 〜 2019）＊理事会発表によると、シュイは 2019 年度シーズン終了と同時に降板する。
3. ハンス・グラーフ（就任は 2020 〜 2021 年度シーズン 7 月〜）
　＊アンドリュー・リットン（2017 年 9 月から、首席客演指揮者に就任）

　次に、各 MD 達の SSO に刻んだ足跡を見ることにしたい。

　初代ホイの狙いは、創立当初から楽員を地元シンガポーリアンで固めることだったが、それは無論時期尚早である。結局、現有楽員を鍛えながらモラリティ（士気）を高め、その有効な方法として、世界の名流演奏家を出来るだけ多くゲストに招く方法を執った。

　そして自らも世界各地へ客演に飛び回り、人脈を築きながら、SSO との交流を推進して行く。唯一ホイが在任中達成できなかったのは、国際的演奏サーキットの第一線で通用する地元出身指揮者の育成である。そのため自らの後任には、中国人のラン・シュイを起用せざるをえなかった。

　二代目のシュイは、五歳でヴァイオリンを始め、1985 年中国国立響を振って指揮デビューを飾っている。同年北京交響楽団の指揮者に選ばれ、現代作品を積極的に紹介して高い評価を得た。

　次いで 1985 年には北米に渡り、ボルティモア響の当時の MD＝D・ジンマンに注目され、同団の補助指揮者に抜擢され、密接な関係を築く。

　ジンマンの薫陶を受けたシュイは、北米楽壇でも次第に頭角を現し、デトロイト響の準指揮者、デトロイト市民管弦楽団の MD を次々とこなし、その他にもマズア時代の NY フィルではカヴァー・コンダクター（代役）を務めたり、その他中堅クラスのメジャー楽団や主要夏季音楽祭の附設楽団等の大半に客演を果す。この北米での修業時代、シュイに欠けていたのは、唯一オペラの指揮のみであった。

　北米ですっかり力をつけ、SSO の MD として帰国したシュイ。その彼の存在を当初から重視したのが、スカンディナヴィアのレーベル＝BIS・レコードである。同社は着任早々のシュイと専属契約を結び、2 シーズンのうちに何と 7 点のディスク（ただしその中には、マルメ響との録音も一点含まれてはいる）を録音。

　その後も録音プロジェクトは継続され、同レーベルだけで 2018 年度現在 39 点ものディスクを完成、リリースしている。シンガポールのバンドは早くも、国際レコード・マーケットで実力を示すチャンスを手中にしたのである。

録音レパートリーは新興楽団にありがちな知名度の低い作品が中心（アレクサンダー・チェレプニンの交響曲全集、ブライト・シェンの管弦楽作品集、イマンティス・カリーニスのロック・シンフォニー等）で、ポピュラーなものはチャイコフスキーのバレエ音楽（くるみ割り人形）を収めた 1 点しかないが、これからは実力の伸長に従い、いわゆるスタンダード・ナンバーを増やして行くことだろう。（その前触れだろうか、現常任のシュイは早くも、デンマークのコペンハーゲン国立管と組んで、ベートーヴェンの交響曲サイクルの録音を完成している。）

　ホイ時代からシュイの体制に移っても、シンガポールのアンサンブルは常に、世界を意識した活動を展開してきた。創設間もない頃から 1994 年までの間に、数回のヨーロッパ楽旅を敢行し、特にハンガリー、イギリス、イタリア、スペイン、チェコスロヴァキア、ギリシャ、ドイツなどへの大型楽旅〈1994〉の際は、「若くてブリリアントなアンサンブル」といった最高級の賛辞を送られ、フランス国立管からはゲスト・オーケストラとして招待されている。

　続くシュイ体制下でも楽旅は頻繁に行われ、楽員数を 90 人まで増やし、1 シーズンの公演数も約 95 回にまで引き上げられた。このスケール・アップは、北米のメジャー楽団で修業を積んだシュイの英断の結果であり、内容も新興アジアのアンサンブルらしく、非常にユニークなものである。

　抜群の企画力に加え、決断力にも満ちたシュイは、ベートーヴェンやマーラーなどの交響曲サイクルを断行。更にレパートリーの拡大にも意欲的に取り組んで音楽ファンを狂喜させる一方、多彩かつグローバル・スケールの名流ゲストを次々と招き、シーズン全体の内容を充実させることにも成功した。

　そのようなシュイの活躍を一段と推進したのが、楽団の管理中枢にいるホイの後押しである。彼は当初からフランチャイズの必要性を強調し、草創期に演奏会場として使っていたイギリス植民地時代の正の遺産ともいえるビクトリア・コンサート・ホール（673 席）から、現在のエスプラネード・コンサート・ホール（1,800 席）へと定期演奏会場を移すなど、積極的に動いた。

　さてよく言われるのは、「アジア地域のオーケストラは、良くも悪くも、日本のそれを手本にしているのではないか」、という見方である。

　だがそれは決して正確なものとは言えない。同地域のオーケストラの特徴を一言でいえば、第二次大戦後の国情によって左右される、ということだ。

　例えば、祖国がどの国の植民地であったかにより、オーケストラの運営形態は異なって来る。勿論、楽員が受けた教育の背景（楽員は、主として支配国の音楽教育システムで鍛えられている）も影響する。

　つまり、アンサンブルの総体に、支配国家の影響がもろに出て来る、のである。SSO はそのよい例で、日本、韓国が主としてドイツ、多少はアメリカの影響を受けて来たように、同団はイギリスから大きな影響を受けて来た。

同団が21世紀に大きく成長するためには、その影響からなるべく早めに抜け出し、独自色をより一層強めて行くしかない、と思う。

　そういった意味からも、最近発表された新任首席指揮者＝オーストリア人のハンス・グラーフには、大きな期待が集まる。(完)

＊推薦ディスク

1. ピアノ協奏曲全集（アレクサンドル・チェレプニン）：(Pf.) 小川典子、ラン・シュイ・指揮
2. 交響曲第1, 2, 3番、ピアノ協奏曲第1番、パガニーニの主題による狂詩曲（セルゲイ・ラフマニノフ）：(Pf.) エフゲニー・スドビン、ラン・シュイ指揮
3. 大地の歌（中国語＝広東語歌唱版）（グスタフ・マーラー）：ラン・シュイ指揮
4. 交響曲第10番（グスタフ・マーラー）：陳其鋼：ラン・シュイ指揮
5. ヴァイオリン協奏曲（ピョートル・チャイコフスキー）、ヴァイオリン協奏曲「梁山泊と祝英台」（陳剛）：(Vn. ギル・シャハム、何占豪)、ラン・シュイ指揮

《中国・台湾》

1. 中国国立交響楽団
(CHINA NATIONAL SYMPHONY ORCHESTRA)

　アジアの巨大国家中国（正式名称は「中国人民共和国」）が国家として成立したのは、1949 年 10 月 1 日のことである。

　以後政治面では中国共産党が国の指導的地位を有し、事実上の一党独裁「ヘゲモニー政党制」を採り、経済的には「中国特色社会主義」を採用している。

　現在の国土構成は、「22 省級行政区、5 自治区、4 直轄市（北京、天津、上海、重慶」、および大分部分が自治的な「香港、マカオの 2 特別行政区」で成り立っている。

　2020 年度の調査によると、「人口 14 億 5 万人」、（測量方法にもよるが）陸地面積は世界第 2 位、（総面積は同 3 ないし 4 位）を誇り、最大都市は上海市、重慶市。そして今や世界第 2 位の防衛予算を組んで、世界最多人数の常備軍を有する SUPER POWER となった。

　そんな国中国で西洋のクラシック音楽が紹介されたのは、ごく一部の地域（主として上海市の租界）であり、同地域にはそのためアジア最古のオーケストラ（上海響）も結成されている。

　国家建設後約 70 年、同国の西洋音楽吸収熱は上昇の一途を辿るばかりだ。音楽学校の建設で演奏家が陸続と養成され、今や世界的演奏家（特にピアノ部門での成果＝ショパン・コンクールを制したユンディ・リや、抜群の世界的人気を誇る朗々（ラン・ラン）らの活躍は群を抜く）を輩出するまでに躍進を遂げてきた。

　アンサンブルの世界でも、国際的演奏サーキットで通用するプロ団体がざっと 20（「資料 A ＝中国の主要楽団」を参照のこと）も創設されている。それに全土の大小アマチュア楽団を加えると、かなりの数に上る楽団が存在するはずだ。

　＊＊＊（資料 A ＝中国の主要楽団：但し本リストは、2020 年 12 月 8 日現在の調査によるものである＝筆者・注）＊＊＊

1. 浙江交響楽団、2. 電影交響楽団、3. 広西交響楽団、4. 国家大劇院管弦楽団、
5. 貴陽交響楽団、6. 江蘇交響楽団、7. 遼寧交響楽団、8. 武漢交響楽団、
9. 四川交響楽団、10. 昆明交響楽団、11. 河北交響楽団、12. 天津交響楽団、
13. 上海愛楽楽団、14. 中国国立（または国家）交響楽団、15. 上海交響楽団、
16. 中国愛楽管弦楽団、17. 北京交響楽団、18. 広州交響楽団、19. 夏門愛楽楽団、
20. 深圳交響楽団、

　（注：上記のうち、14 番〜 20 番の楽団は、「中国の七大楽団」と呼ばれることもあり、組織的にも安定度が高い。それらを概略説明すると、次の通りになる。）

＊中国国立交響楽団（China National Symphony Orchestra）：前身は 1956 年に創設された「中央楽団」。1996 年に「国立（または国家）交響楽団」へ昇格した。（国家の文化部直属の組織）

＊上海交響楽団（Shanhai Symphony Orchestra）：1879 年に創設されたアジア最古の楽団。（本著で詳細に紹介）

＊中国愛楽楽団（China Philharmonic Orchestra）：2000 年に創設された。「中国中央電視台」所属の楽団で、世界中に留学していた若手一流名人奏者を集めて組織した。演奏水準は目下、中国でトップクラスの楽団。

＊北京交響楽団（Beijing Symphony Orchestra）：1977 年創設。北京市政府の支援を得ており、レパートリーは西洋クラシカルのみに止まらず、国家の伝統音楽、民族音楽のオーケストレーションにも積極的に取り組み、紹介している。

＊広州交響楽団（Guangzhou Symphony Orchestra）：1957 年創設。中国国家成立後、最も早く発足した楽団の一つ。広州文化省に所属し、そのため本拠地として、「コンサート専用ホール＝星海音楽庁」を有する。世界中からゲスト出演者を頻繁に招き、演奏水準を上げてきた。そのためかなりのフレキシビリティを獲得している。また 1993 年度シーズンから、中国初の「国際指揮者コンクール」伴奏担当楽団としても活躍中だ。

＊夏門愛楽楽団（Xiamen Philharmonic Orchestra）:1998 年創設。夏門市政府の支援の下、広範囲な活動を展開。特に音楽愛好家の保護育成面に力を入れており、月〜金のリハーサルを公開し、金曜日の本番に臨むという方式を厳守。市民の圧倒的支持を得ている。

＊深圳交響楽団(Shenzhen Symphony Orchestra）：1982 年創設。深圳政府の支援を得て、1 シーズン百回以上もの公演をこなす。香港に近い立地条件を生かして欧米から名流演奏家をゲストに招き、ファンの支持を集めている。

さて中国のアンサンブルの概略は以上の通りだが、国家のスタイルが欧米のように「Open-minded」（開放的）ではないゆえ、楽団の全貌を知るための Data 不足が否めない。

そこで出来るだけ多くの入手可能な Data を掻き集め、かつ実演に接する機会を可能な限り捉え、関係者へのインタビュー等を加味して、ここからは本稿の主題「中国国家（国立）交響楽団＝以下 CNSO」だけを紹介するに留めたいと思う。

同団は名称の通り中国を代表する「国家（国立）楽団」で、所在地は北京市。（（ちなみに北京市には 2 つの国家（立）級楽団と、北京市が管理する同じく 2 つの楽団がある。前者は、文化・旅游部に属する「CNSO」、国家広播電子総局に所属する「中国愛楽楽団」（2000 年創設）、後者は「国家大劇院管弦楽団」（2010 年創設、国家大劇院の常駐楽団）、「北京交響楽団」（1977 年創設、北京市文化旅游局に所属））

さて話を元に戻して、CNSO の前身は 1956 年、指揮者「Li Delun」体制下で始ま

る「Central Philharmonic Orchestra of China」(CPOC ＝中国中央フィルハーモニック管弦楽団)である。CPOC が CNSO へ発展するまでの経緯をクロノロジカルに記すと、以下の通りとなる。

 1.1956：「Central Philharmonic Orchestra of China ＝ CPOC」発足＝音楽監督・
    Li Delun（李徳倫)

 2.1996：「China National Symphony Orchestra ＝ CNSO」に再編・改称
 音楽監督（MD) ＝ 1. Zuchuang Chen（除佐鍠）＝ 1996 ～ 2000（在任）
    ＊常任指揮者に Li Xincao（李心草：リー・シンサオ）を招く
    2. Muhai Tang（湯沐海）＝ 2000 ～ 2001（在任）
    3. En Shao (邵恩) ＝ 2006 ～ 2007) ＊ MD は一年（1 シーズン）
    のみで、あとは首席客演指揮者として君臨
    ＊ 2008 ～ 2009：MD は空席（主たる公演の大半をリー・シンサ
    オが指揮)
    4. Michel Plasson（ミシェル・プラッソン）＝ 2010 ～首席指
    揮者
    Li Xincao（李心草：リー・シンサオ）＝首席常任指揮者

再編後も PC および MD 共に短期間の在任であったのは、いかに国際レヴェルの芸術家といえども、組織の背後には常に政治権力者の影がちらついており、自由に「表現活動が出来ないもどかしさ」があったことが窺える。

またコンクールで優勝したばかりの、20 代中半の駆け出し指揮者（李心草）を、国家の看板楽団の中心に据えるのはやはり、絶大な国家権力者にしか出来ない業であろう。

だがそのようないわば力業が功を奏することも珠にはあるもの（李心草の場合がまさしくそれである）で、期待に応えた側も間違いなく稀有の才能の持ち主だと言わねばならない。

さてそれでは、実質 25 シーズンの短い歴史しかない CNSO に君臨した MD（あるいはそれに準ずる地位）達が、いかなる実績を築いてきたを見ることにしよう。

まずその前に、同団の前身 CPOC 時代、アンサンブルの基盤作りに力を尽くした李徳倫(Li Delun)から始めてたい。(なおここからは便宜上、氏名は英語表記で統一する。)

Li Delun（1917 ～ 2001）は名実ともに , 中国楽壇草創期に活躍した同国西洋クラシカルの主導者の一人、いわば「The Father of China's Classical Music」（中国における西洋クラシカル音楽の父）である。

1949 年中華人民共和国初代首席となった周恩来の支援を受け、その中で中国初のプロフェッショナル・シンフォニー・オーケストラ創設に関わり、「創設者、指導者そして指揮者」となった。

指揮の修業を本格化させたのは 1953 年モスクワに赴き、高名な指揮者ニコライ・アノーソフに師事してからである。

　1957 年モスクワ音楽院を卒業し中国へ戻ると、CPOC の MD に就任し、同団では堂々ベートーヴェン作品（交響曲第五番「運命」など）を取り上げ、同作曲者の没後百五十周年には、交響曲第九番「合唱付き」を演奏、中国の聴衆に深い感銘を与えている。

　特に Li の名を国際的に高めたのは、1979 年に大ヴァイオリニスト＝アイザック・スターンをゲスト・アーティストに招き、モーツアルトとブラームスの協奏曲を共演、アカデミー賞ドキュメンタリー部門（タイトルは、「MAOto MOZART」＝「毛沢東からモーツアルトへ」）で優勝作品に選ばれた時であった。

　この出来事をキッカケに、Li は「東洋と西洋楽壇の橋渡し役」を担うことになる。そして以後 CPOC をはじめとする各 CHINA BANDS は、陸続と西洋の名手たちをゲストに呼び始め、西側世界のサーキットと交流を深めて行く。

　また Li 自身も、ダヴィット・オイストラフ、ユーディ・メニューイン、ヨー・ヨー・マ、フー・ツォンらを招いて手兵のプログラムを充実させる反面、世界中に「中国アンサンブルの優秀性」および「実力の確かさ」をアピールし続けることとなった。

　こうして Li らの取り組みが好結果を生み、総じて祖国での活躍が世界的な注目を浴びるようになると、彼と手兵の CPOC は何度も海外から招待される。Li はそれに応えて何度も手兵を帯同して海外への楽旅を実行し、各地で盛大な歓迎を受けた。

　加えて Li 個人も世界各地のアンサンブルから客演を要請され、特にカナダのトロント響（1986）、ヴァンクーバー響（1989）等への客演では、大成功を収めている。

　内外での活躍で一気に多忙となった Li だが、注目されるのは彼が母国において、「聴衆の保護育成」に寸暇を割いて特別な配慮と行動をみせるなど、84 歳で亡くなるまでの間、クラシカルの伝道師役をも積極的に努めたことである。

　1996 年 CPOC がいわば「発展的解消」を遂げ、楽団名を「CNSO」と改め、再出発する際、演奏上の責任者 MD に選ばれたのは 1947 年 4 月 2 日上海生まれの Chen。彼はまず北京の中央音楽院へ進み、ピアノを専攻するも、途中から指揮に興味を覚え、当時の文化大革命の影響を受けて地方への移住を余儀なくされ、音楽を諦めかけた。

　が、文化大革命が一段落すると再び音楽への情熱を取り戻し、今度は再び母校へ入学して指揮を専攻する。

　1981 年に卒業したあと、国内での修業に飽き足らない彼は、自らのグレード・アップを目指して渡米。タングルウッド音楽祭の音楽センターに入って音楽修士号を取得。次いでミシガン大学に移ると、同大では音楽博士号を取得した。（彼の快挙はいずれも、「中国初」の「芸術修士、博士号」である。）

　その後は世界各地で 30 余の楽団の芸術監督を歴任するが、祖国中国へ拠点を移し、CNSO の MD に就任したのは 1996 年であった。

　彼の実質上の前任者 Li からのシェフ・リレーで手中にした Chen のポジション名は、

敢えて言うなら、「Conductor, Founder and Conductor of CNSO」ということになろうか。それはともかく、Chen という実力者を得て、CNSO の前途は洋々たるものとなった。

だがその彼が同団に止まったのは、1996 ～ 2000 年という僅か 4 シーズンに過ぎない。CNSO ファンと管理運営中枢が長期在任を期待したにも関わらず、彼は契約延長に応じることなく MD を降板した。

CNSO は早速後任探しを始め、2001 年からムハイ・タン体制を敷く。Tang は前任者 Chen と年の差二歳しかなく、高名な映画監督を父（Tang Xiaodan ＝湯暁丹）、映画編集技術者を母（藍為潔）に、そして詩人で画家の兄を持つという芸術一家の生まれ。

1973 年に上海音楽院指揮科に入学し、正規の音楽教育を受けて才能を開花させ、卒業後は渡独し、ミュンヘンの音楽芸術大学に入学。指揮をヘルマン・ミカエルに学んだ。

Tang が飛翔を遂げたのは、1983 ～ 4 年度のシーズン、大指揮者 H.v. カラヤンに招かれ、ベルリン・フィルハーモニーを振って間もなく後である。その実力はたちまち高く評価され、四方八方から MD 就任のオファーが舞い込む。

その結果、ベルギーのグルベンキアン財団管弦楽団（在任期間 1988 ～ 2001）、DeFilharmonie（ロイヤル・フランダース・フィルハーモニー管＝同 1991 ～ 1995）、フィンランド国立バレエ団（同＝ 2003 ～ 2006）、チューリッヒ室内管（同＝ 2006 ～ 2011）、そしてベオグラード・フィル（同＝ 2010 ～ 2015）と渡り歩くことになる。

CNSO から Chen の後任に指名されたのは 2000 年のシーズン（グルベンキアン管在任中）のことだが、Tang が就任したのは 2001 年、すなわちオファーされ受諾してから 1 シーズン後であった。

Tang が MD を引き受けた時、人々は彼が長期体制で臨み、グレード、スケールの両面を大きくアップさせるものと思った。しかしその期待は就任後間もなく裏切られる。何故なら Tang は楽団の管理中枢 Songlin Yu と対立。その就任して 1 シーズン後には何と、理由不明のまま CNSO のポディアムから去って行ったからである。

いくら権力闘争がお家芸の国家とは言え、芸術面でもその形が顕著に出て。才能あふれる人材を失うのだから、中国は底が知れない。

おかげで Tang 降板後 2006 年度までのシーズンは、CNSO にとっていわゆる MD 不在の時代、換言すれば「客演指揮者の時代」となってしまう。

さてそれでも時代は進み、世界の楽壇にも様々な変化が押し寄せて、CNSO もその影響を受ける。（と言うより、楽団の管理中枢が、”国家を代表する楽団がいつまでも「MD 不在のまま」でいるわけには行かない”、とでも考えたのであろう。）注目の指揮者人事面で動きがあり、2006 年ついに Tang の後任がようやく決まったのだ。

新 MD は「第 6 回ハンガリー国際指揮者コンクール優勝」(1989) の実績を持つエン・シャオ（En Shao）。海外での実績が高く評価されての招聘であった。

Enのオファー受諾が公表されると、音楽ファンはもとより、楽団関係者は一様に、これまで通り「彼の長期在任」と、出来るだけ多くの録音を期待した。

　新しいシェフは何しろ、コンクールを制覇した実力派であり、覇者となってからもUKのBBCフィル副指揮者（1990）、アルスター管PC（1992〜95）＝（同団とPROMSにもデビューを飾った）、更にスペインの「EUSKADI ORCHESTRA」でMD, マカオ管でMDそしてスロヴェニア放送響でPCを務める等、堂々たる実績を残し続けながらの祖国入りだったからである。

　しかしそんなEnとファンや管理中枢との間には、かなりの乖離があった。帰国してからもEnは、予想通り引く手あまたの存在。CNSOのような特定のバンドに縛られ、日々不自由な権力者との確執で疲弊するより、在任期間を最短期にして、身分をPGCにしておく方を選ぶ・・・そんなやり方をEnは賢明にも選んだのだ。

（彼にとって「CNSOとの関りは体のいい"祖国への恩返し"のようなものだったろう、と筆者は判断する。）

　結局Enは、ファンを満足させるようなディスクさえ残さぬまま（彼が録音した10点以上のディスクは、殆どが外国勢＝UK＝楽団とのものである！）、しかもMDの地位にいたのは僅か1シーズンのみで、あとは自分より若い首席常任指揮者のLi Xincaoに任せ、自らは首席客演指揮者という気儘なゲスト待遇に納まり、後任のフランスのプラッソンが決まると、即刻スロヴェニア放送響PCの活動と、他楽団への客演に専心することとなった。

　Enの後任プラッソンは1933年10月2日生まれで、両親ともに音楽家（父はヴァイオリニスト、母はオペラ歌手）であった。

　プラッソンは音楽一家の出身らしく、パリ音楽院に入り、ラザール・レヴィにピアノ、ウジェーヌ・ビゴーに指揮を学んだ。

　1962年にブザンソン国際指揮者コンクールで優勝を飾り、自国の大先輩シャルル・ミンシュに勧められて渡米。E・ラインスドルフ、L・ストコフスキーそしてバーンスタインに師事。その後順調に才能を開花させ、多数の録音をリリースして、指揮者としての地位を盤石なものとした。

　そんな彼が何故CNSOからのオファーを容れてMDあるいはPCの地位を引き受けたのか、その理由は勿論本人にしか分からない。

　筆者の推測だが、それはおそらく中国指導部が「西洋クラシカルが国力増強に与える影響の大きさを重視し始めたから」だと思う。（本稿を起こしている2020年12月現在、中国では至る所に「特にオペラの鑑賞教育」に力を入れており、「オペラハウスなどの大劇場、大型コンサート・ホールの建設」「オーケストラの育成」「音楽学校を増加させ、それらの内容のスケール・グレードアップを図る試み」「特に欧米流の音楽を意識した都市作り」（例えば、コンサート終了後の飲食店の閉店時間を大幅に延長するなど）が、国家的主導の下、実践されているのだ。

端的に言えば、中国の国家指導部は、「世界有数の音楽大国への脱皮」を目指しているのである。(数字的に言うと、中国の楽器市場規模は、世界のそれの32%を占有している(中国楽器協会の調査発表による)と指摘されている。

　さてアンサンブルの中心的存在CNSOで、プラッソン同様の重責を果たしているのがLi Sancao(李心草)だ。海外への楽旅は大半が彼を帯同してのものであり、楽員にとっては実質上のボスと言えよう。

　Liは1971年河北省の生まれである。キャリアを見ると、音楽の本格修行を始めたのは雲南省芸術学校(1983〜88)でフルートを専攻した時。卒業後は中国放送響フルート奏者(1988〜89)、次いで中央音楽院の指揮科(1989〜94)、全国指揮コンクール優勝(1993)し、それから中央バレエ団管弦楽団常任指揮者(1995)となり、そしてウィーン国立音大指揮科(1996〜99)に入って、レオポルド・ハーガーに師事した。

　本格派の指揮者として脚光を浴びたのは、「第45回ブザンソン国際青年指揮者コンクールで準優勝」(1997)を収めた時である。その実績を買われ、同時CNSOのMDだったZuohuang Chen(チェン・ズォファン)から同団の指揮者の地位をオファーされたのだ。

　その申し出を快諾したLiは、さっそく本国へ帰り、CNSOとの音楽作りに着手したというわけである。

　国情の変化も手伝い、Liの仕事はひと頃より大分自由度が増してきた。手兵CNSOとの活動は言うまでもなく、それ以外にプサン・フィルのPCを兼務。中国楽壇の中心人物の一人として、まさに八面六臂の活躍だ。

　今後ますます世界の注目を集めて行くに違いない中国アンサンブル界。これからの大きな課題は、次代を担う指揮者をいかに発掘・要請するか、である。

　そしてLiはそれを牽引する一人でもあるのだ。(完)

＊推薦ディスク

　1.「アース・レクイエム」(グァン・シア作曲):指揮・ミシェル・プラッソン
　　(SP.)Yao Hong、(M.S.)Liu Shan、(Tn.)Jin Yongzhe、(Baritone)Sun Li
　　(Qiang Flute) He Wanglin, (Organ) Shen Fanxiu
　　(合唱) 中国国家交響楽団合唱団

　2.「エレクトリック・シャドウズ(映画音楽集)」(趙李平・作曲):指揮・スー・
　　ユーピン

　3.「東洋の水墨画」(チャン・ピン作曲):指揮・リン・タオ

　4.「シャドウ・マジック」(チャン・リダ作曲):指揮・不明

　5.「寒山寺の独り言」(編曲:シュ・チェン・ミン)
　　阿里山の少女たち、
　　　＊Songtseyala(編曲・テイ・シャオ・リ)＊Riddleguessing song(編曲・

パオ・ユアン・カイ）、＊ Moon Reflection on the Twin-Spring Lake（編曲・ウ・ズ・チャン）、＊ Peacock fans its tail、渓口を超える旅（編曲・　パオ・ユアン・カイ）

＊序曲第２番（グアン・シア作曲）：指揮・リー・シンサオ

2. 上海交響楽団
(SHANHAI SYMPHONY ORCHESTRA)

　中国のオーケストラを語るには、幾つかの条件、例えば「いわゆる西洋クラシカル音楽の演奏を専門にしている団体」なのか、あるいは「自国の伝統音楽演奏を専門にする団体」なのか、または「楽器編成は西洋式のそれかそうでないか」等など、共通項目を精査してから始めねばならない。

　というのも、たとえ「中国国立交響楽団」と名乗っていても、実体は「中国の伝統音楽演奏を専門にするオーケストラで、楽器編成も多種類の「伝統民族楽器に最近作られたそれ」という内容だったりするからである。

　概して中国（正式名称は「中華人民共和国」）は、いわゆる「中華思想」（中国の思想は世界の中心的存在である、といった考え方、または信条）で固まっており、その証拠に「同国人は世界中どこへ移住しても「中華街」（CHINATOWN）を築き、その中の道路標識や店構えは「中国語と移住先の国語で併記する」といったいわば「二か国語での表記」を押し通す。

　かくのごとき強烈極まる CHINA FIRST ＝「自国 (中国) 中心（または最優先）主義」で生きる国民にとって、西洋のクラシック音楽は、排外主義の対象にならないまでも、演奏芸術面でのライバル的存在と映るだろう。

　わが日本人のように、「大抵輸入品で加工した思想信条を持ち、精神面でもひたすら「加工貿易的アプローチ」でやってきた国民とは、かつての日本軍部が犯したような卑怯極まる「国民洗脳と独断専行」的状況が再現されない限り、相容れる部分はないと思われる。

　上海交響楽団（以下 SSO）も、そのような思想的背景を持つ中国が生みだした「世界水準に達した楽団」である。国力は今や世界を圧するレヴェルに達した中国の大都市上海市から、「西洋クラシカル音楽演奏団体」として、SSO はあらゆる側面で国家の後押しを受けている。

　上海市は周知の通り、現在の人口 2,500 万人（2019 年度調査による）を擁する中国最大都市であり、同時に国際的なメガ・シティでもある。また同市には約 1 万社の

日系企業が進出、約4万7千人もの日本人が居住し、それに旅行などの短期滞在者を含めると10万人以上の日本人が滞在しているという。

　当然のことだが市内には、日本総領事館や日本人学校、日本料理店、日本字向けの各種ビジネス・アプリケーション（商売の形態）等が多く、さながら堂々たる「日系コミュニティ」が形成されているのだ。

　従って上海は我が日系社会の例を引くまでもなく、「世界に開かれた街」である。同市沿革の概略を述べると、1292年に上海県となったあと、それから約半世紀後（1842年）には「南京条約」により「条約港」として開港し、発展への道を踏み出す。

　それを契機に、最初は英仏の欧州列強、更に後から日米等が加わって、いわゆる（上海）租界（外国人居住区のこと）を形成する。

　さらに1871年に「香港上海銀行」が設立されると、欧米の金融機関が続々と本格的な上海進出を開始。同市の「租界」は、良くも悪くも発展の一途を辿る。（当時の模様は、多種多様なドキュメンタリー、および映画などで描かれている。また租界に住む外国人達による「娯楽活動」が盛んになり始めたのも、この1870年頃であった。）

　そのように躍進を続ける同市だったが、西洋クラシカル演奏芸術のジャンルも、ローカルの伝統文化の育成発展（例えば「上海雑技団」など）に負けじと、雑多な形で移入そして演奏され、根付き始めていた。

　そんな西洋音楽の分野で発展へのイニシアティブを取ったのはやはり、租界に住む外国人である。中でもフルートの名手として租界では名の通ったフランス人、Jean Remusat（ジャン・レミュザ）だった。

　彼の実力に着目し、国策（すなわち大陸進出）推進上有益だと判断した日本租界の有力者達は、「上海娯楽基金」を拠出。そのJ・レミュザにメンバーのリクルートと楽団の編成を要請する。

　レミュザは求めに応じて奔走し、「楽曲にこだわらない演奏団体」＝「上海パブリック・バンド」（SPB＝メンバーの大半はフィリピン人であった）を編成。願ってもない後ろ盾を得た同バンドは、レミュザの指揮により市内の公園や演劇倶楽部ホールなどで演奏。しかも1881年から同団は「工部局所属」となり、形態としては一応税金で運営される公営団体に昇格を果たす。その結果、草創期は上海租界全域の代表的文化団体、それから「上海初のプロ・オーケストラ」として認知される一方、現在のSSOの前身となった。

（ちなみに「工部局」という組織は、「中国の上海、天津などの租界＝外国人居留地＝に組織された自治行政機関のこと。1854年に設置され、当初は土木建設事務事業にあたったが、のちに警察・財務などの行政一切を担当するようになる。端的に言えば、中国における治外法権を象徴する組織だった。）

　さてJ・レミュザの努力で始動したSPBは、その後さまざまな紆余曲折を経ながら発展への道を歩む。上述のJ・レミュザを初代指揮者として、同団が辿った成功への

道を（上海市の浮沈を絡めて）歴代主要指揮者達を軸にクロノロジカルにまとめると、以下の通りとなる。

1. 1879〜1907：上海パブリック・バンド（SPB）の時代：ジャン・レミュザ（常任指揮者）
2. 1907〜1919：(SPB)；ルドルフ・バック（常任指揮者）
3. 1919〜1942：(SPB)：マリオ・パーチ（常任指揮者）
  * 1922：楽団の名称を「上海市民評議会管弦楽団」(Shanghai Municipal Council Orchestra = SMCO) に改称
4. 1942〜1945：アリーゴ・フォア（常任指揮者）
  * 1942年＝オーケストラは日本の管理下におかれ、「上海交響楽団」と名乗る。
  * 1942 = SMSO を「上海フィルハーモニック管弦楽団」(Shanghai Philharmonic Orchestra=SPO) に改称。
5. 1945年8月：日本敗戦。オーケストラは国民党に接収され、第二次世界大戦終了後は「上海市民管弦楽団」(Shanghai Municipal Orchestra) へ再々度改称される。
6. 1949：オーケストラは共産党に接収され、名称が「上海人民政府交響楽団」（英語の名称は、Shanghai Symphony Orchestra = SSO) に変更となる。
7. 1953〜1983：黄貽鈞（Huang　Yijun）、SSO 楽員から中国人初の常任指揮者に昇格
8. 1984〜2006頃：Xie-Yang Chen（陳燮陽）、1960年上海音楽院に入学し、卒業後は上海舞踊団管弦楽団の座付き指揮者となる。その一方、北京中央管弦楽団の指揮をも執っていた。1984年には黄貽鈞の後任として SSO に招かれる。それから2シーズン後の1986年、SSO が MD 制度を導入したため同地位に就き、以後約20シーズン在任（2006頃まで）し、アンサンブルを錬磨した。
9. 2009〜：Long Yu（余隆）Xie-Yang Chen の後任となり、現在に至る。
  さて次に歴代 MD、あるいはポディアム上で演奏の責任を担ってきた歴代シェフたち、の足跡を辿ることにしよう。

その前に断っておきたいのは、SSO の沿革史の初期の部分が日本軍の中国大陸侵攻や、第二次世界大戦 と複雑に絡んだ側面があるため、特に指揮者人事に不明な要素、未確認事項がどうしても出て来る、ということを断っておきたい。（とはいえ、本書の理念は「事実のみを伝えること」であるゆえ、不明部分は「不明」と記すことに何ら躊躇しないことを確約しておきたいと思う。）

また SSO は流石に一党独裁の国家の楽団だけあって、指導体制というか音楽作りも長い歴史の割に変化が少ない。（もちろんそれは先次大戦後のことであるが）。その点が同団の長所でもあり、即短所でもある。

それではこれから各 MD 達の残した業績について触れていこう。

まずは、SPB 時代の J・レミュザからである。レミュザは既述の通り、フランスはボ

ルドー出身のフルーティストだ。1830年からパリ音楽院で名教師ジャン・ルイ・テュローに師事、1832年首席で卒業している。卒業後はUKのロンドンンに移住、クイーンズ・シアター管の首席奏者を務めた。同劇場が閉鎖（1853）すると、パリに戻って「リリック劇場管」で再び首席奏者の座を占める。

　上海へ移住したのは1865年頃。同地の租界では程なくして「上海フィルハーモニック協会」を組織。その実績が認められ、1879年にSPBの指揮者に招かれた。

　レミュゼは1880年に上海で死ぬまで、指揮者として同地の音楽文化の底上げに貢献しただけではなく、作曲家としても数多くの作品を残している。

　彼の後任R・バックの在任期間は、1907〜1919の12シーズン。第一次大戦前後という時節柄、彼の業績を伝える資料はあまりなく、せいぜいブリストル大学に僅少残されている程度だ。

　結論を言うと、SPBのフランチャイズが「租界」であるため、バックは前任者の到達したレヴェル維持に腐心しただけ、ということであった。

　続くM・パーチは、イタリア生まれ（＝フィレンツェ）のピアニスト兼指揮者。在任期間が25シーズン近くという長期（おかげで、彼は本名とは別に「梅百器」(Mei Baiqui) なる中国語名をも名乗っていたほどだった）渡るものだったため、アンサンブルをじっくり鍛えることができた。

　音楽の修業は「ナポリ音楽院」で本格的に行い、1895年にはピアニストとして「フランツ・リスト賞」を受賞。上海に赴いたのは1918年、オリンピック劇場で演奏会を開くためだった。ところが公演後急病に倒れ、現地の病院に入院。翌年には同地に止まる決意をし、併せてSSOのMDを受諾する。

　パーチはSSO就任後、さっそくグレードおよびスケール・アップを図る。まずSSOメンバーを22人から37人に増員。次いで1919年11月23日には、アジア初のシンフォニー・コンサート（プログラムは、ベートーヴェンの交響曲第五番「運命」、G・バントックの「In the Far West（遥かなる西洋にて）」、そしてE・グリーグの「ペール・ギュント」組曲第1番）を指揮した。

　パーチが貢献したのはSSOの演奏と組織力を上げることばかりではない。彼は上海楽壇総体の底上げを狙い、「National Special School for Music」（現・国立上海音楽専科学校）の創設にも協力を惜しまなかった。また余暇を利用して、地元ピアニストを育成し、それらの弟子の中には後に世界へ羽ばたいた「フーツォン」がいる。

　パーチ体制下における演奏面での金字塔を挙げると、1936年4月14日に実現した楽団初の「ベートーヴェン交響曲第九番"合唱付き"」である。

　第二次大戦中の1937年日本軍が上海に侵攻すると、1942年5月31日パーチは最後の公演を指揮するよう強いられるが、同公演は結局不発に終わる。それが実現した（但し別の指揮者で）のは、肝心の指揮を執るはずのパーチが、上海で逝去（1946年8月3日）してから4年後の1950年10月であった。

パーチの後任 A・フォアは、香港ユダヤ人協会の資料によると、1900 年生まれの
ユダヤ系イタリア人。1921 年に上海へ移住し、SMO でコンサートマスター、および
アシスタント指揮者を兼務し、1937 年には同団の指揮者となっている。

　その後 1953 ～ 69 年度のシーズンには、The Sino-British Orchestra（後の香港フィ
ル）の指揮者としても活動した。

　フォアの治世下は第二次世界大戦の最中で、上海は各国の駐留軍が入り乱れての混
乱した社会情勢の中にあって、のんびりと音楽三昧に浸ってはいられなかった。おか
げでフォアはアンサンブルを纏めるだけで精一杯という日常を過ごさねばならず、安
定した演奏活動が出来るようになるのは終戦後である。

　だがそれも、戦後処理がスムーズに行くはずはなく、支配体制の激変やその他の出
来事で、かなりの時を無駄に過ごしてしまう。

　1953（または 1956）年になり、世情がようやく落ち着きを取り戻し、SSO の管理
運営組織も安定度を増すとフォアの後釜人事も始動。後任は Huan Yijun（黄胎鈞）
に決まった。Yijun は 1915 年生まれの中国出身の指揮者兼作曲家である。

　国際都市上海へ移住したのは 1930 年代半ばで、1938 年には SSO に入団。同団で
はコンサート、録音、映画音楽の劇伴等、多彩な活動に参加した。

　指揮者に転じてからの黄は、フィンランド、旧ソ連、さらに大指揮者ヘルベルト・フォ
ン・カラヤンらから招待され、客演に赴いている。

　中国楽界の中心と目された黄は、西洋諸国への客演で得たクラシカルの本流ともい
えるものを手兵 SSO に本格的に注入した最初の国産指揮者であった。

　黄に続くのは 1939 年生まれの CHEN Xieyang（陳燮陽）。陳は 1960 年「上海音楽
院」に入り、作曲を専攻した。

　後に指揮へ転向し、上海舞踊管弦楽団のレジデント（座付き）指揮者に指名され、
続いて北京中央フィルハーモニック管の常任指揮者に抜擢される。結果的にそこでの
活躍が中国楽壇から高く評価されたことが、SSO からの招聘へと繋がって行った。

　陳は在任中、SSO を何度も欧米楽旅に連れ出し、鍛えぬいたアンサンブルを披露し、
高い評価を得た。

　彼の後任は、現在中国随一の実力者と評価される Long Yu（ロン・ユー＝余隆）。
1961 年 7 月 1 日生まれのロンは、SSO 以外にも中国中央フルハーモニック管（2000
～）の MD を努めており、その中国楽壇に於ける勢威はまさに、「習近平」国家主席」
のごとく、である。

　もし SSO の今後に問題点があるとすれば、次代を担う中国出身指揮者の育成にあま
りエネルギーを費やさず、ひたすら政界のごとく特定の指揮者のみを重用する、いわ
ば「完成され、実績を積んだ指揮者をゲストに招く」という「権力集中型」のスタイ
ルを厳守するやり方、だと思う。

＊推薦ディスク
  1.「ヴァイオリン協奏曲”梁山泊と祝英台”」（陳鋼・何占豪：作曲）：Vn. 独奏者＝不明、指揮・呂思清
  2.「交響詩”北京のフートン（胡同）」（アーロン・アヴシャロモフ作曲）、「ヴァイオリン協奏曲」（P.I. チャイコフスキー）、「交響曲第5番ニ短調 Op.47「革命」（M・ショスタコーヴィチ）：Vn. 独奏・マキシム・ヴァンゲーロフ、指揮：ロン・ユー
  3.「五行（水・木・火・土・金）」（キガン・チェン＝陳其鋼・作曲）、「ヴァイオリン協奏曲”苦悩の中の歓喜”、「中国の太鼓・Op.3」（F・クライスラー）、「交響的舞曲 Op.45」（S・ラフマニノフ）：Vn. 独奏・マキシム・ヴァンゲーロフ、指揮：ロン・ユー
  4.「チェロ協奏曲第3番 Op.18」「チェロ協奏曲第4番 Op.31」（以上；カール・ダヴィドフ作曲）、「夜想曲」Op.19-4（P・I・チャイコフスキー）、「カプリッチョ風小品 Op.62」（P.I. チャイコフスキー）、「アンダンテ・カンタービレ」（P.I. チャイコフスキー）：Cello 独奏・ウェン＝シン・ヤン、指揮・テリエ・ミッケルセン
  5.「良宵（Enchanted Night）」（劉天華・作曲）、「November」（マックス・リヒター作曲）、「ピアノ協奏曲第2番ハ短調 Op.18」（S・ラフマニノフ）、「カルミナ・ブラーナ」（カール・オルフ）、中国民謡「茉莉花＝ジャスミンの花」：Pf. 独奏・ダニール・トリフォノフ、Vn. 独奏・マリ・サムエルセン、合唱・ウィーン・ジングアカデミー、（Sp.）アイーダ・ガリフリーナ、(Tr) トビー・スペンス、(Br) ルドヴィク・テジェ、：指揮・ロン・ユー
＊＊（資料的価値あり、の観点から）＊＊
  ＊ベートーヴェン交響曲全集（録音 2007 〜 8 年）
  独唱：（女高音＝ Sp.）徐賤英、（女中音＝ Ms.）王維儂、（男高音＝ Tr.）迤黎明、（男中音＝ Bariton）周正、合唱：上海歌劇院合唱団
  指揮・CHEN Xieyang
  （完）

3. フィルハーモニア台湾
(PHILHARMONIA TAIWAN)

　台湾に初めて到達したヨーロッパ船は、ポルトガル船である。甲板にいたその乗組員が、目の前に広がった「緑豊かな台湾島の美観」を見て、思わず「Ilha Formosa」（イーリャ・フォルモーザ＝麗しの島）と感激した調子で叫んだ。

今日、台湾の別称である「FORMOSA」（中国語では"美麗島"）は、そのような伝承から誕生し定着した言葉、だとされている。

　首都を台北市に定め、人口 2,359 万（2019 年度調査による）＝我が国の二割以下＝を数える台湾は、クラシカルの分野でも「日本に追いつき追い越せ」の勢いで発展を続け、五つの主要楽団を含む総計 11 の大小規模のアンサンブルが、全島で活動中だ。

　それらを列記すると以下の通りになる。（注：楽団の名称は便宜上英語と現地語の両方で併記した。またカッコ内は創立年である。）

1. Chamber Philharmonic Taipei ＝台北フィルハーモニック室内楽団（2008）
2. Chimei Philharmonic Orchestra ＝奇美愛樂管弦樂團（2003）
3. Evergreen Symphony Orchestra ＝長栄交響楽団（2001）
4. Kaohsiung City Symphony Orchestra ＝高雄市交響楽団（1981）
5. National Chinese Orchestra Taiwan= 台湾国楽団（または、中華民国国立台湾国楽団）（1984）
6. National Symphony Orchestra（＝ Taiwan Philharmonic、Philharmonia Taiwan）＝國家交響樂團（NSO, フィルハーモニア台湾）（1986）
7. National Taiwan Symphony Orchestra ＝國立台湾交響楽団（1945）
8. Taipei Century Symphony Orchestra ＝台北世紀交響楽団（1968）
9. Taipei Chinese Orchesra ＝台北市立国楽団（1979）
10. Taipei Philharmonic Orchestra ＝台北愛樂管弦楽団（1985）
11. Taipei Symphony Orchestra ＝台北市立交響楽団（1969）

　五つの主要プロ楽団とは、上記のうち（1）「フィルハーモニア台湾」（別称は「國家交響樂團」、本拠地は台北＝人口は 268 万）、（2）「台北市立交響樂團」(本拠地は台北）、（3）「エヴァーグリーン・オーケストラ＝長栄交響楽団（別称）、台北市を拠点とする。船舶、航空会社の「エヴァーグリーン社」が創設した楽団）、（4）國立台湾交響楽団（本拠地は台中市）、そして（5）の高雄市交響楽団、（本拠地・高雄市）、を指す。

（参考：台湾の主要五都市を人口の多い順に並べると、（1）新北市＝ 395 万、（2）高雄市＝ 277 万、（3）台中市＝ 270 万、（4）台北市＝ 268 万、（5）台南市＝ 188 万）

　それぞれが堂々たる定期公演会場を持ち、かなりの数の聴衆を確保しながら活動を続けている。上記団体の中で、国立台湾交響樂團が 1945 年創立という最古の歴史（本稿が書かれている 2020 年現在で僅か 75 年）を刻んでいるが、その意欲を支えてきたものはやはり、「日本に追いつき追い越せ」という無言の気合、スローガンだ。

　ところで、周知のとおり台湾は、我が国を始め周辺諸国と政争、戦争を繰り返し、今日に至っている。民族構成も我が国でのように単一のものではなく、台湾は正真正銘の多民族国家である。

　その民族は大まかに四つのグループに分けられ、いわゆる台湾漢民族＝（1）ホーロー人＝明朝末期（1600 年代）に来台した漢民族、（2）客家人＝清朝時代（1700 ～

1900年頃）に来台した漢民族、(3) 外省人＝1949年国民政府と共に来台した漢民族、そして30以上に及ぶ（4）多数の原住民、といった構成になっている。

それぞれを人口比で表すと、(1〜3) が全人口の96.7％を占め、以下（4）が2.3％、そして残りの1％を移民が占めるという具合だ。(2019年度調査による)

また同国は承知のように、外敵による侵略の歴史を持っており、それらを基に時代区分を試みると次の通りになる。

「先史時代」－「オランダ統治時代（1624〜1662)」－「明鄭統治時代（1662〜1683)」-「清朝統治時代（1183〜1895)」－「台湾民主国時代」(1895) －「日本統治時代（1895〜1945)」－「中華民国統治時代（1945~現在)」

多民族でかつ外敵との闘争の繰り返し、という状況下にある国家なら、内外でのトラブルもまた多いのは当然だ。

それを特に日本との関係、否、同国の最南端の沖縄県の更に離島の宮古島とのそれに限ってみよう。すると台湾は、宮古島島民にとって他の地域とはだいぶ異なる印象と思い入れに満ちた場所、であることが分かる。

最大の理由は、同島と台湾との距離が近いため昔から交流があった（最初は主として魚業関係者同士のものだったが、その後一般の民間人の交流、そして戦時（沖縄戦）には一万人弱の人々が、宮古島から台湾へ強制的に疎開させられているといった形の交流等が行われるようになった）。

オーケストラ論という本稿の本筋からは少し離れるが、沖縄県宮古島で生まれ育った筆者でさえ、「台湾は沖縄本島の中心那覇市や、日本本土の東京より近い場所」、「島民との交流が昔から存在し、かつ大都市が多くある島」という印象が拭えない程である。というのも、宮古島は「良きにつけ悪しきにつけ」、台湾との関りを深めてきた（2020年の今でも宮古島と台湾との往来は頻繁に行われている。）島だからだ。

例えば、筆者が子供の頃から日常的に耳にしてきた話に、次の二つがある。1871年に起こった「宮古島島民遭難事件」と、1874年の日本軍による台湾出兵事件だ。

特に前者は、宮古島島民54人が、台湾原住民に惨殺されたという大事件（注：宮古・八重山からそれぞれの島民が4隻の船に分乗し、首里王府に年貢を納めて帰島途中に遭難。そのうち一隻＝宮古島船籍＝が台湾近海に漂着。上陸後山中をさまよっているうちに、原住民に発見され、捉えられて惨殺された事件。）である。

日本政府はこれに抗議し、台湾出兵（俗に「征台」あるいは「台湾征伐」等といわれる）を決行する国対国の争いへ発展した。それから第二次大戦をはさみ、日台関係は激動の時代に入り、今日に至っている。

さてここから話を本筋に戻そう。「社会を写す鏡の役目を担うオーケストラ」は、当たり前だが台湾でも同じ機能を果たす。同国の諸オーケストラは、それぞれの活動する地域の状況を漏れなく体現するのだ。

その前にまず結論（あるいは概論）を言えば、「台湾のオーケストラは日本のそれを

模倣することから始まり、次第に「独自性」を備えるようになって発展した、ということになる。

島内の各主要都市には、かつての我が国でそうだったように、クラシカル音楽愛好家が集まる「名曲喫茶」が軒を連ね、LPなど音盤の売れ行きが好調を維持し、ファンの育成増強に寄与する構図を作り出していた。

かつて日本軍が駐留し、多数の日本人が住んでいたことを考えれば当然であろう。が、その日本の音楽教育（特に大学レヴェルの）に追随しなかった、というより出来なかった面もある。

それは専門の音楽大学が作られず、専ら総合大学の音楽学部に音楽家の養成を委ねていたことである。引きも切らずに繰り返される政争のせいで、そうなってしまったのだ。そのことが、本格的な台湾のオーケストラ創設を遅らせる要因となった、のは残念である。

世界水準に達した台湾最古のメジャー楽団でさえ、創設されたのは1945年、すなわち75年前である。他の主要団体に目を転じても、主力楽団＝11団体＝中7団体は、1980年以降の発足という新しさなのだ。

おまけにそのことが、台湾に「フランチャイズを持っている団体はごく僅か」という現状を作り出している。そのため同国の楽団の中で、「独自の音色」を整備し、それを魅力に「世界で勝負できる水準に達した楽団」の数は、極小である。

しかしその一方で、各団楽員の「学習意欲」と演奏力を身につけるための「熱心な態度」は群を抜くものだ。

我が国をはじめとする外国から、名流の「COACH」や「MASTERCLASS」に駆け付ける大演奏家の数は多い。その理由は、台湾の演奏家達が彼（女）らにとって「教え甲斐がある存在」という評判が広く流布しているからだ。

その結果、台湾の演奏家志望者は総じて「自国にいながらにして外国の名手との交流」を実体験でき、かつ運が良ければ、彼らの紹介で欧米の本場で修業を継続できるという幸運に恵まれる。今日、欧米の楽団に台湾出身の楽員たちが多数進出しているのは、その証左だと思う。

更に、近年は台湾本国の音楽学部卒業生が増えてきた。それに従い、上記11団体の演奏水準が向上の一途を辿るようになっている。すなわち、優れた教育を受けたローカルが陸続と現れ、台湾アンサンブルの水準を底上げしてきたのである。

しかも台湾の各楽団は、楽団の水準向上を早期に実現するため、安易に外国人楽員を入団させることはなく、殆どが自国出身の人々を最優先して採用している。そのため楽員たちは誇りをもって、台湾以外のグローバル・スケールの団体と真っ向勝負が出来るのだ。

目下その急先鋒を担うのは、99人のメンバーを擁し、1シーズン・40週の演奏契約（コンサートの内容は、交響管弦楽及び室内楽公演が合計約75回、オペラの全曲公演が1

回、それにアウトリーチや教育プログラムが加わったもの）を死守するまでに発展した「フィルハーモニア台湾」（台湾では National Symphony Orchestra・NSO= 國家交響樂團の名称で活動）である。

　同団は上述したように、1986 年に創設された国立オーケストラである。2005 年に「舞台芸術センター」の専属となり、2014 年からは「国家歌劇院」の常駐（Resident）演奏団体となった。国家の支援及び堂々たる「本拠地」を得て、その前途は「台湾国に革命でも起こらない限り」洋々としている。

　フィルハーモニア台湾（以下 NSO と記す）は今や「アジアのエース的存在」を狙える恵まれた位置を確保したと想像できる。それではこれから同団の沿革と、歴代の音楽監督の業績を、順次辿ってみることにしたい。

　まずは、歴代の音楽監督、首席指揮者（あるいはそれらに準ずるもの）は、以下の通りである。（カッコ内は在任期間）

　　＊ジェラルド・アコカ（Gerard Akoka）・・・（1986 ～ 1990）＝芸術顧問、
　　　首席指揮者
　　＊ウルス・シュナイダー（Urs Schneider）・・・（1991 ～ 1992）＝芸術顧問、
　　　首席指揮者
　1.スー・チャンフェイ（許常恵）・・・（1994）音楽監督・コミッショナー
　2.チャン・ダシェン（張大勝）・・・（1995 ～ 1997）音楽監督
　3.ジャージャ・リン（林望嘉）・・・（1998 ～ 2001）音楽監督
　4.チェン・ウェンピン（簡文彬）・・・（2001 ～ 2007）音楽監督
　　＊ギュンター・ヘルビッヒ・・・（2008 ～ 2010）芸術顧問兼首席客演指揮者
　5.リュウ・シャオチャ（呂紹嘉）・・・（2010 ～　　　）音楽監督

NSO が今日のような高水準を実現したのは、2008 年に G・ヘルビッヒ、そして 2010 年から現 MD リュウ・シャオチャ（1960 年台湾生まれ、ミネソタ州ブルーミントンのインディアナ大を出た後、ウィーン国立音大を卒業。1988 年のブザンソンを皮切りに、1991 年にはペドロッティ、そして 1994 年のコンドラシンと、世界の主要な三つの国際指揮者コンクールを制覇した。）を招聘し、アンサンブルを鍛えまくったからである。

　特に現在のシャオチャ体制下に入ってからの充実ぶりは圧倒的なものだ。1994 年に巨匠チェリビダッケの代役として急遽ミュンヘン・フィルに招かれ、指揮デビューを飾った「特別な才能の持ち主」シャオチャ。

　NSO 就任後は、ローカル作曲家の意欲作はもとより、幅広いクラシカルのスタンダードを巧みに取り入れながら積極的に録音にも着手した。同団のディスコグラフィには既に、30 店以上の盤が並んでいる。地元ファンとグローバルなシャオチャのファンに後押しされて、その発表点数は今後増え続けるものと期待される。

　彼は既にヨーロッパの主要な楽団、オペラハウス(1995 年：ベルリンのコーミッシュ・

オパーの第一楽長、1998 〜 2004 年のライン州立フィルハーモニー管、コブレンツ歌劇場 MD,2001 〜 2006 年にはハノーファー国立歌劇場 MD, そして NSO 就任後も 2014 年から南デンマーク・フィルハーモニー管弦楽団 MD に就任している。）を総なめにしてきた。その中で蓄積したものを、今度は母国の看板バンド＝ NSO に注入し続けているのだ。（完）

＊推薦ディスク

1. 「ヴァイオリン協奏曲」、「ピアノ協奏曲」、「チェロ協奏曲」＝粛泰然・作曲＝（独奏者：ジョゼフ・リン（Vn.）、張巧榮（Pf.）、熊士蘭（Cl.）：指揮・ヤックヤ・リン、簡文彬

2. 「管弦楽作品集」（R・シュトラウス、S・ラフマニノフ、J・シベリウス・作曲）：指揮・呂紹嘉

3. 「交響曲第 4 番」（D・ショスタコーヴィチ）、「交響詩 " 英雄の生涯 "」（R・シュトラウス作曲）：指揮・呂紹嘉

4. 「交響曲第 6 番 " 悲劇的 "」（G・マーラー作曲）：指揮・G・ヘルビッヒ

5. 「交響詩 " 海 "」（C・ドビュッシー作曲）、「ラ・ヴァルス」、「ダフニスとクロエ第二組曲」（M・ラヴェル作曲）、他：指揮・呂紹嘉

《韓国》

1.KBS 交響楽団
(KBS SYMPHONY ORCHESTRA)

　「朝鮮半島〈韓半島〉南部を支配する東アジアの共和制国家大韓民国は、第二次世界大戦後の冷戦で誕生した分断国家である。

　国土面積は日本の約四分の一、山地が多く、平野部は少ない。森林と農地が国土の約八割を占め、2015 年度の統計では人口 5107 万人を擁している。

「韓」は古代朝鮮半島南部に存在した「馬韓」「辰韓」「弁韓」という三つの国々（三韓と呼ばれた）の名称に由来する「朝鮮民族」の別名で、かつ 1897 年に当時の朝鮮王朝が清からの独立時に用いた「大韓帝国」という国号に由来するものだ。

　現在の国号「大韓民国」は、「大韓民国臨時政府」（李承晩、金九など）を、正当な独立運動の主体と考える大韓独立促成国民会(独促国民会)の強い意向により決まった。

　1945 ～ 1948 年 7 月 12 日＝いわゆる「アメリカ軍政庁期＝連合軍事政期」＝非独立＝を経て、同年 8 月 15 日に「アメリカ合衆国の承認を経て大韓民国の独立が宣言されて後、今日に至るまでの同国の歴史」は、憲法による政治体制の変革により、七つの時代に区分される。

　1. 第一共和国期〈1948 ～ 1960〉

　2. 第二共和国期（1960 ～ 1961）

　3. 国家再建最高会議（軍政）期（1961 ～ 1963）

　4. 第三共和国期（1963 ～ 1972）

　5. 第四共和国期（1972 ～ 1979）

　6. 第五共和国期（1979 ～ 1987）

　7. 第六共和国期（1987 ～現在）

　さて大韓民国の公共放送局 KBS(=Korean Broadcasting System= 韓国放送公社) は、第四共和国期の 1973 年 3 月 3 日に設立された。

　その前身は、日本国統治時代の下に発足した社団法人朝鮮放送協会（発足当初＝1927 年 2 月 16 日開局＝の名称は「社団法人京城放送局」(JODK)。それから 7 年後の 1934 年には、同局付属管理下の「JODK 管弦楽団」が創設され、同団の活動は1942 年まで続くが、その後は第二次世界大戦のため解散を余儀なくされる）。

　しかし日本敗戦後の 1945 年解放後は国営放送局を再開。1956 年には専属オーケストラも創設され、同年 12 月 20 日、ウォン・シク・リムのバトンにより、創立第一回目のコンサートが実現した。

　同団はその後順調に発展を続け、1957 年には楽員数を 60 人に増やし、更に翌 58

年には何と海外楽旅（サイゴン、マニラ、バンコク、ホンコン、タイペイそして沖縄）を実施するという超高速の躍進を遂げる。

しかも勢いはそれに止まらず、1969年には楽員数を90人に増員、名称も韓国国立交響楽団（KNSO）に改め、名実ともに韓国の看板バンドへと成長した。

結局同団は創立以来、JODKOからKBSSOへ、更にKNSOへと名称の変更を繰り返すが、1981年8月1日からはKBSSOを正式名称とすることになった。

さて話は前後するが、現行のKBSが公営放送となったのは、冒頭に述べた1973年3月3日のことである。ところが公営放送でありながら1981年から広告収入が認可され、CMも放送されるという珍しい例となった。（そのような形に変わったのは、1980年に実施された全斗換政権による「言論統廃合」政策のためである。）

第二次大戦に続き朝鮮戦争で廃墟と化した国土の中から、韓国の人々は復興を目指して立ち上がる。そんな中で音楽関係者達は、西洋音楽の受容と演奏水準の向上を図った。

同国放送界の主力を担うKBSはその一翼を担うべく、自営のアンサンブル＝KBS交響楽団（以下KBSSO）を発足させ、同年12月20日初の公開演奏会（指揮はウォン・シク・リム）を行った。

以後同団は音楽ファンに支えられながら、以下の歴代指揮者達と共に、韓国洋楽壇の牽引役を担うことになる。

＊歴代首席指揮者
 1. ウォン・シクイン＝林元植（1956～1971）
 2. ヨン・テクホン＝洪燕澤（1971～1981）
    ＊空席（1981～1986）
 3. ギョン・スーウォン＝元京珠（1986～1988）
    ＊空席（1988～1992）
 4. オトマール・マーガ（1992～1996）
    ＊空席（1996～1998）
 5. チョン・ミョン・フン（1998）
 6. ドミトリー・キタエンコ（1999～2004）
    ＊空席（2004～2010）
 7. ハム・シンイク（2010～2012）
    ＊空席（2012～2013）
 8. ヨエル・レヴィ（2013～2016）
    ＊空席（2016～2022）
 9. ピエタリ・インキネン（2022～2025）＊初回任期

それでは次に、各首席指揮者達の足跡を辿ってみよう。

まず初代の林元植は、いわば韓国オーケストラ史の第一世代の中心人物で、草創

期の基盤作りに多大な貢献をした。ロシアと東京音大で学び、帰国後は Goryeo Philharmonic を創設するなど、本格的な指揮活動を開始。ベルリン放送響やN響など、世界の主要楽団への客演をも重ねた。

　また彼は、指揮と併行して教育活動面でも飛び抜けた業績を残し、ソウル市以外の各地の音大で教鞭を執ったり、文化行政に指導力を発揮するなど、韓国全体の芸術水準の底上げに尽力し、数々の褒賞を与えられている。

　続く二代目の洪燕澤は、ウィーン音大でトーマス・クリスチャン・デビット、更にアメリカではヨーゼフ・ローゼンストックに師事した。その後、北米（NY）、ドイツ、フランス、スイスなどで指揮を続け、1972 年帰国後は KBS 響の前身、韓国国立響で指揮を執り、その傍ら自分専用の楽団＝韓国響を創設し、韓国全体の演奏水準向上に寄与している。

　三代目の元京珠は、インディアナ大学およびシンシナティ音楽院でヴァイオリンを修めた。その後ザルツブルク・モーツァルティウムで、ピエール・モントゥに指揮を学び、更にネヴィル・マリナー、エリック・カンゼルらにも師事。帰国前にはロンドン・フィル、フィルハーモニア管、そしてベルリン響等を振って実績を残した。

　北米では、いわゆるリージョナル・オーケストラ（地域の楽団）＝ノデスト響やストックトン響など、地方小都市のアンサンブルの MD（音楽監督）として修業を積み、帰国後はソウル・フィルの MD に抜擢された（在任は 1970 ～ 1994）。

　四代目のオトマール・マーガは、ハンガリー系ドイツ人である両親のもと 1929 年チェコのブルノで生まれた。チュービンゲン大学でヴァイオリン、作曲、音楽学、そして指揮法を修め、指揮に特化したのは P・V・ケンペン、F・ライトナー（特にオペラの指揮）そして S・チェリビダッケら錚々たる巨匠達の薫陶を受けてからである。

　ヨーロッパの各都市で実績を刻んだ後、そのエキスともいえるものを KBSS に惜し気もなく注入した。おかげで僅か 4 シーズンの短期在任だったとはいえ KBSS は、アンサンブルの質を見違えるように向上させた。

　そしていよいよ自国出身のスーパー・コンダクター＝ 5 代目のミョン・フン・チョンの登場となる。が、チョンの在任は、何と僅か 1 シーズンにも満たない「超の付く短期間」のものとなった。

　ピアニストとして出発した彼は、チャイコフスキー・コンクール準優勝（1974）でグローバルなキャリアを開始。次いで指揮に多大な関心を寄せはじめ、C・M・ジュリーニの下 LA フィルで指揮者助手に就任したのを皮切りに、ザールブリュッケン放送響MD（1984 ～ 1990）、フィレンツェのテアトル・コムナーレで首席客演（1987 ～ 1992）、フランスはパリのバスティーユ歌劇場 MD（1989 ～ 1994）、フランス放送フィル MD（2000 ～ 2005）、ローマのサンタ・チェチーリア管 MD（1997 ～ 2005）、シュターツカペレ・ドレスデン（首席客演＝ 2012/13 ～）、またアジアでは東京フィル特別音楽顧問（2001 ～）、ソウル・フィル MD（2006 ～）と指揮者への階段を順調に上がっ

て今日に至っている。

　我が国の「世界のオザワ・セイジ」に肉迫する圧倒的な指揮キャリアを築いてきたそのチョンが、KBSSO に何故長期在任せずにいたのか、楽団当局も本稿が書かれている 2018 年 11 月 18 日現在でも明らかにしていない。

　さて 6 代目の MD はディミトリ・キタエンコ。レニングラード生まれで、グリンカ音楽院及びリムスキー・コルサコフ音楽院で学び、次いでウィーンの H・スワロフスキーに師事。1969 年に第一回 H・v・カラヤン・コンクールで入賞し、当初から国際的演奏サーキットに登場した彼は、KBSSO にロシア作品を大量に紹介。楽員と聴衆の双方に大きな刺激を与えた。

　前任者のチョンの穴を埋める「国際派」の BIG NAME として、KBSSO の声価を大いに高める役割を果たすが、残念なのは在任がこれまた僅か 5 シーズンと短いものになった点である。

　キタエンコのようにグローバルな路線を踏襲し、自国出身であるところから長期在任が期待されたのは、後任のハム・シンイクだった。
ところが期待に反して彼の在任は僅か 3 シーズン。南北アメリカの各メジャー上位楽団をはじめ、ヨーロッパでもコンセルトヘボウ管などに客演を果し、名門イェール大学で教鞭を執り、担当したクラスからブザンソン・コンクールで二人も優勝者を出すなど、教育者としても注目すべき実績（彼自身は、1995 年のグレゴール・フィテルベルク国際指揮コンクールの優勝者である）をあげていただけに、周囲の失望は大きかった。

　そして現常任指揮者のヨエル・レヴィの時代に入る。ルーマニアで生まれ、イスラエルで育ち、テル・アヴィヴ音楽院で学んだ彼は、1978 年にブザンソン・コンクールを制し、クリーヴランド管で L・マゼールの助手を務めた（6 シーズン）。
その後アトランタ響 MD（1988 〜 2000）、イスラエル・フィル首席客演指揮者（2001 〜）、ブリュッセル・フィル首席指揮者（2001 〜 2007）、イル・ド・フランス国立管 MD(2005 〜 12)、そして現在の KBSSO ＝ MD(2014 〜) とキャリアを繋いできた。

　彼は既に欧米の主要楽団の大半に客演を果しており、そういう意味ではキタエンコに匹敵、あるいはそれ以上の実績を KBSSO に残すことが期待される。だが同団との契約は 2016 年までとなっており、それ以降の更新延長の有無は不透明だ。（追記：2021 年 5 月 12 日の発表によると、KBS はレヴィの後任にピエタリ・インキネンを招聘することが決った。）（完）

＊推薦ディスク
　1.「交響曲第 39 番、46 番」（A・ホヴァネス）：ソロ・ギタリスト＝マイケル・ロン
　　指揮：V・ジョルダーニ
　2.「演奏会用小品 Op.14、ヴェニスの謝肉祭によるファンタジー・ブルレスク
　　Op.9、ラ・ロマネスカ、チェロ協奏曲」（A.F. セルヴェ）：ソロ・チェロ＝ D・ボ

スキン、指揮：P・ダヴァン
3.「イザベル・センセーション＝10周年記念アルバム」
    歌劇「トゥーランドット」から第3幕「誰も寝てはならぬ」他
    指揮：クロード・チェ
4.「イエロー・スターズ」「デルス・ウザーラ」（I. シュワルツ）：指揮：V・ジョルダーニ
5.「フルート協奏曲第2番ニ長調K・314」（W・A・モーツァルト）他：ソロ・
    フルーティスト＝金昌国：指揮：金昌国

2. ソウル・フィルハーモニー交響楽団
(SEOUL PHILHARMONIC ORCHESTRA)

　韓国（正式名称は「大韓民国」）の略史を述べると、まず先史時代～古朝鮮―壇君朝鮮～箕子朝鮮―衛氏朝鮮～三韓時代―三国時代～統一新羅～後三国時代～高麗（1356～1392）～李氏朝鮮〈1392～1897〉―大韓帝国〈1897～1910〉～日本統治時代〈1910～1945〉～連合軍軍政期〈1945～1948〉～大韓民国〈1948～〉、という時代順になる。

　1945年に日本が降伏し、アメリカを主体とする連合国は、大韓民国臨時政府の政府承認を否定し、朝鮮全土を連合国の占領支配下においた。次いで1948年米軍統治下で朝鮮のみ独立することが決まると、米軍は憲法制定（制憲）国会を招集、同年8月13日独立宣言が行われた。

　以後同国は、隣国の日本に追いつき追い越せを心的目標として、他の面に限らず文化の諸相面でも、激しいライヴァル意識を以て対峙することになる。そしてその中心となるのは現在の首都・京城（ソウル）であった。同市が正式に韓国の首都になったのは、1948年8月15日大韓民国政府が樹立された時である。（同年独立建国と同時に「ソウル特別市」と改称した）

　その後1950年に勃発した朝鮮戦争で市内は破壊され、釜山に臨時首都が移されたりしたが、戦後国内政治の浮沈に翻弄されながらも、文化面では次第に安定度を取り戻し、ソウルでは1956年、KBS（韓国放送公社）が韓国楽壇の先陣を切る形で直営の交響楽団を創設、本格的なKOREAN SYMPHONY ORCHESTRAL YEARの幕を切って落とす。

　それから今日までに同国オーケストラ界は幾多の紆余曲折を乗り越えながら発展を続け、国内3強といわれる「1. KBSSO、2.富川（プチョン）・フィル、3.韓国響」を中心に、全国で43の管弦楽団、そして国立オペラ団を含め33の歌劇団が活動するまでになった。

その中心的演奏会場は、ソウル随一の目抜き通りにある「世宗文化会館」（セジュン・コンサート・ホール＝1978年に開場したソウル市直営ホール）だ。同ホールではソウル市立響、同付属合唱団、ユース・オーケストラなど9団体がレジデントとして参加、連日大きな賑わいを見せている。

　またソウル南部地区の江南では、1988年に「芸術の殿堂」ホールをオープン。オペラ・ハウス、コンサート・ホール（韓国響がレジデント楽団として参加）、美術館などの施設を完備した、いわゆる「複合型文化施設」として市民に喜ばれている。

　更に発展を続けるソウル楽壇は、2000年ソウル新都心に「LG芸術センター」を建設。市民から圧倒的な支持を集める「ファウム室内楽団」がレジデント楽団として参加し、これまた同国室内楽の水準の底上げに尽力中だ。

　総じてソウル楽壇の水準は高まる一方だが、その勢いを支えているのはやはり、国民全体の「クラシカル」への熱意である。その形は、例えばゴルフやテニスなど、他の分野で常に「GLOBALISM」を念頭に置いた「子弟の教育」の実践に他ならない。

　そして演奏芸術で最も成功を収めている分野では、ショパン・コンクール、ヴァン・クライバーン・コンクールの覇者を連発したピアノ界が挙げられるが、その他では世界の主要アンサンブルの主要ポストに、人材を続々送り込んでいる状況が注目される。

　特にその形は、全米の上位メジャー楽団のコンサートマスターをはじめとする主要ポストが韓国出身楽員で占められるなど、1990年代後半から顕著になる兆しが表れていたが、今世紀に入っても勢いは衰えるどころか益々盛んである。（2010年からの例を挙げると、バイオリニストだけでも、パク・チュン＝2011年度シーズンから、フランス・ロワール国立管の楽長、ユン・ソヨン＝2012年度シーズンからスイスのバーゼル響楽長、イ・ジヘ＝2015年度からバイエルン放送響で第二ヴァイオリン副楽長、ユ・ヒスン＝ウィーン・フォルクスオパー響の副楽長、キム・ジョンミン＝ロンドン・フィル副楽長、更に2017～18シーズンからキム・スヨンの二人が夫々ベルリン・コンツェルトハウス管の楽長、およびベルリン・シュターツカペレの楽長に任命された。

　これらに北米カナダの面々を加えると、今や世界主要楽団の主要ポストは五十席以上が韓国出身者で占められるという、驚くべき結果が生まれている。

　しかも大半が若年層で、その勢いは今後ますます増えて行くことが予想され、近い将来アジアのアンサンブル界において、韓国が盟主の座を手中にする可能性は大だ。

　そしてその勢いは今、国内に持ち込まれるようになった。上記の3強の一角を占めるソウル・フィル（SPO）がその体現者である。

　同団の広報紙に拠れば、同団の前身は1945年、日本への留学経験をもつ45人の楽員を中核体にしたソウル室内楽協会（SCMS）。同会は1948年1月、Goryeo響とソウル響から参加した楽員を加え、同年2月にはキム・センリョ（＝キム＝ジョン＝サングリョ）の指揮で、第1回目の定期公演会を行った。

　更に10月には同団の支援組織ソウル交響楽協会が発足。活動を本格化させて行く

かに思えたが、1950年6月の朝鮮戦争勃発により頓挫した。

　理由は様々だが、戦争中に北朝鮮工作員が楽器を持ち去ったり、楽員を誘拐した等とも言われ、おかげで韓国のオーケストラ運動は挫折に追い込まれる結果となった。

　それでも初代指揮者のキムは挫けず、何度も編成替えを繰り返すなどしてアンサンブルを整え、最後には海軍交響楽団の一部として組織を延命させることに成功した。

　そして朝鮮戦争が終息し、国家の再建が始まると、ソウル市評議会は82人の楽員をリクルート、ソウル市管弦楽団（SCO）を創設して、初代首席指揮者にキム・センリョを招き、演奏芸術面でも再生を期す努力を始めたのである。

　以後今日まで、同団のポディアムに招かれた歴代MD（又は首席指揮者、あるいはResident Conductor ＝広報紙での呼称）は以下の通り。

1. キム・センリョ（1948 ～ 1961）
2. キム・マンボク（1961 ～ 1969）
   ＊客演指揮者の時代（1969 ～ 1970）
3. キョンスー・ウォン（1970 ～ 1971）
   ＊客演指揮者の時代（1971 ～ 1974）
4. ジェ・ドンジョン（1974 ～ 1990）
5. パク・ウンスク（1990 ～ 1991）
   ＊客演指揮者の時代（1991 ～ 1994）
6. ウォン・キョンス（1994 ～ 1996）
   ＊客演指揮者の時代（1996 ～ 2000）
7. マルク・エルムレル（2000 ～ 2002）
   ＊客演指揮者の時代（2002 ～ 2003）
8. クァク・スン（2003）
   ＊客演指揮者の時代（2003 ～ 2005）
9. チョン・ミョンフン（2005 ～ 2015 ＝音楽監督）
   ＊客演指揮者の時代（2015 ～ 2016）
10. マルクス・シュテンツ（2017 ～　　＝ Conductor in Residence）

　（注）SPOは当初官営だったが、その後は半官半民のスタイルに移行したり、有限会社仕様になったりと、運営形態及び他の団体との離合集散などを何度も繰り返し、その都度名称を変更した。その楽団名称の変遷を古い順に纏めると概ね次の通り。（資料は同団広報部の提供したものに拠った）

　＊ Navy Symphony Band に改称（1954）

　＊ Seoul Philharmonic Symphony Orchestra に改称（1957. 8月）

　＊ Seoul Metropolitan Philharmonic から Soul Philharmonic Orchestra へ改称
　　（1999）

　＊ Seoul Philharmonic Symphony Orchestra へ改称（2005.6月、同年10月には

Seoul Philharmonic Orchestra へ変更、現在まで続行中)

さて次に歴代指揮者達の足跡を辿ってみると、同団草創期の功労者は何と言っても初代のキム・センリョ（キム＝ジョン＝サングリョ）だ。彼はアンサンブルの整備のみならず、客演陣の配備、楽譜の調達など、大戦内戦両後のあらゆる困難を乗り越えねばならなかったからである。

彼に次ぐ大きな功績を残したのは4代目のジェ・ドンジョン（＝チャン・チョイ・ドン）だ。その治世下は、楽団が落ち着きを取り戻した時期に当たっており、そのため彼は同団MD史上最長の在任を記録するなど、内容整備に尽力することができた。

ドンジョン体制で特に注目されるのは、楽団初の海外楽旅（ハワイとカリフォーニア＝1975、LA, サンフランシスコ、NY, ワシントンDC,＝1986）を成功させたこと、そして定期公演会場の世宗（セジョン）文化センターを完成させた（1978）ことの二つである。

その後は9代目のチョンが来るまで、SPOはズバリ低迷期に入る。理由は首席指揮者達が一人残らず短期間の在任を繰り返し、アンサンブルに消耗の時代を招き入れたからである。

そしてそのチョンが現れたのは2005年。それから10シーズン在任する訳だが、チョンは既にグローバル・スケールのスーパー・コンダクターとなっており、SPOに掛かりっきりになるわけには行かなかった。

それでもチョンの体制下では、グラモフォン社との録音契約をはじめ、楽団史上稀に見る大躍進を遂げていく。まず彼の着任早々、楽団の名称を上記の通り「Seoul Philharmonic」へと定着させ、同名称の下、DGGへの録音を開始した。

更に定期公演のライン・アップを充実させ（特に2006年1月から始まった「ベートーヴェンとブラームスの両交響曲全曲サイクル」は大評判を呼んだ）、海外楽旅プロジェクト（2007年のタイ国、NY＝国連コンサート出場及び同市での公演、北京公演等のシリーズを手始めに、2015年12月の東京フィルとの合同公演に至るまで、ほぼ毎シーズン海外楽旅を行っている）を立ち上げ、KOREAN ENSEMBLEのグローバル・サーキットへの定着を重点目標に掲げたのである。

日本楽壇の主役が小澤征爾であるのと同様、韓国楽壇の顔役ともいえるチョンの活躍で、KOREAN SOUNDが世界に鳴り響く素地はこうして固まり、彼の代わりにSPOを預かる人材のリクルートは、以後国際演奏サーキットの常連外国人へ向けられることになった。

そしてチョンがアメリカの国籍を獲得し、国外での地位が重要度を増して行くに従い、SPOは彼の後任リクルート業務を本格化する。

その結果決まったのが、ティエリー・フィッシャー（首席客演指揮者）とマルクス・シュテンツ（Conductor in residence ＝常駐指揮者）の二人であった。

現時点ではハッキリ言って、チョンの圧倒的な実績に比べると二人の登用は物足り

ない。が、両人とも本格的な実績作りはこれからである。

　SPO の最大ライバル＝ KBSSO が、外国人マエストロ＝ヨエル・レヴィ体制で躍進を遂げつつあり、SPO も外国人 MD 体制下で新時代を築いて行かねばならない。これらの構図は、最近とみに外国人マエストロを MD に据え始めたわが日本国の状況と似ている。

　この勝負、どちらに軍配が上がるだろうか。（完）

＊推薦ディスク

1.「交響曲第 1 番 " 巨人 "」（マーラー）：チョン・ミュンフン指揮

2.「交響曲第 2 番 " 復活 "」（マーラー）：チョン・ミュンフン指揮

3.「交響曲第 6 番 " 悲愴 "」（チャイコフスキー）：チョン・ミュンフン指揮

4.「交響曲第 5 番 " 運命 "」「ピアノ協奏曲第 5 番 " 皇帝 "」（ベートーヴェン）：(Pf) キム・ソヌク、チョン・ミュンフン指揮

5.「交響詩 " 海 "」（ドビュッシー）、「組曲 " マ・メール・ロワ "」（ラヴェル）、「舞踊詩 " ラ・ヴァルス "」（ラヴェル）：チョン・ミュンフン指揮

1. 東京フィルハーモニー交響楽団
(TOKYO PHILHARMONIC SYMPHONY ORCHESTRA)

オーケストラの合併（いわゆる Merging）。それは時には「凋落を阻止するための苦肉の策であり、また時には安定度を確実なレヴェルにまで上げるための、一つの選択でもある。

特にプロフェッショナル楽団の場合、そこには付随する問題が多いだけに、合併には入念なリサーチと優れた決断力が要求される。

世界のメジャー楽団で最も成功した合併の例はニュー・ヨーク・フィルハーモニックだが、同団が成功したのは関係者の必死の努力が奏功したのは勿論だが、それにくわえて幸運に恵まれたから、という点を見逃してはならない。合併を図る全ての団体が、同団のように上手くいくとは限らないのだ。

現在では下火になっているとはいえ、NY では常に資金難に喘ぐバッファロー・フィルハーモニックと、ロチェスター・フィルの合併話が持ち上がってきた。そのことは合併が、一朝一夕に実現する事業ではないことを如実に示すものだ。合併には、それを実現する絶好の「TIMING」と「決断力」、そして「それを補完する条件」が揃わねばならない。

さて我が国で行われた「最大のオーケストラの合併劇の代表例」といえば、2000年に行われた東京フィルハーモニック（TPSO）と新星日本交響楽団（SNSO）の合併にとどめを刺す。同事業は何と、一人の馘首も出さず全員雇用を実現することに成功した点、が内外の注目を集めた。

合併後の楽員総数は何と 167 人。常勤楽員数で言えば、世界最大級のウィーン・フィルハーモニー管弦楽団が擁する 134 人（＝但し、ウィーン国立歌劇場管弦楽団楽員数は約 160 人である＝いずれも上述の 2 楽団の合併時の頃の数字）、を上回る大所帯である。

この事実だけで、我が国の演奏芸術文化水準の高さを誇りたい気になるが、残念ながら、その合併に至った経緯を見ると、同団の抱える問題はそう簡単なものではない、ということが理解できると思う。

それについての詳細は後述することにして、これからその TPSO と合併前の SNSO の沿革、及び合併後の活動の様子を紹介して行こう。

最初に強調しておきたいのは、TPSO が名実ともに「日本最古のプロフェッショナル」である、ということだ。従って同団の歴史を辿れば、それは即我が国のオーケストラ史、あるいはその浮沈を一気に俯瞰するのと同じ、だと言えよう。

同団の沿革を正確かつ詳細に綴った記念誌（東京フィルハーモニー交響楽団八十年史）によると、その創立年は1911年である。（つまり本稿が書かれた年が本年すなわち2021年10月21日なので）創立110年目ということになる。我が国でもついに、百年の歴史どころか百十年の大台に到達目前の大オーケストラが現れるのだ。

　さて嘉永6年（1853）、ペリー提督が浦賀に上陸したとき、（彼の祖国アメリカ合衆国では、その約10年前の1842年、ニューヨーク・フィルハーモニックが組織され、更にそれから遡ること約20年前の1825年には、ボストンで「ヘンデル・ハイドン協会管弦楽団＝全米最古のオーケストラ」が発足した）、日本の民衆が驚愕したのは、米軍の先頭で行進する軍楽隊であった。

　現在あらゆる祝賀行事でマーチング・バンドを先頭にパレードを行う、アメリカ国民のいわば得意技を見て、その上気した顔でブラスを吹きまくる兵士達に、日本国民はさぞ、圧倒される思いがしたことだろう。

　それがやがて薩摩藩士を主体とした明治政府の軍楽隊編成（明治4年：指導者は英国陸軍歩兵第10連隊第一大隊・軍楽隊隊長フェントン）に繋がり、同じく陸海軍の吹奏楽団編成へ発展し、更にオーケストラへと波及していく、ということも知らずに・・・。

　ペリーのバンドに驚いた国民の前に、正真正銘国産の洋楽演奏用バンドが登場するのは、上述したように明治4年（1871）。そしてその後の日本洋楽壇発展の推移と並行し、TPSOの前身（いとう呉服店少年音楽隊）発足までの歴史を纏めると、次のようになる。

＊明治7年（1874）：伶人・山井景順（雅楽演奏家・式部寮雅楽課職員）以下35名、洋楽の学習を開始

＊明治12年（1879）：前出の山井ら有志が、「洋楽協会」を組織。洋楽研究を開始。
　　　　　　　　　：明治政府「音楽取調掛」（後の「東京音楽学校、現東京芸術大学」創設

＊明治14年（1881）：同掛による試演会（期末試験と呼ばれた＝弦6人、管4人の計10人で編成

＊明治15年（1882）：山井ら洋楽協会会員による欧州管弦楽演奏会（2月12日：会場＝浅草本願寺：聴衆数700人）

＊明治16年（1883）：鹿鳴館が建設され、洋楽演奏のチャンスが増える。

＊明治19年（1886）：洋楽演奏家の数が増加し始め、軍楽隊のOB等による演奏会が頻繁になる。

＊明治20年（1887）：大日本音楽会（我が国初の音楽鑑賞組織）発足。

＊明治23年（1890）：我が国初の音楽ジャーナル「音楽雑誌」創刊。

＊明治27年（1894）：東京少年音楽隊発足。以後少年バンドの組織化が全国に広がる。

＊明治31年（1898）：明治音楽会（東京＝雅楽の演奏家を主体とする公開演奏会）発足。

この年で、我が国には、以下三つの公開公演の可能なオーケストラが揃うことになった。

1. 明治音楽会で演奏するオーケストラ
2. 雅楽部のオーケストラ（上述団体の母体）
3. 東京音楽学校のオーケストラ

＊明治36年（1903）：陸海軍軍楽隊、定期演奏会シリーズを開始。（会場：日比谷野外音楽堂）

＊明治44年（1911）：「いとう呉服店」（名古屋在。現在の「松坂屋」の前身）少年音楽隊を組織。

　ペリー提督のバンドを通じて洋楽との邂逅を経験し、我が国初の洋楽アンサンブルの前身（TPSO）が発足するまでに、実に約60年を要した。これは他のアジア諸国のオーケストラ運動に比べ、群を抜く速さである。

　そして上述した項目に、以後山田耕作等のオーケストラ運動が加味されていくわけだが、TPSOのみに限って言えば、この楽団結成へのスピードは、世界に例のない早さであり、それは即「新知識を吸収するという面でも発揮された、日本人の勤勉さと集中力の見事さ」を証明するものだと思う。

　さて本論に戻って話を進めることにする。言うまでもないことだが、少年音楽隊が結成されて直ぐに、シンフォニー・コンサートを提供できる準備が万全に整っていたわけではない。

　そもそもこの「いとう呉服店」とは、既に述べたように現在の「松坂屋」の前身であり、当時は名古屋に本拠を置くデパートメントストア（百貨店）であった。

　そのデパートが少年バンドを組織したのは、店内の一企画「児童用品陳列会」での売り上げ増を図るための、いわば「客寄せイヴェント」の一環だったのである。

　ところが、新聞を通じて楽員募集をかけたところ、集まった少年の数は定員にも満たないという寂しいものだった。

　しかも応募者たちは、いずれも音楽の素養がないか乏しい面々ばかり。そんな少年達に、バンドの指導者（沼泰三＝海軍軍楽隊出身）はいきなり楽器を与え、トレーニングを始める始末だった。

　にもかかわらず少年達はそのような乱暴なやり方に堪え、更に沼の好指導のおかげもあって、メキメキ腕を上げて行ったのである。

　楽員数12人（しかしその後すぐに20人に増えた）全員は「小僧」と呼ばれ、給料をもらいながら寄宿舎生活を続け、日夜鍛えまくられた。（ちなみに少年達の日課は、毎朝9時起床、夕方まで練習、更にその間隙を縫って沼楽長から個人レッスンを受けるという、ハードなものだったという。）

　このようないわゆる軍隊式で教育されたバンドではあったが、少年楽員たちの演奏水準その後大きく向上。彼らの中からは、長じて日本各地でプロの指揮者や各地のアンサンブルの主力奏者になったり、あるいは教育者として成功を収めるなど、大きく

羽ばたく者も続出した。

　さて少年音楽隊はその後、すなわち1925年以降「いとう呉服店」（当時既に、支店を全国に展開）が全店の屋号を「松坂屋」に統一した後も、同チェーンの看板バンドとして各支店を巡回する活動を続けていた。

　更にJOCK（名古屋放送局）等ラジオ放送にも定期的に主演し、名古屋一円の音楽ファン開拓に貢献、名古屋音楽協会（職業音楽家の組織）、青年芸術協会、ヴァイオリン同好会等の発足に拍車を掛けている。

　1926年楽長の沼がガンで亡くなると、松坂屋はその翌年、後任に早川弥左衛門（前海軍軍楽隊隊長）を招く。楽員は直ぐに「洋楽研究会」（名称は「松坂屋洋楽研究会」）を組織、早川の下で、名古屋周辺で高まりつつあった洋楽熱に、広範囲に応えようとする意欲を示した。

　進取的な早川は早速、就任した年の3月5日、50人の楽員を揃えてシューベルトの「未完成交響曲」に挑戦するなど、シンフォニー・コンサートへも進出を始めた。そして結局この公演が、松坂屋少年音楽隊を中核とした組織＝洋楽研究会＝による、シンフォニー・オーケストラの本格的初演奏となった。

　松坂屋洋楽研究会の構成メンバーを具体的に言うと、まず中心となるのは、前述したように松坂屋少年音楽隊で、それに名古屋在住の弦楽器奏者（上述の「ヴァイオリン同好会」の会員達）が加わったものである。

　同公演の成功は、同会を将来シンフォニー・オーケストラへ発展させようと構想する早川に、大きな自信を抱かせる出来事となった。

　早川は同会を「名古屋市のもつ唯一の交響楽団に育成していこうとする考え」に立ち、その公演を当分の間、春と秋の二回に固定、本格的なシンフォニー・コンサートの創出を目指すことになった。

　かくのごとく着々とビッグ・バンドへの足掛かりを築く同団は、1929年に公演回数を5回目に伸ばし、メンデルスゾーンの「交響曲第4番イタリア」日本初演を成功させるなどの偉業を達成する傍ら、オーケストラの組織総体をスケール・アップさせた。

　そして昭和7年（1932）、早川は自らの楽壇生活30周年記念公演に際して、松坂屋洋楽研究会の名称を、「名古屋交響楽団」（NSO）と改めることになった。
以後NSOは、名古屋と東京を頻繁に往来する活動に入る。シンフォニー・オーケストラと公称を掲げてからの東京公式デビューは、1935年11月24日（会場：日比谷公会堂）であった。

　その活動と並行し、本業の松坂屋の広告塔の役目を果たす「松坂屋シンフォニー」としての活動も充実度を加えて行く。更に公演の内容にも変化が生まれ、松坂屋主催のもの以外に、近隣諸都市への納涼公演などに出張するという、いわゆる招待による公演の数も増えて行く。

　更に世界大戦が勃発して軍国主義が高まると、洋楽への風当たりが強まり、オーケ

ストラの活動にも支障が出てきた。社内ではオーケストラを解散し、楽員を全員一般社員（要するに松坂屋の社員）にしよう、という意見が聞かれるようになった。そのため楽団内部では、本拠地を名古屋から東京へ移す話が本格化する。

　東京では同地の楽団との密接な関係が既に出来ており、更に藤原歌劇団等の伴奏を恒常化していたからである。

　またアンサンブル作りの面でも、在京演奏家を臨時楽員として参加させ、グレード・アップを図れるというメリットの部分も、既に経験済みだった。

　演奏水準の向上で前向きになっていた楽員の自己向上心に、当時の「戦時下という不安定な時代背景」「離合集散を繰り返す東京の楽壇事情」等の要素が絡み合い、TPSO は結局、東京へ本拠地を移すことになる。

　移転が決まると、次には「名古屋に留まる楽員」と「上京する楽員」の希望者が募られ、前者はそのまま松坂屋の店員（移転後も名古屋の松坂屋交響楽団は完全に消滅したわけではなく、散発的に活動は継続されていた）として、後者は演奏家として袂を分かつことになった。

　TPSO の最後の名古屋公演は、1938 年（昭和 13 年）12 月 19 日、名古屋市公会堂で行われた。（当時のプログラムは、ドボルザークの新世界交響曲、メンデルスゾーンのヴァイオリン協奏曲＝独奏・鰐淵賢舟、がメインで、指揮を執ったのは早川であった。）

　同公演を境に本拠地を東京へ移した新楽団は、20 人の新メンバーを加え、楽団の名称も「中央交響楽団」（CSO）と改称した。
その後同団は度々名称を変更することになるが、ここでその変遷史を纏めておこう。

　＊「いとう呉服店少年音楽隊」（1911 〜 1927）
　＊「松坂屋洋楽研究会」（1927 〜 1929）
　＊「松坂屋管弦楽団」（1929 年の東京公演時のみで付かあった名称）
　＊「名古屋交響楽団」（1938 〜）
　＊「中央交響楽団」（1938 〜 1941）
　＊「東京交響楽団」（1941 〜 1945）
　＊「東京都フィルハーモニー管弦楽団」（1945 〜 1946）
　＊「アーニー・パイル交響楽団」（1946 〜 1948）
　＊「東京フィルハーモニー交響楽団」（1948 〜　　）

　名古屋で生まれ、最終的には東京のオーケストラとなる TPSO。名称の変遷を見るだけでも、その組織の浮沈が即座に見えてきそうだが、同団が歩んだ歴史は事実そのように展開した。

　さて話を元に、つまり本拠地移転の頃に戻そう。名実共に在京のオーケストラとなった TPSO。同団を待ち構えていたのは、時まさに戦前の東京洋楽界の最盛期であった。

　一方、後にその TPSO の合併相手となる新星日本交響楽団（SNSO）は、Merging（合併）の時が来るまで、どのような歴史を歩んできたのだろうか。これからそれを辿っ

てみよう。

　結論を先に言うと、SNSO の歴史は実にユニーク、かつその運営形態は、うまく機能すればオーケストラの一つの理想像を示すものに成りえた、といえるものだった。

　同団の創立は 1969 年（昭和 44 年）6 月 26 日。日本初の、音大を出た直後の、いわば卒業生の有志達によって創設された楽団であり、在京 9 楽団中 7 番目に登場したプロフェッショナル団体である。

　創設のキッカケとなったのは、その前年（1968 年）11 月に来日したベトナム中央歌舞団の伴奏を担当するために、同団が臨時編成されたことだった。

　同団は音大在学生が中核体となって参加した。公演後学生たちは、卒業後に帰省のプロ楽団に組み込まれて行くことに不安と不満を覚え、独自の団体を旗揚げし、完全自主独立のアンサンブルの創設を構想する。

　この一見無謀に思える学生集団を主体としたプロ楽団の結成構想は、俄然実現へ向けて熱を帯び、若い力が猛烈なスピードとパトスで走り出した。

　更に当時のプロ楽団の大半が経営危機と闘い、楽員も過密日程と低賃金を余儀なくされ、演奏面でも精神的充足感は程遠い日常を過ごしていた、という時代背景も、学生達の新楽団結成構想を後押しする。

　加えて 1960 年代は、音大の数が大幅に増え、その逆に卒業生の受け皿が乏しくなった時代でもある。そのような否定的条件目のあたりにした若人が、「どうせ同じ苦労をするのなら、自分たちが納得できるような演奏活動をして行こう」（新星日響 20 年史 37 ページ）という考えの下で参集し、船出したオーケストラが SNSO なのであった。

　かくて音大を出たばかりの人々 25 人が集まり、1969 年 3 月 31 日、「オーケストラ設立準備員会」を組織。彼らはその若さゆえの鬱勃たるパトスと馬力で、次のように呼びかけた。

「音楽家のみなさん。全身全霊を投入して、優れた音楽創造をしたい。聞く人に喜びと「明日」を与える音楽家でありたい。そのことが即、生活でありたい。」（同、38 ページ）

　1969 年 6 月 12 日と同 26 日、創立総会が開かれ、正式に楽団の創設が決定された。そして翌 7 月 23 日の運営委員会で、楽団の名称が「新星日本交響楽団」に決まり、10 月 2 日には第一回目の定期演奏会が開かれる（会場は文京公会堂）運びとなった。

　こうしてみると、若さの持つ情熱とは素晴らしい、という文句が出て来そうだが、それに加えて、「楽団の設立総会に於いて全五章から成る規定（活動方針）を明確に打ち出し、その実践に取り組んだこと」も特筆に値する。

　そのことはまた、SNSO が他の団体とは一線を画す存在たらん、とする意気込みを表すもの、そして努力目標であった。それらの内容には、次の四つの特徴が含まれている。

　1. オーケストラの目的の中に、広範な市民の音楽要求のため活動することを明確化したこと。

2. 新しい日本の音楽文化を創造していくことを、重要な活動目標に掲げたこと。

　3. 楽員総会を、楽団運営の最高決議機関（自主運営体制）にしていること。

　4. 楽団財政を、「演奏収入、積立金、寄付金、その他でもって賄う」と明示し、経済的に自立した演奏団体として、音楽活動の自由をうたったこと。

　（「SNSO 二十年史」39 ページ）

　まさしく徹底した「民主的な方法による自主管理体制」である。

　また常任指揮者、音楽監督を置かず、ウィーン・フィル並みに「指揮者の選定を楽員の意志で決定する」という徹底ぶりも注目を集めた。

　更に管理運営面でも、そのような楽員主体のスタイルが貫徹される。掲げた理想がうまく回転し、今日を迎えておれば、同団は空前の高水準に達した演奏力を誇り、我が国の演奏サーキットの最前線で活躍するアンサンブルに躍進を遂げていたかもしれない。

　しかしそれから約 30 年後、同団は TPSO との合併を余儀なくされる事態に陥り、当初の目標は軌道修正を迫られて行く。

　話を元に戻そう。創設後の SNSO が演奏面での活動目標の原点、として踏まえ続けたのは、次の諸点である。

　1. 若い聴衆層を開拓し、地域、聴衆と一体化した演奏活動を展開したこと。

　2. 演奏活動を支える楽団の自主運営を貫徹したこと。

　3. 楽団、聴衆、市民の募金活動財団法人化を実現したこと。

　これらの諸点はいずれも、楽員自らを運営主体とするオーケストラにとっては、非常に厳しい労働条件を強いるものである。

　しかし SNSO はそれこそ「全員戦力」の思想で団結、次々と襲い掛かる難関を乗り越えて行くのだった。

　特に 4 つ目の項目、「財団法人化」については、当時の「文化庁」（現「文科省」）から出された、いわば「弱い者いじめのような助成方法見直し通知」（助成方法変更の三条件＝（1）財団法人であること、（2）年間 9 回以上の定期演奏会を開催していること、（3）77 名の楽員を擁していること）との戦いである。

　1980 年に文化庁から送られた助成方法変更の通知が、SNSO の「財団法人化のそもそもの始まり」だった。当時の SNSO 組織形態は、人格なき社団という範疇に入る任意団体である。

　それに対する文化庁の助成条件は、「公益法人を有する団体」というものであり、しかもそれを昭和 55 年（1980）度内に実現するようにという通達であった。

　具体的に言うと、公益法人には社団法人（基本財産 1 千万円で、「人」を中心に組織する団体法人のこと）と、財団法人（基本財産 5 千万円で、「財産（金）」を寄付することにより、その管理運営中心とすること）があり、当時の在京のオーケストラを社団法人化することは困難な作業であった。

従って SNSO に残された道は、財団法人化することである。すると文化庁は、「今すぐ財団法人化を申請するのであれば、昭和54年度（1979）までの基本財産3千万円で受け付ける。また1982年度からは基本財産の許可基準が7千万円に引き上げられる」、と明言してきたのだった。

　更に文化庁は、当時年6回しか定期公演を行っていなかった SNSO に対し、1982年からは年9回以上行うよう条件を付けてきたのである。

　しかも助成条件はそれにとどまることはなかった。楽員数にも厳しい条件を付け、定期公演回数の実施年度と同じく1982年度からは何と、77名三管編成以上を擁する団体にすべしとの内容を、通達してきたのだ。

　まさしく乱暴、かつ実情を踏まえぬ上意下達型の文化行政に、楽団側は苦境へ追いやられてしまう。それは、楽団の将来をどうするのか、という基本的な理論武装を構築する必要に迫られたことを意味するものだった。

　今法人格を取得するための申請をすれば、将来より安価な条件で、それまでのように自主管理のステイタスを守れるアンサンブルを実現できるかもしれない。しかしそれには、文化庁の求める3千万円といった、当時の SNSO としては途方もない巨額の基本財産を必要とし、楽員の数を20数名増やしていかねばならないのだ。同団楽員たちは、アンサンブルの存続を賭け、財団法人化への道を選ぶか否かで激論を交え続けた。

　その結果楽員達が選択したのは、「あくまでも自主管理の鉄則を保持できる楽団の存続を確認し、財団法人化への道を進むこと」であった。

　そして彼らは何と自ら街頭に繰り出し、あるいは企業を訪問して、募金活動の先頭に立ち、ついに目標額の基本財産を集めることに成功。財団法人化を実現させたのである。（文部大臣から正式認可が下りたのは、1981年3月27日であった。）
何たる馬力の凄さ、何たる見事な理想主義への執着、であろうか。かくのごとく体を張って自らの職場を守った SNSO を支えたのは、まさしく市民パワーであった。

　巨大資本に全てを頼らず、あくまでも音楽を愛する市民一人一人を、楽員達は自らの拠って立つところ、としたのである。

　またそのことに加え、指揮者の山田一雄と星出豊の二人が、文化庁への請願などをはじめとするロビー活動で楽員に終始協力を惜しまず、支援を続けたことを忘れてはならない。

「経営母体の放送局からの資金援助を打ち切られ、自主運営への道を余儀なくされた日本フィルが、市民との協力で“音楽のナロードニキ”実現に先鞭をつけた」ように世間では受け取られているが、実際にはこの SNSO が初のケースだったのである。

　そういう意味でも SNSO の頑張りは、日本楽壇史上に大きな足跡を残す極めて重要な出来事であった。

　スポンサー無しの「自主運営のオーケストラ」として出発した SNSO は、当初から

聴衆との緊密な関係保持を最重要課題として掲げ、シーズンを積み上げて来た。

　SNSO は演奏活動を、(1)「自主公演」(定期演奏会や親子コンサート等の楽団主催事業)、(2)「契約公演」(様々な依頼主との契約で公演する事業)、(3)「青少年のための公演」(小中高の児童・生徒を対象とした事業)、の三つに大別し、それに小編成(室内楽)コンサートを加えて行った。

　そして発足間もない 1974 年度シーズン(公演日数 108 日)には、それぞれ内訳が(1) 4.6%、(2) 56.5%、(3) 36, 1%、だったものが、6 シーズン後の 1980 年(公演日数 126 日)には、(1) 7.1%、(2) 63.5%、(3) 19.0%へと伸びている。

　更にそれから 8 シーズン後の 1988 年度(公演日数 247 日)になると、(1) 9.8%、(2) 63.6%、(3) 19.0%、へと発展した。

　またコミュニティとの連携の深化の指標となる小編成での取り組みも、1899 年度には 8.5%を記録、聴衆への浸透度が加速していることを認識させた。特に契約公演の順調な伸び具合は、アンサンブルへの信頼が高まり、安定してきたことを意味していた。すなわち、オペラやバレエの伴奏等で、出場機会が増えてきたからだった。

　それと共に、SNSO 最大級の功績といえば、邦人作品を積極的に紹介したことである。しかもそれは特別公演などではなく、レッキとした定期公演シリーズでの演目であったことが、此の価値を数倍も高いものしていた。

　具体的に言うと、第 1 回から第 125 回定期までの間に、邦人作品の公演は全プログラムの 46.4%を占めたのだ。これは本数にして 58 作品という、まさに歴史的快挙と呼ばねばならない偉業であった。

　世界の名だたるオーケストラの中で、自国出身の現代作曲家の作品にこれだけの占有率を提供している例は、フランスの室内楽団＝アンサンブル・アンテルコンタンポラン、北米のアメリカン・コンポーザーズ・オーケストラの二団体くらいのものである。

　しかし両者とも新作の演奏を活動の中心に添えた、いわば専門家集団なのだ。それゆえ、オールラウンド・バンドの SNSO が、かくのごとき取り組みを見せてきたのはやはり驚異的なことであり、勇気ある活動姿勢と言わねばならない。

　さて若さゆえの「大胆さ」と、「日本音楽文化の最前線で活躍を続けたい」という信念で演奏しまくっていた人々も、いつかは歳を取り、家庭を持ち、あれほど憎悪した商業主義との対決にも、疲弊の色を濃くして行く。

　社会の歯車が狂い始め、経済理論が破綻をきたし、不況の風を吹かせて、演奏芸術の世界をますます侵食するようになったのだ、

　加えて創立時 35 人だった楽員も、1982 年 4 月には三管 76 人を達成し、更に 1990 年には 82 人まで増えた。そのうち創立以来のメンバーは、僅かに 11 人を数えるのみとなっていた。オーケストラ・プレイヤーの離合集散の激しさ、生活の厳しさを、その数字はまさに物語っている。

　そんな否定的状況下にありながら、1990 年には創立 20 周年記念事業としてヨーロッ

パ楽旅を敢行、スペイン、東ドイツ等の各音楽祭に参加し、成功を収めてきたのだ。その見事な敢闘精神には恐れ入るしかない。

苦難に立ち向かう元気一杯のオーケストラとして、音楽ファンの支持は高まる一方だったが、しかしその勢いも創立30周年目を迎えた直後、ついに矢尽き刀折れの状態となり、東京フィルハーモニックとのMERGINGで終息する。

さて疾風怒濤の勢いで日本楽壇を駆け抜けたSNSOが、そのポディアムにレギュラー・ポジションを提供したマエストロ達は、以下の通り。

1. 山田一雄（1977 －楽団顧問）
2. 佐藤功太郎（1982 ～ 1987 ＝首席指揮者）
3. オンドレイ・レナルト（1986 ～＝首席客演指揮者、1993 ～＝首席指揮者、1999 ～＝名誉芸術顧問）
4. 沼尻竜典（1993 ～ 1998 ＝正指揮者）
5. パスカル・ヴェロ（1993 ～＝客演常任指揮者、1999 ～＝首席指揮者）
6. 小松長生（2000 ～＝正指揮者）

（（注）例によって各指揮者のタイトル名は、欧米のそれと比べ、その職務内容が不明なものばかりである。が、本稿では、楽団の公表した資料に基づき、その通りに記載した。）

さてここからは再びTPSOの沿革へ戻る。

1938年東京に本拠を移した同団は、1926年創立のNHK響を除き、周囲にライバルと目されるアンサンブルがいないため、各方面から舞い込む出演依頼で瞬く間に多忙を極める存在となった。

東京で再スタートを切ったとはいえ、同団が置かれた状況はまさに「全国民の期待を一身に集めた楽団のそれ」である。というのも当時の在京主要楽団の発足年といえば、ざっと紹介しても、東響（1946）、日フィル（1956）、読売日響（1962）、東京都響（1965）という具合だったからだ。

TPSO関係者の努力は次々と実を結び、移転してから一年も経たぬうちに、グレードとスケールの両面で大きく飛躍する。

それらの内容を述べる前に、ここで名古屋での誕生から今日まで、同団のポディアムに君臨した歴代のマエストロ達を纏めておく。

1. 沼　泰三（1911 ～ 1926）
2. 早川弥左衛門（1927 ～ 1939）
3. マンフレート・グルリット（1939 ～不明、1954 ～ 1972 ＝名誉指揮者）
4. 高田信一（1951 ～ 1953）
5. 渡邊暁雄（1951 ～ 1954）
6. ニコラ・ルッチ（1954 ～ 1956）

＊客演指揮者の時代（1956 〜 1959）

7. アルベルト・レオーネ（1959 〜 1961）

8. 大町陽一郎（1961 〜 1964）

＊客演指揮者の時代（1964 〜 1974 ＝大町が専属洋楽顧問および専任指揮者として在任）

9. 尾高忠明（1974 〜 1991）

10. 大野和士（1992 〜 1998、芸術顧問＝ 1999 〜 2000）

11. ミョンフン・チョン（2001 〜 2010, 特別芸術顧問）

12. ダン・エッティンガー（2010 〜 2015、首席指揮者）

13. アンドレア・バティストーニ（2016 〜　首席指揮者）

NY フィルハーモニック風に言うなら、「TPSO の歴史は、そのまま“我が国のオーケストラの歴史”」である。

内紛と離合集散を繰り返し、閉鎖の危機に何度も直面してきた。その度にフェニックスのごとく蘇り、人間臭いやり方で、それらのピンチを何度も乗り越えてきたのだ。

そして 2010 〜 2011 年度シーズンには記念すべき創立百周年を祝い、更にその後も 2019 年の今日まで、分か国の楽壇の盟主の一角としての地位を守り続けている。

それではこれから、東京移転後の同団の足跡を、歴代常任指揮者達の築いた功績と添えながら、クロノロジカルに俯瞰して行こう。

TPSO 初の本格派で、しかも当時世界楽壇に於ける屈指の実力者の一人として、有力なポジションを得ていたユダヤ系ドイツ人作曲家兼指揮者マンフレート・グルリット。彼は第二次大戦中ナチスを逃れて来日（というよりそれは、橋本国彦がドイツ留学中に友人となり、その橋本の紹介で、東京音楽学校＝現東京芸術大学＝の教授として招聘されるはずであったが、戦中の混乱で予定が狂い単独の来日となった）し、TPSO のグレード・アップに辣腕を揮うことになる。

同団は皮肉にも同盟国から「祖国の敵」を受け入れるという形で、楽団初の大物指揮者をリクルートしたわけだ。しかしこの人事無しで、その後の TPSO が実現した急速な向上発展を考えることは出来ない。

1939 年 5 月 23 日、ドイツの汽船で横浜港に到着したグルリット（当時 49 歳）は、上陸後間もなく TPSO（当時の名称は中央響）との練習を開始。その後は猛烈なトレーニングでアンサンブル作りを進めて行く。

そしてそれから 4 か月後の 12 月 22 日（1939）、練習所に楽団関係者を招待。試演会の形で、猛練習の成果を披露することになった。

その日の演奏曲は、チャイコフスキーの交響曲第 6 番「悲愴」であった。結果は上々、集まった関係者は、楽団の将来に期待を膨らませた。

それから翌年の 1 月 29 日、グルリットは常任指揮者就任第一回目の公演（会場は歌舞伎座）を指揮して大成功を収め、続いて 4 月、5 月のコンサートでも、同様の成

功を収め、アンサンブルの実力を人々に認識させ、承認させたのだった。

　更にその年の9月からは「クラシカルの本場＝ヨーロッパ」の運営スタイルを踏襲し、予約会員制度による中央響定期公演シリーズを開始。また同団は、管理体制面でも整備充実化のための努力を怠らず、着々と陣容強化を図った。

　グルリットの指導は順調に進み、楽団は昭和16年（1941）までに、13回の定期を成功させるほど、躍進を遂げる。

　また同年、楽団の名称を「中央響」から東京交響楽団（TSO）へと変更。大阪宝塚劇場及び東京の二か所で、「改称披露演奏会」を行っている。

　以後定期シリーズも同称の下で継続され、アンサンブルの向上は日を追って増幅するかに思えた。が、それと併せて激化の一途を辿っていた戦火の影響により、1944年11月29日、TSOの定期シリーズは中止を余儀なくされてしまう。

　またその翌年（1945）3月9日には、東京大空襲で練習所が全焼、楽団備え付きの楽器と楽譜のすべてを焼失し、TSOは以後活動停止状態となった。

　しかし再生への胎動は殊の外早く訪れ、日本政府がポツダム宣言を受諾（8月14日）してから38日後の9月21日には、旧楽員の弦部（東京都フィルのみ）を中心に、「東京都音楽団」が結成された。

　同団は間もなく、旧東京交響楽団（TSO）を中核体として、その管弦楽部（東京都フィルハーモニー管弦楽団＝TMPO）が編成され、翌年には活動を開始（1946年2月11日、日比谷公会堂で第一回定期公演を開催）する。

　同団は再生への道を順調に歩むかに思えたが、同年の7月、その管理中枢である東京都音楽団理事会が突如、解散を宣言。楽員の大多数は、東京フィルハーモニー管弦楽団の名称の下、活動を継続することで事態は収拾された。が、その際、数名の楽員と早川副団長は別行動をとり、以後TPSOとの関りを遮断してしまう。

　TMPO解散後、安定的活動の場を求めることになったTMPOの楽員は、アメリカ進駐軍の専用バンド化するような形で、アーニー・パイル交響楽団（APSO）に入団、延命を図ることを余儀なくされる。

　APSOは東京宝塚劇場の専属オーケストラの名称で、その楽団に入った楽員は、戦後の混乱期の中、屈辱的な目に遭いながらも、見事にそれを乗り切り、次代への礎を築いていった。

　しかしその一方、同団での活動にはメリットの部分も多々見られた。その存在自体が米軍の後押しを受けているという性格上、演奏活動条件は他の団体に比べ、かなり恵まれていたからだ。おかげで楽員の演奏技術は、短期間のうちに急上昇した。

　とはいえ、そのような時代も長続きせず、同劇場は1947年9月15日をもって解散した。オーケストラは再び孤立無援の状態で、混乱の渦中へ投げ出される。

　が楽員達の奮起は続いた。彼らは何と、その翌年（1948）4月20日、今度は「東京フルハーモニー交響楽団」（TPSO）の名の下、日比谷公会堂で、再三再四の復活劇

＝第一回定期公演を提供、復活劇を敢然とやり遂げてしまう。

　その後も同団は、幾多のハードルを飛び越えて進むのだが、NHK への放送出演契約等、関係者の血の滲むような運営努力も続き、1951 年からは高田信一」を新たな常任指揮者に迎える。そして彼の治世では、ベートーヴェン交響曲サイクルを中心に、定期公演シリーズのグレードが高まって行く。

　TPSO が戦後復興への努力を本格的に加速させていくのは、熱心な音楽ファンの支えがあったからである。彼らは戦後の乏しい物資と生活費を切り詰めながら、音楽会へ通い続けたのだ。そのような圧倒的ともいえる支持を背景に、TPSO の管理中枢は 1952 年 12 月 1 日、ついに財団法人化を実現できるまでに組織力を付け、演奏水準の向上の実現を目指すことになった。

　はれて東京フィルハーモニー交響楽団＝ TPSO＝ として認可されたアンサンブルは、12 月 16 日法人組織による最初の演奏会を実現し、今日までの発展の足掛かりを作る。

　組織を安定化させたあとの課題は、楽団の生命線ともいえる演奏水準の更なる向上をいかに実現させるか、である。

　法人化を実現した年の翌シーズン高田信一が退任すると、楽団管理中枢は渡邊暁雄を指揮スタッフの中心に据えた。

　渡邊は当然のように長期在任を期待される。ところが彼は、1954 年のシーズンに早くも退任したのである。その後任に招かれるのは、イタリア人のニコラ・ルッチ。

　ところがそのルッチも、何と僅か 2 シーズン在任しただけだった。しかも在任中は目立つ業績を残すことなく、母国へ去って行ったのである。

　結局、高田以後の常任指揮者達はいずれも短期の在任に終わり、TPSO は満足とは程遠いシーズンを重ねたに過ぎなかった。

　それでもグレード・アップを目指す管理中枢は、客演指揮者製で 3 シーズンを乗り切った後、A・レオーネを招いて事態の打開を図る。が、そのレオーネも 2 シーズンの在任だけで降板。

　管理中枢は急遽、当時ウィーンでの修業から帰国して間もない頃の大町陽一郎をレオーネの後任にあて、水準維持を図った。大町は特にブラームスの交響曲で注目を集めたが、楽団の管理運営にかかわる諸問題に意欲を削がれ、長期在任でアンサンブルをじっくり育成することを期待されたにもかかわらず、常任の芸術面での業務には僅か 3 シーズン関わっただけで降板。その後の 10 シーズンは、専属洋楽顧問、専属指揮者という不明瞭なタイトルでの関り、を持つだけとなる。

　一方、運営側の努力は空転を続け、アンサンブル作りの面同様、中途半端なシーズンが続いたのがこの時期の TPSO といえる。おかげで同団のファンはそれこそ、歯がゆい思いでシーズンを過ごさねばならなかった。

　そのような事態に輪をかけてこの時期組織総体を苦しめたのが、金銭上のトラブルから発した諸問題である。が、それも管理中枢の必死の努力が実を結び、徐々にでは

あるが再建正常化へ向かうことになった。それを加速させたのが、若手の実力者尾高忠明をリクルートしたことである。

　再浮上へ向かう道筋をつけた尾高の、その他の面での功績は多い。中でも楽員数を増やしたこと、楽員労組の組織化に成功したことの二点は、特筆されねばならない出来事だ。

　TPSOの正式楽員数は1972年度シーズンまでに70名内外であったが、それを1976年には一気に82名へと引き上げ、さらにその翌年には85名へと増員したのである。

　加えて同年6月14日には「楽員就業規則」を制定し、アンサンブルは、演奏面だけではなく、管理面でも充実度を一層高めることとなった。

　また楽団のスケール・アップは管理中枢のシステムにも及び、行政やビジネス界からも実力者を迎え入れ（例えば1982年には、ソニー社長の盛田昭夫を楽団の会長に招き入れた）るなど、組織的刷新を図った。かくてTPSOは尾高体制下で、アンサンブル作りと経営面での躍進を実現して行く。

　そのように組織総体を充実へ向かって勢いづかせた尾高の力量は、内外から次第に注目を集めるようになった。彼が刻印し続ける当時の実績は、昭和59年（1984）に敢行したTPSO創始後初のヨーロッパ楽旅（同企画は、創立45周年祈念事業の一環として取り組まれ、尾高の指揮により、7か国24都市で28公演を挙行＝総日数50日間に及ぶ強行スケジュールで実現）の際、世界の演奏サーキットに紹介される。

　それからすっかり勢いに乗った尾高＝TPSOのコンビネーションは、その5シーズン後にも再び欧州楽旅を実施。今度は総日数32日間、8か国20公演を行い、いずれも好評を持って迎えられた。

　尾高の果敢なリードは海外で高く評価され、TPSOの実力も、我が国を代表するアンサンブルとして知名度を高める。

　尾高を迎え、内外の評価が高まるにつれ、TPSOの存在はますます重要度を増して行くが、二度目の海外楽旅を敢行した年に、我が国の楽団として初めて、フランチャイズ契約を結んだこと（東急文化村オーチャード・ホールと締結）も、音楽の歴史に残る重要な出来事であった。

　フランチャイズの獲得は、TPSOにとって「東京フィル・サウンド」を育成固定する場所を確保したことを意味し、内外の著名なオーケストラ同様、同団の前途が洋々としたものへ発展していくことを期待させる、からだ。

　ところがその尾高は在任中、二度にわたってTPSOを帯同してのヨーロッパ公演を成功させて実力を発揮し、国際的な演奏サーキットからMD等への引き抜きの対象に浮上していた。

　そのせいで彼の活動の中心は次第に国外へと移って行く。そしてその結果、UKのBBCウエールズ響からMDにリクルートされるのである。

そんな前任者とはほぼ反対のコースを歩んだのが、成長株大野和士であった。1960年生まれの大野は東京芸大を出て、27歳（1987）の時「アルトゥーロ・トスカニーニ」国際指揮者コンクールで優勝し、一躍時の人、となった。

　それからザグレブ・フィル（クロアチア）常任（1988〜1996）を引き受け、途中から同団との兼務という形で、大野は尾高の後任を受諾する。就任はTPSO創立81年目のシーズンからであった。

　とはいえ当時の大野は既に欧州オペラ界で実績を作り、更に2007年にはNYのMETにもデビューを飾るほどの実力者。邦人指揮者としては数少ない「オペラ指揮者」として認められていたため、TPSOだけに力点を置くわけには行かなくなる。

　TPSO就任後も世界のサーキットで引く手数多となっていた彼は、カールス・ルーエ・バーデン州立歌劇場MD（1996〜2002）、ベルギー王立歌劇場（モネ劇場）＝2002〜2008、フランスの国立リヨン歌劇場（2008〜　）の各地へと飛翔を続けることになる。

　結局大野も前任者と同様、海外へ転出せざるを得なくなるが、それでもTPSO在任中は、同団の演奏水準の引き上げ、組織拡充面に尽力した。

　彼の体制下で実現した注目すべき人事は、1999年ソニー会長の大賀典雄を楽団会長・理事長に迎えたことである。

　大賀は言わずと知れた大指揮者ヘルベルト・フォン・カラヤンの盟友であると同時に、自らバトンを振るプロフェッショナル。組織としてのオーケストラを、芸術と音楽ビジネスの両面から知悉する彼は「ウィーンにウィーン・フィルが、そしてベルリンにベルリン・フィルがあるように、東京には東京フィルがある、という形でTPSOを日本オーケストラの代表、そして世界水準のオーケストラに育成する」と明言した。

　TPSOにとって、あるいは世界の楽団管理運営者にとって、このような人事はまさしく理想的なもので、かつ空前にして絶後だった。

　大賀会長が誕生して二年後の2001年、TPSOは懸案事項だった他団体とのMERGING（合併）作業に取り掛かる。そう仕向けたのは、バブル経済が破綻し、コンサート入場者数が一気に減少傾向を加速させた1999年であり、その3年前新国立劇場が開場し、1シーズン約90回のオペラ公演が企画実施された時である。

　最初に合併の意向を打診してきたのは、20代後半の若者たちを中核体とした清新なアンサンブル＝新星日響、であった。

　当時新星日響側は既に数千万円の赤字を抱えて経営難に陥っており、生き残っていくために「合併に活路を見出す」べく、本格的な企業努力を始めたのだ。

　新星日響とTPSOの共通点は、「推進力」「前進力」である。あらゆる困難に立ち向かう、不退転の、強烈かつ挑戦者の精神であった。

　一方大賀の頭には、カラヤンの持論「オペラとシンフォニーは演奏芸術の両輪であり、ウィーン、ベルリンの両フィルハーモニカーの活動の基本は、その考えを体現したもの」

という揺るぎのない思想があった。

　従って新星日響の申し出は、TPSO の総帥大賀の構想を実現に近づけるものである。

　かくて両団は、以下の問題を解消できる可能性が高いと結論し、合併へ向かって歴史的な歩み寄りを実践した。

　それらの諸問題とは、(1) TPSO は数年後に赤字転落へ陥ることが確実になっていたこと、(2) 当時開場間もない新国立劇場演目の約半分の伴奏を担っていた TPSO は、新星日響と合併することで、担当回数を約七割（新星日響は二割五分を担当していた）以上に増やせること、(3) 両団合併後の楽員数が 169 人となり、それをオペラの伴奏と交響管弦楽コンサート用の二手に分けることが出来る、(4) オペラ公演と同時並行して、地方公演も実現可能、そして何より (5) 楽員の演奏力、音楽知識の格段な向上が望める、という副産物もついてくること、であった。

　かくて大賀のリーダーシップの下、本邦唯一ともいえる「オペラ伴奏の経験が豊富で、かつ交響管弦楽の分野でも高水準の実力を持つ」TPSO が、次代を見据えた勝負＝ MERGING ＝ に打って出たのである。

　Merging が完成したのは大賀会長就任の 2 年後(2001 年)で、新編成なった TPSO は、合併後も「東京フィル」を名乗り、チョン・ミュン・フン（CMF）を特別芸術顧問に迎えて、オペラとシンフォニーの両分野を本格的にカバーし始める。

　その頃には大野の活動範囲も既に本格的なグローバル・スケール化を遂げ、あとは客演などで絆を深めつつ、本邦楽壇総体をみながら飛翔を続けるだけとなって行く。

　多忙な大野そして CMF に代わり、2010 年 4 月から常任指揮者、2015 年 4 月から桂冠指揮者となって TPSO のサウンドを常時鍛えたのは、イスラエル出身の若きダン・エッティンガーである。

　TPSO は彼のキャリア・メイキングにとって、「跳躍台」と言われても過言ではないものだが、それでも在任中は「ニーベルングの指輪」全曲を指揮するなど、本邦音楽史に残る数多くの公演を実現している。

　エッティンガーの後任は、1987 年イタリアはヴェローナ生まれの俊英アンドレア・バティストーニ（バッティストーニ）。2016 年 10 月首席指揮者に就任し、以来そのダイナミズム溢れる指揮姿は、多くのファンを惹きつけてきた。

　彼の魅力は、祖国イタリアの劇場で振りまくった末身につけたオペラの神髄を、タップリ味あわせてくれること、変幻自在のオーケストラ・ドライヴで、大曲、難曲を易々と聞かせてくれるところ、そして何より FLAT な人間性である。

　更に、ディスクの録音にも積極的な姿勢を見せているのも、遠隔地のファンには助かる。彼とのコンビネーションが長期化するよう願うが、基本理念「東京には東京フィルハーモニーあり」という心意気だけは、今後も持ち続けて欲しいものだ。(完)

＊推薦ディスク

1.「幻想交響曲」(H・ベルリオーズ)、「舞楽」(黛敏郎)：指揮・A・バッティストーニ

2.「ピアノ協奏曲第２番」(S・ラフマニノフ)：(Pf) 反田恭平、指揮・A・バッティストーニ、管弦楽：イタリア国立放送響

「パガニーニの主題による狂詩曲」(S・ラフマニノフ)：(Pf) 反田恭平、指揮・A・バッティストーニ、管弦楽：東京フィルハーモニー交響楽団

3.「ローマ三部作」(O・レスピーギ)：指揮・A・バッティストーニ

4.「交響曲第６番、ヘ短調 Op.68" 田園 "」(L.v. ベートーヴェン)」

「交響詩 " 野鴨 "Op.１１０」(A・ドボルジャーク)

「ダフニスとクロエ」第二組曲 (M・ラヴェル)：指揮・ヴァーツラフ・ノイマン

5.「戦争レクイエム」(B・ブリテン)：指揮・大野和士

2. NHK 交響楽団
(NHK SYMPHONY ORCHESTRA)

　世界の国々にはそれぞれ「国家の看板オーケストラ」がある。だがそのオーケストラの地位は決して盤石なものではない。理由は、「オーケストラは生き物」だからである。「生き物」には常に盛衰があり、向上と発展、好不調の波と閉鎖の危機があり、更にそれは時に「没落」を避けることが出来ない。

　いかなるオーケストラも、「永遠に向上・発展することしか知らない」等ということはあり得ないのだ。

　ところで、「名実ともに」我が国の看板オーケストラと呼べる NHK 交響楽団（以下 N 響）の場合も、置かれた状況は同じである。

　同団は今や、国際的な演奏サーキットで「BEST OF JAPANESE BAND」の評価を得て、技術的（演奏水準のこと）、体力的（組織力のこと）に、諸外国の一流アンサンブルと互角、またはそれに近い演奏力を発揮するまでに躍進を遂げてきた。

　とはいえ、その地平へ至るまでの道程はまさしく、人生同様 UP and Down（浮沈）の繰り返しであった。

　同団が他の団体と異なるところは、発足当時から「職業オーケストラ」を目指したことである。そのため同団の歴史は、「日本のプロフェッショナル・オーケストラの歴史」と言うことが出来る。すなわち N 響は、日本で最も早い時期に、「プロ宣言を行った」オーケストラなのだ。

　我が国のオーケストラを研究する際、最大の難問と思えるものは、「草創期の活動を裏付ける十分な量の資料および物証の類が見つからない」という点である。

　それらの資料や物証の類を探索する努力は、「ないものねだり」かもしれないし、あ

るいは「そもそも輸入文化の最たるもの＝オーケストラ＝の歴史が皆無と言ってよい国家への不可能なリクエスト」かもしれない。

　しかしながら、既にオーケストラを創設した後も、関係者の「Archives」（楽団独自の資料および資料局）運営に対する関心が薄いため、大半の活動記録などは廃棄されたか、あるいは散逸したか、更には戦争などの不可抗力で焼失した、等という事例だって存在する。おかげで研究者はその Archives を入手できないまま、「浅薄な研究論文」しか残せない、という悲劇が生まれるのだ。

　大半の本邦楽団がそのような問題を抱えている中で、新旧資料をある程度整備し、Archives の充実度を高めているのが N 響である。（とは言っても、研究者にとって大いに不満の残る部分もあり、その一つの例が「放送局、それも半官半民の！」のオーケストラでありながら、外来大物演奏家との「録音」に不備が見られる点だ。例えば、巨匠中の巨匠＝ヘルベルト・フォン・カラヤンが客演指揮した際、そのかなりの部分を録音しなかった（特に園田高弘との共演）点がそうである。

　それでも同団は他の団体とは比較にならぬほどの資料を揃えており、今後もその形を固持し続けてほしいと思う。ともかく我が国では拙稿に続いて将来楽団研究論文は現れるだろうし、楽団側はその点を考慮して ARCHIVES セクションを充実させねばならぬと考える。

　最近本邦楽団は「日本オーケストラ連盟」なる組織を立ち上げ、海外（特にアメリカ合衆国）の「アメリカ交響楽団連盟」に研修員などを送り、楽団の管理運営についてのノウハウを習得している。そしてその中で、昔日とは比較にならぬほどの成果を上げ、楽団運営を充実させてきた。

　しかし北米に比べると、本邦の連盟はまだまだ力不足であり、今後なお一層の整備充実が望まれる。本邦楽団が理想とすべき ARCHIVE は「ニューヨーク・フィルハーモニック」のそれだと思う。

　筆者も渡米の度に同団の同セクションを利用させてもらうが、いつ訪れても「宝の山」といった感じで、演奏記録あるいは資料が利用者を待ち構えている。

　さて話が横道に逸れてしまった。ここで本筋に戻りたい。

　N 響は現在、文部科学省を主務官庁とする財団法人で、日本放送協会（NHK）から出向した人物が、歴代の理事長職を占めるオーケストラである。

　その前身は、1925 年（大正 14 年）3 月、映画館の楽士、大学の管弦楽部メンバー（東京六大学）が結集して編成した日本交響楽協会（JSS) であった。

　具体的に述べると JSS とは、アメリカに留学し同国の音楽事情に感銘を受けた山田耕筰が、帰国後オーケストラ運動を展開、ヨーロッパで修業を積んだ近衛秀麿や他の有志達と連携し、本格的なアンサンブル作りを計画し組織した団体である。

　山田は当初から「本場もの」のアンサンブル創設を意識。自らハルピンへ渡って、同地在住のロシア人演奏家達 34 人をリクルート。翌月 (4 月 26 〜 29 日) 歌舞伎座で、

「日ロ交歓交響管弦楽大演奏会」を開催（主催者は松竹で、計4公演を提供。コンサートのタイトルは、「Russo-Japanese Symphonic Orchestra concert by 70 selected musicians of Leningrad Marynsky Theater Orchestra, Moscow Symphony Orchestra, Kieff（原文のまま）Concervatory and The Japan Symphony」）した。

指揮を執ったのは、山田耕筰と近衛秀麿の二人。それに百人の合唱団が加わった。当時のプログラムを見ると、公演は二部構成で、前半を近衛が指揮（ベートーヴェンの交響曲第5番"運命"、後半を山田が指揮（カール・ゴールドマルクの「サクンタラへの序楽」、山田自身の交響楽「明治頌歌」、そしてR・コルサコフの「シェヘラザード」）している。

入場料金は六等級（1〜5等、そして座席）に分けられ、料金はそれぞれ7円、5円、3円、1円半、1円、そして座席が8円であった。

当時は既に、1911年に発足した東京フィルの前身団体が活動を続けており、JSSはいわば後発の組織である。が、規模の面から言えば、本格的かつ当時の最高水準に達した演奏力を持つ、まとまりを持ったアンサンブルだったと言える。

繰り返しになるが、プロか非プロかという考えで断じた見方を尺度にすれば、JSSはまさしく、本邦楽団史の中で「初の本格的なプロ楽団」と断じてよい。

（（ちなみに我が国では、第二次大戦前に2つ、大戦後に23の主要プロ楽団が誕生しているが、それらを全て発足順に列記すると以下の通りだ。

（1）1911年度＝東京フィルハーモニー交響楽団

（2）1926年度＝NHK交響楽団

（3）1945年度＝群馬交響楽団

（4）1946年度＝東京交響楽団

（5）1947年度＝大阪フィルハーモニー交響楽団

（6）1953年度＝九州交響楽団

（7）1956年度＝京都市交響楽団

（8）1956年度＝日本フィルハーモニー交響楽団

（9）1961年度＝札幌交響楽団

（10）1962年度＝読売日本交響楽団

（11）1965年度＝東京都交響楽団

（12）1966年度＝名古屋フィルハーモニー交響楽団

（13）1970年度＝神奈川フィルハーモニー交響楽団

（14）1972年度＝山形交響楽団

（15）1972年度＝広島交響楽団

（16）1972年度＝新日本フィルハーモニー交響楽団

（17）1975年度＝東京シティ・フィルハーモニー交響楽団

（18）1978年度＝仙台フィルハーモニー管弦楽団

(19) 1980年度＝大阪シンフォニカー（後に「大阪交響楽団」と改称）

(20) 1982年度＝関西フィルハーモニー交響楽団

(21) 1983年度＝セントラル愛知交響楽団

(22) 1988年度＝オーケストラ・アンサンブル金沢

(23) 1989年度＝大阪センチュリー交響楽団(2011年4月より、「日本センチュ
リー交響楽団」と改称)

そして本稿が上梓されている2020年9月現在、上記以外にも、水戸室内管弦楽団、兵庫芸術文化センター附属管弦楽団など、新参かつ世界の演奏サーキットへ登場したプロ団体が存在する。

従ってN響は、それらの先陣を切り、我が国初のプロフェッショナル・オーケストラとして登場した、ということになる。))

さて話を元に戻そう。

デビュー・コンサートの成功に勢いを得た山田は、JSSを常設かつ国際的な団体にすることを望み、各方面へ支援を要請した。その中で山田の期待に応えたのが、当時（1925年3月）発足したばかりの東京放送局（現NHK）である。かくて山田に率いられたJSSは、我が国初の本格的大放送局の支援を得て、当時の聴取者数約五千人を背景に、これまた初の予約定期演奏会（1926年1月から6月までの期間で、毎月2回公演、募集会員数は千人）を開くことになった。（会場は青山の日本青年会館。開演は昼二時。）

カリスマティックな山田のリードで、順調な船出をしたかに見えたJSS。ところが9月の秋のシーズンに入る直前、もう一方の実力者近衛文麿を支持する側との意見の対立から、突然の分裂劇に見舞われてしまう。

そして関係修復のための努力がなされたが、結局不発に終わる。その結果、近衛を支持する楽員達44人はJSSを離脱（1926年9月8日）、新たに数寄屋橋の畔で「新交響楽団」（以下「新響」と記す）を旗揚げ（1926年10月8日）する。この日発足した団体がその後、今日のNHK交響楽団の前身となった。

さて近衛と行動を共にしたメンバーは新楽団を発足させたものの、運営費から練習所の確保、楽譜の調達、更にアンサンブル作りの指導に至るまでの全てを、彼に頼らねばならなかった。定期公演の予約会員の会費、放送出演料、その他の収入で楽員の人件費は賄われたが、赤字が出ると無論近衛の負担となったのである。

おかげで草創期の新響は、近衛バンド、と呼ばれても仕方のない有様で、その存続の可否は近衛の手中にあった。

ところで今次大戦後のヨーロッパを例にとっても分かるように、オーケストラの活動をより効率的かつ安定的に運営するには、放送媒体と連携する形をとることである。発足に際し東京放送局の支援を確保したN響もその例に漏れず、以後順調な向上発展を続けて行くかに思えた。

話は横道に逸れるが、その形態で常に問題となるのは、安定の中で醸成されるマンネリズム、覇気の喪失、さらに殿様商売のような独善的運営等である。Ｎ響はこれまで幾つかの厳しい批判（例えば「ドイツ系指揮者の起用が多すぎる」とか）に晒されはしたものの、Ｎ響は常にバランスを考慮し、進取的な運営を貫徹してきた。

　それはおそらく同団の精神の中に、「日本の看板」「日本演奏芸術界の至宝」としての矜持が色濃く存在しているからだと思う。そしてそれが単なる掛声、あるいは単なるスローガンの類であったとするなら、異論の声が各方面から喧しく聞こえて来ただろう。

　草創期には確かに、「独墺系指揮者の来演が多かった」ものの、アンサンブルが安定するに従い、その方針は次第に変化した。

　そして今ではポディアムに招かれたゲスト指揮者の顔ぶれは、名実ともにインターナショナルな布陣になっている。しかもその成果がストレートに、更に多数の機会に、放送メディアを通して、全国民に届けられるのである。

　芸術の、タイムリーな、かつ継続的なプロパガンダ。すなわち、演奏会・即・放送の継続的実践。このライブ感、または新鮮さは、Ｎ響 ならではの大きなメリットであり、総じてクラシカルの普及に果たした役割には計り知れないものがある。

　放送契約を次々と打ち切られ、芸術面ばかりか収入面でもピンチに追い込まれている北米各楽団の現場の苦悩を思うと、Ｎ響の現状はまさに理想的とも思えるほど恵まれている、と考えざるを得ない。そして残る問題は、既に述べた「マンネリズム」と如何に戦っていくか、である。

　先行する東京フィルの前身となる団体（1911 年＝いとう呉服店少年音楽隊〜 1925 年＝松坂屋少年音楽隊に改称〜 1927 年＝同隊が松坂屋洋楽研究会と併称〜 1929 年＝同隊・「名古屋交響楽団」と併称〜）が組織保全に汲々とする中、当初から高水準のプロフェッショナルとして活動を貫徹する新響は、翌年（1927 年）2 月 20 日（日曜日）、50 人のメンバー（楽員構成は、第一ヴァイオリン＝ 8、第二ヴァイオリン＝ 9、ヴィオラ＝ 5、チェロ＝ 3、コントラバス＝ 3、フルート・ピッコロ＝ 3、オーボー、イングリッシュホルン＝各 1、バスーン＝ 2、など）で、第一回定期公演を提供することに決定。

　事前に新響第一回研究発表演奏会（1926 年 10 月 22 日）、同年 11 月 26 日「ラジオ放送初出演」などの準備期間を得て、ついにその「我が国初の本格的常設シフォニー・オーケストラ」は、いよいよ定期公演という大海への船出を果たすことになった。

　その記念すべき第一回目の定期公演プログラムは以下の通りである。

1. フィンガルの洞窟序曲（メンデルスゾーン）
2. イドメネオ舞踊音楽（モーツアルト）
3. 交響曲第九番「ザ・グレイト」（シューベルト）
4. 二つの悲しい旋律（グリーク）

大正天皇が亡くなったため一か月繰り下げての開催であったが、当初から高水準の
アンサンブルを聴かせた新響は、その後も順調に定期シリーズを消化していく。

　注目すべきはプログラム内容で、草創期から大曲に果敢な取り組みを見せ、当時と
しては比較的新しかったマーラーの交響曲（例えば第 36 回定期＝ 1928 年 10 月 28
日＝には交響曲第 1 番、続いて 1929 年 10 月 16 日には第 4 番の日本初演を成功させ、
更に同 4 番の世界初録音＝ 1930 年 5 月 28 日）を成功させている。

　更に新響は初期の頃からグローバルな視点で、アンサンブルの整備確立を図り、エ
フレム・ジンバリスト JR（1930 年）、ヨーゼフ・シゲティ（1931 年）、エマニュエル・フォ
イアマン（1934 年）、アルトゥール・ルービンシュタイン（1935 年）、ウィルヘルム・
ケンプ（1935 年）ら、当時としては夢のような国際的演奏サーキットの主役たちを、
ゲスト・アーティストとして招いている。

　ところで、草創期の出来事を詳述する前に、ここで N 響のポディアムに君臨した歴
代音楽監督、およびそれに類する人々を纏めておく。（筆者・注：カッコ内の役職名及
び在任期間は、N 響の発表に忠実に従った。）

　1. 近衛秀麿（1926 〜 1935）
　2. ヨーゼフ・ケーニヒ（1927 〜 1929）
　3. ニコライ・シェフェルブラット（1929 〜 1936）
　4. ヨーゼフ・ローゼンシュトック（1936 〜 1946：専任指揮者、1956 〜 1957：
　　 常任指揮者、1951 〜 1985：名誉指揮者）
　5. 尾高尚忠（1942 〜 1951：専任指揮者）
　6. 山田一雄（1942 〜 1951：専任指揮者）
　7. 高田信一（1944 〜 1951：専任指揮者）
　8. ニクラウス・エッシェンバッハ（1954 〜 1956：常任指揮者）
　9. ウィルヘルム・ロイブナー（1957 〜 1959：常任指揮者）
　10. ウィルヘルム・シュヒター（1959 〜 1962：常任指揮者）
　11. アレクサンダー・ルンブフ（1964 〜 1965：常任指揮者）
　12. ヨーゼフ・カイルベルト（1967 〜 1968：名誉指揮者）
　13. ロヴロ・フォン・マタチッチ（1967 〜 1985：名誉指揮者）
　14. ウォルフガング・サヴァリッシュ（1967 〜 1994：名誉指揮者、1994 〜 2013：
　　 桂冠名誉指揮者）
　15. 岩城宏之（1969 〜 2006：正指揮者）
　16. オトマール・スイトナー（1973 〜 2010：名誉指揮者）
　17. ホルスト・シュタイン（1975 〜 2008：名誉指揮者）
　18. 外山雄三（1979 〜　　 ：正指揮者）
　19. 森　正（1979 〜 1987：正指揮者）
　20. ヘルベルト・ブロムシュテット（1986 〜　　 ：名誉指揮者）

21. 若杉　弘（1995 ～ 2009：正指揮者）
22. シャルル・デュトワ（1996 ～ 1998：常任指揮者、1998 ～ 2003：音楽監督、2003 ～名誉音楽監督）
23. ヴラディーミル・アシュケナージ（2004 ～ 2007：音楽監督、2007 ～　：桂冠音楽監督
24. アンドレ・プレヴィン（2009 ～ 2021：首席客演指揮者、2012 ～　：名誉首席客演指揮者）
25. 尾高　忠明（2010 ～　：正指揮者）
26. 山田　和樹（2010 ～ 2012：副指揮者）
27. パーヴォ・ヤルヴィ（2015 ～ 2022：首席指揮者）
28. ファビオ・ルイージ（2022 ～　）：首席指揮者：就任予定）

（筆者・注：94 年の歴史を持つ楽団に 27 人の「タイトルを持つ指揮者」。しかもそのタイトルの名称だけでは「いかなる仕事内容を任されているのか不明」という妙な管理職である。例えば常任指揮者と正指揮者、首席指揮者及び音楽監督の三つがどう違うのか、と言う点。また名誉指揮者なのに、何故頻繁に、しかも長期間に渡ってポディアムに上り続けるのか。更に名誉音楽監督の職務とは一体どのようなものなのか、等である。当団に限らず、日本のメジャー楽団にはそのような「意味不明、内容不明」のタイトルで迎えられた指揮者、が実に数多い。）

　N 響の記録によると、これまでに（西洋風の）「音楽監督」というタイトルを送られた指揮者は僅かに二人。この数は、世界中のメジャー・オーケストラと比べ、驚異的ともいえるほど少ないものだ。

　極言すれば、その少ないという事実は、N 響がこれまで「ユニークさに欠ける」音、すなわち、特定の個性が作り出した音を持てなかったアンサンブルである、ということに繋がる。

　そこには例えば、「E・オーマンディ体制下で鍛え上げたゴージャス極まるフィラデルフィア管の音」（いわゆる「フィラデルフィア・サウンド」）や、V・カラヤン体制下のベルリン・フィルが誇った「ビロードのように磨き抜かれた音」、さらに E・ムラヴィンスキーのタクトでレニングラード・フィル（現サンクトペテルブルク・フィル）が現出した「パワフルかつ重量感で聴く者を圧倒する音」、および G・ショルティ時代のシカゴ響が披露した「ダイナミズムと機能性抜群のアンサンブルの粋のような音」の、どのタイプにも属さない、ただポディアムに入れ代わり立ち代わり乗る指揮者の指示通りに出て来る、いわば「追従の音」であった。

　確かに、それはそれで一つのスタイルかもしれないし、世の中に一つくらいはそんな形で進むアンサンブルが存在してもいいだろう。が、聴衆としては、国家の看板バンドには、そのようなアプローチなどして欲しくない、と思うのではなかろうか。「これが NSO の音だ」という、いわば同団にしか出せない音を作り出すことこそが、

そんなバンドには求められるのだと思う。

　だが NSO はそのような「ユニークな音」を完成してこなかった。そこには様々な理由があるだろう。

　第一に考えられるのは、「クラシカルの伝統のない国で、技術の未熟な楽員を多く抱え、しかし最初からプロを目指したこと」である。そして第二には、「国際級の BIG NAMES」を常時ゲスト奏者として招くことが出来なかった」という点だ。

　それらの二点が、（当時の交通手段の中心＝国際線の飛行機の未発達、や、世界大戦など戦争勃発への不安条件など）、同団の国際的演奏サーキットへの本格参入を阻んだ理由である。

　そのような不可抗力への言及は別の機会に譲ることにして、ここからは同団の草創期から今日に至るまでの「名称の変更を含めた組織の改編」を再度確認しておく。

　1. 日本交響楽協会（JSS）＝存続年（1925 〜 1926 年）
　2. 新交響楽団（NSO)＝存続年（1926 〜 1942 年）＊ 1935 年 7 月 13 日：改組
　3. 日本交響楽団と改称＝ 1942 年 5 月 1 日
　4.NHK 交響楽団と改称、現在に至る。

　続いてここからそれと並行しながら、同団のポディアムを飾った主要指揮者達の足跡を述べ、総じてそれを N 響の発展史にしたい。

　まず近衛秀麿から始めよう。近衛と、彼に従って JSS を離れた人々が、1926 年 10 月 5 日に新響の結団式を行なったのは既に述べた通りだが、その後彼らは世間に同団の存在と活動への意欲を示すための公演＝新響第一回研究発表演奏会＝を実施した。

　続いて同年 11 月 26 日には初めてラジオ放送番組に出演。以後約 10 シーズンにわたり、近衛が定期公演シリーズを、J・ケーニヒが放送番組をそれぞれ担当した。（ただし後者のプログラムは、1929 年以後ケーニヒから、N・シェフェルプラットに引き継がれている。）

　ケーニヒ、シェフェルプラットの二人は共に、国際的サーキット場では無名の存在で、NSO に君臨していた当時も、活躍の場と言えば地方の弱小オーケストラか劇場が殆どであった。が、NSO はそれでも、（現場主義と言うか）、西洋崇拝に傾いても仕方のなかった当時の我が国に於ける洋楽壇は、彼らの助けなしには基盤作りなど覚束ない、という状態にいたのである。

　新響が高い理想を持ち、当時としては大型企業の後押しを受けながら、実状は常に組織的な解散の危機に瀕しているという不安定な楽団であったことも、同団の芸術的向上を阻んでいた。（具体的に言うと、楽員の待遇が思いのほか悪かった。）

　そのため 1931 年には、「待遇改善を訴えた 17 人の楽員に対し、近衛と新響側は逆に彼らの”技術の未熟さ”を理由」に解雇処分で対応した。ところがその解雇された楽員 17 人を、放送局 JOAK が「コロナ・オーケストラ」という名称の下で雇用したのである。（同団は後に「東京放送管弦楽団」と名乗ったが、その「コロナ・オーケス

トラ」がそう呼ばれたのは、世話人の堀内敬三が当時愛用していたタイプライターの名前から取って付けた、のが理由だったと言われている。

　ともかく近衛は、草創期にありがちな楽員の内紛や管理運営の細部で起こる出来事を何とか乗り越え，楽団を存続させねばならなかった。

　しかしその後もトラブルは絶え間なく起き、そんな中で楽員と近衛との間には、対立の構図が次第に固まって行く。

　生活の安定向上を願う楽員をリードする一方、アンサンブルの芸術性をも高めて行かねばならない近衛。頼りになるのは、ひたすら近衛のカリスマ性だけ、ということになる。

　初めの頃はそんなカリスマ性が何とか役に立っていたものの、演奏水準が向上していくに従い、そのような神通力だけでは通用しなくなる時期が迫って来たのは当然である。

　近衛と楽員双方は、紛れもなく互いに協力関係を維持し、演奏水準の向上を目指していた。が、それを十全に機能させるにはやはり、楽員の生活の基盤を強化する以外に術はなかった。

　両者の「演奏水準向上実現へ向けての意気込みが具現化した出来事の一つ」として挙げられるのは、まず定期のゲスト・アーティストに世界的名手を招いた（例えばE・ジンバリスト・Jr＝第76回定期、J・シゲティ＝第92回定期、E・フォイアマン＝第144回定期、そしてA・ルービンシュタイン＝第153回定期など）こと、更に定期演奏会場の移転（1932年の第113回定期公演より、それまでの「日本青年会館」から「日比谷公会堂」に移した。）である。

　一方、生活苦や日常の否定的条件と戦う楽員たちは、演奏家としての達成感をより一層具体化させる目的の下、オーケストラ楽員組合作りに取り組んだ。

　ところがそのような近衛、楽員双方の努力も結局うまく行かず、両者の溝は次第に深まり続けたのである。そして近衛と新響は結局、1935年7月13日、袂を分かつ形へと追い込まれた。

　近衛とマネージャーが離団したあとの同年8月18日、新たに組合組織となった新響側は、指揮者無しで改組記念コンサート（会場は日比谷公園野外音楽堂）を挙行する。それは同団にとって、通算三度目の船出であった。

　1930年代前半はかくのごとく、新響には「組織の改変・強化の時代」、あるいは「組織的迷走の時代」という様相を呈する時期となって行く。

　近衛が去った後、新響はまず彼の後任探しに力を入れる。「演奏水準の向上・強化の面」での取り組みを最優先課題とし、近衛の後任リクルートを国際的なマーケットにも求めたのだ。

　その結果、ウィリアム・スタインバーグら数人の実力者が候補に挙がり、それぞれ獲得交渉に乗り出す。その結果、当時来日中だったチェリストのエマニュエル・フォ

イヤマンおよびヴァイオリニストのウィリー・フライらの助言を容れ、候補者の一人ヨーゼフ・ローゼンストック（ローゼンシュトックとも呼ばれる）と正式に契約交渉を開始。結果は上々で、ロゼンストックは新響への就任を受諾する運びとなった。

　ポーランドのクラクフで生まれたユダヤ人ローゼンストックは、ダルムシュタット・オペラからヴィースバーデン、NYメトロポリタン・オペラを経て、マンハイム・オペラを監督するなどの、当時としては第一級の国際的キャリアを誇っていた人物。ところがその彼がベルリンでナチスに追放されたため、窮した彼は、活躍する場を日本に求めたのである。

　新響からの要請を受けた彼は、シベリア鉄道と関釜連絡船を乗り継ぎ日本へ到着（1936年8月17日）。ついに国際級の超大物招聘に成功した新響は、それから約ひと月後の1936年9月21日に、盛大な歓迎演奏会を開いた。

　その後ローゼンストックは新響で、第170回定期公演（9月21日）を皮切りに、第232回（1942年1月29日）までの全公演を一人で振ることとなった。

　国際的なキャリアを誇る彼にとって、「日本側からの受け入れ」は、いわば緊急避難的なものであり、将来更にグローバルな活躍を展開するためには利用するしかないものであったが、そのことが不幸にも彼のその後のキャリア作りにも大きな影響を及ぼすことになって行く。

　だが彼とのシーズンは、新響にとって予想以上の実りを齎すものであった。というのもローゼンストックは、半分アマチュア気分の楽員を厳格に鍛えまくり、クラシカルの本流で生きてきた人間のプロフェッショナリズムを叩き込んだからである。

　日本での活動は後に総じて「自らの指揮者人生を狂わす原因」となったが、その一方では40年近く関係を保った新響にとって、彼とのシーズンはまさしく「願ってもない向上への好機」に他ならなかった。

　彼が新響に刻印したものはあまりにも多い。そのため細目を紹介するには紙数が足りないので、ここでは概要だけを述べておくことに留めておこう。

　まず一つ目は、「レパートリーの拡大」である。そして二つ目にはオペラの演奏会様式による上演。続いて本邦初のモーツァルト・サイクル（本邦初：第228～131回定期）をはじめとする有力作曲家の「チクルス」の実施。それから初の海外公演の実現（1939年6月10日、翌1940年6月の二回、いずれも韓国のソウルで公演した）。最後に、10本以上もの本邦初演を行ったこと、である。

　さて既に書いた通り、1942年1月1日をもって新響は、「財団法人日本交響楽団（日響）と改称した。管理運営面の布陣も変わり、日響は内閣情報局を主務官庁、新響と日本放送協会の二つが設立者となった。初代の事務長として招かれたのは有馬大五郎である。有馬はその後、同団の牽引車と目され、まさしく八面六臂の大活躍を見せていく。

　改称後、日響は大きく方針を変え、まさしく世界の楽壇をより一層意識するように

なる。それはアンサンブルの精度を上げると同時に、定期公演のプログラムに邦人作品を必ず入れたことである。

　この企画が邦人作曲家たちに大きな刺激を与えたのは勿論だが、歴史的にも「我が国の演奏芸術史上、邦人作品がより多く紹介される機会を作った「記録的出来事」にもなった。

　その一方でローゼンストックは、有馬の就任少し前から日響楽員とリハーサル中にもめ事を起こし（筆者の勝手な解釈だが、おそらくユダヤ人であることへの心理的抑圧感も手伝ったと思われる）、第232回目の定期を「病気」を理由に降板。

　以後、就任した有馬の弁護で何とかしのいではいたものの、1944年2月18日の「第253回定期」を最後に「活動休止」に追い込まれ、それまで居住していた目黒の「指揮者用宿舎」から、外国人向け「強制疎開先」の長野県軽井沢町に移住させられ、結局終戦まで同地での「軟禁生活」を強いられた。

　戦後ローゼンストックが日響のポディアムに復帰したのは1945年10月24日である。当時日本での駐留軍（連合軍）音楽担当将校は、キューバ出身の名匠ピアニスト＝ホルヘ・ボレ（またはボレット）。

　ボレットがローゼンストックの存在を見逃すはずはなく、たちまち彼のカムバック工作を連発した。

　その中には日響への再登場は勿論、NYシティ・センター・オペラの音楽監督就任打診なども含まれていた。

　活躍への道が開けるのは当然だったとはいえ、新世界からの要請を受諾し離日すべきか否か、ローゼンストックは熟慮を重ねる。その結果、彼はNYに拠点を移す決断に至った。

　そして離日前の最後の仕事として、日響を相手に「ベートーヴェンの交響曲第九番」を振ったのである。（1946年10月16日）

　その後同プログラムは、我が国の楽壇において、今でも続く「年末の第九」演奏会という「年中行事」になった。いわばそれはアメリカへ旅立つローゼンストックの、記念すべき「置き土産」となったのである。

　ローゼンストックはアメリカ移住後も度々来日を重ね、日響の定期2回を指揮したり、N響という新名称へ改称（1951年8月1日）後も同団から「名誉指揮者」の称号を与えられたり、1956年3月には同団の常任指揮者要請を受け入れるなど、一年間滞在し「青髭公の城」（バルトーク）等を指揮するなど、絆を深めている。

　ローゼンストック関連の話はそこで一旦中座し、次に1950〜60年代の主要な出来事を述べておこう。

　戦後間もない50年代でまず特筆されるのは、指揮者の陣容に海外志向の色合いが濃くなったことである。その最たるものが、有馬がウィーン留学時代の人脈を活用して、ウィーン・トーンキュンストラー管の指揮者だったクルト・ヴェスを、常任にリクルー

トしたことだ。

　常任ポストを外国人が占めれば、当時の演奏サーキットでは、ゲストに同じく外国人の起用が増えるのは当然である。ましてやN響のごとく、組織的に安定し、かつ常任指揮者がローカルの音楽事情（特に指揮者関係）に疎いとくれば猶更だった。

　N響というMY ORCHESTRAを手中にしたヴェスは、西洋楽壇ではあくまでも二流、三流扱いされた存在である。そんな彼が自らの声望を高めるには、ゲストに大物を出来るだけ多く招いてコンチェルトを連発するか、アンサンブルの中核となる奏者を外国から招き入れUPGRADEを実現する等の方法を講じるのが最善の策であった。そしてヴェスは躊躇うことなく次々と、それらの考えを実行に移す。

　ところがその一方でヴェスは邦人指揮者を、定期公演シリーズに起用しなかった。そのためN響ファンは、彼の就任後約10シーズンに亘り、邦人指揮者の活躍を目にする機会を奪われてしまう。

　1953〜54年にかけては、世界のLeading　Conductor（J・マルティノン、ヘルベルト・フォン・カラヤンら）が陸続とN響のポディアムに招かれ、演奏面で刺激を味わった楽員のみならずファンにとってもたまらないシーズンとなった。
「of the air」（＝「放送用オーケストラ」という意味だが、その実体は高名な「NBC交響楽団」のことである。）との合同演奏会（1955年5月23日）、更に名流作曲家のベンジャミン・ブリテンの自作演奏会（1956年2月18日）、続いて第一次イタリア・オペラ団来日公演の伴奏出演（同年9月29日〜10月28日）、そしてベルリン・フィルとの合同演奏会（1957年11月27日）、極め付きは大作曲家イゴール・ストラヴィンスキーの自作自演演奏会（1959年5月1日）だった。

　これら一連の大アーティストとの共演、競演を経験し、すっかり自信を付けたN響。次に待つのは、自ら外国へ出かけて他流試合を挑むことである。

　そして1960年、N響は満を持して「世界一周演奏旅行」へ出る。これは「NHK放送開始35周年記念事業」の一環として実施されたものだった。楽旅期間は68日間、UKを含む東西ヨーロッパから北米までの12か国24都市を巡演する、という強行スケジュールである。

　指揮を執ったのは常任のW・シュヒター、岩城宏之、外山雄三で、帯同したのは当時18歳のチェリスト堤剛と、同じく16歳のピアニスト中村紘子、それに途中で豪華なゲスト・アーティスト（DF・ディースカウ、S・チェルカスキーら）らが加わるという布陣。この楽旅でN響の世界的知名度は上がり、楽員にかなりの自信と誇りを与えた。

　1960年代における特筆事項は、1962年12月に出来した、いわゆる「小澤征爾ボイコット」事件、ウィーン・フィルのW・ヒューブナーを客演コンサートマスターとして招聘（1963）したこと、等である。

　続く1970〜2000年の注目すべき出来事は、創立50周年（1976）、ローゼンストッ

ク逝去(1977)、1000回目の定期公演到達(1986)、創立70周年(1996)、音楽監督(MD)制の創設(1998年）＝初代MDはC・デュトア、デッカ社との録音業務開始（同）、等が挙げられる。

　そしていよいよ今21世紀に入ると、まず初頭の2001年には創立75周年祝賀シーズンを祝い、V・アシュケナージを新MDに招聘（2004年9月）し、2010年4月1日からは「公益財団法人」に移行した。

　2011年3月には、北米公演（5年ぶり7回目）をA・プレヴィンのバトンで挙行。翌2012年9月には、「日中国交正常化40周年」を記念して中国楽旅（北京、天津、上海の3都市のみ）を実施（指揮は尾高忠明）。更に翌2013年の8月には、デュトアとの帯同で、ヨーロッパ公演（ザルツブルク音楽祭他出演）と、海外へのツアーを恒常化（2017年11月には、ANAホールディングス＝全日空の親会社＝と海外公演に関する連携協定を結んだ）するまでに知名度を上げている。

　録音、映像ディスク、TVでのライヴ配信と、各種メディアを利用して、今や国家の文字通り看板バンドとなったN響。

　それでも欧米の主要楽団に比べると力不足、と言わざるを得ない。2015年9月に招請して以来、順調にスケールとグレード・アップを実現してきた現首席指揮者のパーヴォ・ヤルヴィ。そのヤルヴィも2022年度シーズンをもって同ポストを降板する。後任はファビオ・ルイージ。

　これから更に伸びようとする矢先の、しかも創立百年目となる2026年度祝典シーズンを目前にして、N響は世界中の演奏団体、演奏家同様、思わぬ難敵の襲来と戦う羽目にも陥っている。その敵とはCOVID19（新型肺炎コロナ・ウィルス）だ。本年3月以降、従来の演奏活動が禁じられ、日常が非日常になってしまった。

　このような異常事態が今後同団にどのような影響を及ぼすのか、先が見えない伝染病が相手だけに、我々は一日も早い回復を願いつつ、今後を見守るだけである。（完）

＊推薦ディスク

1. 交響曲全集（L.v.ベートーヴェン）: 指揮・岩城宏之
2. 交響曲全集（A・ブルックナー）: 指揮・若杉弘
3. 交響詩・英雄の生涯、ドン・ファン（R・シュトラウス）: 指揮・パーヴォ・ヤルヴィ
4. 交響曲第38, 39, 40番、ピアノ協奏曲第24番、アイネ・クライネ・ナハトムジーク（W・A・モーツァルト）: 指揮とピアノ・アンドレ・プレヴィン
5. NHK交響楽団世界一周演奏旅行1960（8CD）: 指揮・ウィルヘルム・シュヒター、外山雄三、岩城宏之
   独奏:園田高弘（Pf.）、松浦豊明（Pf.）堤剛（チェロ＝当時18歳）、中村紘子（Pf.＝当時16歳）、DF・ディースカウ（バリトン）他
6. ピアノ協奏曲（M・ラヴェル）（Fリスト）: 独奏・A・B・ミケランジェリ、指揮:アレクサンダー・ルンプフ

ピアノ協奏曲第1番、第4番（Lv. ベートーヴェン）：独奏・F・グルダ、指揮：ウォルフガング・サヴァリッシュ（第1番）、ロヴロ・フォン・マタチッチ（第4番）

7. 組曲「火の鳥」「鶯の歌」「花火」「ペテルーシュカ」（イーゴリ・ストラヴィンスキー）：指揮：イーゴリ・ストラヴィンスキー

3. 大阪フィルハーモニー交響楽団
(OSAKA PHILHARMONIC SYMPHONY ORCHESTRA)

1947年（昭和22年）といえば、先次大戦から僅か二年後、大戦争の混乱が依然として残る時代であった。

そんな中で、後に我が国のオーケストラ運動史に巨大かつ不滅の足跡を刻印する一人の男が、世界大戦が齎したカオスに挑むかのように、その輝かしい第一歩を大阪の地で踏み出そうとしていた。

自ら中心となって組織したアンサンブルの船出を前に、男は書いている。

「うち続いた悲しみと不幸の中で、殊更に光明と希望を思わせるこの美しい季節に、新しい交響楽団の誕生を音楽を愛する人々に告げることの出来るのは、なんという大きな喜びであろう。

去年の秋、北満からの恐ろしい旅の後、戦いに敗れた祖国へと帰り着いた時、私を呆然とさせた焦土と争闘の巷から、美と真実を愛する不滅の魂が、大いなる曙を望んで立ち上がろうとしているのである。」（「50年の歴史を回顧して」＝大阪フィルハーモニー交響楽団50年史より）

男の名は、言わずと知れた朝比奈隆。その前年(1946年)10月17日、米国の貨物船「リバティ号」で、夫人と幼い長男を伴い、中国から引き揚げて来て間もない頃だった。

一人の男の音楽に対する「まさしく欝勃たるパトス」に拠って、1947年4月26日、関西楽壇のみならず我が国の楽壇は、同史上最も重要な出来事の一つ、関西交響楽団(KSO＝大阪フィルハーモニー交響楽団の前身)の発足を祝うことになった。

第二次世界大戦の終結が1945年8月15日なので、KSOの創設（厳密には1947年1月27日）は、戦後僅か1年と9か月後の出来事ということになる。朝比奈と彼を取り巻く人々のオーケストラにかける情熱がいかに猛烈なものであったか、を伺わせる史実だ。

偉大なるパイオニア朝比奈の人となりについては、小説あるいは各音楽ジャーナル、あるいは本人の筆になる書物に詳しく述べられている。なので本書では、その人物論への言及を最小限に留め、又は大部分をその種の刊行物に譲ることにして、ひたすら

オーケストラとの関わりのある面だけに焦点を当てて行きたい。

そうは言っても「大阪フィルの歴史はそのまま朝比奈個人の歴史であり、同団の成長は朝比奈という指揮者の成長の記録でもある」という認識を持つべきだ。また同団は「指揮者朝比奈の芸術を忠実に映し出す鏡だ」と言ってよいと思う。

そのような観点から、両者のキャリアを詳述する上で、重複する部分がどうしても出て来てしまう点を、まず断っておかねばならない。そしてその点を踏まえながら、やはり朝比奈の個人史を切り口にして本論を始めたいと思う。

第二次大戦中、軍命により中国大陸へ渡った朝比奈は、上海やハルピン（中国東北部）でオーケストラの指揮を執った。

特にボストン交響楽団と同じ 1881 年に創設された「上海工部局楽隊」を前身とする「上海交響楽団」は、当時世界中から高給を目当てに集まった名人の集団、いわばオールスター・オーケストラであり、その首席指揮者に迎えられた朝比奈は、戦争のせいとはいえ、一気に国際級のアンサンブルを手中にしたも同然であった。

僅か 1 シーズン（1943 ～ 1944）の在任であったが、この幸運な巡り合わせは、その後の朝比奈のキャリア（もちろんその大半は、KSO そして後の大阪フィル）メイキングに大きな影響を及ぼす。

すなわち、帰国後 KSO を鍛えるに際し、朝比奈の脳裏にはズバリ、目指す音色の規範として上海響のそれが浮かんだのであり、また世界の名流楽団に客演する際にも、比類なきサウンドを上海のバンドから引き出した、という自信が支えになったのだ。

その実績が、どのような世界の一流を前にしても朝比奈を臆させなかった理由であり、また彼を終生飛躍させるバネとなったのである。

日本人演奏者のいない、外国人だけで編成した上海響でのディレクターシップ。そんな経験なしで、指揮者朝比奈の成し遂げた圧倒的な向上は考えられない、と断じてよいと思う。

朝比奈はこの時期に綿密な指揮術を身につけ、レパートリーを堅固なものとした。そして帰国後それが縦横無尽に発揮され、われわれ聴衆を驚嘆させる彼自身と KSO の成功へ結びついて行くのである。

戦後福岡経由で神戸の自宅へ戻った朝比奈は、休む暇もなく指揮活動を再開。ほどなく新オーケストラの創設へ向けて動き出す。戦前の関西楽壇に於ける主力オーケストラとして活動を展開した NHK 大阪放送中央局専属楽団、京都大学交響楽団、宝塚歌劇団専属楽団の楽員を訪ね歩き、新オーケストラの結成構想を説いて回ったのだ。

その結果、朝比奈の考えに賛同し、1947 年 1 月 17 日、約 70 人の演奏家が NHK 大阪中央放送局に参集。その席上、朝比奈は新オーケストラの誕生を宣言。続いて本格的な活動内容の討議に入った。（が、その時は楽団名称の決定までには至らず、それは 3 月中旬まで待たねばならなかった。）

会合を重ね、第一回の定期公演の日時が同年 4 月 26、27 日と決められた。懸案事

項だった楽団の名称は関西交響楽団（KSO）に、また演奏会場が中之島にある朝日会館（当時の大阪における唯一のホールであった）と次々決定し、依然として多くの焼け野が原が残る大阪の地に、いよいよ本格的なションフォニー・オーケストラが誕生することになった。

　同公演シリーズの主催者は、座席数1500を有する朝日会館の管理運営団体、すなわち朝日新聞厚生事業団である。その歴史的なオープニング・コンサート（第一回定期演奏会：プログラムは、ドボルザークの交響曲第九番「新世界より」、リストの「ハンガリー幻想曲」、ワーグナーの歌劇「ローエングリン」より「エルザの夢」、同「タンホイザー」より「エリザベートの祈り」、同「リエンツィ」より「序曲」、ソロイストには伊達純（ピアノ）、笹田和子（ソプラノ）が招かれている）で指揮を執ったのは朝比奈隆。二日間の聴衆動員数は三千人を超える大盛況となった。

　KSOは以後、同年内の12月までに、六回の定期シリーズ（同一プログラムを二日連続で演奏。合計12公演。）を提供するという離れ業を演じ、更に第二シーズン目の1948年には、定期公演数11回（通算計24公演）を成功させる。

　平たく言えば朝比奈＝KSOのやり方は「最初から飛ばしすぎ」という感が否めない。その突進力は並のものとは言えず、そのため関係者や聴衆の一部を危惧させたが、しかしそのダイナミックなアプローチは、大半の聴衆から大いに注目され支持された。

　特筆すべきは、1月23，24，25日のプログラム（ベートーヴェンの交響曲第九番"合唱付き"）で、同公演は何と繰り返しを含め6回も演奏され、その後の我が国に於ける「第九」ブームの火付け役となった画期的な取り組みである。

　ところがKSO定期公演シリーズでそれ以上に最も注目すべき点があった。それは同団の定期の組み方である。すなわち同団は草創期から既に、欧米の主要楽団と肩を並べるような形で「システマティックなプログラム作り」を展開、かつその方式を固持してきたのだ。この点を我々は、同団の沿革を語る上で最も高く評価しなければならない、と思う。

　戦後の混乱の中で、本邦クラシカル音楽界がまさしく五里霧中のような状況下の中を進んでいる時、さながら安定した世界の名流メジャー楽団のように、KSOは同一プログラムを最初からリフレインするという勇気を見せているから、というのがその理由だ。

　このようなKSOの試みは、まさしく無謀と言われても無理のない話であった。世界のメジャー級楽団の中でさえ、複数日にわたる同一プログラムの繰り返しを、創立当初から貫徹してきた例は少ないのである。

　ところが朝比奈の率いるKSOは、戦後の混乱期をモノともせず、堂々と、しかも果敢に、そのことに挑戦し、成功を収めてきたのだ。それはKSOの創設者として名を連ねる朝比奈が、かつて中国大陸で上海響の指揮を執ったとき、アンサンブルを可能な限り充実させるには欠かせない方法として、同響から学んだことが因だったと思

われる。

またダブルのプログラムが提供できるということは、楽団がフランチャイズを置く街の人々が、それだけ熱心にオーケストラを支えていること、特に将来も「おらが町の楽団」を支援して行こうとする意欲が強いこと、そして当然だが「同地の文化水準が高い」ことをも示す。

先見の明に秀でた朝比奈は、オーケストラの運営に対して、そのような面への目配りをも忘れなかったのである。

オーケストラを創設し、管理そして運営することが最も困難な時代に、これだけの馬力を発揮してスタートしたアンサンブルは、世界広しといえども大阪のKSO以外、あまり見当たらない。それを可能にした、朝比奈をはじめとする楽団関係者の熱意と努力、および力量は、音楽面に止まらずもっと高く評価してよいと思う。

だがその一方で、これは実に言いにくいことだが、この時期に於けるKSOの芸術面における取り組みでは、不満の残る部分があることをも忘れてはいけない。その部分とは初期のプログラム・ビルディングに関するものである。

誤解を恐れずに言えば、同団（というより朝比奈のアプローチと言うべきか）初期の数シーズンのそれは、ベートーヴェン偏重のプログラム内容が目立つ、ということである。

ロシア人の作品が多少彩りを添える程度のプログラムは、それなりに意義のあるものだったに違いない。が、無いものねだりを承知で言えば、もっとヴァラエティに富む構成で挑んだ方が、より一層緊密かつフレキシブルなアンサンブル作りを実現できたかもしれない。

だが幸か不幸かそうはならなかったKSOは、創設者で常任指揮者、かつ楽団への最大の理解者であった朝比奈の、文字通り「手兵」として、その後ほぼ半世紀にわたる長期間、機能し続けることになる。

その形が「アンサンブルの在り方として理想的であるか否か」、その功罪を冷徹に分析評価することを忘れてはならないと思う。（筆者に言わせれば、それはまさしく「理想形の一つ」であると文句なしに言っておきたい。）

さて適材が適所に嵌った形で船出したKSO。その後は例によって幾多の困難を乗り越えながら前進する。その強力な支援母体となったのは、関東関西一円で朝日奈がそれまでに築いていた幅広い人脈であった。

東京出身だが京都大学へ進んだ（法学部）彼は、まさしく両地方の人材実力者を結集したとしか思えない形で支援者を確保。KSOの運営体力を思う存分補強、拡大し、「楽員が安心して演奏に集中できる環境作り」を、飽くことなく継続したのである。

彼の指揮者としてのキャリアは関西人好みの「ホーム・メイド」なもので、その生き方はまさしく「破天荒」と呼ぶしかないスタイルで貫かれていた。

第二次大戦後、小澤征爾をはじめとする若い才能が国際的キャリアを求めて海外へ

進出。そこで得た評価を土台に、自らを「国際演奏サーキット」における「商品」として売り出したのに対し、朝比奈はひとり「国内での活躍を国際的に評価・認知させ」、世界のサーキットに招聘されて行く、という逆のスタイルを追求したのである。

　小澤のようなグローバル・スケールでの大活躍を起爆剤にするやり方も痛快だが、朝比奈のスタイルはその数倍も痛快さを感じさせるものではないだろうか。

　しかも朝比奈は、国際的なキャリアを積み上げて行く中で得たものを全て KSO に注入したのであるから、日本楽壇にとってこれ以上の貢献はないと言える。（小澤はその後、シカゴのラヴィニア音楽祭、サンフランシスコ響、ボストン響の各 MD を渡り歩き、日本での手兵＝新日本フィルを常時監督することはなく、緊密さという観点からすれば、朝比奈の比ではないと思う。）

　朝比奈の凄さ、指揮者としての成功のクオリティについて述べるには、紙面がいくらあっても足りないほどだが、それでも敢えて纏めれば彼は、自らの手兵を「 By the Japanese, For the Japanese, and Of the Japanese ＝（日本人による、日本人のための、日本人の楽団）として捉え、徹底的に鍛錬し続けた比類なき指揮者」、ということになると思う。（またその The Japanese を朝比奈本人に置き換えれば、彼の目指した演奏芸術に対する姿勢が、自ずと読み取れるのではないだろうか。しかもその姿勢を最後まで国内で貫き続け、成功させ、高い評価を得たことが、まさしく前人未到の快挙だったのだ。）

　更に同業者の誰よりも数多く世界各地のオーケストラへ客演（その水準には頓着せずに、である！）し、手兵とは「ベートーヴェンの交響曲全集」を録音（CD ＝ 7 回、VHS,DVD、LD＝ 各 1 回）、加えて「出演者全員を邦人演奏家で固めた「ニーベルングの指輪」全曲（DVD,CD）を完成するなど、計 150 点余の商業録音を世に送るという「Super Work」まで、すべてを国内で成し遂げているのだ。

　まさに「奇跡を招来した指揮者」と尊称を贈る以外、朝比奈隆を称える言葉は見つからない。

　ここで浮上するのは、「朝比奈の芸術は何故、世界に受け入れられ、高い評価を得たのであろうか？」という問いである。

　筆者の独断によればその答えは、「それは彼の作る音楽が、まさに世界の本流だったからであり、彼が倦まず弛まず機会を捉えて世界中のオーケストラを振り続け、その中でグローバルな視点を自家薬籠中のものにして行ったから」である。

　つまり彼は基本的に、大阪フィルという手兵に大半のエネルギーを集注はするものの、かといって日本だけにしがみついて「独りよがり」になることを断固拒否し続けたのだ。換言すれば、クラシカルのエキスを世界で注入すると同時に、その成果を日本で育てた、ということになる。

　それはとりもなおさず KSO が早くから「国際性」を植え付けられる運命にあった、ことを示していた。音楽の修行面では、名流音楽院出身だとか、名流演奏家・指揮者

の薫陶を受けたという、いわゆるエリート意識に満ちたアカデミズムとは縁のないところから出発した朝比奈。その彼のもう一つの強みは、良い意味でのアマチュアリズムに対する理解の深さ、である。

端的に言えば、音楽作りの面では常に「楽員の目線でモノを見」、そして考えた彼は、そういったやり取りが受け入れられ易い関西人の心と合致したのだ。

しかも彼は、そんな目線を一般の聴衆に対しても固辞し、そのような態度を終生頑固に貫き通したのである。

さながら「清水の次郎長」のごとく、KSO そして後に「大阪フィル」と名を変える一家の親分役を務めた指揮者・朝比奈隆。彼が半世紀をかけて KSO そして大阪フィルに刻んだ芸術的成果を俯瞰するのは、なんという幸運なことであろうか、とつくづく思う。

さてここから本筋に戻ろう。

朝比奈の圧倒的ともいえる行動力、そして人脈にリードされた KSO は、創立翌年の 1948 年から 1960 年途中までの 12 年間で、堂々 125 回の定期公演を実現した。具体的に言うと、この数字は、年約 10 回（1948 〜 1955 ＝平均 10 回、その他の年は 8 〜 9 回）といったハイ・ペースである。

会場は第 80 回（大阪歌舞伎座）、第 85、90, 92 回（サンケイ会館）、第 109 回（フェスティヴァル・ホール）を除き、すべて朝日会館が使われた。1960 年 4 月 2 日の第 125 回定期が、KSO としての最終定期演奏会となり、これは毎日ホールで行われている。

その間の事情をクロノロジカルに見ていくと、まず 1948 年度末には早くも、演奏活動が激務の様相を呈し始めていた。KSO の中核体となっていた多くの大阪中央放送局（NHK 大阪）専属楽団のメンバーが、KSO の演奏会が増えれば増えるほど本来の放送業務に支障を来すようになっていた、からである。そしてそれを解決するには、KSO が独立するほか方法はなかった。

かくてオーケストラは 1950 年（昭和 25）改組を余儀なくされ、レギュラーにNHK からの移籍組、そしてそれに全国から新たに楽員を補充し、更に財団を設立、関西交響楽団を発足させたのである。

加えて同年 4 月には、楽団の支援組織も設立され、その新組織は「社団法人・関西交響楽団」の名称の下、大阪銀行（現・住友銀行）社長の鈴木剛を理事長に迎え、KSO のバック・アップ体制を強化していく。

従って KSO は 1950 年を境に、本格的な躍進を実現した、ということになる。

続く同 3 年後には、大阪、神戸、京都 3 都市の巡演を開始。また翌年には、マルコム・サージェントを客演に招くなど、グレード・アップを図ることを忘れなかった。

1956 年には念願の練習場が完成。その翌年には第百回目の定期公演を実現するなど、表面的には順調な伸び具合を見せている。

このあたりまでの KSO に欠けているものと言えば、（一面では仕方のないことであろうが）、やはり「グローバル」な視点と活動形態、である。既に国際性を身につけていた当時の朝比奈がリードするアンサンブルとはいえ、その主たる活動目標はあくまで「地方文化」に寄与すること、であった。

　それを解消し、グローバルな活動領域への活動参入を意識するキッカケとなるのは、1958 年（昭和 33）4 月に完成した「フェスティヴァル・ホール」での公演である。3 千の座席数を誇る同ホールを会場に、大阪国際フスティヴァルがスタート。そのプロジェクトはその後スケール・アップを遂げながら、継続されることとなる。

　KSO も地元のパーフォーミング・アーツを代表して、同プロジェクトに参加。ルモーテル、ガウク、ザンデルリンク（父）、そしてヤンソンス（父）ら、世界の名流が振るレニングラード・フィルハーモニー響と競演を果たしていく。更にその後も KSO は、同フェスティヴァルでの公演を継続。世界の音、と対峙した。

　結局その形が KSO に「世界の音を意識させる舞台となり」、同団は「世界の音を意識し、比較しながら」自らのグレード・アップの必要性を切実なものとして捉えていくのである。その実現には勿論、アンサンブルの錬磨に多くの時間とエネルギーを割くことが不可欠だった。

　KSO ＝ 90 人の楽員を、当時増加の一途を辿っていた、ますます隆盛を極める映画のための録音業務に専念するグループと、シンフォニー・コンサートに専念するそれとに二分割したのは、そのような背景があったからだ。結局、KSO が行き着いたのは、「「世界の本格派」と戦うには、自らも「本格的なコンサート・オーケストラ」であらねばならない」」という覚悟であり、それは当然の帰結と言えた。

　1960 年（昭和 35）、KSO はついに解散を宣言、あらためて「大阪フィルハーモニー交響楽団」（OPSO) へと改称し、新たな時代へ踏み出したのである。

　同団第一回目の定期公演は同年 5 月 14 日、朝比奈隆の指揮で行われた。（会場は毎日ホール、ソロイストに辻久子（Vn）が招かれている。同ホールは以後、OPSO の定期会場となり、フェスティヴァル・ホールへ移転するのは、第 28 回定期公演からとなって行く。）

　発足と同時に OPSO は、運営委員会を常設。更に専任指揮者ポストを設け、初代に遠山信二を据えた。

　またブレーメン響からマルティン・パウエルを首席コンサートマスターに招き、アンサンブルの充実をも図った。（なお同ポストへはその後も一年交代で、フランツ・ビル＝デュッセルドルフ響、ヨーゼフ・バイエルラインらが就任した。）

　大阪フェスティヴァルで自信を付けた OPSO が初の東京公演に乗り出したのも、この時期（1962）である。同公演の指揮を執ったのは遠山信二。その後彼は外山雄三にバトンを引き継いだ。

　また現代作曲家の作品に積極的な取り組みを始めたのもこの時期（1963）である。

OPSO は朝比奈の影が大きすぎて、新作の紹介には熱心でない、と思われがちだが、それは全くの誤解だ。というのも同団は、昭和 38 年から始まった「大阪の秋・国際現代音楽祭」に参加することで、数多くの現代作品を紹介しているからである。世界初演、日本初演した作品の数は、日本のどのオーケストラにもヒケを取らない。

ところで朝比奈体制下の OPSO は、1961 年度から彼の逝去に至るシーズンまでに、9 〜 8 回の定期公演しか提供しなかった。この数字は、欧米の楽団のそれに比べ、メジャー・クラスのものとは言えないほど少ない。その理由を平たく言えば要するに、本格派のファンが少ないこと、である。大朝比奈を以てしても、日本の音楽首都の一つ（大阪）では、クラシカルが未だに最大 10 回程度の定期公演しか打てない、（1960 〜 2000 年度は、殆どが 8 〜 9 回である！）受容度にしか達していない、ということを意味している。

クラシカルの演奏水準、および需要度を欧米並みに引き上げるのは、「やはり至難の業」、「あるいはそこへ至るまでの道は依然として厳しい」、ということになる。定期公演の数と、その他の公演のそれが拮抗するようになってはじめて、「クラシカルは日本人の体の中で血肉化した」、と言えるのだ。

その一方で、（これは矛盾を承知の上での言い方だが）、定期公演数が少ない理由は、それ以外の特別公演や録音などの企画が多すぎるからだ、という指摘も成り立つと思う。

それはそれで仕事が多いということを意味し、楽員にとっては結構なことだが、演奏芸術の発展と言う観点からすれば、アンサンブル作りにもっと時間をかけ、その部分で勝負して欲しい、という願いが強い。

どの部分に力を注ぐか、それは音楽監督次第だ、ということになろう。が、朝比奈の場合は、定期公演に全てのエネルギーを注ぐ、というわけには行かなかったようである。

録音活動が活発になるのは、アンサンブルが安定してくる昭和 40 年代後半からだ。まず今や伝説的な録音となった初の「ベートーヴェン交響曲全集」（学習研究社）を完成。その後の朝比奈＝ OPSO の継続プロジェクトとなって行く。

また 1975 年（昭和 50）には、楽団初のヨーロッパ楽旅を企画。市民主体の組織＝大阪フィルをヨーロッパへ送る会＝の支援により実現する。

この取り組みの成功は、OPSO の活動が市民に受け入れられたことを示すものであり、楽団に大きな自信を植え付ける出来事となった。（特にザンクトフロリアン教会におけるブルックナーの演奏（交響曲第 7 番）は圧倒的な成功を収め、その後の語り草となっていく。

ヨーロッパ楽旅での成功は OPSO 組織総体に精神的「脱ローカリズム」を刻印、その後は「日本のローカルでありながら、その活動は世界の楽壇と連動している」という意識を植え付け、さらにそれはその後続く海外楽旅の推進力となり、今日の

POWER UP 継続へと繋がっている。

　一方で OPSO は、組織強化の面でも努力を怠らない。1982 年には長く親しまれてきた「関西交響楽協会」を「大阪フィルハーモニー協会」へと改称し、楽団と同会との関係づけをより鮮明なものにしていく。

　更に 1985 年 (昭和 60) には「日本音楽家ユニオン (＝組合)」大阪フィルが結成され、「楽員の身分保障やその他の生活条件面を向上させるための契約」を結ぶなど、組織の内外容を整備充実させながら着々と発展への軌道作りを進めた。

　そんな中で完成した（1982 年）のが新しい音楽専用ホール＝シンフォニー・ホール＝である。同ホールのおかげで OPSO は、なお一層アンサンブル作りに理想的な環境を手に入れていく。

　また OPSO はその一方で、内外から招く名流客演アーティストをも増やし（例えば 1987 年には P・ドミンゴ、キリ・テ・カナワ、らの BIG NAMES との共演）たり、コンサート・マスターにジェラルド・ジャーヴィスを招くなど、具体的に演奏水準の向上、充実をも快調に進めている。

　平成時代に入っても、常設の練習場を完成（1991 年＝平成 3）するなど、OPSO は順調に発展を続けていたため、行く手は順風にして満帆の様相を呈していた。が、その状況をぶち壊したのが「阪神・淡路大震災」である。

　自然の猛烈な襲撃を受け、OPSO はそれまでの好調さが一気に吹き飛ぶ形となった。まず地震当日の 1 月 17 日に行われる予定の定期公演は、楽団史上初の中止に追い込まれる。併せて関西楽壇がそれ以後徐々に冷え込んでいき、音楽ビジネス界全体が不況を被り、一時の勢いをすっかり失ってしまった。

　OPSO はそれでも前向きに活動を続け、1996 年（平成 8）には社団法人「大阪フィルハーモニー協会」の定款を改正。従来の方針を転換し、直接的に楽団の管理運営に乗り出すことを決め、それにより同団の管理中枢とその機能は一元化され、組織が格段に強化されて行く。

　さて朝比奈隆という、偉大かつ稀代の音楽家の楽器として錬磨の半世紀を生き延び、オーケストラ発展の諸相を細大漏らさず披露した OPSO。そんな彼もついに激動の人生に幕を閉じる。

　いきなりだが、ここでその後の OPSO 歴代音楽監督の面々を列挙しておく。

1. 朝比奈隆（1947 〜 2001）＊没後は創立名誉指揮者
　＊客演指揮者の時代（2001 〜 2003）
2. 大植英次（2003 〜 2012）＊ 2012 年 4 月より、桂冠指揮者
　＊客演指揮者の時代
3. 井上道義（2014 〜 2017）＝首席指揮者
　＊客演指揮者の時代（2017 〜 2018）
4. 尾高忠明（2018 〜　　）＝音楽監督

47 年という長い期間 OPSO に君臨した大朝比奈の後任リクルートに関しては、綿密かつ相当に長い議論が為されたと思うが、それは当然であろう。理由は、朝比奈が残した有形・無形の遺産の内容が、我が国では唯一無二とも言える破天荒なものだからである。

理想を言えば、後任はまずそのことを認識し、それを乗り越えようとする推進力、意欲、そして実績の持ち主でなければならなかった。

早くから北米に渡り、師匠の小澤征爾や L・バーンスタインらを追走すべく縦横な活躍を展開。当初は中西部のエリー・フィル、そしてドイツのハノーバー・フィル MD を手中に収め、順調に進化を遂げていた大植。それでも師匠らの巨大すぎる陰に隠れてその実力がよく見えない時期もあった。が、北米メジャー楽団の一つミネソタ管を率いる頃から次第に頭角を現し、将来性、可能性を強く感じさせる存在となる。

また大植は北米の弱小楽団を率いた中で、「楽団がコミュニティの支持を得るために、その指揮者が為すべきこと・・・自ら先頭に立って、学校コンサート、コミュニティの集会、ブラス・バンドの指導等など・・・へ、楽団の代表者として参加し続けること」を学んだ。

もし大植がその経験を OPSO に生かせば、大変貴重なものとなるのは確実であり、そして彼はそれを実行したのである。

OPSO 着任後に見せた大植の奮闘ぶりを詳述すれば、枚数がいくらあっても足りないほどだが、その中から大きなプロジェクトのみを上げると次の二点だと思う。

1. 星空コンサート・・・2006 年度より始まったシリーズ。大阪城「西の丸庭園」を会場にして行われる楽団史上初の野外公演。初年度は 9,300 人の聴衆を集めている。

2. 大阪クラシック・・・大植のプロデュースにより 2006 年 9 月 3 〜 9 日 〜 2009 年 8 月 30 日 〜 9 月 5 日。大阪フィル協会と大阪市の共催事業。「大阪クラシック―御堂筋に溢れる音楽」の企画公演。期間中、大阪市のメイン・ストリート（御堂筋）沿いの 18 〜 22 の会場で、OPSO の楽員による室内楽（50 公演）を実施。（2009 年には、中之島にまで会場を拡大）＝主催者側の当初予想を二倍以上を上回る聴衆（約 22,000 人＝初年度 50 公演〜約 50,700 人＝ 2009 年度 100 公演）を集め、大成功を収めた世界初の試み。

大植は定期公演、録音、世界楽旅、東京他への国内巡演と、まさしく八面六臂の活躍を見せたが、次々と公的助成その他の支援金を打ち切られ、結局は桂冠指揮者のポストに収まる形で第一線を退く。

その後 OPSO は、コンサートマスターの不在、MD の不在と、組織的にも揺籃期が続き、井上道義（3 シーズンのみ MD), そして現在の尾高忠明（2017 年は音楽顧問、翌 2018 年度より首席指揮者 , なお本稿が書かれている 2020 年 2 月 20 日現在、MD 在任期間を 2022 年まで延長した）体制が確立するまで、試練の時を過ごすことになる。

尾高の招聘は、国内外のキャリア、および 1947 年生まれという年代からして順当

だと思う。問題は後どれだけの期間、OPSO に在任出来るか、だけであろう。

　93 歳で逝去した朝比奈に比べればまだ若い尾高だが、問題はやはり財政基盤の強化・確立をどう実現していくか、その楽団管理中枢との駆け引きだと思う。（完）

＊推薦ディスク

1.「ベートーヴェン交響曲全集」(2000 年録音) ＝指揮：朝比奈隆)

2.「交響曲第 7 番ハ短調＝ハース版」(A・ブルックナー) ＝指揮：朝比奈隆 (1975 年聖フローリアン・ライブ盤)

3.「交響曲 " 仏陀 "」(貴志康一) ＝指揮：小松一彦

4.「交響曲第 7 番 " ハ長調 Op.60" レニングラード "」(D・ショスタコーヴィチ) ＝指揮：井上道義

5.「交響曲第 6 番イ短調 " 悲劇的 "」(G・マーラー) ＝指揮：大植英次

6.「交響曲第 1 番変イ長調 Op.55」(E・エルガー) ＝指揮：尾高忠明

4. 群馬交響楽団
(GUNMA SYMPHONY ORCHESTRA)

　私のように、音楽的辺境に住む者にとって、その地で西洋のクラシカル音楽文化、特に常設楽団を創設し育成することは、とてつもなく困難な行為である。そしてそれを継続させ、世界の演奏サーキットでも恥ずかしくないレヴェルに引き上げて行くのも、考えただけで脱力感に襲われるほどだ。

　更に演奏芸術の規範を打ち立てられるような組織として完成するには、いかなる努力が必要なのかを想像すると、これまた途轍もなく大量のエネルギーと長い年月が必要だと思えてくる。

　そして結局は、そのための努力は間違いなく人生を無駄にする、という形で自らの鬱勃たるパトスの噴出を押し止めてしまうのである。

　だが、あらゆることが「一人の狂気にも似た創造へのエネルギーと推進力」で実現して行くように、たとえ辺境にいても、「グローバル・スケールに達したアンサンブルの創出」は可能なのである。問題は、「誰が、いつ、どのように始めるか」ということだ。そして幸運にも我々は、その完成体の卑近な例をこの我が国で見ることが出来る。その例とは、群馬県高崎市に本拠を置く、群馬交響楽団（以下 GSO）だ。

　GSO の前身となるアマチュア・オーケストラが産声を上げたのは、終戦から三か月が過ぎた 1945 年（昭和 20 年）11 月の寒い晩であった。群馬県高崎市役所議事堂（当時の所在地は宮元町）に、戦争を生き抜いてきた翼賛壮年団音楽挺身隊の若きメンバー

が参集し、寒風吹きすさぶ中で揺れる蝋燭の火を頼りに、「オーケストラを作ろう」という思いを語り合ったのが、総ての始まりである。

（…「敗戦の荒廃の中で人々が心の拠り所を見失っていた時、浮上した一つの価値観が、"文化国家建設"であった」し、「この地でそれが出来るのは、自分たち以外にいない」…＝群馬交響楽団50年史：発行：財団法人群馬交響楽団・18ページ。）

　と信じた若者たちは、パリ留学経験のある井上房一郎を中心に、「個々人が、演奏芸術家として自己向上を遂げ、国内外で高い評価と尊敬をかちとる」といった、アマチュアとしては実に壮大な到達目標を掲げ、後にGSOの礎石となる「高崎市民オーケストラ」（TMO）を旗揚げしたのである。

　結成時のメンバーは何と8名。だが初代指揮者に選ばれた山本直忠が精力的に動き回り、復員して来たばかりの軍楽隊員や、高崎に疎開していた演奏家達を集め、最終的には33名の楽員を擁するアンサンブルを編成した。

　楽員を確保すると、TMOは早速本格デビュー公演へ向けての練習に入る。練習場は市内の消防分団の二階（楽員たちはその空間を親しみを込めて「ポンプ室」と呼んだ）である。

　更に練習場はその後デパートの一棟に移り、冬の寒さの中を音楽への情熱の火で暖まりながら、練習に励んだ。そのような経緯を経て、TMOはついに創立第一回目の定期コンサートを翌年（1946年）3月10日と決める。

　オープニング・コンサートの決定後、楽員はより一層練習に熱を入れることになったが、当時の状況を考えるとその苦労が偲ばれ、頭の下がる思いがしてならない。

　楽員たちはほぼ全員が他の仕事（商売や役所勤め等）に従事し、練習は夜の間だけ、という悪条件下にいたからだ。楽員たちの思いはひたすら、「オーケストラを守りたい」の一心でまとまり、それを実践するため、楽員の中には三里の道のりを自転車で通う人もいたほどであった。

　そのように、まさしく過酷としか言いようのない否定的な状況を乗り越え、楽員達はついにオープニング公演の日を迎える。楽団側は万全を期して、コンサートの質と動員力の両面を高めるため、万全を期して中央から当時の実力派ソロイスト二人（ピアニストの原智恵子、ソプラノ歌手大谷冽子）を招く。

　市内至る所にコンサート告知のポスターが張られ、市民の関心を徐々に高めて行った。その結果、切符は完売となり、コンサート会場となった高崎市立高等女学校講堂は、満員の聴衆で溢れることになる。

　会場内に晴れ着姿で駆け付けた人々は、終戦後演奏芸術を鑑賞できる喜びを満面に湛え、ついに実現した「おらが街のオーケストラ」の門出を祝ったのだった。

　注目のオープニング・プログラムは、モーツァルトの「セレナード」を皮切りに、最後の「ハンガリアン狂詩曲第11番」（リスト）までの何と合計15曲。内訳はオーケストラ作品が最初の3曲、ついでソプラノ・ソロが6曲、そしてピアノ独奏が6曲。

波多野幸次郎が編曲した「越後獅子」では、アコーディオンやギターも加わり、聴衆の大喝采を浴びている。

　かくて創立第一回目の定期公演は大成功を収めた。が、そこで注目されるのは、TMOが同公演で何と「高崎市民オーケストラ鑑賞会会員募集趣意書」を配布、年6回の定期公演を告知したことである。

　それはまさに、創立記念公演の成功で楽団総体が自信を得、将来への展望が大きく開けたことで早くも未来へ向けての取り組みを具体化しようとする意気込み、の表れであった。

　年会費は20円。国内の名流演奏家を招いてのコンサート・シリーズの創出。TMOの燃えるような意気込みは、演奏芸術の前ではただでさえ腰の思い地方都市の人々の心に、不退転の勢いで切り込んで行った。

　当時喧しく聞こえてきたのは、「高い目標を掲げるのは結構だが、それに見合う実力が伴っていない」、という声であった。が、それでも楽員たちは、必死になってアンサンブル作りに励み、クラシカルの響きを地元の空気に馴染ませ続けた。

　創立二年目のシーズン（1946年＝昭和21年）には定期演奏会8回（のべ21公演）、一般向け演奏会＝8回を提供。第3回目の公演からは、会場を2か所（高崎市立女子高等学校と群馬会館）に分散するようになった。

　数だけから判断すると、TMOは順調に伸びていることを窺わせるが、所詮当時の実態は「アマチュア団体」である。アンサンブルの精度はプロの水準には程遠く、中央から招くゲスト・アーティスト達の評価も散々なものであった。

　とはいえ、オーケストラを存続させ支えるのはやはり、それと関わる楽員及び管理中枢の情熱、そして市民の音楽愛と協力である。TMOの場合、特に楽員の使命感は破天荒な強さのもので、外部からの辛辣な低い評価にも決して挫けず、数多くの公演を営々とこなし続けた。

　試行錯誤を繰り返しながらも挑戦を忘れないTMO。同団が県内前橋市で初公演を実現したのは，第2シーズン〈1946年〉に入ってからである。TMOは同公演をキッカケに、「群馬県全体の音楽状況に関わる団体」という意味合いを強め、名称を「群馬フィルハーモニー管弦楽団」（GPO）へと改めることになった。

　同名称は1963年（昭和38年）まで使われることになるが、その一方で楽員数をも増やし（第2回定期に23名まで、第3回定期に30名まで増員）、不足分は東京などからエキストラを補充しながら、どうにか大幅なレヴェル・ダウンを回避し、微かにだがスケール・アップの実現にも取り組んで行く。

　その他、草創期のGSOで目を引くのは、今にも通じる楽団サポート体制だ。一つは第二シーズンの7月から、機関誌「群馬フィルハアモニイ」を創刊したことである。

　同冊子（B5版12ページ）には、数多くの音楽情報、教育記事が掲載され、聴衆の確保・啓蒙に役立った。ほぼ二か月に一回、六号までの発行と短命に終わったが、戦後の物

資不足の時代に於いて、同冊子が果たした役割は極めて大きい。

　次いで二つ目は、群響付属音楽院の開設（1946 年 9 月）である。理事長に井上房一郎、講師に指揮者の山本直忠、ヴァイオリンの鷲見三郎、チェロの鈴木總らが加わり、顧問を近衛秀麿が務めるという豪華な布陣。当時としては地方楽壇の将来を見据えた、総合的な音楽育成かつ活性化プログラムであった。

　同院ではピアノ、弦楽器、管楽器、作曲等の指導をはじめ、幼児童科を設けて音楽を教えたが、実に残念なことに自然消滅の道を辿っている。

　そして最後の三つ目は、喫茶店「ラ・メゾン」の存在だ。井上を中心に TMO 楽員たちの出資金に拠り、練習場の一階に開店した「音楽の家＝ラ・メーゾン・ドラ・ミュージック」という名を冠したコーヒー・ショップ（今でいう音楽喫茶）である。

　同店は市内で評判を呼び、たちまち文化人の溜まり場となって、一種のサロン的な役割を果たしていく。

　店内では常時カルテットの演奏会、レコード・コンサート、室内演劇などが行われ、三階の集会所で行われる詩人の会、絵画研究会等と共に、高崎市民にとっては最高のART SPACE となった。

　TMO はそのような形で、演奏芸術を支える背景を地道に蓄積し前進を続けて行くが、既に述べたように実体は依然としてアマチュア・レヴェルであり、その到達目標とは裏腹の、プロと呼ぶには程遠い内容であった。

　そのため楽員個々の志には高低差が常にあり、それが常時内部崩壊へ繋がる導火線として存在していた。長期的に見れば、この対立の構図が TMO 発展への遠因となるわけだが、しかしそんな状態を放置すれば物事は始まらない。

　そこで両者の中を調整し、みずから事態の打開に乗り出していったのが、マネジャーの丸山勝廣であった。

　彼こそ TMO の今日的基盤を打ち立て、日本のローカル・バンドに奇跡的発展を遂げさせ、ついに本格的プロフェッショナル化を実現させた人物である。

　その業績の紹介は「楽団史」に詳述されており、それを一読すれば余すところなく理解できる。一言でいえば彼の手法はまさに「徹底した REALISM の実践」だった。

　さて TMO の草創期に、その丸山へ襲いかかったのは、21 人の楽員が離団するという解散の危機である。1963 年（昭和 38 年）7 月、互いの路線、あるいは演奏家としての信念の相違から来る不満の火種がついに燃え上がったのだ。その結果、内紛は 7 か月も続くことになった。

ここであらためて、TMO 創設からそこへ至るまでの動静をクロノロジカルに書き出してみると、以下の通りとなる。

　1945 年 11 月：アマチュア団体「高崎市民オーケストラ」誕生

　1946 年 5 月：「群馬フィルハーモニー・オーケストラ」に改称

　1947 年 5 月：プロ楽団として初の演奏会（安中市で初の移動音楽教室を実施：

以後同企画は群響の看板プロジェクトとして、2004 年度のシーズンまでになんと、のべ 570 万人の児童生徒を「音楽鑑賞」に導くことになる。)

同　 12 月：第一回群馬県音楽祭「ベートーヴェン・グランド・コンサート」に出演（指揮：山本直忠、山田一雄）

1948 年 11 月：演奏会形式で歌劇「カルメン」4 幕上演（藤原歌劇団と県教員合唱団が参加）（指揮：日比野薫次、会場：群馬会館）

1949 年 4 月：小池芳二郎、常任指揮者に就任

同　 10 月：財団法人として認可される（初代会長：井上房一郎）

1950 年　　：群馬県及び高崎市から補助金が交付される

1953 年 3 月：映画監督・今井　正、群響をモデルとした映画製作を発表

1954 年 8 月：映画「ここに泉あり」撮影開始

1956 年 6 月：文部省、群馬県を「音楽モデル県」に指定

同　 7 月：音楽センター建設促進委員会結成（翌年 4 月事務局が設置され、建設資金の募金を開始

1957 年 6 月：音楽モデル県指定記念演奏会（指揮：小澤征爾、会場：館林女子高講堂）

1958 年 9 〜 10 月：北海道演奏旅行（札幌公演の指揮は小澤征爾）

1961 年　　：文部省から初の国庫補助（百万円）

1961 年 7 月：群馬音楽センター完成：落成記念式典及び開場記念演奏会

同　 8 月：創立 15 周年記念公演（指揮：小澤征爾、会場：群馬音楽センター）

同　 9 月：甲斐正雄、常任指揮者に就任

1962 年 12 月：文部省芸術祭・京都・札幌・高崎三市交響楽団特別演奏会

1963 年 1 月：第一回東京公演（指揮：甲斐正雄）

同　 7 月：住谷啓三郎高崎市長、会長（＝楽団理事長）に就任。楽団名称を「群馬交響楽団」に改称

同　 同　：楽員 21 名脱退（残留組はわずか 11 名）＝これに際し、高崎市長は「去る者は追わず」という構えで応じ、離団を決めた楽員の「退職届」をそのまま受理する形で対処した。）

　結果的に丸山ら事務局の必死の離団楽員に対する説得も不発に終わり、高崎市長住谷以下の楽団理事会は、早速再建計画を策定する方向へ動き出す。
　そして理事会の打ち出した楽団再建の柱となったのは、指揮者にドイツ人ハンス・ヘルナーを、更にコンサートマスターとして日高毅を招聘するというものである。
　結論を先に述べると、このリクルート作業は大成功をおさめた。ヘルナー体制下でのアンサンブルの整備は、急速にグレード・アップを実現したのである。
また丸山に一任された管理運営面での実務作業も同様に、次々と好調の波に乗り、さ

らに理事会はその後も、人選面を彼の主導に任せた。

　かくてヘルナー体制終了後も丸山は、遠山信二、続いて山田一雄を後任にリクルート。二人は先代達に引けを取らぬほどの見事な発展ぶりを実現したのである。

　同会はその後も二回にわたって丸山を渡欧させ、その結果 8 代目の音楽監督として豊田耕児のリクルートに成功。GSO はその豊田体制下で、楽団史上最も輝かしい芸術的躍進を実現する運びとなった。

　再建当初は苦難の時代の幕開か、と危惧され、事実そのような時期もあったが、丸山を中心とする管理中枢のチャレンジ精神が次々と好結果を引き寄せ、GSO に今日的繁栄をもたらすのである。

　そのような同団の浮沈を乗り越えて、本体のアンサンブル作りを牽引した歴代の指揮者を列記すると下記のようになる。

  1. 山本直忠（1946 〜 1949：常任指揮者）
  2. 小池芳二郎（1949 〜 1951：常任指揮者）
     ＊客演指揮者の時代（1951 〜 1961）
  3. 甲斐正雄（1961 〜 1963：常任指揮者）
  4. ハンス・ヘルナー（1963 〜 1968：常任指揮者）
  5. 遠山信二（1963 〜 1974：常任指揮者）
  6. 山田一雄（1968 〜 1971：芸術監督）
  7. 遠山信二（1974 〜 1981：音楽監督）＊伴　有雄（1974 〜 1976：常任指揮者）＊佐藤功太郎（1978 〜 1981：常任指揮者）
  8. 豊田耕児（1981 〜 1987：音楽監督）
  9. 手塚幸紀（1987 〜 1992：常任指揮者）
 10. 高関　健（1993 〜 2010：音楽監督）
 11. 沼尻竜典（2010 〜 2013：首席指揮者・芸術顧問）
 12. 大友直人（2013 〜 2019・3 月まで：音楽監督）
     ＊音楽顧問（2019 年 4 月〜　　　）：小林研一郎

　最後に、GSO 楽団史において、再出発以降、注目すべき足跡を刻んだ MD 達の業績を、特にグローバルな視座から取り上げておきたい。

　まずは何といっても、やはり H・ヘルナーからである。彼の招聘に実際に動いたのは、GSO 古参メンバーの一人、関口利雄であった。関口は旧知の芸大教授（元日響楽員でもあった）福元裕を訪れた際、彼からヘルナー（当時彼は武蔵野音大で教鞭を執っていた）を指揮者、日高毅をコンサートマスターに招くよう助言される。

　GSO 管理中枢は願ってもないこの提言を受け入れ、早速その人事案件の実現に乗り出す。常勤楽員数が僅か 10 数名という、当時としては弱小どころかアンサンブルとしての体裁を整えることさえ疑問符だらけの GSO を、ヘルナーが果たして真剣に鍛

えるかどうか関係者は危ぶんだ。が、ヘルナーは少数の楽員にも怯まず、しかも持病と闘いながらも、終始正姿勢で音作りに邁進、楽員のやる気を引き出す一方、演奏力向上のためにあらゆる努力を惜しまなかった。

1968年5月ヘルナー逝去後、山田（芸術監督）及び遠山（常任指揮者）の二人がGSOを牽引、各々歴史的実績を刻印（山田は第百回記念定期公演＝1969年5月＝を指揮、遠山は創立25周年記念定期公演＝1970年9月、及び同30周年記念定期公演＝1978年3月＝を指揮）し、楽団史に巨大な足跡を残す。

続いて豊田耕児だが、パリ国立高等音楽院で学んだ彼は、まずヴァイオリニストとしてジョルジュ・エネスコ、アルトゥール・グリミョーの薫陶を受け、ベルリンを本拠にライン室内管、ベルリン放送響（現ベルリン・ドイツ響）のコンサートマスターを務めていた国際派。

そんな彼がGSOマネジャー・丸山の熱烈な招請に応じ、6シーズンに渡って同団のシェフを引き受けたのである。この人事は当然ように、日本楽壇に大きな話題を提供した。

豊田の功績は多大だが、その中でも当時ベルリン・フィルのスター＝クラリネット奏者のカール・ライスターを独奏者に招いて行った初の本格的な商業録音、は内外のコンサート・サーキットで大きな注目を集めた。

豊田の後任手塚は在任期間が5シーズンと短期に終わったが、在任中は創立40周年記念公演及び第300回定期公演を成功裏に導いたり、群響合唱団の創設に協力するなどの実績を残した。

次の高関は、我が国のローカル・バンドを、名実ともにグローバル・スケールの演奏サーキットに乗せた功労者である。1992年の12月に発足した「群響海外公演実行委員会」が発足し、その足掛かりを築いていたGSOは、翌年12月の同計画の実施を決定。ついに1994年5月、音楽監督高関健と帯同して「プラハの春国際音楽祭」「ウィーン芸術週間」出演を中心とした「初の海外楽旅」（全行程：16日間4か国6都市7公演）を挙行。

更に高関は、ベートーヴェン交響曲サイクルを成功（録音も）させ、いよいよ群響のパワー・アップとスケール・アップは継続の一途を辿ることになった。そのような大活躍を展開し、高関は在任17シーズンを以てGSOを退任する。

彼の後任が決まるまでの3シーズン、首席指揮者および音楽顧問を務めたのは、沼尻である。沼尻招聘は、2013年度シーズンに大友直人がMD（音楽監督）に決まるまでの、いわば中継ぎ的な人事であった。

しかしその大友は在任期間が6シーズンと比較的短期に終わり、実績とすれば邦人作曲家の作品を他に比べて多く取り上げたこと、定期演奏会総入場者数の楽団新記録を作ったこと（2015～16年度＝1万3200人）である。

そしてその大友も2019年3月を以て降板が決定。同年4月からは、次期監督が決

まるまでの間、小林研一郎が音楽顧問を務めることになった。（完）

＊推薦ディスク

1. クラリネット協奏曲（モーツァルト）：(Cln. 独奏・カール・ライスター：豊田耕児・指揮

2. ベートーヴェン交響曲全集（ベートーヴェン）：高関健・指揮

3. 交響曲第 7 番「夜の歌」（G・マーラー）：高関健・指揮

4. 幻想交響曲（ベルリオーズ）：ジャン・フルネ・指揮

5. 交響曲第 4 番（ブラームス）：モーリス・ジャンドロン・指揮

5. 日本フィルハーモニー交響楽団
(JAPAN PHILHARMONIC SYMPHONY ORCHESTRA)

第二次世界大戦後の復興が軌道に乗り始めた頃の1956年3月、株式会社文化放送は、水野成夫を社長に迎えた。

TV 免許の取得という大目標の下、水野は同社開局（1952 年 3 月 31 日）以来の構想＝専属楽団及び合唱団の創設＝を一気に具体化する。

独自の番組制作を拡大強化するためにも、同社には「高いグレードのアンサンブル」の創設が必要だった。

水野社長の号令の下、新楽団創設へ向けたアクション・プログラムが、翌月から順調に滑り出す。そしてそのひと月後（＝ 5 月 3 日）には、楽員候補者を代々木文化会館（東京）に集めるというスムーズな展開を見せる。更に、新楽団の名称も、日本フィルハーモニー交響楽団（以下 JPSO）と決定した。

楽団の組織化も既存のオーケストラをそのまま専属化する、という安易なやり方ではなく、新たに厳格な人選（オーディション）を行い、優秀な人材を集めるという方式を貫徹。当時としては、極めて重要かつ各方面から注目を集めた。

その方式は、かつてイギリスの BBC（英国放送協会）が「ベルリン・フィルハーモニック管弦楽団を凌ぐ楽団の創設を目指し、全英のみならず全世界から名手を集めた例と似たものであった。スケールの点では比較にならないが、文化放送が全国規模で優秀な楽員を集める方式を貫徹したことは、アンサンブルの世界に新時代が到来し、かつ演奏家に大きな目標を与える結果を齎した。

いつの時代でも楽団創設に際してはいくつかの重要課題があり、その最大の懸案事項は大抵、財政基盤のことだ。文化放送直属の新楽団のそれは、わが国有数の大企業を経営母体とするところから、当初世間では何ら問題ないものと受け取られていた。

しかしそのことが後年、楽団の性格に、良くも悪くも大きな影響を及ぼしていく。

二つ目の重要課題は、演奏現場の責任者をだれにするか、という点である。JSPO設立準備関係者は、当時37歳の渡邊暁雄を常任指揮者に招いた。

渡邊は日本人として初めてNYのジュリアード音楽院に留学し、帰国したばかりであった。その彼がいきなり、日本最高水準のアンサンブルの舵取り責任者に抜擢されたのである。

更にその常任ポストに続き、コンサートマスターには、ヴェテランの岩淵龍太郎が就任した。岩淵はそれまで、NHK交響楽団（以下N響）の同地位を長期間にわたって務めたキャリアの持ち主であった。

その一方で楽員の人選は5月中に行われ、40人が選抜された。それを受けて渡邊は、6月3日のオープニング・コンサート（ラジオ放送）へ向け、早速練習を開始する。

渡邊が選んだJPSOお披露目放送用公演のプログラムは、「フィンガルの洞窟（メンデルスゾーン）、ピアノ協奏曲第20番K466（モーツァルト）＝独奏・田村　宏、古典交響曲（プロコフィエフ）」の3曲であった。

若い渡邊は短期間のうちにアンサンブルを良くまとめ上げ、同披露放送は聴取者から好評裡に迎えられる。その結果、楽団管理中枢は、新楽団の洋々たる未来を確信。同月22日、帝国ホテルに於いて、新楽団の発起人会を開き、楽団理事長に水野成夫社長を選出し、新しいアンサンブルはいよいよ、本格的な活動に突入する。

1957年4月4日の第一回定期公演までにJPSOは、その前段階としてアンサンブルの実力を示し、かつ認知度を高めるため、幾つかの興味深いプロジェクトに取り組んでいる。

その一つは、7月第一週（月曜日30分間＝8〜8：30PM）に、新楽団専用の提示放送番組をセットしたことだ。

同プログラムによってJPSOの全国的な認知度は急上昇（ちなみに同プログラムは、その後一年間に40回放送され、聴取率は在京4局の音楽番組中最高を記録している）を遂げた。

もう一つは、公開披露公演（文部省＝当時の名称＝の委嘱による芸術祭公演をも含む）を、全国各地で巡回実施したことだ。

その取り組みをクロノロジカルに紹介すると、9月23日の日比谷公会堂（東京）を皮切りに、10月5日（浜松）、10月6日（大阪宝塚大劇場）、10月7日（名古屋公会堂）、10月8日（岐阜）、10月17日（日比谷公会堂：東京）、11月8日（東京体育館）、11月16日（同）、11月21日（豊橋）、11月22日（名古屋）、11月23日（京都）、12月22日（産経ホール・東京）、12月23日（神奈川県立音楽堂）、と続く。

更に1957年になると、初の定期公演前に、1月5日（新春名曲コンサート）、2月11日（これは定期演奏会の準備公演という形で行われた）、3月6日、3月16日、と回数を重ね、結局ライブでは18公演を提供している。

しかもこれらの中には、旧ソ連の名ピアニスト＝レフ・オボーリンとの特別公演（10月17日）のように、歴史的なプログラムも含まれているのだ。そのことからだけでも、関係者の新楽団にかける熱い思いが伝わってくる。

　三つ目の興味深い取り組みは、積極的な楽員リクルートである。ＪＰＳＯ管理中枢は当初から、同団を日本のＢＥＳＴアンサンブルにして行く目標で動いており、人材の確保、及び育成・研修を進める努力、その後も継続（1966年に始まったボストン交響楽団との交換楽員制度＝期間は9〜10か月間＝等）される。

　既に決まっていたコンサートマスターと同じ地位に、9月18日ブローダス・アール（イリノイ州シカゴ生まれ、カーティス音楽院出身。アスペン音楽祭管、ＮＹ市立オペラ座管等でコンサートマスターを務めた。）を招いたのも、その表れである。（なお1960年9月11日には、二代目コンサートマスターにルイ・グレーラー＝大指揮者Ａ・トスカニーニの手兵「シンフォニー・オブ・ジ・エア」のコンサートマスターを務めた＝を招くことになった。）

　その後も楽員のリクルートは続き、9月23日公開披露公演（会場は日比谷公会堂＝アールは同公演で、メンデルスゾーンの協奏曲を奏いた）では、楽員数60人を数えるまでになっていた。

　管理中枢はそのような形で短期間で大きな成果を上げながら、全国の音楽ファンの期待を増幅させて行き、ついに開局5周年の年を迎える運びとなる。そしてその年の4月4日、当時在京五番目のプロフェッショナル・オーケストラ＝JPSOは、第一回定期公演を提供、我が国の楽壇史に巨大な足跡を残す。

　会場は日比谷公会堂。当日のプログラムは、「交響曲変ロ長調（Ｊ・Ｓ・バッハ）、協奏曲ホ長調「四季」より「春」（ヴィヴァルディ）＝独奏・Ｂ・アール、ピアノ協奏曲ヘ調（ガーシュイン、独奏＝伊達純9、交響曲第二番ニ長調（シベリウス）。

　このデビュー・シーズン、JPSOは10か月間で40公演、のべ10万人の聴衆を動員した。そしてそのアンサンブルは、早くも第一級の折り紙を付けられ、「近代的オーケストラ」と評された。

　以後同団は、以下の歴代マエストロ達によって、その後に待つ栄光と苦難の歴史を刻印して行く。（筆者注＝なお本邦の楽団には多々見られる形だが、常任指揮者及び楽団と関わりの深い指揮者には、欧米では存在しない役職（あるいは地位）の名称が与えられている。その名称だけでは「業務内容が不明、または不鮮明なもの（例えば「正指揮者」や「ミュージック・パートナー」等）である。そのため、下記のリストでは、「楽団発表」に則り、記録した。）

1. 渡邊曉雄（1956〜1968）
2. 小澤征爾（1968〜1972）＝首席指揮者
　＊客演指揮者の時代（1968〜1978）
3. 渡邊曉雄（1978〜1984）

＊客演指揮者の時代（1984 〜 1987）

4. 渡邊暁雄（1987 〜 1990）

5. 小林研一郎（1988 〜 1990 ＝首席指揮者、1990 〜 1994、1997~2004 ＝首席指揮者、2004 〜 2007 ＝音楽監督）＊ 2011 〜名誉桂冠指揮者
   ＊広上淳一（1991~2000 ＝レジデント指揮者）＊ Resident ＝常駐の意
   ＊沼尻竜典（2003~2008 ＝レジデント指揮者）

6. アレクサンドル・ラザレフ（2008~2016 ＝首席指揮者、2016 〜＝桂冠指揮者）

7. ピエタリ・インキネン（2016 〜＝首席指揮者）
   ＊特別ポジション
   ＊山田和樹＝正指揮者
   ＊西本智実＝ミュージック・パートナー

次にここからは、各歴代 MD（または PC、あるいは同団と関わりの深い指揮者）たちが刻印した主な業績、について述べて行く。

JPSO の沿革を語るとき、どうしても触れておきたいことは、1972 年 3 月を境に同団が分裂（新日本フィルハーモニー交響楽団＝ NJPSO と、JPSO の二楽団に分かれた。楽員は 3 分の 1 が前者へ移籍、残り 3 分の 2 が JPSO に残留）したという、いわゆる「日本フィル争議」である。（注 1：この件に関しては、参考図書や映画等のメディア紹介を含めて後述する。）

すなわち、同団の活動の歴史はそれが発端となって起こった分裂の前と、その後に分けて論じられねばならない、ということだ。

それらの出来事をクロノロジカルに纏めれば、本体である JPSO の創立が前述のように 1956 年 6 月 22 日、財団法人の解散による分裂が 1972 年 3 月、自主運営による財団法人としての再出発が 1985 年 1 月、そして以後今日に至るまで、という形になる。本稿はそれに従って行くことにしたい。

まず分裂前から始めよう。創設後 JPSO は、定期演奏会場を東京文化会館に定め（1961 〜 1989）、小澤征爾らの国産超一流指揮者を中核体として、C・ミンシュや L・ストコフスキーらの BIG Name 達を続々招き、録音（特に渡邊暁雄と組んだ「シベリウスの交響曲全集」等は、世界初のステレオ録音として話題を呼び、高評価を得ている、）楽旅（1964 年の北米・カナダ訪問を初め、ヨーロッパ公演など、2004 年までだけでも既に 8 回も海外楽旅を成功させてきた。）、と、まさに破竹の勢いで活動を続けた。

初代 MD の渡邊は、既に述べたように 28 歳（1947）から 8 シーズンに亘って東京フィルの常任指揮者を務め、その後二年間の留学（NY のジュリアード音楽院）を終えて帰国後すぐに JPSO の MD を受諾。以後 12 シーズンにわたって、同団の育成に心血を注いだ。

JPSO 草創期を見事にリードする中で、特に注目を集めたのは「日本フィル・シリーズ」である。同企画は「作曲家に半年間の生活保障を約束し、作曲家に作品を委嘱。

それが完成した暁には、それを日フィルが初演する」という、海外ではごく普通に行われているやり方だが、当時の本邦楽壇では画期的な取り組みであった。

しかも同企画では、当初1シーズン2作品の紹介を目標に始められており、我が国の作曲界にとって大きな刺激となった。（が、渡邊の退任後は、1シーズン1作品に減らされてしまう。）

JSPOは更に、組織の内外でも渡邊体制は順調に滑り出す。（特に1956年に組織された楽員会は、同団の歴史を語る上で、最も重要な意味を持つことになった。同組織は当初、単なる楽員間の親睦団体として機能したが、以後内部改革を進め、労働条件の構想、実現化の面にも関心を向けるようになっていく。（しかし先々それが、楽団解散の危機と対峙する中核体に発展しようなどとは、発足時には誰も想像できなかった。）

また渡邊体制下では、他の団体に比べ、プログラムの多彩さが際立った。聴衆動員の点から考えると、レパートリーの中心にはどうしても、古典派とロマン派の作品を据えなければならない、といった側面がある。

しかし発足間もないJPSOが提供したプログラムの内訳は、古典派以前の作品占有率13％、古典派15％、ロマン派19％、近代35％、そして現代作品のそれが18％、という積極果敢な内容。JPSOは当初から、まさしく画期的かつ開明的な姿勢を貫くアンサンブルであった、というしかない。

この点はまた、同団が聴衆の啓蒙活動にも力点を置き、ひいてはクラシカル界全体に目配りを忘れなかった、という事実をも示すものだ。そんな同団の姿勢は結果的に、我が国楽壇の前途に明るいものを常に感じさせるアンサンブルとなったのである。

ところが周囲の状況は、そんな同団にとっていつも有効に働く、という形にはならなかった。すなわち同団を動揺させる兆しは、次々と現れてきたのだ。

最初の兆しが現れたのは、1962年6月である。それは読売日本交響楽団の創立であった。楽員の引き抜きが始まり、JPSOからも23人という大量のメンバーが移籍した。

それはまるで、かつてのロンドンで起こった出来事（T・ビーチャムがロイヤル・フィルやロンドン・フィルを創設し、さらにBBC響の創設に協力したとき、既存の楽団から楽員のリクルートが相次ぎ、同市の楽壇を混乱に陥れた）を彷彿とさせるようなものであった。

結局JPSOは在京の他の楽団同様、多数の主力楽員を失う羽目に陥り、アンサンブルの基盤を揺るがす事態になる。大企業の思惑が絡んでいたとはいえ、楽団間の楽員争奪戦はやはり、オーケストラには大打撃となった。

しかしJSPOはMD渡邊の懸命な努力でそれをしのぎ、その混乱時の後はまるで逆襲するかのように、四管編成を目指し（16型4管編成が完成するのは、1964年5月であった。）、一層のスケール・アップを図ったのだ。（若き小澤征爾がJPSOに初の客演を果たしたのは、まさにそんな時期（1961年6月22日）である。）

組織の基盤作りを終えた渡邊は、1962年11月、NHK響（以下N響）と離反した

小澤に度々バトンを任せながら、JPSOとの関係を深化させていく。渡邊の狙いは当然、若い小澤を自らの後継者にすることであった。小澤はその渡邊の目論見通り、JPSOとの絆を深め、1964年2月には「同団参与」に就任する。

その一方で渡邊は、定期シリーズのレヴェル・アップを図ると同時に、楽員のモラル（士気）を高めるため、世界中の巨匠指揮者達をJPSOのポディアムへ招くことも忘れなかった。（彼の要請を受け入れた人々の中には、I・マルケヴィチ、P・マーク、J・フルネ、P・ベルグルンド、既述のC・ミンシュらの大物たちがいる。）

更に渡邊が商業録音と海外楽旅プロジェクトにも積極的な取り組んだのは既に述べた通りである。

渡邊時代の終盤は、初期の揺籃の時期を潜り抜けJPSOが名実ともに安定期を迎えねばならない頃であった。が、現実は厳しく、周囲の状況は思い通りには行かないものだった。

すなわち、公演数は1シーズンあたり堂々の116回に増えたとはいえ、60年代後半からは外来オーケストラの公演数が、増加の一途を辿るようになってきたからである。その影響でJPSOの定期会員継続数は減少を続けることとなり、その将来も波乱含みとなった。

加えて楽員の身分にも変化が起きる。それまでの肩書＝文化放送職員＝から、「嘱託」へと改定（格下げ）され（1966年4月1日）たのだ。その影響で、渡邊退任（1968年2月）後の同年6月30日には、楽員7人が解雇される事態となり、いよいよ迫り来る「組織的変革の足音」が聞こえ始めた。

そんな中で小澤征爾は、音楽顧問兼首席指揮者に就任（同年8月19日）する。それと同時にJPSOは、客演指揮者体制のもとで演奏活動を維持していくことを決めた。

しかしそんなやり方では、アンサンブルの水準を安定させ維持して行くことは困難である。十シーズン以上もかけて渡邊が築いたJPSOの音は、その後徐々に無性格なものとなり、数シーズン後（1971年1月頃）には遂に、客演指揮者体制を批判する声が高まった。

1959年9月10日ブザンソン指揮者コンクールを制し、NYのレナード・バーンスタインの直弟子として、圧倒的なキャリア・ビルディングを始めた小澤征爾。そんな彼を看板指揮者に繋ぎとめようとする楽団の方針は、演奏芸術界の厳しい側面の前で、早くも破綻する。

だがJPSOはそれでも、小澤時代の初期の頃（1968〜1970）には、運営母体の抱える問題が深刻化せず、相変わらず多くの聴衆から支持されていた。

更に、1960年代の後半から顕著となった外来オーケストラ公演ラッシュが、クラシカルの聴衆数を飛躍的に増加させ、それに対する世間一般の関心と理解度を引き上げていたことが、その後のJPSOの進路に大きな助けとなったのは注目される。

また行政からの演奏芸術（特にオーケストラの活動）に対する援助施策の実現も、

我が国におけるクラシカル音楽の発展に、遅まきながら寄与（中でも文部省＝現・文部科学省＝文科省＝が1968年度予算で、地方交響楽団補助策の芽出しを行ったことは、極めて重要である）していく。

　1960年9月、当時の池田内閣が所得倍増計画を発表して以来、高度経済成長が徐々に実現し、世の中は好況に沸いた。

　その一方でそれが43ヶ月（1969年5月まで）も続く中、労働時間の延長も進み、仕事一筋で家庭を顧みない人々は、休日になるとその罪滅ぼしとばかり多種多様なレジャーに家族を連れだす。

　オーケストラ・コンサートも当然その恩恵にあずかり、それに加えて、小澤征爾をはじめとする日本の才能が世界の檜舞台へ飛び出し、結果的に我が国のクラシカル音楽を盛り立てて行ったのである。

　本邦楽壇にとっては歓迎すべき展開だが、そこにはやはりカタストロフィ・ポイント（破局点）が待っていた。

　当時ベトナムで苦戦を強いられていたアメリカ合衆国の経済が、いよいよ低落傾向に歯止めをかけられなくなり、そのことが世界を巻き込み始めたのである。

　そんな危機的状況の迫る中で、当時のJPSOは小澤征爾を迎え、専用練習所と楽団事務所を完成（フジ・テレビ・アーケード・ビル内）し、移転（1969年2月28日）したのだった。一言でいえば、押し寄せる不況の波を恐れず、思い切って組織的なスケール・アップを図ったのだ。

　そしてこのシーズン、JPSOは日本の若い才能（小澤征爾、若杉弘、岩城宏之、秋山和慶、豊田耕児、木村かおり、平井丈一郎ら）を国内外にアピールすべく、次々と定期公演シリーズで紹介し続けた。

　その一方で外国人ゲストにも広く門戸を開放し、ルイ・フレモー、ズデネク・コシュラー、イゴール・マルケヴィチ、ジャン・マルティノンらの実力派指揮者を、続々ポディアムに招き、その後の関係をも深めている。

　にもかかわらずこの時期の楽団管理中枢は、オーケストラ運営方針の転換をも余儀なくされたのだ。理由は、JPSOが財団法人に改組され、フジ・サンケイ・グループ傘下の一団体となったことである。

　巨大組織・文化放送の庇護のもと、経済的不安とは縁遠い組織だったそれまでのJPSO。だがその足元は既に揺らぎ始めており、楽員たちはすべからく「社会的人間としての生き方を再認識」させられていく。

　そして他の組織同様、楽員は次第に自らの権利意識に目覚め、それを強化しながら主張を始め、その基盤として「日本フィルハーモニー交響楽団労働組合＝日フィル・ユニオン」を結成（1971年5月11日）。その結果、98人中82人が組合に参加した。（同組合は前年3月の読響、1971年1月の都響、同4月のN響に続く、在京オーケストラとしては4番目のユニオン結成である）

その JPSO はユニオンを活動の基盤に据え、オーケストラ総体の抱える諸問題を論じ、新たな権利獲得に乗り出す。だが一方の経営母体＝フジ・テレビ・文化放送両社は、そのことに逆行するかのような対応を見せた。

　すなわち 1972 年 3 月 1 日をもってなんと経営資金を打ち切り、続く 5 月 11 日には財団法人を解散する、と発表したのである。

　これはいわば、「集団リストラのような人員削減」であり、クラシカル音楽が「安定的に根付いていなかった時期の本邦楽壇」に於いては、極めて無責任かつ無神経な措置であった。

　が、見方を変えれば、洋楽を輸入してから百年にも満たなかった当時の、我が国クラシカル界とその支持者及び理解者たちが、「存続の危機に立たされたプロ・オーケストラをどれだけ守れるか」ということに対する一つの「問題提起であった」とも言える。そしてそれに対する答えは、実に見事な形で崩れることとなった。

　JPSO というプロフェッショナル集団を救い存続に導いたのはなんと、市民、すなわち個々の聴衆（具体的には同団の定期会員を中心とする人々）だったからである。北米でのように巨大資本やフィランソロピスト（篤志家）達ではなく、かつヨーロッパで見られるような国家の援助金、のどちらでもなかったのだ。

　具体的に言えば JPSO を救ったのは、一般の市民を中核体とする「日本フィルを存続させる会」と名付けられた支援組織である。同組織の活動内容は、まさしくあらゆる面で「JPSO という演奏芸術団体に、善意を以て個々人が奉仕する」ものであった。

　創設時の理想はどこへやら、組織総体の経営危機の前に、ただ非情な人員切り捨てを断行した管理中枢に対し、日フィル・ユニオンは全力を尽くして対抗する。が結局「財団法人の解散正式に承認」（197 年 6 月 30 日）されてしまい、JPSO は組織的にも分裂（JPSO には、減が弦楽器奏者を中心に 53 人が残留。残りは小澤征爾をはじめとする指揮者団全員と共に離団。後に彼らは、新しく新日本フィルハーモニー交響楽団＝NJPSO) を結成）した。NPSO はこの分裂により、大型楽器の大半を失うという、いわば二重三重の悲劇を味わうことになった。

　分裂後の JPSO は、自主管理団体として再出発。急激なスケール・ダウンに苦慮しながらも、精神をまさしくフィルハーモニックな状態にして、危機を乗り越えていかねばならなくなった。

　その舵取りを任されたのが、新たに設置された運営委員会である。また 1973 年には、一般の聴衆・市民による全国的支援組織「日本フィルハーモニー協会」が設立され、日フィル問題は全国に支援の輪を広げていく。

　ところで 1972 年 7 月 11 日以来 JPSO は、楽員の安定的待遇を確保すべく、かつての雇用者側と、「雇用契約関係存在確認請求訴訟」を 12 年間にわたって争うことになる。この年月は、オーケストラ楽員の社会的地位をさらに向上させ、クラシカル音楽の社会的認知度を急激に高めた画期的な時期であった、ということを忘れてはなら

ない。

　だが何より注目されるのは、JPSO の闘いが市民の支持を得たこと、そしてその闘いを「社会運動」、とりわけ「政治活動の不得手な楽員たちが、不退転の決意を以て貫徹した」ことである。

　そのような JPSO の行き方は「音楽のナロードニキ」であり、しかもその中で演奏水準を向上させ、それを保持しながら、組織的発展をも実現してきたのだ。法人解散後はいわば、常に水際だけを歩くような歴史を刻んできたはずである。（そういうわけで JPSO の沿革を語る際にはどうしても、我が国の経済的、政治的側面をも語っておく必要があると考え、本稿では特にそのことについて多々言及した。）

　さて次に芸術面での取り組みを俯瞰して行きたい。1970 年代の JPSO は主として、東欧系の指揮者（V・スメターチェク、ビエロフラーベク、スロヴァーク、ルカーチら）、イスラエルの E・インバル、そしてイギリスの J・ロッホランらとの関係を密にして、聴衆および楽員に海外の水準を意識させ、1978 年 4 月 1 日から始まる「第二次渡邊暁雄時代」に備えている。

　小澤にバトン・タッチした後渡邊は、JPSO との集中的な活動を離れていたが、同団の危機を見かねて MD, および常任指揮者のポストを受諾。また他労組へのストライキ支援等でも、多忙を極める楽員に理解を示しながら、新生 JPSO のパワーとグレード・アップに努めた。

　定期公演シリーズ、夏季コンサート・シリーズの創出、有力ゲスト指揮者の招聘業務面でも協力を惜しまず、また JPSO 創立 25 周年（1981 年）記念事業（シベリウス交響曲全集録音）でも先頭に立った。

　だがその渡邊も 1984 年 4 月には MD を退き、JPSO はルイジ・ビエロフラーベクを首席客演指揮者に迎え、1987 年の「渡邊再々登板」までの期間、アンサンブルのまとめ役を要請する。

　80 年代に入ると JPSO は、日本の中堅・若手指揮界の実力者（大友直人、小林研一郎＝ 1988 年首席指揮者となる）を加えて新鮮さを増し、続いて 90 年代には小林、広上淳一、ネーメ・ヤルヴィらの参加で新機軸を打ち出すなど、意欲的な取り組みを見せた。

　また 1989 年には定期公演会場をサントリー・ホールへ移す。この決断は芸術面でのグレード・アップに繋がり、週二回の同一プログラムによる公演は、たちまち満員札止めの盛況となった。

　JPSO はいよいよ、組織的および社会的に安定度を増していく。それは悲願の「国際水準のオーケストラ作り」を本格化する体制固めの時期、を迎えたという意味であった。

　だがそんな飛翔を図ろうとする矢先の 1990 年 6 月、楽壇創立以来苦楽を共にしてきた渡邊暁雄が逝去。精神的支柱ともいえる存在を失った JPSO は、その後独自の路

線ですべてを開拓しなければならなくなる。

　そんな状況下の 1990 年、常任指揮者に迎えたのが小林研一郎だった。精力的な小林は、JPSO とのコンビネーションを広範囲に深化させて行く。活動の中核となったのは、オーケストラを国際化するための取り組み（海外楽旅）と、録音に対する積極的な姿勢である。

　小林は就任したシーズン、同団を早くも二度目の北米公演に連れ出し、特に NY では絶賛を浴びた。

　小林の奮闘で上昇への加速度がついた JPSO、その翌年（創立 35 周年記念シーズンにあたる）にも国外楽旅を敢行。今度は欧州各地を巡演（9 か国、23 都市、25 公演）するという離れ業をやってのけ、しかも大好評を以て迎えられた。

　その後小林は JPSO との関係（MD）を、チェコ・フィルやハンガリー国立響等のシェフを兼務しながら続けるという形をとるようになり、マーラーやチャイコフスキーの交響曲を次々と録音。特に後者の全集を JPSO と組んで完成。同団の実力を国内外へ強烈にアピールした。

　小林時代、一種のテコ入れ的な方策として成功を収めたのが、広上淳一を正指揮者に招いたことである。広上の加入により、アンサンブルのフレキシビリティが更に高められ、JPSO の魅力は一段と増した。

　この時期には、組織的な改変も実施されている。例えば楽員定年制の導入 (1992 年 12 月 1 日より)、コンサートマスター複数制の導入（1993 年 4 月 1 日より）、各セクションに首席、副首席奏者を配置する新制度の導入（同 9 月 1 日より）、等である。

　これらの新システムは、グレード・アップ実現へ向けた手段の一つだったが、効果は抜群で、楽員個々の士気向上に繋がった。

　だがそんな中で、小林のスケジュールは次第に過密さを増していく。そして 1994 年 4 月、彼はついに常任指揮者のポストを退き、その後は首席客演常任指揮者という複雑なタイトルで同団との関係を続け、さらに 2004 〜 2007 年には MD、2010 年 4 月には「桂冠指揮者」として同団との絆を保つことになる。

　幾多の困難な時期を乗り越えてきた JPSO だが、1998 年 5 月 14 日には定期公演がついに 500 回を超えた。が、その数字は同団にとってあくまでも通過点であり、その後も「サントリー・ホール」「横浜みなとみらいホール」の両会場で定期公演シリーズを提供。順調にその数を伸ばしている。

　現在の活動内容から JPSO の特長を簡単に言えば、「我が国で最も政治的、かつ芸術的なオーケストラ」ということになろう。

　管理中枢の企画力は秀逸で、各種の啓蒙コンサートから世界を相手の芸術レヴェルで勝負する本格的公演（特に現代屈指の指揮者 V・ゲルギエフと組んだ R シュトラウスの楽劇「サロメ」上演＝歌手陣はマリンスキー劇場専属歌手で固めた＝ 1996 年 11 月）まで、自在に提供できる柔軟性を備えている。

また依然として続く「日フィル・シリーズ」で国家に貢献し、ピティナ・コンペティションでは「日フィル賞」を創設して若い人々へ刺激を与えている点も、決して見逃すべきではない。

　小林後の体制はラザレフ、そしてインキネンと続き、いずれもアンサンブルを安定化させてグレード・アップを実現しながら、注目すべきディスクを次々と世に送っている。

　また組織上の重要な出来事としては、2013 年 4 月 1 日を期して、現在の「公益財団法人日本フィルハーモニー交響楽団」に改称したことがあげられる。

　ここで本稿を書いている 2019 年現在の JPSO の状況をまとめておく。楽団は「人、音楽、自然」をテーマに掲げ、東京公演（会場：サントリー・ホール、年間 10 プログラム＝演奏会回数＝ 20）、横浜公演（会場：横浜みなとみらいホール、年間 10 プログラム、演奏会回数＝ 10）、という主力定期公演二本に、各種公演約 130 公演を加え、計 160 公演を提供している。

　首席指揮者は 2016 年 9 月よりピエタリ・インキネンが務め、オペラ、交響管弦楽のいずれの面でも、既に世界の演奏サーキットの第一線で活躍中の人物だ。特に若い時分からワーグナー作品（既に「ニーベルングの指輪」全曲を上演、絶賛を博している）で注目されるなど、その存在は際立っている。

　今後の JPSO の課題は、そのような引く手数多の人材を、今後どれだけの期間留めおくことが出来るか、という一点である。

　同団就任後は「ラインの黄金」全曲上演をはじめ、ブラームスの交響曲サイクルなど、ファンを狂喜させる大型プログラムを連発。JPSO に新時代の到来を予言させる活躍ぶりだ。

　同団ファンの願いは、過去に何度も襲ってきたような「経済および組織解体寸前の悲劇」の再現に見舞われることなく、世界の演奏サーキットの顔役の一人インキネンと組んで、不動のシーズンが続くことしかない。（完）

＊（注 1）「日本フィル争議」について

　JPSO は 1956 年に創立後、財団法人化され、フジテレビと文化放送の放送料で運営されてきた。ところが両社は資金難を理由に、1972 年 6 月オーケストラの解散と全楽員の解雇を通告し、財団の解散を宣言した。

　その前年 5 月、JPSO 側は労組を結成しており、雇用者側との対決の構えを見せ、同年 12 月には遂に、我が国楽壇史上初の全面ストライキに突入する。

　楽員たちはスト続行中自主公演で運営資金を確保しながら、会社側に不当解雇を撤回するよう東京地方裁判所へ提訴し、法廷の場で争いを継続した。

　争議は長期化し、その後「楽団の分裂」など紆余曲折を経て、1984 年 3 月 16 日和解が成立した。内容は「フジテレビ、文化放送両社は JPSO 労組に 2 億 3000 万の解決金の支払うこと」「JPSO 労組側はフジテレビ構内の書記局を明け渡すこと」であっ

た。

＊参考文献
　　1.「友よ！未来をうたえ」（正、続）＝今崎暁巳・著＝（1977 年・労働旬報社・刊）
　　2.「オーケストラは市民とともに」＝外山雄三・中村敬三（1991 年・岩波書店・刊）
　　3.「日本フィル物語」（日本フィルハーモニー協会編著）（1985 年・音楽の友社・刊）
＊映画
　　1.「日本フィルハーモニー物語・炎の第五楽章」（1981 年・日活、監督・脚本＝神
　　　　山征二郎、音楽・林　光）
＊推薦ディスク
　　1.「渡邊暁雄と日本フィル・CD 全集」（26CD ）＝シベリウス交響曲全集を含む
　　2.「交響曲全集」（S・ラフマニノフ）＝指揮・アレクサンドル・ラザレフ
　　3.「カシオペア」（武満　徹）、「遭遇 II 番」（石井真木）＝ソロ・パーカッション・
　　　　ツトム・ヤマシタ＝指揮・小沢征爾
　　4.「交響曲第五番」（G・マーラー）＝指揮・小林研一郎
　　5.「幻想交響曲」（リハーサル風景付き：1962 年 LIVE）＝指揮・シャルル・ミュ
　　　　ンシュ
　　6.「交響曲全集」（J・シベリウス）＝指揮・ピエタリ・インキネン

6. 札幌交響楽団

(SAPPORO　SYMPHONY ORCHESTRA)

　日本最北端の島・北海道。同地でプロフェッショナルの楽団が誕生したのは、1961
年 7 月である。一方、同じく最南端の沖縄県。同地で同じくプロフェッショナルの楽
団が船出をしたのは、2001 年の 3 月であった。これで南北に長い我が国はついに、
ほぼ全都道府県にオーケストラを持つ国、となったのである。

　ただ両者には大きな違い、すなわち運営形態及び演奏水準、更に定期公演回数、常
勤楽員数等、多岐に渡って大きな差異があり、今後は（特に沖縄県の楽団の場合）そ
れらの解決、克服が大きな課題となる。

　さて前置きが長くなったが、今や北海道のスーパー・アンサンブルへと成長を遂げ
ている同地初のプロ楽団札幌交響楽団（以下 SSO）。そこへ至るまでには、乗り越え
ねばならぬ幾つもの険しい障壁があった。

　それらの記述を挟みながら、これからクロノロジカルに北海道に於ける洋楽壇史を、
札幌市のそれを中心に俯瞰していきたいと思う。

札幌の街では、洋楽が昔から盛んに演奏されていた。その牽引役を担っていたのは、いずれもアマチュアのアンサンブル、札幌フィルハーモニーと北海道大学交響楽団、及び札幌音楽院管弦楽団(SMAO)等の３団体である。従って 1960 年代初頭には既に、人材確保及び機運など、プロ楽団創設への下地は整い、後は旗振り役の登場を待つのみだった、と考えてよい。

　そしてその旗振り役を果たしたのが荒谷正雄である。荒谷は当時札幌音楽院を主宰し、同院で編成された SMAO を率いていた。SMAO は、近衛秀麿の率いる近衛管弦楽団と札幌で共演するなど、札幌市内で演奏実績を着々と築き、演奏水準も他に比べて高かった。

　更に札幌楽壇に対する外来演奏者からの評判の良さも加わり、荒谷らに主導された同市に於けるプロ楽団創設への機運はますます盛り上がりを見せる。

　荒谷らはそれらの動きを吸収し、「札幌市文化会議」(＝当時同市の文化全般を領導していた)で集約した。そして更にそれらを、楽団創設に関する意見、としてまとめたのである。

　それらの意見は同会議で、「札幌にプロフェッショナル・オーケストラを創設すべし」といった内容の提言、として公開された。その結果、実現へのアクション・プログラム始動へと繋がって行く。

　札幌市民の熱い期待に後押しされ、荒谷ら関係者らの努力がついに実を結ぶ段階を迎えたのだ。そしていよいよ新楽団が発足する。1961 年（昭和 36 年）7 月 1 日のことだった。

　楽団の名称は「札幌市民交響楽団」(SMSO)に決定。初代の常任指揮者には荒谷正雄、副指揮者に遠藤雅古、コンサートマスターに岩本敬一郎、を配し、楽員数は 50 人（内訳は、全国公募のオーディションで選ばれた 17 人＝弦楽器奏者 9 人、管打楽器奏者 8 人、残り 33 人はアマチュアを主体とする準団員、及び研究生）であった。

　初公演は同年 9 月 6 日。公演会場は札幌市民会館、練習場は中島公園内の中島児童会館、また事務局を、札幌市民会館内の札幌市教育委員会・会館内に置き、楽団理事会の初代理事長には阿部謙夫（当時北海道放送社長）が就任した。

　こうして SMSO は名実ともに、日本最北端のプロ楽団として、1945 年創立の群馬交響楽団（GSO）、1956 年創立の京都市交響楽団（KSMO）に続く、我が国三番目の地方オーケストラとして正式に名乗りを上げたのである。

　1961 年 7 月 1 日のオープニング・コンサート（ちなみに同公演は、SMSO の記念すべき第一回定期公演でもあった）は、全道からファンを集め、大好評に無事終わった。（当日の記念すべきプログラムは、「フィガロの結婚序曲」（モーツァルト）、シンフォニア二長調・作品 18 の 4（C・バッハ）、「劇音楽・ロザムンデより間奏曲」（シューベルト）、交響曲第一番（ベートーヴェン））

　またそれ以後 SMSO は、GSO，KSO との連携を深め、運営面でも大きな影響を受

けることとなった。

　オープニング公演成功後SMSOは、定期演奏会、音楽教室、依頼公演の3シリーズを柱に、コンサート活動を本格化。徐々にグレード・アップを果たしていくが、2019年の今日までに同団のポディアムで常任（音楽監督、首席指揮者、または音楽顧問）を務めた面々は以下の通りである。

1. 荒谷正雄（1961 〜 1968 ＝常任指揮者）＊遠藤雅古（副指揮者＝ 1961 〜 1962）
　＊常任指揮者空席の時代（1970 〜 1975）＊山岡重信（1969 〜 1970 ＝指揮者）、
　ペーター・シュヴァルツ（1969 〜 1970 ＝指揮者）
2. ペーター・シュヴァルツ（1970 〜 1975 ＝常任指揮者）
3. 岩城宏之（正指揮者：1975 〜 1981、音楽監督・正指揮者：1978 〜 1981、音楽監督：1981 〜 1988）＊桂冠指揮者：1988 〜 2006）
4. 秋山和慶（首席客演指揮者：1986 〜 1988、音楽顧問・首席指揮者：1988 〜 1998）
5. 尾高忠明（正指揮者：1981 〜 1986、音楽顧問・常任指揮者：1998 〜 2004、音楽監督：2004 〜 2015、名誉音楽監督：2015 〜）
6. マックス・ボンマー（首席指揮者：2015 〜 2018）
7. マティアス・バーメルト（首席指揮者：2018 〜　　　）

（筆者・注：この歴代MDおよび首席指揮者の列記にあたっては、欧米のそれとタイトルが異なり、しかも細分化されているため、非常に区別しづらい。そのため、「欧米の例に倣い」、あくまでも演奏現場の総責任者という認識の下で、MD（音楽監督）、PC（首席・主席指揮者）のタイトルを冠した指揮者のみ表記した。）

　それでは次に、各歴代常任指揮者たちがSMSOに刻印した主要な業績を振り返ってみたい。

　まず初代常任の荒谷は、北の大地でアンサンブルを文字通り鍛えに鍛えた。オープニング・シーズンに3回だった定期公演を、2シーズン目からは11 〜 12回に増やした。彼自身は1968年に退任するまでの間に、同シリーズ全79公演中の56回を指揮している。

　ただ1963年度シーズンからの年末プログラムには必ず、ベートーヴェンの交響曲第九番「合唱付き」を取り上げており、集客のためとはいえ、アンサンブルの発展とフレキシビリティを伸ばすには安易なやり方だ、という側面を見逃してはならない。

　荒谷体制下で特筆すべき出来事は幾つか挙げられるが、まず一つは1962年3月に、楽団の名称を「財団法人札幌交響楽団」（SSO）へと改称したこと、二つ目は同年GSO（群響）、KMSO（京都市響）との共催で「芸術祭三市交響楽団特別演奏会」を企画し、各々のフランチャイズ（高崎市、京都、札幌）で巡演（3年間継続）したこと、そして楽団初録音（第26回定期演奏会をLIVE収録）を成功させたことだ。

　しかしその一方で、創立6シーズン目頃からアンサンブルにはマンネリズムの波が

押し寄せ、定期会員を始め客足も次第に遠のくようになった。

　「道内初のプロフェッショナル・オーケストラ」という新鮮さ、が次第に薄れてきたことが、その大きな理由であった。更にメンバーの大半がアマチュアなため、アンサンブルとしての精度に問題があったことも、停滞へ向かう速度に拍車を掛けた。

　その結果SSOの定期会員数は207人まで急落するという危機的状況に陥り、楽団関係者は管理組織とアンサンブルの建て直しが急務となった。

　そんな中で断行されたのが、1968年4月の「準団員制度の廃止」である。存続の危機を乗り越え、更なる向上発展を目指さねばならないSSOには、不可避の選択であった。かくてSSOは完全なプロフェッショナル楽員体制へと移行したのである。また同年10月には、功労者の荒谷も退任し、後任の常任指揮者が決まるまでの間、山岡重信が中継ぎ役を務めた。

　荒谷の後任に招かれたのはペーター・シュヴァルツ。彼は1969年9月12日の定期公演から登場、翌70年4月正式に常任指揮者となり、着任早々から意欲的に飛ばした。特に北の大地で初の試みとなった「ベートーヴェン・シンフォニー・サイクル」（特別企画の「ベートーヴェン生誕二百年祭」）を指揮、大成功を収めている。

　シュヴァルツ招聘はまさしく大ヒット人事で、SSOはそれまでの低迷傾向を一気に吹き飛ばす勢いに転じていく。動員力はあっという間に回復し、今度は逆に急速な聴衆の増加に転じた。

　更にシュヴァルツは、商業録音にも乗り出す。1974年、東芝EMIで初の本格的な録音（曲目は「ベートーヴェンの交響曲第三番"英雄"、プフィッツナーの小交響曲」を始めたのだ。

　すっかり調子に乗ったシュヴァルツは続いて、新しい目標「楽団初の海外楽旅」を敢行する。公演地は、北米のポートランド、西独のミュンヘン、ガルミッシュ・バルテンキルヘンの各都市。同巡演は、我が国の地方オーケストラ初の海外楽旅として特筆されるだけではなく、その経費が市民の浄財で賄われるという、一大歴史的快挙でもあった。

　またシュヴァルツは、国内での楽旅企画にも熱心に取り組み、文化庁の移動芸術祭に協力して、関東、中部、関西、山陰そして九州を巡演。なんと16公演を提供するという大活躍を演じ、そのおかげで手兵SSOの全国的な知名度は急上昇を遂げた。

　名門バンベルク響で首席チェリストを務めていただけあって、オーケストラの存在意義及び活動形態にも精通していたシュヴァルツ。地元札幌でも音楽界の発展の為に様々な形で協力。特に道内随一の企業＝北海道電力、北海道放送＝をスポンサーにつけ、「北電ファミリー・コンサート」を始動させ、聴衆開拓に尽力した点は、特に高く評価されねばならない。

　概してシュヴァルツの時代は、「北海道楽壇の中心SSOが旗振り役となって、他の規範となる地方の時代を始めた」と言える。具体的には、「有名無名の実力者プレイヤー

達が続々中央(東京)を離れ出し、地方に住居を構えて演奏活動を始める」といった流れ、つまり「脱東京後、地方から最高級の演奏芸術を発信する」という図式が、加速度的に浸透して行ったのだ。

それを証明するかのように、SSO ゲスト・パフォーマーの布陣にも、V・アシュケナージ、O・ニコレ、J・P・ランパル、デュトア、アルゲリッチら、世界の演奏サーキットの最前線で活躍する顔役たちが名を連ね始めた。

まさしく八面六臂の活躍を見せたシュヴァルツの後、更にアンサンブルのグレードを上げたのが後任の岩城宏之。岩城はシュヴァルツ時代の売り物、ドイツ音楽中心のプログラムを刷新、より現代風のヴァラエティに富む作品で勝負し、SSO に新時代を拓く。

具体的に総括すると、彼は独墺ロマン派作品をズラリと並べ、いわば安全なドライヴに終始したシュヴァルツの時代とは異なり、より高いレヴェルの地平へとアンサンブルを誘ったのである。

また岩城就任後も聴衆の数は増え続けた。そのため楽団創設以来 14 シーズン定期公演会場として使われてきた札幌市民会館（収容人数＝1592 人）ではその数を捌ききれなくなり、本拠地を厚生年金会館へ移転する。この事業は SSO にとって、本格的なスケール・アップとなった。

スケールを UPGRADE した後は、中身すなわち演奏水準の UPGRADE である。岩城は大胆にも、就任したシーズンの 12 月定期公演（第 166 回）で何と、「オール武満徹プログラム（「弦楽のためのレクイエム」「ノヴェンバー・ステップス」「マリンバ協奏曲＝ジティマルヤ」「マージナリア」）を組み、道内はおろか全国の音楽ファンの度肝を抜いたのである。

同公演は民放 FM（キー局は FM 東京）を通じて全国へ放送され、大きな注目を集める一方、SSO の躍進と向上への本気度を示す一大イヴェントとなった。

こうして岩城は SSO の組織総体を着実に変えて行き、その後も新旧作品をバランスよく配合しながら、聴衆層を積極的に開拓、かつ育成し続けた。

岩城の功績で特に忘れてならないのは、SSO と一般市民との距離を可能な限り接近させる努力を惜しまなかったことである。その結晶体として今も残っているプログラムが、1978 年 9 月に「開道 110 年を記念して行った、北海道庁赤レンガ庁舎前での野外コンサート」である。

同公演は「グリーン・コンサート」と名付けられ、市民に大好評を以て迎えられた。そのため SSO は、翌年から道内 5 か所で実施。以後「夏の風物詩」として定着し、生のオーケストラを一般市民のもとへ届ける最高のプロジェクト、となった。

国内外への客演及び音楽監督歴も多い岩城は、そんなキャリアの中で得たものを惜しげもなく SSO にも注入。同団にとっては、まさしく飛翔を促す改革者となった。

その一方で国内でも岩城の能力を待望する楽団は多く、当然のように彼のスケジュー

ルは次第に過密さを増して行く。

そして結局 SSO との活動にも影響が出始めると、同団は岩城以外の指揮者達との付き合いの濃度を増し、水準維持に努めねばならなくなる。

そこで SSO が打ち出したのは、岩城を MD へ昇格させ、正指揮者（実質的な MD）に尾高忠明を招聘することだった。そのような形で組織固めを行い、SSO は更に全国的な認知度を高めていく。

尾高は「ベートーヴェン交響曲全集」の録音を完成（2011 年）させるなど、SSO 演奏水準の向上を実現。在京楽団のレヴェルに肉薄させる程の勢いをつけさせて行く。彼は 1968 年 7 月にポストを降板、12 月から一旦は秋山に譲ることになるが、その後も SSO との関係を絶やすことはなく、2015 年度のシーズンに至るまで、様々な地位を与えられている。

さて話が前後するが、SSO は 1990 年代から続々と継続性のある大型企画を始動させる。まず L・バーンスタインの提唱で札幌を主会場に始まった PMF（太平洋音楽祭）で、レギュラー・オーケストラとして参加、今日に至っている。

続いて「札響基金」の創設である。これは SSO 創立 30 周年を記念し、同団の財政整備の一環として取り組まれ、5 年間で 10 億円の基金造成を目標に進められた。

そして三つ目は、1990 年代初頭から市民の間で沸き起こった「国際都市札幌に相応しい音楽専用ホールを作り、美しい響きの中で音楽を楽しもう」といった思い、願いが現実へ向かったことである。その新コンサート・ホール（すなわち SSO のフランチャイズとなるべき施設）の建設計画は始動し、1994 年にはついに起工式の運びとなった。

1997 年ついに完成した（中島公園内）同ホール（収容人員 2008 席）は、一般公募により「キタラ」と名付けられる。（「音楽の神＝アポロンの竪琴＝キタラ＝と、北海道の北を、絶妙にひっかけた傑作だ。」）

ワイン・ヤード型で、北海道産のマカバ材がふんだんに使われ、いかにも地元特有といった落ち着いた雰囲気を醸し出しているが、オーケストラを育てるにはまさしく最高級の設備、アクースティックである。

更に「キタラは運営面でも地元と密着したユニークなプロジェクトを展開。例えばホールを支援する市民団体「キタラ・クラブ」を組織し、音楽文化の情報提供サービスや音楽セミナー等を行うというシステムが等がそれで、数多くの市民が同クラブには登録されている。

またホールのシンボル的存在「パイプ・オルガン」（フランス・ストラスブール在のケルン社製）をコミュニティに活用させるため、開館の翌年から毎年一年契約で外国人「専属オルガニスト制」を敷き、コンサートやセミナー（特に小中学生を対象にした「オルガン探検隊」は大好評で、毎回多くの参加者がいる）を実施中だ。

また教育委員会を中心に、青少年の音楽教育の一環としても「キタラ」の紹介をプ

ログラム化し、「Kitara コンサート体験プラン」と銘打った事業を展開、市民に歓迎されている。

(同企画では、コンサートが行われるまでの過程を、ホールの紹介に始まり、鑑賞マナーやその他の注意点などについて、実に丁寧かつ効果的に指導するという内容だ。将来SSO を支える予備軍養成にも直結する試みであるだけに、その取り組みが各方面から注目されているのは当然のことと言えよう)

　さて活動が市民の支持を集め、歴代の MD が意欲的にアンサンブルを牽引し、そしてついに究極の楽器「名ホール」を手中にした SSO。次の課題は勿論芸術水準の向上しかないが、それも岩城、秋山、そして尾高と続く「外国でのシェフ経験者の指導」が奏功し、順調に推移する。

　新ホールの柿落とし公演こそ、まさしくその結果を内外へ高らかに告知するかのようなプログラムとなった。同公演の指揮を執ったのは、北米シラキュース響とアメリカ響で MD を務めた秋山和慶。そしてプログラムの中核部分は、サン・サーンスの交響曲第 3 番「オルガン」である。

　同日ホールに詰めかけた聴衆の熱狂ぶりは、想像するに難くないが、SSO はその日を境に、更なる飛翔を始めたのだった。その飛翔の一つを具体的に言うと、国際的演奏サーキットへの本格的な参入である。

　特にその傾向が顕著となったのは、尾高体制下に入ってからだった。SSO 着任前既に、BBC ウェールズ響（BBCWSO）のシェフを務め、グローバルな活躍を展開していた尾高。着任後、BBCWSO で培った楽団運営のノウハウ（特に札幌地下街を会場に行う「オーロラ・コンサート・シリーズ」（無料）等の新スタイルの公演を始動は評判を呼ぶ）を実践。「SSO で世界と勝負出来る」と判断出来るまでに同団のグレード・アップを実現する。

　その後はまさに飛ぶ鳥を落とす勢いで、シャンドス社および他レーベルと組み、録音を連発し、国内外への楽旅を積極的に実践した。

　ディズニー・ホール（ロスアンジェルス・フィルの本拠地）の建設計画に参考とすべく、同ホールの関係者が視察に訪れるなど、キタラ・ホールは今や「世界水準」の演奏会場としての地位を確立している。

　そして 2007 年には定期公演回数が 500 回に達し、2011 年には創立 50 周年記念欧州楽旅（ドイツ、イタリア、イギリス等）を経て、2015 年には道内全市町村（179）での公演を実現するという快挙を成し遂げた。

　最近の指揮者人事では、地味だがグローバル・スケールで活躍を続ける職人タイプの外国人が招かれ、2015 年からの 3 シーズンはマックス・ボンマー、続いて 2018 年からは現在のマティアス・バーメルトを首席指揮者に据え、道内各地で 1 シーズン役120 回の公演を提供している。（完）

＊推薦ディスク
 1. ベートーヴェン交響曲全集（L.V. ベートーヴェン）：尾高忠明・指揮
 2. 交響曲第5, 6, 7. 8. 9番「新世界より」（A・ドヴォルザーク）：ラドミル・エ
 リシュカ指揮
 3. 交響曲第4番（A・ブルックナー）：マックス・ボンマー指揮
 4. ピアノ協奏曲第3番（S・プロコフィエフ）：Pf.＝マルタ・アルゲリッチ：指揮・
 ペーター・シュヴァルツ
 5. 札幌交響楽団第一回定期演奏会：指揮：荒谷正雄

7. 仙台フィルハーモニック管弦楽団
(SENDAI PHILHARMONIC ORCHESTRA)

　欧米の都市では、人口百万を擁しておれば大抵（と言うよりも、ほとんど例外なく）、
プロフェッショナル・オーケストラが存在する。が、アジア、アフリカ、そして南米
の一部には、（その数はかなり少なくなっているとはいえ）今もプロ楽団の活動が見ら
れない国がある。その点が、今後のクラシカル音楽発展の鍵となりそうだが、しかし
楽団の管理運営ほど難しい仕事はあまりない。なので、たとえオーケストラの存在し
ていない国や地域に新しくそれを創立するとしても、関係者にはかなりの覚悟が求め
られると思う。
　とはいえ、この地球上には、文化の諸相が完全に出揃っていない国々が依然として
数多く存在するのだ。そしてそのことを知る音楽のエヴァゲリスト達は、乾燥地へ向
かう水路を水が走るように、自らその水路を走る水となって、クラシカル音楽の未開
の地へ向かうのである。
　さて我が国に於ける巨大都市の一つ、というより東北地方の中心都市・宮城県の仙
台市に、職業楽団が初めて創設されたのは1973年である。それ以前にはアマチュア・
アンサンブル（仙台市民交響楽団）が組織され、細々とではあるが活動を続けていた。
　そのためクラシカル音楽の好きな市民は、ひたすら東京などの中央あるいは時たま
来演する団体を待ってコンサートへ出かけ、日頃の飢餓状況を和らげるというのが常
であった。
　つまり仙台市の音楽ファンも、一昔前の我が国の地方都市にみられるような構図の
中にいたのである。
　そんな否定的状況を打破する起爆剤になったのは、「東北一の大都会・仙台市に、プ
ロのオーケストラがないのはおかしい」という市民の声であった。

とはいえ、いくらそのように声を張り上げても、即刻結団へと繋がらないところがプロ楽団を創設することの難しさである。例によってまずそこには、「創設への牽引役になる存在が不可欠」だった。そしてその役目を果たしたのが、地元仙台出身で作曲家の片岡良和である。

　同市にはもともとオーケストラ結成への構想が取り沙汰されており、キッカケさえあれば実現は容易、といういわば下地のようなものが出来ていた。そしてそのキッカケとなったのが、「楽団の伴奏付きによる」バレエ団の創作発表会だった。

　1973年1月、有志達はついにその伴奏オーケストラの編成計画を立て、楽員募集を始める等の具体的行動に入る。

　その中心となったのは片岡であった。彼は堀江昭、川村文夫らの楽団創設に積極的な仲間の協力を得て何度も会合を開きながら、その結果楽員30人を確保する。そしてその年の3月にはついに、確保した30人を主体に、プロ化を目指すアマチュア・オーケストラとして、「宮城フィルハーモニー管弦楽団」（MPO）を発足させ、片岡が初代の常任指揮者に就任した。

　当時仙台市の人口は約100万。欧米なら堂々たるメジャー楽団を一つか二つ擁していてもおかしくない規模である。一方仙台市では、今次大戦後28年目にしてようやく実現をみた、常設ではあるがプロ化を目標とするアンサンブルだった。

　さて発足後MPOは片岡に率いられ、第一回目の定期公演へ向け、本格的な練習を開始。
（同公演での演奏曲目は、「コリオラン序曲＝ベートーヴェン、ピアノ協奏曲K488＝モーツァルト、そして交響曲第5番＝ベートーヴェン」と決まり、指揮を執るのは常任の片岡良和と菊池有恒の二人、ピアノ独奏者には大場郁子が招かれている）

　また創設時の楽員数は約40人だったが、1974年10月4日に行われた第一回定期公演＝会場は宮城県民会館＝では、エキストラが加わり、総勢62人に増員された。（その後の公演でもプログラムに応じて、エキストラ＝近在の山形交響楽団からも賛助出演があった＝を加えた）

　こうして一応順調に船出をしたMPOは、1978年6月1日、基本財産500万円で社団法人化されるまで、「最終目標はあくまでもプロ化」におくアマチュア・オーケストラとして、杜の都仙台で堅忍不抜の音作りに邁進して行く。

　そしてその目標が達成されてから約十年10年後の1989年4月、仙台市の政令指定都市移行を機に、MPOは名称を仙台フィルハーモニー管弦楽団（SPO）と改称。本拠地の都市名を冠したオーケストラとして、再スタートを切ることになった

　以下の面々は、MPO創設からSPO時代に入り、そして今日に至るまでの、同団のポディアムに君臨してきた歴代指揮者達のリストである。（注：同団の指揮スタッフのタイトルは、欧米のそれとはかなり異なるもので、職責内容および意味不明＝例えば、常任と音楽監督、および正指揮者、そしてまたレジデント・コンダクターと常任とは

どう違うのか、あるいはなぜレジデントコンダクターのみ英語表記になっているのか、とか＝のものが多い。そのため、公表されている「表記通り」に記載する）

1. 片岡良和（1973 ～ 1980 ＝常任指揮者）
2. 福村芳一（1980 ～ 1983 ＝常任指揮者）
3. 芥川也寸志（1983 ～ 1989 ＝音楽監督）
 ＊籾山和明（常任指揮者）＊円光寺雅彦（1989 ～ 1999 ＝常任指揮者）
4. 外山雄三(1989 ～ 2006 ＝音楽監督）＊梅田敏明（常任指揮者）
5. パスカル・ヴェロ（2006 ～ 2008 ＝常任指揮者）
6. パスカル・ヴェロ（2009 ～ 2018 ＝常任指揮者）
7. 飯守泰次郎（2018 ～　＝常任指揮者）＊高関健（レジデント・コンダクター）
　次に各歴代音楽監督および常任指揮者達の足跡を俯瞰してみたい。

初代の片岡体制の下では、例によってアンサンブルの基盤作りが主たる任務であった。片岡は、東北にやっと灯った楽団の灯を絶やさぬよう尽力、発展への道を探る。1974年の第一回定期（昭和49）から1979年の第8回定期までの中で、計5回登場している彼は、いずれのプログラムでも「ベートーヴェンとモーツァルト」を中心に据え、安定的に新楽団をガードするような形で挑んだ。

　創設間もない時期には、そのように「安定的志向」の強い形になるのも仕方のないことであろう。だがそれでも定期の第3回目には、芥川也寸志の作品（弦楽のための三楽章トリプティーク）が早くも紹介され、進取の意欲も顔を覗かせている。（SPOはこのあと芥川との関係を密にしていく時代に入るが、そのことを予感させる選曲だ）

　さてローカル・オーケストラのパイオニア達は、例えば指揮者を務めていても、アンサンブルの延命のために一役も二役も買う人が多い。

　SPOの常任片岡もその例に漏れず、指揮活動の合間を縫って演奏契約を確保してまわるという、いわば営業努力（スポンサー探しともいえる）をも欠かさなかった。

　宮城フィル時代の1975年7月13日、オーケストラは早くも楽団支援組織「宮城フィルハーモニー協会」を創設しているが、その活動を牽引したのは片岡であった。

　更に彼は、1977年10月、初の商業録音（しかもその収録内容は、同月14，15日のライヴ＝特別演奏会＝であった！）を達成し、楽員のモラリティを大いに高めている。

　すなわち片岡体制下では早くも、先を見据えた戦略＝行政側の協力を取り付けたり、スポンサー獲得等、資金調達面での骨格を作る部分と、アンサンブルの水準向上を目指す演奏活動スタイルの主だった部分＝という両面を展開していたのだ。

((前者の部分では特に、「仙台市議会の議員が超党派で組織した仙台市議会楽友会＝SPOの支援団体の一つ＝は、代議士へのロビーイング（特に当時の文部政務次官三塚博＝文化庁の助成金獲得について、宮城フィル時代に助言を与えた＝との接触を保った）や、演奏芸術の理解者へのアプローチ（特に「アイリスオーヤマ社へは、工場内出張コンサートを実施した」）など、を常に心がけ、少しでも多くの楽団運営資金獲得

を目指して動き続けたのだった。そのような積極性がなければ、SPO の今日的発展はなかった、という点を強調しておきたい。))

　続いて二代目の福村を迎える前に、宮城フィルはプロ化後初の楽員オーディションを行った。とはいえその内容は、あってなきがごとしの中途半端なものである。要するに、それを実施したのはあくまでも、楽員の絶対数を確保するためで、いってみれば創立直後のローカル・オーケストラには不可避の事業だった。

　福村はそんな中で、中央の楽団で鍛えたプロフェッショナリズムを発揮、半可通を排すべく猛烈な練習を繰り返す。

　彼の登場は第13回定期公演からだが、彼が施した猛訓練の成果は早くも現れ、宮城フィルは本格的にグレード・アップを遂げていく。

　オーケストラの実力を忠実に示す看板プログラム＝定期公演シリーズ。福村は 13 回にわたって同プログラムを振る。極言すれば、そのような福村の尽力で、宮城フィルは初めて、本格的なプロ意識に目覚めたといえる。おかげでその後は、同団の演奏姿勢に一本の芯が通り、その勢いに乗る形で、芥川時代を迎えたのだった。

　草創期の宮城フィルのアンサンブル作りに多大な貢献をしたのが福村なら、組織力を飛躍的に向上させたのは芥川である。

　彼の時代、宮城フィルというローカル・オーケストラにとって最も大きな魅力は、その「人脈」であった。

　芥川は「真のローカリティこそが世界に通用する」という信念の下、仙台市を「オーケストラの拠って立つところ」と考え、楽団の名称を「宮城フィルから仙台フィル」へ変更するよう提案する。

　地方に根ざしたオーケストラを育成し発展させる目標を持ち、音楽文化の振興を意識した芥川の取り組みは、その高い知名度もあって、SPO 楽員へは計り知れない向上へのチャンスを齎し、楽団関係者には勇気とエネルギーを与えたのだった。

　芥川が定期公演を振ったのは第31回目（1983 年 11 月 21 日）のわずか一回のみだが、彼はその時のプログラムを「全曲自作」で固めている。さながら「自作の発表会」のような内容で、ローカル・オーケストラの定期公演らしからぬ思い切った取り組みだった。

　その芥川時代、SPO の芸術面で最も注目されるのは、彼の人気を生かして、（朝比奈隆と小澤征爾の二人を除く）我が国の名流指揮者達ほぼ全員が、同団のポディアムに乗ってくれた点だろう。（特に小林研一郎の度重なる客演は心強く、今や同団の財産となっている）

　また同じく芥川体制下で重要な出来事の一つに、楽員ユニオンの結成が挙げられる。楽団員にとって、生活防衛の拠点ともいえるこの組合への加入は、アンサンブルを安定的に支える上で、基本的なものとなった。

　1986 年 5 月 13 日、SPO は日本音楽家ユニオン・宮城フィルハーモニー管弦楽団

支部として加盟。それは今日、日本音楽家ユニオン東北地方本部仙台フィルハーモニー管弦楽団（SPO)、と名称を変更しながら加盟を継続している。これでSPOは名実ともにプロ団体となり、以後組織的なスケールとグレード・アップを推進していく。

　1989年に芥川が他界すると、その後任には外山雄三が招かれる。同年4月1日に発表された指揮スタッフは、音楽監督が外山、常任指揮者に円光寺、そして首席客演指揮者に籾山という布陣であった。

　芥川体制下で既にかなりのレヴェル・アップを果たしてはいたSPO。外山が取り組んだ次の課題は、県外および国外への進出であった。つまり他流試合を積極的に推進し、これまでに積み上げてきたものを、グローバル・スタンダートで測ろうと意図したのである。

　その手始めとして実行したのは、同年5月27日の東京公演であった。会場は世界に冠たるサントリー・ホール。同館での公演は、「東北にSPOあり」を天下にアピールする絶好の機会となった。（その模様は、SPOのディスコグラフィ第1号となって発売され、当時の熱気を永久に収め、伝えることとなった）

　ところでSPOは1992年、社団法人宮城フィルハーモニー協会から分離独立、新たに財団法人仙台フィルハーモニー管弦楽団として再出発（基本財産12億100万円）した。管理中枢は充実度を増し、演奏活動面では1994年度シーズンに、第100回目の定期公演会を成し遂げた。

　その1994年には更に仙台ジュニア・オーケストラ、仙台フィル合唱団等の関連組織も続々誕生し、同年7月11日には「シンポージウム・オーケストラは街の宝物」も開催されて、全国的な評判を呼んだ。仙台市が演奏芸術都市として、いよいよ名乗りを上げる「実践体制が整って来た」のである。

　その集大成の一つが、「若い音楽家のためのチャイコフスキー国際コンクール」の開催だった。同事業の開催都市は仙台市、SPOが第一回から同コンクールの「ホスト・オーケストラ」を務めている。

　同コンクールのスタイルは、ちょうど北米テキサス州のフォートワース市で行われる世界第一級の国際ピアノ・コンクール＝ヴァン・クライバーン・コンクール＝で、地元のフォートワース響がホスト・オーケストラの役を担う形と似ている。（今後仙台のコンクールが国際的知名度を上げれば、仙台市およびSPOのそれも、テキサスの楽団同様、急上昇を遂げるはずだ。）

　全国的に注目されたコンクールの創設は、SPOのステイタスを押し上げ、楽員の士気を高める結果を招き、残る課題はいよいよ「国際的演奏サーキットへの進出」ということになった。

　だがその前に、それを実現するための素地は既に出来ていたのである。それは1999，2000年、仙台開府四百年を記念して作られたオペラ「支倉常長・遠い帆」の上演であった。実を言うとSPOは、同作品を既に上演（公演地は仙台と東京）してい

たのである。

同団は既に、海外楽旅を実現するのに十分なフレキシビリティを備えたアンサンブル、へと成長を遂げていたのだ。

そして2000年3月、ついに待望の海外楽旅へ出る機会が訪れる。行先はヨーロッパ、リンツ、ウィーン、リート、フィラッハ、そしてローマ等五都市であった。訪問国はオーストリア、イタリアの二か国と少なかったが、楽団初の試みとしては期待以上の成果を収めることが出来た。

さて常設オーケストラに不可欠なものといえば、なんといっても本拠地である。楽団独自の音を磨き育てる場所だからだ。

SPOも創設早々からフランチャイズの確保を目指していたが、その実現は困難であった。が、それに代わる施設として、1990年3月に完成した仙台市青年文化センターの使用を許可される。

同センターには、SPOを中心に、仙台ジュニア・オーケストラ、仙台フィル合唱団も本拠を構え、相互の連携を保ちながら、仙台市全体の演奏芸術水準の向上を図ることになり、その形は今も続いている。

とはいえ、SPOはそのたびにそれらを乗り越えてきた。

同団が乗り越えた例として、これまでに同団が公表した2003年以降の主な出来事をクロノロジカルに並べると、以下の通りになる。

* 2003年・・・創立30年記念シーズン
* 2005年・・・3月=定期公演通算200回目に到達
* 2006年・・・春期から仙台駅にて「杜の都コンサート」を開始・仙台クラシック・フェスティバルに参加
* 2009年・・・6月=映画「劔岳・点の記」で音楽を担当（作曲・指揮=池辺晋一郎、第33回日本アカデミー賞最優秀音楽賞受賞）
   ・・・6月24日=ベガルタ仙台（仙台市に本拠を置くプロ・サッカーチーム）のために、ユアテックス・スタジアムにて「ファンファーレ闘志・躍動」（ベガルタ仙台アンセム=内藤淳一作曲）を演奏（初演）、観客の大喝采を浴びる
* 2011年・・・3月26日=「第一回復興コンサート（テーマは「鎮魂、そして希望」）を実施(同年3月11日に起こった東北地方太平洋沖地震（東日本大震災）でSPOは、運営面でもかなり深刻な状況にも遭遇し、その影響は今も続いている。地震が襲ったまさにその日、SPOはリハーサルの準備中だった。楽器の被災は免れたものの、定期演奏会場は被害を受けて使用不能となり、それ以後のコンサートには中止となるものが出てきた。)
   ・・・3月28日= SPO「音楽の力による復興センター」を開設、「つながれ心、つながれ力」をスローガンに、音楽を被災者に届けながら絆を紡ぐ活動を展開し、現在も継続中

＊ 2013 年・・・創立 40 周年を迎え、国際交流基金の依頼でロシア公演（モスクワ
　とサンクトペテルブルク）を実施。被災地の代表として、震災後に世界中から寄
　せられた支援への感謝の気持ちと、復興に向かう被災地を音楽の力で支え続ける
　楽団の姿を伝えた。
＊ 2016 年・・・4 月 15，16 日＝第 300 回定期演奏会を実現
＊ 2017 年・・・3 月＝仙台市の主催により、「仙台フィル熊本応援コンサート」を
　実施

同団はこれからも、地域に根差した密な音楽活動を続けていくものと思われるが、
その牽引役を果たすのは、飯守泰次郎（常任指揮者）、高関健（レジデント指揮者）を
中心とした現在の指揮スタッフである。（完）

＊推薦ディスク

1.「交響曲第 2 番ホ短調作品 2 7」（S・ラフマニノフ）：指揮・山田和樹
2.「序曲 "海賊" 作品 21」（H・ベルリオーズ）、「交響曲ニ短調」（フランク）：指揮・
　パスカル・ヴェロ
3.「交響曲第 8 番ヘ長調作品 9 3」（Lv・ベートーヴェン）、「交響曲 "イタリアの
　ハロルド" 作品 16（H・ベルリオーズ）：Viola ソロ＝清水直子、指揮・小泉和裕
4.＊仙台フィル第 200 回定期演奏会記念東京特別演奏会
　「コラーゲン II 〜二人の指揮者による〜」（北方寛丈・菅原拓馬）、指揮・外山雄三、
　梅田俊明、「交響詩 "ツァラトゥストラはかく語りき" 作品 30、（R・シュトラウス）：
　指揮・梅田俊明、「アルプス交響曲」作品 64、（R・シュトラウス）、指揮・外山
　雄三
5.「交響組曲 "シェエラザード" 作品 35」（リムスキー・コルサコフ）、「ヴァイオ
　リン協奏曲ニ長調作品 35」（P.I. チャイコフスキー）：指揮・山下一史、Vn. 独奏・
　伝田正秀

8. 名古屋フィルハーモニック交響楽団
(NAGOYA PHILHARMONIC SYMPHONY ORCHESTRA)

　フィルハーモニーは常にディスハーモニーとなる危険性を孕み、ディスハーモニー
はフィルハーモニーへと転化していく希望を抱かせる。苦悩から希望へ、そして歓喜
へと繋がって行く道を求めて生きる日常の繰り返し。それがオーケストラで暮らす人々
が刻印する歴史だと思う。

本稿が書かれている今年（2019年）、創立53年目を迎える名古屋フィルハーモニー交響楽団（NPSO）も例外ではない。

　名古屋市中京区在住の演奏家達、清田健一，本多忠三、松本承伍の三人が発起人となり、自然発生的にNPSOを結成したのは、1966年7月10日のことであった。

　彼らは「自由な立場で少しでも良い音の出せるオーケストラ」（設立趣意書）の創立を目指し、同オーケストラの、名古屋という都市に貢献する文化的意義が大なることを信じで、仲間を募った。

　参集した人々は、大半が本業との掛け持ちというアマチュア集団（参加楽員数は約40人。平均年齢は28歳、うち4割が女性）であったが、全員が週一度の練習（練習用スペースは、市内の「河合楽器店」が提供した店内のホール）に情熱を燃やした。そして熱が入ると、次第にプロフェッショナルへの志向を強めて行く。

　そんな思いを抱いて臨んだ第一回目の公演は、同年10月、東海高校講堂で行われ、大成功を収める。なお同公演には、大阪でのコンサートを終え、帰京の途についていた東京フィルハーモニー交響楽団のメンバーも賛助出演の形で参加しており、アンサンブルの整備に一役買った。

　聴衆は同公演を好評裡に迎えた。当日指揮を執った清田以下、メンバー全員に、未来への自信を与えたのである。かくてNPSOの船出は、まず見事なフィルハーモニーの状態で始まることとなった。

　オープニング・コンサートの成功に気を良くした清田らは、それから猛練習を重ねる。そして一年後の10月21日、今度は愛知文化講堂へ会場を移し、堂々第一回目の定期公演を提供したのだ。一年間で更に整備されたアンサンブル、スケール・アップを果たしたNPSOのサウンドを楽しもうと参集した聴衆で、会場は満員となった。

　同公演の指揮を執ったのも清田である。NPSOは千葉馨（当時N響の首席ホルン奏者）を独奏者に招き、聴衆の期待に応えている。結果は前回に続き大成功で、名古屋の演奏芸術史に記念すべき一ページを加えるものとなった。

　NPSOが発足した1966~67という年代は、アメリカのシンシナティ響が音楽監督マックス・ルドルフと補助指揮者のエリック・カンゼルに率いられ、ワールド・ツアーを行ったものの、ヨーロッパ主要楽団の来日公演がまだ僅かしかなかった頃である。が、その一方で我が国の主要楽団は、新日本フィルを除き、既に出そろっている時期であった。

　名古屋という我が国有数の大都市のサイズからすれば、同地でもメジャー楽団がフル回転で活動していてもおかしくない頃ではある。しかし残念ながら、オーケストラの活発な活動が見られる他の大都市と比べ、NPSOは後発の団体として登場しなければならなかった。

　にもかかわらず創立後のNPSOは、見事としか言いようがないほど、猛烈な速さの発展ぶりを見せる。

NPSO にとって、最初のフィルハーモニーの時期が他に比べて長かったのは、実に幸運であった。市民の熱心な応援は言うまでもなく、新聞社をはじめとするマスコミの積極的な後押しも、特筆すべきものである。特に地元のクォリティ紙「中日新聞」は、清田ら楽団関係者の努力を称え、NPSO の未来に大きな期待を寄せる論調で、第一回定期公演の評を締め括った。

　余勢をかって早速次年度への取り組みを始めた NPSO は、さらに一年の準備期間の後、またも N 響から賛助楽員を招き、1968 年 5 月 23 日、愛知県文化講堂で第 2 回目の定期公演を行った。その結果はまさに絵に描いたような大成功で、アンサンブルはますます自信を深めていく。

　しかもその年の暮れには、岐阜、名古屋、岡崎の三市で、ベートーヴェンの交響曲第 9 番「合唱付き」を巡演（指揮はいずれも福村芳一）するという離れ業を見せたのである。

　そのような思い切った取り組みは、徐々に楽団のスケールとグレード・アップへと繋がり、翌年にはオペラ、バレエの伴奏にも挑戦、いずれも見事にやり遂げた。

　かくて NPSO の組織力は一段と強化され、アンサンブルの充実度はますます高まり、その年にはなんと 13 回の公演実績を上げることになった。

　そして同団の意欲的な活動は行政を動かす。1970 年には遂に、文化庁と愛知県の両方から、念願だった助成金交付の通達が舞い込んだのである。

　残る課題は、できるだけ早急に更なるスケール・アップを果たし、文句なしにプロフェッショナルとしての水準へ到達すること、すなわち財団法人の認可を取ることだった。

　清田を中心とする楽員たちは、その目標を実現するため組織総体で取り組む。まず始めは、定期公演の内容充実を図ることと、移動音楽教室の開始であった。

　前者では寸暇を惜しんでアンサンブルを鍛え、後者では定期公演への聴衆予備軍を育成しつつ地元へ音楽を還元するという、地域におけるオーケストラの使命を実践した。いずれの取り組みも市民の NPSO に対する認知度を高め、同団の存在意義を一層深く理解させていく。

　このシーズンは結局、41 回の公演実績を記録。そのうち 25 回が移動音楽教室、3 回が定期公演、その他の公演が 12 回、という堂々たる内容であった。

　しかしそれだけでは勿論、プロとしての体裁を整えたこと、あるいは実績を作ったとは言えず、NPSO に法人の認可が下りるまでには、あとしばらくの道のりを歩まねばならない。

　プロフェッショナル志向が最大目標となった NPSO、それまでアンサンブルを率いていた清田が退き、1971 年 4 月から、演奏管理部門の責任者として、岩城宏之を音楽監督（MD）に招くことを決定。

　しかし当時の岩城は既に、世界を股にかける我が国楽壇のスター指揮者の一人となっ

ており、多忙のためポディアムに上る回数る回数は少なく、タクトを執ったのは専ら彼の弟子・福村芳一であった。その福村は岩城仕込みのバトン・テクニックでアンサンブルを鍛えまくり、レパートリーを徐々に広げ、多彩なコンサートを提供しながら市民の期待に応えていく。そしてそれから3年後の1973年4月20日、ついに念願の法人許可が下りたのだった。

　NPSOにとってそれまでの期間はいわば、組織的アピールと総体的な内容整備の時期である。すなわち清田体制下で移動音楽教室を年々充実させ、腕利き楽員を補充し（1970年から、愛知県立芸術大学の卒業生が入団を開始、アンサンブルのレヴェル・アップに寄与するようになる）、岩城、福村体制下では新たな助成金交付を獲得（1971年から、名古屋市教育委員会が交付を始めた）し、東京公演を開始（1972年4月）、TV出演（同NHK）、そして宿願のフランチャイズ（1971年10月1日から名古屋市民会館に移動）まで確保する。

　発足からわずか8シーズン目にして、NPSOはまるで発射された弾丸のようなスピードで、プロフェッショナルへの道を駆け抜けたのだ。しかも法人認可が下りた翌年には早くも、1シーズンでの公演数が109回へ達するという、驚異的な成功を収めてしまった。

　このスピードは、名古屋という土地の人々が見せる独特の、「目標が決まった後に発揮する爆発的エネルギーの発露の例」であろう。まさしく満を持して放ったかのごとき、市民に支えられたオーケストラの、「驚異的なロケット・スタート」であった。

　それから以下の人々によって、NPSOのポディアムは守られていく。（（筆者注）例によって、他の国内オーケストラ同様NPSOでも、タイトルから業務内容を理解することが困難であるが、本稿では楽団の公式発表に従い、その通りに記載する。）

＊＊＊音楽監督＊＊＊

1. 清田健一（1966 ～ 1970）
2. 岩城宏之（1971年4月～ 1973年3月＝音楽総監督）
   ＊福村芳一（1971 ～ 1974 ＝常任指揮者）
3. 森　正（1974年4月～ 1980年6月＝音楽総監督）
   ＊荒谷俊治（1974 ～ 1980 ＝常任指揮者）
4. 外山雄三（1981年1月～ 1987年3月＝音楽総監督・常任指揮者）
   ＊モーシェ・アツモン（1987 ～ 1993 ＝常任指揮者、1993 ～＝名誉指揮者）
   ＊飯守泰次郎（1993 ～ 1998 ＝常任指揮者）
5. 小林研一郎（1998年 ~2001年＝音楽総監督、2001 ～ 2003年＝音楽監督、2003 ～ 2006 ＝桂冠指揮者）
   ＊沼尻竜典（2003 ～ 2006 ＝常任指揮者）
   ＊ティエリー・フィッシャー（2008 ～ 2011 ＝常任指揮者、2011年～＝名誉客演指揮者

＊マーティン・ブラビンス（2013 〜 2016 年＝常任指揮者）
　6. 小泉和裕（2016 年〜　＝音楽監督）
（注意）
　＊ボブ佐久間＝名フィル、ポップス・オーケストラ・音楽監督＝ 1995 〜 2012）

　関係者の努力が実を結び、1973 年 4 月 20 日、任意団体から「財団法人プロフェッショナル・オーケストラ・名古屋フィルハーモニー交響楽団」へと生まれ変わった NPSO。
　それまでには既に、指揮スタッフに加え、楽員の補強（雇用条件は月給制、雇用形態は専属契約者＝ A 契約者、優先契約者＝ B 契約者、の二種に分けられ、契約楽員数は 63 名であった）、二管編成というアンサンブルの陣容を整え、更に管理中枢の整備強化（初代理事長に牧定忠、事務局長に NPSO 創立メンバーの一人・松本章伍）を実現。
　更に定期コンサート・シリーズを、従来の 6 回から 10 回に増やし、ファミリー・コンサート、ポップス・コンサート等を新たに創出したり増加するなど、室内楽シリーズ、巡回公演の強化などに関するテコ入れも並行して行われた。
　総じて NPSO のアマチュアからプロへの移行業務は、極めてスムーズなものだったと言える。
　こうしていわば助走の時代を充実させた同団は、プロになってからの新時代にも、気を引き締めて臨んだ。
　ここからは、その新時代を切り開く面々と各々の業績を、上述の音楽総監督および常任指揮者の二つのポストに限り俯瞰してみたい。
　まず岩城・福村師弟がアンサンブルの基盤作りを終えた後、その更なる成長・発展へのバトンは森、荒谷へ受け継がれる。が、両者共既に着任以前客演を果たしており、そのため最初から意欲的な活動を展開した。
　アンサンブルに磨きをかけながら、その成果をより多くの聴衆に披露するという目標を立て、巡回公演数を増やす。まさしく「名古屋フィルここにあり、という意気込みのもと、関東、甲信越、関西の各主要都市を巡演、各地で好評を博した。
　またプログラム構成の面でも、斬新なアイディアを積極的に盛り込み、アンサンブルの非力さが露呈しやすいスタンダード作品への演奏比重を、より危険性の少ない新作および日本の伝統音楽へ多くかけるなどして、グレード・アップ実現への時間を稼いでいる。
　にもかかわらずこのプロジェクトは、「名フィルと邦楽器の名手たち」と銘打たれ、なんと「豊田喜一郎芸術賞」（第一回）を受賞するなど、予想外の好評を浴びて大成功を収めたのだった。
　森はアンサンブルの活性化を目指し、次々と実力派の指揮者、ソロイストを定期公演シリーズへ招く。ユーリ・セガル、クルト・ヴェス、アイザック・スターンらが登場するのも、彼の時代からであった。

更に彼は NPSO を取り巻く音楽環境にも配慮し、楽員にリサイタルおよび室内楽チームの結成を奨励。また CBC（中部日本放送）が発足させた「名古屋国際音楽祭」へは初回から同団を参加させている。

　NPSO はまさしくフル・スピードで組織的、芸術的充実度を高めて行く。その一方で、演奏の成否にも関わっていく楽員達の生活圏の確立、を目指すことをも忘れなかった。様々な計画立案実現の中で特に有効だったのは、演奏家ユニオン（職能組合日本演奏家協会・名フィル支部）の結成である。

　表面上は確かにスケールおよびグレード・アップを遂げてはいたが、NPSO の財政状況は他の団体同様に厳しく、出演料の未払は 1971 年から既に始まっていたほどだった。

　オーケストラ経営に付き物とはいえ、同団の運営資金不足問題は、まるで噴出を待つマグマのように、NPSO という火山の地中深くでうごめいていた。

　その噴火の時がやって来たのは森と荒谷の両時代である。理事会は様々な手段を講じ、累積する赤字を減らそうと努めた。が、1979 年にはその累積赤字が 5 千万の大台に乗ってしまい、楽団は運営の根本的な見直しを迫られることになった。

　ところがその間、演奏の現場を預かる森・荒谷の両者が相次いで辞任を表明。NPSO は肝心のアンサンブル作りの面でも崩壊の局面に立たされてしまう。

　さらに管理中枢でも理事長と事務局長の交代が発表され、ここに至って NPSO は、組織の総力を挙げて再建に取り組む以外、方法はなくなった。

　楽員にしてみれば、何が起ころうと、「より良い演奏は、より良い環境で生まれる」、という当然の演奏哲学を貫徹するだけである。上述したユニオンへの参加は、そのような環境を確保するための手段であった。

　同組織はのちに、「日本音楽家ユニオン名フィル支部」という名称に変更されるが、それはまさしく、どんなプロ・オーケストラにもやって来る、「ディスハーモニーの季節」に備えるための砦、となって行くのだった。

　森・荒谷時代の閉幕と共に訪れたアンサンブルの危機。具体的には、膨れ上がった累積赤字、アンサンブルの低迷、管理中枢の人事、ユニオンへの加盟。その時期、すなわち 1980 年代前半は、NPSO の正念場であった。

　が、同団は着実にそれらに付随する諸問題を解決。最後に残った最大の課題は、演奏現場の総責任者、すなわち音楽監督にだれを招くか、となる。そして 1981 年、NPSO 理事会がリクルートしたのは、外山雄三であった。

　その外山は着任後、早速アンサンブルの立て直しに着手する。まず補助指揮者制度を設け、コンサート・マスターに初の外国人（ブルガリアの「ソフィア・ゾリステン」楽員、ディミテル・イワーノフ）を招聘した。

　そのあとも外山は、それこそ積極果敢に各部署のテコ入れを行い、乱れかけていたアンサンブルの修復を実現していく。さすがに在京楽団で華々しいキャリアを打ち

立ててきた彼らしく、その効果は大半が目を瞠るものであった。

　中でも注目を集めたのは、楽員のモラリティ（士気）を高めるための彼の姿勢、である。外山は楽員に、「自分たちは地元の市民、あるいは企業から、絶大な支持を得ている芸術家なのだ」という実感を抱かせるよう、強く意識して行動したのだった。そのため彼は、様々なアイディアを駆使し、市民とNPSOとの距離を縮める努力を続けている。

　その努力の一つの例を挙げると、NPSO有志で結成した「中日ドラゴンズ・トランペット応援団」がある。外山はなんと、自らこのブラス・バンドを率いて中日球場へ乗り込み、地元のプロ野球団＝中日ドラゴンズの応援を始めたのだった。その外山の姿を見て、球場へ詰めかけた市民が喜ばぬ筈はなく、NPSOのトランペット部隊はたちまち、それ以後球場全体から注目される存在となった。

　またその試合中における吹奏の模様は、地元メディアを通じて中部日本全域に紹介され、野球ファンのみならず、数多くの一般市民にも、NPSOの認知度を高めて行くのである。

　更に外山の積極果敢なホール外での音楽監督ぶりは、地元マスコミのみならず、有力企業の楽団支援体制作りの面でも発揮される。彼はクラシカル音楽に無関心な企業、およびマスコミの蒙を開き、次々と理解者・支援者の輪を広げていく。

　それらの一部を紹介すると、「名フィルだより」（週一回掲載、中日スポーツ紙）、「地元出身者で固めたベートーヴェン・サイクル」（中部経済新聞社・企画）、「ファンタスティック・オーケストラ」（NPSO初のTVレギュラー番組）、（中京TV）等が挙げられるが、それらがすべて、外山の情熱で動き始めたのだ。

　おかげで名古屋市民は常にNPSOのどこかで知らされることになり、いつの間にかその構図は定着した。こうして市民とオーケストラの距離は急速に縮まり始め、その関係は次第に緊密化の度合いを強めてなものになって行った。

　それはまず、動員力の向上、という形で具現し、財政面での黒字計上に結び付いた。市民との繋がりを活動の重点項目にして取り組む一方、外山は芸術面での錬磨に関しても決して怠ることはなかった。

　作曲家でもある彼は、名古屋市の委嘱を受け、「交響曲名古屋」を完成。早速、記念演奏会を開いて同作品を紹介した後、名古屋市に寄贈した。

　更に名古屋の姉妹都市＝南京市との交流事業にも加わり、同市から四人の演奏家を招いてマーラーの大作「千人の交響曲」を共演したり、もう一つの姉妹都市シドニーとは、同市の看板バンド＝シドニー交響楽団と楽員交換制度（スポンサーは音楽家ユニオンと、カンタス航空）を発足させ、互いのグレード・アップを図っている。わずか三か月という短い期間ではあったが、シドニー響との同企画は、メンバーのモラリティ向上に大きな成果をもたらした。

　外山はまさにNPSOにとって「中興の祖」と言ってもよい存在であり、彼との時代は「演奏レパートリーを拡大し、楽員増強を成し遂げ、量と質の両面で一層の充実を

果たした」時期であった。

創立20周年記念公演、名フィルにとっては初となる「ニュー・イヤー・オペラコンサート（演奏会形式によるプッチーニのオペラ＝トゥーランドット全曲上演）」等の重要演目を指揮し、外山はバトンを後任（ただしそのタイトルは常任指揮者である）のM・アツモンに譲っていく。

バトンを受け継いだアツモンは、外山の目指した方針「名フィルを"市民に親しまれるオーケストラへ"」を踏襲し、さらにそれを「市民の誇りに育てていくこと」を明言した。かくてNPSOはまた、市民との距離を加速度的に縮めて行くのである。

オーケストラを「市民の誇り」にするための最も有効な手段は、「海外公演の実施」である。そこで高い評価を得られれば、それが即「誇り」に結び付く。それに加え、世界の名流アーティストをゲスト・ソロイストあるいは指揮者に招くことで、その誇りは一層強化されて行くのだ。

新任のアツモンは、そのようなことを十分すぎるほど承知していた。着任前既に数多くの回数、世界各地のメジャー・オーケストラのポディアム、そしてオペラ・ハウスのピットに招かれていたからだ。そんないわば百戦錬磨のベテラン・マエストロ＝アツモンを迎えたNPSOが、それまで希薄だった国際性を新たに加味して行くのは当然の帰結である。

そしてそれは期待通り実現した。外山が退任し、アツモンが就任するしばらく前の時期に、NPSOは既にヨーロッパでのデビューを約束されていた。パリ市長のシラクから、「パリ夏のフェスティバル」への参加を要請されており、楽団理事会はそれを受けて指揮者とソロイストの人選に入っていたのである。

公演時期はアツモンが就任してから間もない頃に当たっており、そのため彼のスケジュール調整がうまく行かず、楽団側は彼に代わってそれに余裕のある若手中心の布陣で参加することを決めた。

その結果、パリ公演に帯同する指揮者には広上淳一、ソロイストには加藤知子と中沖玲子が選ばれた。アツモン時代は早くも、「世界水準」との距離を意識的に縮める取り組みで始まり、翌1988年には遂に念願の海外公演（8月29日～9月10日、巡演都市＝パリ、ブザンソン、ジュネーヴ、リヨン、アヌシー）が実現するのである。

しかしその前に、楽団にとって最大の懸案事項は、楽旅費用の捻出であった。理事会は行政、企業、各種団体をそれこそ駆けずり回り援助を募った。が、思うようにはいかない。その苦慮する理事会の前に現れたのが市民有志達で、彼らはヨーロッパ公演支援会を組織し、記念テレフォン・カードやポロシャツの販売を行った。

するとそれをキッカケに支援の輪が続々広がり、ＮＨＫ名古屋放送局も壮行公演「名フィル・イッテリャーセ・コンサート」を開き、その収益金の一部を寄付するなど、積極的に後押しをした。

そしてその結果、名古屋市民は遂に、「おらがバンドNPSO」をヨーロッパへ送り出

すことが出来たのである。

　事の始まりが、パリのシラク市長から西尾名古屋市長宛ての招待状だったせいで、フランス中心の楽旅にならざるを得なかったとはいえ、その内容は期待以上に充実したものであった。

　巡演に参加した人数は総勢百人、公演の模様は逐一地元に紹介され、名古屋の人々は予想通り、NPSO の活躍に心を揺すられる。それはやがて同団に対する市民の愛情を倍加させ、同団が帰国した後は、その精神的、物質的サポーターとしての心象を一層固く形成したのだった。

　初の海外公演を成功させた当時も、NPSO には常設の練習場がなく、市内各地の高校やコミュニティ会場等を渡り歩くという、いわばプロ楽団らしからぬジプシー生活を余儀なくされていた。が、1991 年には市民の強い後押しが名古屋市を動かし、専用練習場の建設予算を計上させる。

　また同年 10 月 29 日には、構想に 10 年をかけて総工費 630 億円を投じた愛知県芸術文化センターが完成。NPSO の活動の場を広げることになった。

　さて初の欧州公演の模様がフランス全土にラジオを通じて中継放送されなど、実りの多い楽旅ですっかり自信を付けた NPSO。次の目標は、アツモン体制下でアンサンブルを錬磨することである。

　アツモンは次々と名流ゲスト（名古屋市民の念願だった小澤征爾もその中の一人）を招き、更にコンサートマスターを二人制にしてアンサンブルのグレード・アップを促進し、外山時代の水準を維持かつ安定的なものにしていった。

　そして彼の後を引き継ぐのは飯守泰次郎である。飯守の目標は、従来の方針を受け継ぎながら、更に新レパートリーを加味し、フレキシビリティを向上させることだった。

　飯守は NPSO のレパートリーに、新しく「現代音楽シリーズ」を盛り込み、加えて自らの得意とする「ワーグナーの大作」を続々紹介。名古屋市民を熱狂させていく。

　その一方で飯守はポップスの分野にも裾野を広げ、1995 年にはボブ佐久間を音楽監督に迎えて「名フィル・ポップス・オーケストラ」を開設。エリック・カンゼル（シンシナティ・ポップス MD）、キース・ロックハート（ボストン・ポップス MD）ばりに、肩の凝らない「LIGHT MUSIC」を提供して、市民の圧倒的な支持を集めたのも飯守の業績であった。

　すっかり勢いづいた飯守は、NPSO 創立三十周年の節目を境に、同団を帯同しての東京進出を図る。その狙いは、我が国に於けるオーケストラの激戦区＝東京で演奏することにより、楽員の緊張感、モラリティのさらなる向上を図ることであり、飯守の目論見は次々と成功を収めた。

　飯守時代には、芸術面以外でもかなりの前進が見られる。特筆すべき出来事は、懸案だった「フランチャイズの建設」が本決まりになったことである。

「音楽プラザ」と名付けられた 6 階建ての本拠地は、NPSO、市民楽団および合唱団の

練習場を兼備した豪華な建物で、アンサンブルの精度を増すのに理想的なスペースだった。

　同会場は 1996 年 12 月に完成し、期待通り、市民とオーケストラの緊密な接点の役割を果たす場所となって行く。

　NPSO は同施設の完成により、NPSO は以後練習場の問題をすべて解消した。しかもその施設は定期公演会場の名古屋市民会館北隣にあるため、アンサンブルの向上に大きく貢献する。

　さて 5 シーズンを以て飯守が退任すると、1998 年 4 月から小林研一郎が後任に決まり、更にそれから 3 シーズン後の 2001 年 4 月には、11 年ぶりとなる音楽総監督のポストに就いた。

　この時期 (2000 〜 2013)、NPSO は特にウィーン・フィルハーモニー管弦楽団 (VPO) との関係を深化ており、その後も両団の絆は続くことになった。(その先陣を切ったのは、VPO およびウィーン国立歌劇場管のメンバーを主体として特別に編成した「トヨタ・マスター・プレイヤーズ・ウィーン」という名称のオーケストラである。NPSO は 2000 年以来今日まで、同団と合同公演を継続。深い交流関係を保っている。また同団のコンサート・マスター＝ライナー・ホーネックは 2002 年、NPSO の首席客演コンサートマスターに就任。更にソロイストおよび指揮者としても活躍し、同団のレヴェル・アップに一役買っている)

　話を小林に戻そう。NPSO 就任当時の彼は既に、東欧楽壇を中心として上述のように多忙を極めるスケジュールをこなしていた。そのため名古屋に腰を落ち着け、じっくりアンサンブル作りに精を出すことは叶わなかった。結局彼は同ポストを 2 シーズン限りで退き、バトンを沼尻竜典に託す。

　その沼尻は当時、ブザンソン・コンクールを制して間もない頃である。急速にキャリアを伸ばしつつあり、東京モーツァルト・プレイヤーズを率いて「ベートーヴェン交響曲録音シリーズ」を展開するなど、まさしく意欲満々だった。そのため年齢から言っても長期在任を期待されたが、わずか 3 シーズンで降板する。

　沼尻退任後は二人の外国人（T・フィッシャー、M・ブラビンス）に順次受け継がれるが、在任期間は二人合わせて約 10 シーズンという短期なものである。

　確かにグローバルな空気を注入はしたが、しかしそれだけでは安定したアンサンブルを醸成することは出来ない。それを実現するにはやはり、内外の楽団でＭＤを経験し、理事会やコミュニティとの協力体制の構築方法に通じ、それを長い時間をかけて効力あるものに牽引していく指揮者が必要なのだ。

　我が国でそんな力量を発揮できる人材は限られている。というわけで入念なリサーチを重ねて楽団が招いたのは、1949 年生まれのベテラン小泉和裕であった。

　彼は東京芸大指揮科で山田一男に師事し、次いで渡独しベルリンのホッホシューレ、そして北米ボストン郊外のタングルウッド音楽祭に参加。

それから民音指揮者コンクール（第2回＝1970年）、カラヤン指揮者コンクール（第3回＝1973年）でいずれも優勝を飾り、その後ベルリン・フィル（定期を含む）、ウィーン・フィル（ザルツブルク音楽祭、当時の最年少記録）、ミュンヘン・フィル、バイエルン放送響の欧州勢に招かれたのをはじめ、北米ではシカゴ響（ラヴィニア音楽祭と定期）、ボストン響、モントリオール響、トロント響その他に登場し、圧倒的な名声を得た。

ところが1980年代後半からは国内に活動の中心を定め（最初は新日フィルから最近の当NPSOまで、国内計8楽団を渡り歩くことになった）、おかげで国際的なサーキットからは次第に遠ざかってしまう。

しかし世界を振ってきた指揮者としてのそのキャリアを考えれば、彼との邂逅はNPSOにとって理想的なものと言わねばならない。

今後このコンビネーションはいかなる地平に到達するか。それに思いを向けると、音楽ファンの期待は増すばかりである。（完）

＊推薦ディスク
 1. 交響曲全集（D・ショスタコーヴィチ）：指揮・井上道義
 2. 交響曲第3番「オルガン付き」（サン・サーンス）、連作交響詩「わが祖国」より（スメタナ）：指揮・小林研一郎
 3. 交響曲第41番「ジュピター」（W・A・モーツァルト）、交響曲第3番「ライン」（R・シューマン）：指揮・モーシェ・アツモン
 4. 交響曲第6番「悲愴」（P・I・チャイコフスキー）：指揮・モーシェ・アツモン
 5. 交響曲「名古屋」（外山雄三）：指揮・外山雄三

9. 京都市交響楽団
(KYOTO MUNICIPAL SYMPHONY ORCHESTRA)

本稿が書かれている2019年9月16日（令和元年）現在、京都府の26全市町村の人口（ただし実数は、平成27年国勢調査によるもの）は、261万353人である。（人口増減率は－0.98%, 全国順位は13位）

それだけ多くの人口を抱える同府は、世界有数の古い文化財を誇る古都であり、群を抜く観光都市としても知られる一方で、進取性にも富んだ側面をも持っている。

その進取性が開陳されたものが、西洋クラシカル音楽の導入および普及の面で牽引役を果たしてきた京都市交響楽団（京響＝KSO）だ。

とは言っても同団は当初、プロ・アマ混成の、しかも全国初となる自治体直営によ

るアンサンブル、として組織された。更にそれも戦後間もない頃の、1956年4月の出来事である。

　最も注目すべき点は、草創期から常任指揮者に外国人を招いているところだ。アンサンブルの土台を、邦人の感性ではなく外国人のそれで作り始めたのである。しかもプロ・アマ混成という悪条件下で。

　その一点だけでも、楽員及び楽団関係者の抱く「可能な限り高水準のアンサンブルの創出にかける熱意」が窺えると思う。だがどんな世界でも、理想と現実のギャップは大きく、かつ複雑な要素が絡むものである。

　しかも京響の場合それは、「管理運営面」というより「演奏現場」で突出していたという点が、問題を深刻なものにしていた。

　簡単に言うと、初代常任指揮者に招かれたカール・チェリウス（彼は1955年京都市立音楽短大＝現・京都市立芸術大学音楽学部＝の客員教授として招聘されていた。KSOの常任に招かれたのは、その一年後47歳の働き盛りの歳だった）の描く演奏の到達目標と、プロ・アマ混成という楽員個々の抱くそれが、草創期には合致することなく進行した、のである。（しかも彼と楽員との結びつきの様子などについての詳細な記述は紹介されておらず、没した日についての「ONTOMO MOOK 世界の指揮者８６６」（音楽の友社・発行）と Wikipedia ＝独語のみ、英・和訳なし＝の記述にも違いが見られる＝研究者の視点からすれば、関西地区を代表する楽団の一つ＝KSO＝の基盤作りに邁進した功労者として、チェリウスの業績を今以上に詳しく紹介すべきではなかろうか、と思う。）

　妥協を許さぬドイツ人マエストロ＝チェリウス以降、KSOのポディアムに招かれた歴代指揮者達は以下の通りである。（タイトルは全て「常任指揮者」となっており、それが欧米風に何故「音楽監督」＝ Music Director あるいは「首席指揮者」＝ Principal Conductor ではないのか、筆者は理解に苦しむが、本稿では楽団の発表通りに記録しておく。なお数字は在任期間である。）

1. カール・チェリウス（1956.4 ～ 1961.6）
2. ハンス・ヨアヒム・カウフマン（1961.9 ～ 1963.8）
3. 森　　正（1963.9 ～ 1966.8）
4. 外山　雄三（1967.4 ～ 1970.3）
5. 渡邊　暁雄（1970.4 ～ 1972.3）
6. 山田　一雄（1972.4 ～ 1976.3）
　＊客演指揮者の時代（1976.4 ～ 1982.3）
7. フルヴィオ・ヴェルニッツイ（1982.4 ～ 1984.3）
　＊客演指揮者の時代（1984.4 ～ 1985.3）
8. 小林研一郎（1985.4 ～ 1987.3）
　＊客演指揮者の時代（1987.4 ～ 1990.3）

9. 井上　道義（1990.4 〜 1998.3）

10. ウーヴェ・ムント（1998.4 〜 2001.3）

11. 大友　直人（2001.4 〜 2008.3）

12. 広上　淳一（2008.4 〜　）

　次に歴代常任指揮者達の足跡を俯瞰して行こう。初代チェリウスの業績については、残念ながら信頼に足る資料が殆どないため、二代目のカウフマンから触れたいと思う。

　カウフマンは前任者同様ドイツ人（シュトットガルト生まれ）マエストロだが、そのアプローチは常にオープンであった。生地の音楽院で作曲を専攻、当初は高校の音楽教師をしていたが、のちプロの指揮者に転向。シュトットガルト室内管を振り出しに、ヴュルテンベルク州立歌劇場、コブレンツ市立歌劇場、マドリガル合唱団の指揮者を歴任後、35 歳の時に KSO の常任に招かれている。

　彼の BIOGRAPHY（Wikipedia ＝独語版のみ、英和版は存在しない）は 3 ページにわたる詳細なものだが、それによると、音楽家としての活動歴は良くも悪くも（つまり当時の世相を反映して、軍事的には「ヒトラー・ユーゲントと関りを持っていた点」など）、明らかにしたくないと思える部分も散見される。

　ただ前任者との違いは、終始開放的な姿勢で音楽作りを進め、KSO に欠落していた「色彩感」の創出に成功した点である。

　草創期をクラシカルの本場ドイツ指揮者に託し、アンサンブルの方向性を設定して後、3 〜 6 代目の常任には期待の邦人実力派を据えた。

　まず 3 代目の森　正は、東京音楽学校（現東京芸大）でフルートを専攻、フルーティストとしてキャリアを作り始めた。指揮に転向し、KSO へ招かれて後は、専ら「アンサンブル・トレーナー」として貢献した部分が高く評価される。KSO での在任は僅か 3 シーズンと短期に終わったが、それでもレヴェル・ダウンを食い止め、逆にサウンドを引き締めて後任に繋いだ業績は立派である。

　森の後任・外山は、本業の作曲活動にも精を出し、いわば二足の草鞋で KSO と関わった。が、前任同様在任期間が 3 シーズンと短く、独自色を鮮明に打ち出せぬまま退任する。

　そのためだろうか、外山時代のプロジェクトで目立ったのは、ストラヴィンスキーの三大バレエ音楽（第百回定期記念演奏会）を取り上げたことくらいである。

　独自性の創出が希薄という意味では、五代目の渡邊（彼の体制下での目立つ業績は、楽団初の商業録音＝シベリウスの交響曲第 2 番他を成功させた点だけであろう）、六代目の山田（京都市は彼の在任中の昭和 48 年から、KSO のための新作の委嘱を始めた）も同様で、短期間の在任で常任指揮者を繋ぐのは、楽団にとってアンサンブル作りに大きなマイナス要因になった、ことは間違いない。

　更に KSO に限らず他の団体（あるいは日本楽壇総体）にとっても、そのような人事が慣習化することは、大きな損失となる。（同団は何しろ、創立 50 シーズンで 11

人の常任指揮者を迎えているのだ。これで「KSO」サウンドを確立しろと望む方が無理、というものである）

そんな悪条件下にあってもなお KSO は、昭和51年（1951）から何と海外公演を開始する。

その内訳は、第一回の香港公演を皮切りに、北朝鮮、フランスをはじめとするヨーロッパというものであった。

他流試合で評価の優劣をつける基準になるものはやはり、サウンドの独自性に他ならない。KSO はそういう意味で、怖いもの知らずのアンサンブル、だったと言える。

そんな形で KSO が生きてきたのは、一つは市民が温かい目で見てきたからであり、そしてもう一つは官営のバンドだったからである。民間主導のアンサンブルであれば、無個性のバンドとして片づけられ、固定ファンを育てることは出来ないと思う。

そういうわけでこれからの KSO 管理中枢に望みたいのは、長い時間をかけてじっくりとアンサンブル作りが出来るような形で、常任の指揮者なり音楽監督をリクルートし続けるように、ということだ。

さて本論に戻ろう。七代目の常任指揮者 F・ヴェルニッツィは、知名度の点で問題含みだった人物である。せいぜい東京フィルやそのファン、そして関係者、あるいは地元の音楽ファン以外、実績共々殆ど知られておらず、聴衆動員の面でも成功を収めたとは言えない。

イタリア・ブッセートで生まれ（1914年7月3日）、パルマ音楽院で学び、ヴァイオリン、トランペット、作曲を専攻。指揮者としてのデビューは、1945年パルマ王立歌劇場で飾っている。

指揮活動を本格化させたのは1953年頃からである。当初はトリノ・イタリア放送響、ミラノ・イタリア放送響を頻繁に振り、1972年からはトリノ王立歌劇場芸術監督に就任。来日するようになったのは、1977年頃からであった。

KSO 着任時には既に70代直前の老齢期に差し掛かっていたヴェルニッツィ。更に在任も僅か2シーズンという短さであった。そのため多くを望むことは出来ず、従って目立つ実績はほとんど見当たらないままで退く。

続く8代目の小林研一郎の治世も、短期間の在任という点では、前任同様、達成感の乏しい内容となっている。この時期の小林は、活動の力点を東欧（ハンガリー等が中心）に置いており、かつ東京での出番も多かったため、在任は結局2シーズンに終わり、ファンの期待に応えることは出来ずじまいだった。

KSO がようやく活性の時期を迎えるのは、九代目の井上道義を迎えてからである。彼は着任早々から積極的に動き、プログラムを常に革新的なものにして、アンサンブルの柔軟性を向上させていく。

例えば、オペラの演奏会形式上演（特に、コルンゴルトのオペラ「死の都」は内外の注目を集めた）に積極的に挑んだり、新旧作品のバランスを巧妙に取りながら、聴

衆層の幅を拡大した。

　その一方で井上は客演にも意欲を見せ、その中でもシカゴ響での２シーズンに亘るマーラー作品＝交響曲第９，第４番＝は、評判となった。

　井上は結局 KSO で８シーズン在任し、アンサンブルを充実させたあと、後任のウーヴェ・ムントにバトンを託す。

　ウィーン生まれのムントは、特にブルックナーの交響曲などで名演を連発した。その一方、楽団のスケール・アップに取り組み、楽員の増強、給与待遇改善、練習回数の増加、良質の楽器購入等にも積極的な姿勢を貫き、最終的にはそれらがグレード・アップに繋がって行くよう努力を続けた。が、そのムントも在任４シーズンで KSO を退き、バトンは中堅の大友直人にリレーされる。

　大友は７シーズン在任。ムントが鍛えまくったアンサンブルを手堅く守り続け、特にテーマ性を持たせたコンサートの創出をはじめ、聴衆層の一層の若返り（例えば「子供ためのコンサート」シリーズ＝ 2009 年からは「オーケストラ・ディスカヴァリー」に改称＝や、地域の文化会館を巡演するという形の、「みんなのコンサート」と名付けたシリーズを創設）を図った。

　大友の後任に指名されたのは、これまた中堅の実力者・広上淳一である。広上は 2008 年の４月に就任して以来現在まで、在任 11 シーズン目を迎えるが（ただし 2014 年４月からは「音楽顧問」を兼任（＊筆者・注＝繰り返しになるが、このシステムが非常に理解しずらい。理由は、欧米のそれとはまるで異なる役割なのかさえ、明確ではないからだ。また、そのような役職＝ TITLE は彼の地には存在しない）している。常任指揮者の在任期間は既に、同団史上最長記録を更新中だ。（完）

＊推薦ディスク
1.「ドン・キホーテ」（R・シュトラウス）、「ローマの祭り」（O・レスピーギ）、「序曲・謝肉祭」（A・ドヴォルジャーク）：指揮・広上淳一
2.「交響曲第８番ハ短調（ノヴァーク第２稿、1890 年）（A・ブルックナー）：指揮・井上道義
3.「13 管楽器のためのセレナード変ホ長調 Op.7」（R・シュトラウス）、「交響詩ティル・オイレンシュピーゲルの愉快な悪戯・Op.28」（R・シュトラウス）、「組曲・ばらの騎士」AV・145（ロジンスキー編）（R・シュトラウス）、「組曲 ” 仮面舞踏会（A・ハチャトゥリアン）：指揮・広上淳一
4.「交響曲第９番」（G・マーラー）：指揮・ウーヴェ・ムント
5.「オーケストラのためのコンチェルト」「中国の不思議な役人」（B・バルトーク）：指揮・ウーヴェ・ムント

10. オーケストラ・アンサンブル金沢
(ORCHESTRA ENSEMBLE KANAZAWA)

　北陸文化の中心都市・石川県金沢市。同市は特に美術工芸の街として全国に知れ渡っている。だが音楽（それもクラシカル音楽）の分野に限ると、三十数年前まではまさしく、「辺境の地」の一つであった。

　1983年に文化政策の一つとして行政が掲げた「県民オーケストラの編成案」でさえ、遅々として進まなかった（朝日新聞2001年9月11日付け）ほどである。

　おまけにプロのオーケストラが来演しても聴衆数は少なく、せいぜいアマチュア楽団が細々と活動を続けるのがやっとという実情の、極言すれば「国際的音楽市場とは縁遠い場所」である。

　そのようにクラシカル音楽には否定的な条件を揃えた場所で、世界最高の「室内オーケストラ創設」を構想したのは、我が国指揮界の先達の一人、岩城宏之であった。

　その構想が実現へ向かって動き出したのは、1970年代中頃である。岩城は「加賀百万石以来の文化的素地をもつ金沢」に、新アンサンブルを創設する考えを、同地出身の延命千之助（元NHK響ステージ・マネジャー）に打ち明け、協力者を募り、実現の可能性の有無を探るよう頼んだのだ。

　延命は早速動き出し、当時の石川県知事中西陽一に直談判、岩城の構想を伝えた。その最終的な返事が来たのは、1987年夏のことである。

　岩城と行政側は以来、新オーケストラ創設実現へ向けてのアクション・プログラムを策定。同年12月の定例議会に於いて「音楽文化事業費3百万円」を「一般会計補正予算案」に初めて計上し、設立へ向かって具体的に動き始める。

　ところが当時の状況は、「新オーケストラの結成は時期尚早」という意見が大勢を占めるもの（文教公安委員会）だった。更に県民の合意形成に努めるべき、との要望も出されているなど、創設関連業務はスムーズな展開を見せることはなかった。

　それでも終戦後約半年金沢で暮らした経験を持ち、一県に一つのオーケストラを作ろうと考える岩城の情熱は、目の前に次々と立ちはだかる障壁を突破して行く。すなわち石川県知事をはじめとする行政幹部の積極的な支援を取り付ける等、半年足らずの間に経過う実現への道のりを大幅に短縮したのである。

　そして1988年6月10日、遂に彼の計画は実現した。その日、新オーケストラの管理運営母体となる「財団法人・石川県音楽文化振興事業団」が設立され、岩城は正式に音楽監督として迎え入れられたのだった。

　その後の動きは迅速に進み、童月19日には第一回楽員オーディションが実施された。注目すべきは楽員公募の告知である。それは世界中で為され（例えば北米で発行されている、定期の音楽刊行物としては世界最多の発行部数を誇る「THE MUSICIANS」

＝当時のアメリカ演奏家連盟機関紙＝にも掲載された）、全メンバーが日本人でなくてもよい、という岩城の考えを、楽員選抜の基本方針に据えていた。

　注目のオーディションには世界15か国から270人が応募。それに対して岩城はあくまでも、「名手のみを採用する」という、実力主義を貫徹する姿勢を崩さなかった。

　選抜に際し岩城は、元NHK響のコンサートマスター、同現役の首席ホルン奏者、同じくファゴットの首席を顧問として同席させ、東京（NHK響練習場）と金沢（文教会館）で応募者全員の演奏を聴き、あくまでも日本に本拠を置く「世界一のアンサンブルの創出」、にこだわったのである。

　また岩城は楽員選抜に力を注ぐ一方で、プロジェクトの面でも新機軸を続々打ち出していく。その一つが、当時の日本では珍しかった「コンポーザー・イン・レジデンス」（座付き作曲家制度）の導入であった。

　7月1日から実施された同制度は、アメリカン・オーケストラのシステム・スタイルにならった、いわゆる楽団専属の作曲家を常設する制度で、日本を代表する気鋭の作曲家達を順次契約し、その作品を在任シーズン中に続々紹介していくプログラム（OEKの発表によれば、「専属作曲家による現代曲委嘱初演」事業）である。

　外国のオーケストラで長期間常任指揮者を勤め、新作の紹介が将来的なクラシカル音楽の発展に繋がることを身を以て経験している、岩城ならではの（しかし彼にしてみれば、至極当然の）システムであった。（なお同システムは創立時より2009年度までは「コンポーザー・イン・レジデンス」、そして2010年度以降は「コンポーザー・オブ・ザ・イヤー」と名称を変えて存続中）

　かくて石川県金沢市に本拠を置く新しい室内楽団は、草創期から世界最高の水準を狙ったグレードとスケールを併せ持つプロフェッショナル・アンサンブルとして、我が国の楽壇にその姿を現す。

　その際問題になったことがある。それは同団の名称であった。が、その件も、岩城と県知事との鳩首会談で即刻解決した。

　音楽監督岩城が当初から主張していた「金沢という文字を入れる」ことが確認され、「オーケストラ・アンサンブル金沢」（＝以下OEK）が名称として最終的に採用となり、それは市民からも好評を以て迎えられた。

　パリ弦楽団を飛び出したジャン・ピエール・ヴァレーズ（元パリ管のコンサートマスター）が、新しく組織した「アンサンブル・ド・パリ」（パリ室内管）が、OEKのモデルだと目されている。その縁もあって、同団のシェフ（音楽監督＝MD）ヴァレーズは、OEK創設後、頻繁に客演することとなった。

　組織を整備し、楽員オーディションを無事完了したOEKは、いよいよデビュー・コンサートへ向けての猛練習に入る。本番は11月21日（金沢文化ホール）、22日（金沢観光会館）の両日、演奏曲目はモーツァルトの交響曲39, 40, 41番の3曲と決まった。指揮を執るのは勿論、MDの岩城宏之である。

新楽団、それも北陸では夢想だにしなかったプロフェッショナル・アンサンブルの定期公演に、定期会員がどれだけ集まるか。その支援団体ともいえるOEK友の会への入会希望者の数が、まず注目された。

　そして驚くべきことにその数は、オーディション終了後から半年後の11月までに、一千人以上にも膨れ上がったのである。それはOEKへの期待がいかに大きなものかを、如実に物語る数字であった。

　そのように県民から支持され、期待を背負って遂に船出したOEK。だが、それでも発足当時には課題も勿論あった。その中で最大のものは、常設の定期公演会場がなかったことである。

　行政側との話し合いでは、創設後3シーズン目にそれを完成させる予定であった。が、予定が大幅に狂い、結局完成したのは平成13年9月12日になった。

　ともあれ待望の本拠地（名称は石川県立音楽堂）を遂に得たOEKは、組織を完全に整備し、本格的な演奏活動を開始する。（1988年12月23日：交響曲第9番 "合唱付き"、同24日：ミサ・ソレムニスとベートーヴェンの大作を連発。早くもその実力を発揮し、音楽ファンを熱狂させた）

　翌89年度は常任指揮者に天沼裕子が招かれる。岩城が発掘した新進の女性指揮者だ。彼女のOEKデビュー・コンサートは、1月23, 24日の両日行われた。

　更に続いて3月10日、今度は東京でのデビュー・コンサート（会場はカザルス・ホール）が行われ、これまた大成功を収めている。

　天沼の記念すべきOEK定期公演デビューは4月28, 29日であった。同公演ではヴァイオリン独奏に千住真理子を迎え、当時としてはあまり例のない女性中心のプログラムを提供。これまた全国的な注目を集めている。

　これですっかり波に乗ったOEKは、9月4, 5日の第二回定期公演を成功させると、同月28日から10月11日にかけて、なんと海外楽旅を敢行（プロジェクト名は、ユーロパリア89ジャパン）するという離れ業をやってのける。楽旅の内容は、欧州5都市を巡演するというもので、自主運営の団体には決して実現出来ない短期間のプロジェクトであった。

　結局OEKは、1989年度シーズンに於いて、4回の定期公演、楽団初の欧州楽旅を成功させ、上々の滑り出しを見せる。そしてその勢いは次のシーズンに入っても衰えず、活動の幅はむしろ拡大の一途を辿ることになった。

　アンサンブルの推進役となったのは、新コンサートマスターのミヒャエル・ダウト（＝ダウス）である。世界最高のアンサンブルの一つ、ベルリン・フィルから移籍した彼は、随所でOEKのグレード・アップに貢献した。

　1991年度シーズンからは、注目すべきプロジェクトがさらに勢いを増す。まず最初は、日本ビクター社からの初録音（CD）の発表（曲目はモーツァルトの交響曲第40番他）と、オーストラリア・クィーンズランド・フィルとの合同公演であった。両企

画はいずれも大成功をおさめ、それが呼び水となって翌年の録音契約（ドイツ・グラモフォン社で「合奏協奏曲第1番」（シュニトケ）、「カルメン組曲」）、およびオーストラリア・ニュージーランド楽旅（5都市）へと結びついていく。（特に前者は、92年度の「日本レコード・アカデミー賞」を受賞するという栄誉に輝いた）

　更にOEKはその後も勢いを止めることなく、1993年11月16日には「OEK合唱団創設（合唱指揮者＝大谷研二）、翌94年度にはJ・P・ヴァレーズを首席客演指揮者に招聘。同年6月1日からは、「ベートーヴェンの全交響曲サイクル」、三度目の海外遠征（オーストラリア、シンガポール＝2か国5都市）を実施。またその翌シーズンには、全国の音楽ファンをあっといわせた「モーツァルトの交響曲全曲サイクル」を開始する一方、4回目の海外楽旅（インドネシア、シンガポール）、次いで翌96年度には念願のヨーロッパ初公演（6か国19都市を巡演）を成功させるという快挙を連発して行く。

　このあたりに至ると、OEKは組織的基盤及び発展への可能性を増し、公演企画成功率は高まり、CD等による社会的知名度は格段に上昇した。

　特に管理運営者が、「楽団自体にグローバル・スケールを維持させる努力を怠らなかった」のは、OEKを語る上で最重要なことだと思う。

　その努力の一例を上げると、1997年に実施したドイツ公演で、稀代のバリトン＝ヘルマン・プライを帯同、「冬の旅」（シューベルト）の伴奏を務めた企画（オーケストラ伴奏付きの演奏は世界初）である。同公演はCD化され、大評判を呼んだ。

　さて1998年(創立10周年)、2001年2月23日(定期公演回数100回の大台に乗り、ギュンター・ピヒラーを迎えて二度目の「ベートーヴェン交響曲全曲サイクル」実施、およびフランチャイズの完成＝石川県立音楽堂)、と今世紀に入っても順調に発展を続けるOEK。

　ここで同団を牽引してきた歴代の「音楽監督（MD）」「首席指揮者（PC）」、「コンポーザー・イン・レジデンス（上述のように2010年後は「コンポーザー・オブ・ザ・イヤー」に改称）＝座付き作曲家」の面々を上げておこう。

＊歴代音楽監督
　1. 岩城宏之（1988〜2006＝音楽監督）
　　＊天沼裕子（初代常任指揮者）
　2. 井上道義（2007〜2018＝音楽監督）
　3. マルク・ミンコフスキ（2018〜　＝芸術監督）
＊＊＊終身客演指揮者
　＊川瀬賢太郎（2018年9月〜　）

＊歴代 COMPOSER IN RESIDENCE ＝ COMPOSER OF THE YEAR
――柳　慧（1988〜1991）、―石井真木（1988〜1991）、

―外山雄三（1991 ～ 1992）―西村　朗（1991 ～ 1993）、

―湯浅譲二（1993 ～ 1995）、―武満　徹（1995 ～ 1996 年 2 月）

―黛　敏郎（1996 ～ 1997 年 4 月）、―池辺晋一郎（1997 ～ 1998）、

―藤家渓子（1998 ～ 1999）―林　　光（1999 ～ 2000）、

―江村哲二（2000 ～ 2001）、―松村禎三（2001 ～ 2001）

―三善　晃（2002 ～ 2003）、―猿谷紀郎（2003 ～ 2004）、

―権代敦彦（2004 ～ 2005）

―レーラ・アウエルバッハ（LERA AUERBACH）（2004 ～ 2005）、

―間宮芳生（2005 ～ 2006）―新実徳英（2006 ～ 2007）、

――一柳　慧（2008 ～ 2009）、―三枝成彰（2008 ～ 2009）

―ロジェ・ブトリー（ROGER BOUTRY）（2009 ～ 2010）、

―加古　隆（2010 ～ 2011）―望月　京（2011 ～ 2012）、

―ウンスク・チン（2012 ～ 2014）、―権代敦彦（2014 ～ 2015）

――一柳　慧（2015 ～ 2016）、

―ティエリー・エスケシュ（THIERRY ESCAICH）（2016 ～ 2017）

―池辺晋一郎（2017 ～ 2018）、―挾間美帆（2018 ～ 2019）

　かつての洋楽辺境の地は今や、日本有数のグローバル・スケールと、高水準の演奏水準を持つアンサンブルの本拠地に変貌した。

　年間平均公演数約 110 回（公演地は北陸、東京、大阪、名古屋他）を提供し、創立以来 16 回もの海外公演実施記録（2017 年度発表）を誇り、2008 年からは新たに「ラ・フォル・ジュルネ金沢」音楽祭のレジデント・オーケストラをも務めるようになり、名実ともに世界の演奏サーキットの最前線にいるアーティストの大半をゲストとして招いてきた OEK。

　その国際的人気の高さは、ソニー、ワーナー、エイベックス、東芝 EMI、ビクター、そしてドイツ・グラモフォンという名だたる世界のレーベルから録音を要望され、数多くの BEST SELLING　CD をリリースしていることで証明される。

　岩城宏之という名の一人の熱意に溢れた男が立ち上がり、諦めずに努力を続けた結果誕生した OEK。彼は同団の草創期を不退転の決意で充実・整備させ、将来展望が拓けると、潔く後進に後を任せていく。

　続く井上は、期待に違わず前任の理想実現を目指しながら、自らの芸術のエキスを注入することも忘れず、常に野心的な取り組みを実行してスケール・アップを果たした。

　そして井上の後を継いで芸術監督を務めるのは実力者ミンコフスキ。2015 ～ 2018 年前半まで首席客演指揮者の任にあり、OEK の概要を把握していた人物だ。

　19 歳で「ルーブル宮音楽隊」（レ・ミュジシャン・デュ・ルーヴル）を創設し、斬新な解釈でバロック音楽演奏界に新風を吹き込んだ彼は、ウィーン、ベルリンの両フィルハーモニカーをはじめ、世界の名流バンドおよびオペラ団体を総なめにしてきた。

OEK とは 2019 年度シーズン現在兼任という形であり、その点に多少の不満は残るが、しかし強力なサポート役達がいる。まず最初の一人は、首席客演指揮者のユベール・スダーン。二人目は近年とみに成長著しい活躍を見せるパーマネント・ゲスト・コンダクター（楽団側の日本語訳では「常任客演指揮者」だが、筆者は敢えて文字通りに「終身客演指揮者」と訳す）、そして三人目はこれまた期待の女性指揮者・田中祐子、最後は彼らを支える鈴木織衛だ。

スダーン以外の面々に「国際的キャリア」が不足なのは、全員が若いせいである。そういう意味で、いつも「国内最高クラスの国際水準バンド」OEK を常時振れるのは、大変なメリットであろう。OEK を思うがままに繰れることは、国外の名流バンドからいつゲストのオファーが来ても対応できる、ということになるからだ。

そのように後進にチャンスを与えつつも今は冥界の人となった岩城。彼は存命中、果たして同団の今日的発展を予測できたであろうか。(完)

＊推薦ディスク

1. ベートーヴェン交響曲全集：指揮・岩城宏之
2. ベートーヴェン交響曲全集：指揮・金聖響
3. モーツァルト交響曲第 40 番、第 41 番「ジュピター」：指揮・井上道義
4. シューベルト歌曲集「冬の旅」（オーケストラ伴奏版）：(B) 独唱・ヘルマン・プライ：指揮・岩城宏之
5. ピアノ協奏曲第 5 番「皇帝」（ベートーヴェン）、ピアノ協奏曲第 2 番（ショパン）：ピアノ独奏・中村紘子、指揮：ギュンター・ピヒラー

11. 大阪交響楽団
(OSAKA SYMPHONY ORCHESTRA)

プロフェッショナル・オーケストラはどのような形で誕生するのか？

その問いに対する答えはオーケストラの数ほどあると思う。時、場所、そしてそれと関わる人間の熱意等により、オーケストラ発足の形は多様なのだ。おかげでその研究は実に興味深く、憑りつかれたら最後止められなくなる。

特に筆者のような、人口わずか 5 万人余、文化の諸相の登場どころか電機水道施設の完備さえ半世紀前の 1960 年代であったという沖縄島の、更に南へ 3 百キロも下った離島の離島「宮古島」で暮らした経験（18 歳になるまで）を持つ人間にとっては、まさにそうである。

大学入学直後に人生初の「録音盤」(LP) を贖い、22 歳でプロ楽団の LIVE（シカゴ

交響楽団）を初体験、更にそれから 26 歳までの間に約 1300 回ものプロ楽団、演奏家、を聞きまくった者には、その研究の魅力が倍加どころか圧倒的な関心の推進力となってしまう。

そんな経験を踏まえた中で、筆者の関心をいつもより強く掻き立てたのが、これから取り上げる「大阪交響楽団」（現在の名称、以下 OSO と記す）であった。

その取っ掛かりは、同団事務局への資料請求の手紙（当時は現在のような、便利極まる IT 等のハイ・テクはなく、通信手段はひたすら手紙文の交換であった）を送ったことである。

早速返事が来たが、その中には資料と共に、何と同団の創設責任者「敷島博子」氏からの、取材についての感謝の手紙、も入っていたのだった。

その情熱溢れる内容に筆者はすっかり恐縮し、更に資料の中では特に、一枚のチラシに書かれた文面に感動した。

1979 年に配布されたそのチラシの冒頭には、「貴方自身の手で、新しいアマチュア・オーケストラを作ってみませんか！！今までの既成のオーケストラにトラとして入るのではなく、貴方自身が核となって、草分けから自分自身のオーケストラを作る喜びを味わうのです。」から、更に「・・・年に 1 ～ 2 回の定期演奏会を目標とし、その時には本物の音楽「手作りの味」が聴衆を魅了するような良心的な音楽を発表するのです。」と結ばれた「楽員募集宣言」文が書かれていたのである。

現在の「大阪交響楽団」（OSAKA SYMPHONY ORCHESTRA）は、主宰者の「一般家庭婦人」（親しみを込めて言えば要するに「大阪のおばちゃん＝敷島博子」の下、結団へ向かって走り出したのだ。

1800 年代終期から 1900 代初頭の北米では、「金満家あるいは名流家庭の有閑婦人主体によるオーケストラ創設支援運動」、またはそれに似た形として、よく見られた話、ではある。

だがそれが、大阪で起こった（しかもそれを主体的に牽引したのが一人の平凡な主婦！）、という点が驚異的なのだ。

クラシカル音楽には殆ど縁のない普通の家庭婦人の発想で始められ、LEAD され、しかも実現され、さらに四十年以上も演奏活動を継続して今日を迎えている、という形になってきたのだから、まさに「驚愕至極」以外の何物でもない。

更にその楽団の設立構想（あるいは目標）からして、いかにも素人集団の発想であったことが理解できるのだ。（つまり初めから永続化を狙うのではなく、「いつ潰れてもよい」という底意が見えている）

極めて抽象的な言い方かもしれないが、同団の発展ぶりを一気に述べると、最初はアマチュア団体、それが市民の支持を集めて楽員のヤル気を次第に引き出し、プロ演奏家の指導を継続することで徐々に楽員や事務方の意識に変革が起こり、気が付くと組織総体が「プロ並の意欲が育つ環境に置かれていた」ということになろうか。

OSO が今も存続しているのは、そんな構図が成功を収めているという証だ。が、プロになった今も問題は常に「運営資金」である。この資本主義の世界に生きる楽団の永遠の課題を、OSO が今後もどのような形で乗り越えて行くか。それを注視し続けることが、即、同団の演奏水準を測るバロメーターでもあり、そのメーターの測定値の高さが「同団が大阪の、ひいては我が国の、あるいは世界規模の存在価値の有無」を決めて行くと思う。

　その前にここで以下のことを強調しておきたい。

「世界のオーケストラの研究を始め、現地でのリサーチおよび資料漁りに明け暮れている身としては、OSO の存在は確かに奇跡としか言いようのない（嬉しい現実）だ。してそれが 2020 年 3 月の今、創立 40 年目を迎え、未来の発展を見つめながら活動を続けていることは言うまでもない。言葉を超える快事、目標を持つ人間の強さ、を証明するものだ！」

　それではこれから同団の沿革を述べて行くが最初は歴代の音楽監督（MD) および常任指揮者（RC) と首席指揮者（PC）の紹介から。続いて楽団名称の変更（時代順）を添え記しながら、主要歴代指揮者達の実績を俯瞰するという形で進めたい。

＊まず歴代の MD,RC 及び PC は以下の通りである。

1. 小泉ひろし（1980 ～ 1991/9 月：MD・RC）(1991/10 月～ 2010 年 3 月＝名誉指揮者）

2. トーマス・ザンデルリンク（1992 年 2 月～ 2000 年 12 月：MD・RC) (2001 年 1 月～ 2010 年 3 月：PC・桂冠指揮者）

3. 本名徹次（1994 年 8 月～ 2001 年 3 月：RC）

4. 曽我大介（2001 年 4 月～ 2003 年 12 月：MD.RC）

5. 寺岡清高（2004 年 1 月：正指揮者、2011 年 11 月～：RC）

6. 大山平一郎（2005 年 4 月～音楽顧問兼 PC）

7. 児玉宏（2008 年 4 月～ 2016 年 3 月：MD,PC）

8. 外山雄三（2016 年 4 月～ 2020 年 4 月：音楽顧問）＊ 2020 年 4 月以降は名誉指揮者

9. 太田　弦（2019 年 4 月～　正指揮者）

　＊＊＊（筆者・注）「2021 年 9 月 25 日、大阪響は、次期常任指揮者に下記の「山下一史」を招聘すると発表した。就任年度と初期在任契約期間は以下の通り）

10. 山下一史（2022 年 4 月～ 2025 年 3 月：常任指揮者）

＊続いて楽団名称の変更（時代順）は以下の通り

1. 大阪シンフォニカー（1980 年設立時～ 2001 年）＝設立時の楽員数 50 人

2. 大阪シンフォニカー交響楽団（2001 年 1 月～ 2010 年 3 月）

3. 大阪交響楽団（2010 年 4 月～現在）

次に各歴代シェフ達の足跡を辿ると、

まず初代の MD を務めた「小泉ひろし」である。彼は桐朋学園大を出てウィーン国立音大へ留学。桐朋では斎藤秀雄、ウィーンでは名伯楽ハンス・スワロフスキーに学んだ。指揮者へのスタートは華々しく、大いに将来を嘱望された。

　卒業後は第一回民音指揮者コンクール（現・東京国際指揮者コンクール）で三位に入賞。そのあと東京都響の副指揮者に就任する。（国際的なキャリアとしては既に、ウィーンでクラーゲンフルト国立歌劇場、ウィーン・トーンキュンストラー管などへ客演の実績を持っていた。）

　日本では手兵との活動と並行し、在京の主要楽団をはじめ、海外ではメキシコ国立響へ客演するなど幅を広げた。そのため一時は海外での実績拡大へ情熱を傾けるかにも思えたが、いわゆるメジャー・クラスからのオファーはなく、更に我が国でもその実力に比して軽量級のポストに甘んじている。

　ただ OSO との出会いは、彼の指揮人生の中で「プロ指揮者とプロを目指すアマチュア主体のアンサンブルとの幸福な結びつき」であったと思う。

　創設時の同団に最も大切なプロフェッショナリズムを注入した小泉の活躍がなければ、その内容を更にグローバルな視点で錬磨した彼の後任 T・ザンデルリンクの治世は、燃焼度のかなり低いものになっていたと思う。

　ザンデルリンク家はヨーロッパでも有数の音楽芸術名家である。トーマスの父はクルト・ザンデルリンク、そしてトーマスの二人の弟シュテファン、ミヒャエルも、今や国際級のマエストロだ。つまりこの汎ドイツの名家は、世界級の指揮の人材を何と4人も輩出してきたのである。

　そんな家風の中で中で醸成されたトーマスの演奏に関するアイディア、様式等など、OSO 楽員が得たものは多かったと思う。

　名前からして生粋のドイツ出身と思われがちなトーマスは、実は旧ソ連時代のノヴォシビルスクで生まれた（1942 年 10 月 2 日）指揮者である。（筆者・注・現在も現役として活躍中の彼は、2017 年度シーズンから故郷ノヴォシビルスクで、同地のフィルハーモニック＝ノヴォシビルスク・フィルで首席指揮者を務めている）

　話を元に戻して、幼い頃に「レニングラード音楽院特別クラス」でヴァイオリンを始め、のち指揮に転向したのは 1960 年、ベルリンの「ハンス・アイスラー大学」に進んでからだ。　在学中指揮コンクールに優勝後、名伯楽 H・スワロフスキーに師事する特典を得る。

　その後はフォン・カラヤン、L・バーンスタインの助手を務める等の実績を築き、指揮者として本格デビューは 1966 年 (24 歳) ＝ゾンダーハウゼン及びライヒェンバッハの劇場＝である。

　更に同年、彼はハルレ・ザールの MD に指名され、1978 年には「ウィーン国立歌劇場」そしてそのあと「バイエルン国立歌劇場」に次々とデビューを飾り、1978 〜 1983 年の５シーズンは「ベルリン州立劇場」から首席客演指揮者に招かれている。（なお彼

189

がドイツ共和国に移住したのは 1983 年であった）

　ドイツに移住してからのトーマスは、極めて自由かつ「自らの信念・思想に忠実に」生き続ける。すなわち乞われるままにアムステルダム・フィルハーモニックの首席指揮者と芸術顧問（1984 〜 1986）、OSO の MD,RC（1992 年 1 月〜 2000 年 12 月、桂冠指揮者・首席指揮者＝ 2001 年 1 月〜 2010 年 3 月）という具合だ。

　OSO と初めて関わったのは 1989 年の 8 月（シンフォニー・ホール）での「第 20 回定期」である。その際の音作りの中で、OSO の楽員たちはトーマスから「徹底した指導」を受け、「クラシックの中枢で生き抜く演奏家としての、グローバルな本格プロフェッショナルの意識」を目覚めさせられた。

　その経験は指揮者・楽員双方の心中に、特別かつ不思議な「COHESIVENESS」（凝集力）を醸成するものとして残り、それから 1991 年の客演再要請等を経て、ついに 1992 年の MD・RC 受諾へと発展する。

　圧倒的な国際キャリアを持つ指揮者と、アマチュア主体のアンサンブル。このコンビネーションの誕生（しかも大阪で出来た！）は、本邦音楽史に燦然と輝く「奇跡的な出来事」であった。

　トーマスの治世下で OSO は、創設 15 周年(1995 年 5 月)、東京初公演(1996 年 6 月：公演地は東京芸術劇場)、創立 20 周年第 70 回定期公演（2000 年 10 月）等多くの歴史的プロジェクトを実現している。

　その後 OSO のポディアムには本名、曽我、寺岡ら、本邦の若手実力者が MD 等のリストに名を連ねたが、彼らの多くが大過なく役割を果たして来れたのは、トーマスが「プロとしての精神力」を植え付けたからに他ならない。

　特に曽我体制下での初のヨーロッパ公演（2002 年 12 月＝ルーマニア）、ベトナム・ハノイ公演（2003 年 3 月）等がそれで、いずれの地でも OSO の堂々たる演奏と公演マナーは評判を呼んだ。

　また寺岡の場合は、2000 年のミトロプーロス国際指揮者コンクールで優勝を果たし、フェニーチェ座管、サンクトペテルブルク管、オランダ放送管等へ客演して成功を収めたにも関らず、2004 年に OSO の正指揮者に就任する道を選んでいる。それだけ未知数への魅力にひかれ、将来性を買ったわけであろう。

　続く大山は創立 25 周年第 103 回定期を振り、成功を収めたことが唯一注目を集めた。

　その反動からであろう。次の児玉には当初から、かなりの期待が掛けられた。

　児玉は何しろ、桐朋で斎藤秀雄、小澤征爾の薫陶を受け、渡独後は O・スイトナーに師事。後にバイエルン州立コールブルク歌劇場の MD,PC に招かれ、クラシカルの正統的メソードを叩き込まれた人材である。

　2008 年シーズンから定期公演回数を 1 シーズン＝ 10 回に定め、組織力をますます充実させてきた OSO。その勢いを促進すべく児玉を招き、更なるグレード、スケール・アップを図る。

2016 年度シーズンまで続く児玉体制下で到達した主要プロジェクトには、2010 年の創立 30 周年、同じく 35 周年（2015 年 9 月）等があり、特に後者では第 196 回定期でブルックナーの大作「交響曲第 9 番」を取り上げ、大評判をとった。

　更に 2016 年 3 月の第 200 回定期では、「ワーグナーの楽劇 ” ニーベルングの指輪 ”抜粋」を指揮。NHK で放映され、全国的な注目をも集めている。

　児玉の後任探しの期間、いわば「Interim」（中継ぎ）的な登板を務めたのは、本邦指揮界の実力者・外山雄三である。ポジションは音楽顧問（在任は 2016 年 4 月〜2019 年 3 月）という形だが、その後 1 シーズンの契約延長（2020 年 4 月以降は名誉指揮者）となり、結局後任は若手の成長株・太田弦が招かれる。

　太田は 2015 年「東京国際音楽コンクール」の指揮部門で準優勝と聴衆賞を獲得した東京芸大出身の人材。2019 年 4 月に OSO から正指揮者に迎えられ、指揮活動を本格化させた新進だ。

　目下 COVID19 禍に襲われ、本邦楽壇が危機的状況にあるとはいえ、それが治まれば期待通りの活躍を見せてくれると思う。

　さて 2018 年 11 月、晴れて「公益社団法人・大阪交響楽団」の認可がおり、天下晴れて関西楽壇を牽引する高度な演奏水準、および組織力を固めた OSO。COVID19 が治まり、若武者・太田弦のリードが勢いづくのを、関西の好楽家たちは固唾を呑んで待ち構えている。（完）

＊推薦ディスク

1.「交響曲第 6 番ハ長調作品 31・Doller 交響曲」（K・M・アッテベルイ）、「セレナード・ホ短調作品 20」（E・エルガー）：指揮・児玉宏

2.「交響曲第 5 番変ロ長調作品 55」（A・K・グラズーノフ）、「バレエ組曲 ” 賢い乙女たち ”＝バッハの曲による」（W・ウォルトン）：指揮・児玉宏

3.「交響曲第 4 番ハ短調作品 12」（S・I・タネーエフ）、「交響曲第 4 番 ” 愛のカンツォーネに由来する交響曲 ”＝日本初演」（N・ロータ）：指揮・児玉宏

4.「交響曲第 24 番ヘ短調作品 63” ウラジーミル・デルジャノフスキーの思い出に ”＝日本初演、：指揮・児玉宏、
　「ピアノ協奏曲ヘ短調作品 16」（A・フォン・ヘンゼルト）、「交響曲第 4 番ハ長調」（F・シュミット）：指揮・寺岡清高、PF 独奏・長尾洋史

5.「交響曲第 2 番イ長調作品 47」（R・ヴェッツ）、「2 台のピアノと管弦楽のための協奏曲変イ短調作品 88a（M・ブルッフ）、「交響曲第 2 番変ロ長調作品 15」（J・S・スヴェンセン）：指揮・児玉宏、Pf 独奏・山本貴志、佐藤卓史

6.「ヴァイオリン協奏曲集・” 第 1 番変ロ長調 K.207”、” 第 2 番ニ長調 K.211”、“ 第 5 番イ長調 K.219 トルコ風 ”（W・A・モーツァルト）：Vn. 独奏・豊嶋泰嗣

7.「ブラームス交響曲全集」（J・ブラームス）：指揮・大山平一郎（第 1、4 番）、寺岡清高（第 2 番）、ウラディーミル・ヴァーレク（第 3 番）

8.「交響曲第 9 番ニ短調作品 125” 合唱付き」(L.v. ベートーヴェン)：指揮・宇野功芳、
　独唱・丸山晃子（Sp.）八木寿子（Alt.）馬場清孝（Tr.）藤村匡人（Bt.）、合唱・
　神戸市混声合唱団

12. 広島交響楽団
(HIROSHIMA SYMPHONY ORCHESTRA)

　明治 40 年 (1907)、広島高等師範学校助教授・吉田信太を中心に組織された「丁未（て
いみ）音楽会」は、広島に於ける「音楽趣味の普及」を狙いとする校友会の付属団体で、
同地オーケストラ運動の草分け、となった。（ちなみに「丁未」とは、その年の干支の
ことである）

　吉田の勤務するその学校は、東京音楽学校（東京上野にある現東京芸術大学）、東京
高等師範学校、東京女子高等師範学校、奈良女子師範学校（奈良県）、と並ぶ、我が国
有数の音楽芸術教育機関として知られ、地方都市広島に早くから、西洋音楽の種を蒔く、
といった重要な役割を果たす。

　丁未音楽会は、大正時代にも存続し、それまで閉鎖的だった会の運営が広く県民に
開放されるなど、オープンな形となり、直営のオーケストラも編成された。

　またその大正時代（1920）、今度は広島県師範学校に、「広島フィルハーモニック・
ソサエティ」が誕生する。そのため広島県は、呉市の「海軍軍楽隊」を含めると、洋
楽発展への足がかりとなる組織を、一挙に三つも揃えることになった。

　原爆という人類最大の惨禍に見舞われるまで、広島の楽壇は活性化の一途を辿って
いたが、常設のアンサンブルを組織するまでには至っていない。それが実現するのは
やはり、第二次大戦後、それも約 30 年の月日が経ってからである。

　だがそれも、順調に推移した結果、というのではなく、幾多の紆余曲折を潜り抜け
た末の結晶体、といった形だった。

　戦後の広島におけるオーケストラ運動は、ＮＨＫ広島放送管弦楽団（1947 年＝昭
和 22 年＝結成）、広島放送交響楽団（1948 年＝昭和 23 年＝結成）、広島フィルハー
モニー（1951 年結成）、広島ジュニア・オーケストラ（同）、と続く。

　が、既に述べたように、これら一連のオーケストラ運動は、順調な向上発展を見せ
ることはなく、多くの場合、停滞と低迷の繰り返しであった。理由は、お定まりの資
金難である。

　情熱、使命感が先行し、具体的な管理・運営面における方策が十分に整備されぬまま、
ひたすらガムシャラにのみ活動を続けていたのだった。

そんな中、市内で医院を開業する高橋定（高橋内科医院院長であり、ヴァイオリン奏者でもあった）を中心とした七人の有志が立ち上がる。彼らは 1963 年 10 月、「世界の平和文化都市広島に、優れたオーケストラを！」というスローガンの下、新楽団の結成を宣言。楽団名称を「広島市民交響楽団とし、その活動目標を「広く市民精神を反映し、市民に愛されること」とした。

　有志達は早速楽員募集を開始。続々加入してきた楽員達は、記念すべきオープニング・コンサートを目指して、毎週水曜日、ＮＨＫ広島放送局のホールを借りて練習を始めたのだった。

　そしてそれから半年後の 1964 年 4 月 6 日 6 時半、猛練習の成果を披露するオープニング・コンサートの時がやって来た。

　会場は「広島市公会堂」、指揮を執ったのは、その後広島交響楽団の草創期に至るまで、演奏面での指導的立場を担うことになる井上一清であった。

　同団の初代理事長を務めたのは、上述の高橋定医師で、彼は楽団が船出する最初のステージ上から満員の聴衆に向かい、「耳ある人は聴いてください。業（わざ）ある人は、参加してください」と呼びかけている。

　広島はここで、連綿と続いてきたオーケストラ運動に一つの区切りをつけ、更にグレード・アップした形で、本格的な常設アンサンブル活動へ向けての記念すべき第一歩、を踏み出したのであった。

　第一回公演は二管・フル編成で行われ、参加楽員数は７７人。アマチュア主体（本職は、医師、教師、会社員、大学生、高校生、国鉄職員、僧侶、刑事等多彩にわたっていた）に、広島放送管弦楽団のプロ楽員２０人が加わるといった構成である。

　上記のように大半の楽員が職業人であり、練習への参加率は当然悪くなった。そのため常にアンサンブルの仕上げに苦しんだが、それでも本番までには立派に纏まり、コンサート当日は大熱演を展開。期待以上の大成功を収めたのだった。

　広島市民響が何より願ったのは、市民からの支援である。それも浜井広島市長（当時）を頂点とする行政側の理解により、同団の将来は展望の抱けるものとなった。

　おかげで同団は、（広島のプロ野球団＝広島カープのように）、「市民に愛されるオーケストラ」となる決意を、一層強固なものにしていく。そして楽団事務局は、その決意を実現するため、活発な演奏活動を展開し始めた。

　ところが行く先々で、その進路を遮る障壁、あるいは端的に言えば「限界」と呼べるものが待ち構えていたのである。

　それは、「特定のスポンサーを持たない市民オーケストラとしての姿勢を貫徹するが故の」厳しい財政難、であった。

　発足当時、年２回の定期公演を実現するための広島市民響の収入源と言えば、広島市からの援助、入場収入、個人および企業からの寄付、放送出演料等に限られていた。

　しかもそこには、手弁当で駆けつけてくれる人々の、好意の上に胡坐をかくような

ところが見え隠れしており、そのような犠牲的精神が長続きするわけはなかった。

　更に当時は時期的に、音大出身の演奏家が輩出し始めた頃であり、プロとアマの実力差に大きな開きが生まれ、共同作業の中では互いに深刻なフラストレーションに陥入ってしまう危険性を孕んでいた。離団者が相次いだのはそのせいであり、そのような状況は常にアンサンブル作りの阻害要因となった。

　そんな事態を打開する最良の方法は、財政面を安定させることで、優秀な楽員を常時補充できる体制を確立することである。考えられる方法としては、自治体による直営楽団(例えば京都市響)、あるいは後援団体を組織した独立法人化にすること、などだ。

　ところがそんな重大時期に、楽団の精神的支柱役であった高橋理事長が急死する。既に述べたように彼は、自らの病院経営を顧みず、ひたすらオーケストラの存続に情熱を傾けてきた。彼を抜きにしては「広島のオーケストラ史を語れない」ほどの、広島楽壇の大功労者である。そんな人物を失なって後の広島市民響は、たちまち存続の危機に陥る他はなかった。

　それを打開すべく理事会は急遽対策を打ち出す。その結果、後任理事長には原田東民を指名。最初は受諾を固辞していたものの、結局は前任者の情熱を受け継ぐ形で、原田体制は発足した。

　こうして楽団は最初の難局を切り抜け、さらに厳しい未来へ向かって進み出す。

　原田体制下で再始動した楽団は１９７０年、まず新機軸として「楽団の名称変更」を打ち出した。それまで親しまれてきた「広島市民交響楽団」という名称を、「広島交響楽団」（以後・HSOまたは広響と記す）に改めたのである。

　それに続いて原田の率いる理事会は、楽団の支援組織＝広島交響楽協会＝を設立。あらゆる面でオーケストラを支えていくことを確認した。

　そして最終的にはプロフェッショナル・オーケストラ化を目指し、定期公演回数を従来の２回から３回に増やすことを決める。

　新体制に移行しても、楽員は相変わらず不安定な中での活動を余儀なくされた。しかし演奏水準を向上させ、楽員のモラリティを高めて行くには、そうするしか方法はなかったのである。

　また原田体制下では、会員制度も導入された。具体的な支援者作りの基礎固めを行うためであった。

　更に、楽団の活動範囲を広域化し、広島県全体をカバー出来るよう工夫（演奏現場では、実績をより多く残すため、二十人前後の小編成アンサンブルを組み、広島県下の学校を巡演し続けた）した。楽団の名称を「広島市民交響楽団」から「広島交響楽団」としたのも、県全体をカバーすることで、市、県そして国（文化庁）からの予算獲得を目指したからである。

　楽団管理中枢でプロ化への傾斜が強まれば強まるほど、その熱意は演奏現場へも伝わっていく。もちろんそれは、市民に対してもアピールされ続けた。

すなわち演奏会ごとに広島の聴衆は、「おらがアンサンブル」が届ける、日頃の猛烈な錬磨の証である音を届けられのだ。そしてその結果、市民たちの中にもいつの間にか、「プロ化の実現を望む」声が高まって行く。

　しかも当時は幸運なことに、それを後押しするような状況も生まれたのである。文化庁が、「中国・四国地方における広域オーケストラ化」を推進、当該地域に二百万円の助成金を交付したのだ。

　結局そのことがHSO関係者のプロ志向に拍車をかけ、同団理事会は昭和47年(1972) 3月末に開かれた会合で、懸案だった法人化（すなわちプロ化）の案件を一気に決定する。

　社団法人の認可が下りたのは、同年9月に入ってからだった。そしてその年が、「HSOの創立年」として認知されることになる。

　以後も同団の進む道には数多くの障壁が待ち構えているものの、それらを次々と突破しながら下記の面々を音楽監督、首席指揮者に迎え、アンサンブルを鍛え前進していく。

　以下の人々は、創設時から現在に至るまでのHSO史を飾ってきた歴代音楽監督・首席指揮者達である。

1. 井上一清（常任指揮者）、田頭徳治（初代音楽監督）を中心とする集団指揮体制の時代－（1972 ～ 1984）
2. 渡邊暁雄（音楽監督）－（1984 ～ 1986）
3. 高関　健（音楽監督）－（1986 ～ 1990）
4. 田中良和（音楽監督）－（1990 ～ 1994）
5. 十束尚宏（音楽監督）－（1994 ～ 1998）
6. 秋山和慶（首席指揮者・音楽顧問）－（1998 ～ 2017）
7. 下野達也（音楽総監督）－（2017 ～ 　）

　次にプロ化が決まってから今日に至るまで楽団史を、各歴代MDの業績と併せながら述べて行こう。

　まずプロ移行決定から一か月半後、HSO理事会が広島医師会館で開かれ、正式に「社団法人広島交響楽協会」が設立された。目的はHSOの前途を盤石なものにしていくことである。

　続いて楽団管理中枢は、「地方交響楽団連盟」（7楽団が加盟）への参加をも決議。更に三か年計画を立て、その最終年度には、演奏回数を1シーズン90回を実現し、定期公演など多種多様な演奏会の創出に取り組むこと、を発表した。

　とはいえ、プロ化宣言を公表したものの、内情はプロのそれとはあまりにもかけ離れたものだった。

　特に楽員の待遇面がそうで、「楽団員に経済的保障を、そして演奏の充実を」という法人化の目的を実現できる見込みはなかったのである。なにより当時の楽員は全員が

非常勤で、専属の、いわゆる常勤楽員は皆無だった。

　もし楽員全員を専属契約にすれば、人件費だけで5千万円も要る。当時の楽団総予算はその半分にも満たない額であり、楽員に固定給を払える筈などなかった。出演料（それも交通費程度の額である）だけで勘弁してもらうという、プロとは名ばかりの貧しさであった。

　結局、固定給支払い計画は実現できぬまま、オーケストラの存続は楽員の熱意次第、という形でHSOの運営は為されて行く。

　その間は当然のように楽員不足、公的援助の絶対額の不足、支援組織会員の半減などに見舞われ、管理中枢はそれらの否定的状況を打破するため、あらゆる努力を続けねばならなかった。

　にもかかわらず、生活苦から退団者が相次ぎ、アンサンブルの確立が困難な時代は続く。発足から4シーズンは、ＨＳＯにとって、まさにディスハーモニーの時期と言える。

　そのような否定的状況に耐えかねた管理中枢はついに、1976年（昭和51年）4月、組織の再生を賭けて演奏現場の体制を一新する。

　楽団初の音楽監督に田頭徳治を選出し、二年近く空席だった常任指揮者の座に井上一清を復帰させ。演奏水準の向上と安定を図るのである。

　その一方で、運営母体の広島交響楽協会上層部にもテコ入れを行い、名誉会長に荒木武（広島市長）、会長に森本亨（広島相互銀行会長）招き入れ、政財界の実力者を取り込んだ。

　ところが懸案の専属楽員雇用問題は依然未解決のまま残り、優先契約団員（固定した「研究費」を支給される人々）二十人、自由契約団員（出演するごとにギャラを支給される人々）約二十人がその内訳であり、平均年俸は八十万円未満という低額であった。

　このような待遇では生活を成り立たせて行くことが出来ず、仕方なく演奏以外のアルバイトで食いつなぐ楽員もいた。

　ＨＳＯが年俸（月給）制度を本格的に導入したのは、1979年4月からである。プロ化してから7シーズン後のことだった。当時の支給対象楽員は37年。支払額のレンジは、8～12万円となっている。

　固定給を支給できるようになってからＨＳＯは、ようやく本物のプロフェッショナルの仲間入りを果たしたといえる。少なくとも、プロとしての体裁が最低限整った、のは間違いない。

　更に1970年からは社会保険をも取り入れ、拘束力のある専属楽員の地位は、遅まきながらではあるが、確実にグレード・アップを遂げたのだった。

　また芸術面で充実を図る取り組みをも、着実に進行して行った。演奏会の回数を見ると、1977年の45回から、41回（1978）、61回（1979）、69回（1980）、83回（1981）、

そして 1982 年には遂に 116 回と、100 回の大台超えに突入し、現在も安定的にその数を維持している。

　加えて管理中枢は、楽員の演奏水準とモラリティの向上を図るため、ベルリン放送響（当時）から豊田耕児をトレーナーとして招くなど、積極的なテコ入れを行った。

　にもかかわらず、理想と現実の乖離は依然として深刻さを増し、楽団の未来は波乱含みの様相を呈したままである。そのため管理中枢は三たび、HSO の運営健全化へ向かって動き始めねばならなくなった。

　HSO の再々浮上を側面から支えてきたのは、市民は勿論だが、マスコミ各社でもあった。（その中でも特筆されねばならないのは中国新聞の応援ぶりである。同紙の積極的な支援ぶりは、感動的でさえあった。HSO の広報部には、何十冊もの分厚いスクラップ・ブックがあり、その中身は大半が同紙の報じた HSO 関連のニュースで占められている。懸命に活動を続けるローカル・バンド、それもクラシカル音楽演奏専門という団体の動静を、余すところなく伝え続けるという同紙の見識は、どんなに高く評価しても評価のし過ぎということはない。）

　オーケストラに限らず文化運動には長い時間が必要であり、HSO の管理中枢もそのことを深く認識し、現実の山積した問題同様、未来への布石をも次々と打っていく。

　芸術面では既に述べたように、豊田耕児をはじめ、小島秀夫や早川正昭らの実力者に頼んでレヴェル・アップを図る一方で、プログラムにヴァラエティを持たせ、不特定多数の聴衆に受けれられるようなオープンさを強調した。

　運営面では、支援団体の整備充実強化が図られる。具体的には、それまで HSO を中心的に支えてきた広島交響楽協会（社団法人）を二分し、新たに「友の会」を組織する。

　これはいわゆる HSO のファン組織で、負担にならない額の会費に抑えられ（法人会員は十万円、個人会員は二万円だが、友の会会員のそれは、一般八千円、学生六千円）、HSO の財政基盤を強化する結果を生んだ。

　また協会の理事数も従来の 20 ～ 25 人から 20 ～ 30 人へと増員され、HSO の企画運営をスムーズに進めていくのに必要な安定的人数を確保、支援体制を更に増強した。

　1982 年に「広響を激励する会」を開いたところ、会場となった広島市内のホテルには、市内の財界人、文化人、音楽関係者などが二百三十人も詰め掛け、本格的な支援ムード作りが成功しつつあることを窺わせたのだった。

　再建へのプロジェクトはその後も順調に継続の道を辿り、それは定期公演回数の増加となって具体化する。（1983 年度シーズンにはなんと、前年度の 116 回を大きく上回る 152 回を提供できるほどになっていた。）

　更に冠コンサートも新規導入され、ポップス・コンサートや楽員の自主的発案によるロビー・コンサート等の新企画、が続々登場した。いわば「市民の中へ」という「音楽のナロードニキ」が実践され、それが次第に楽団総体の自助努力へと結び付いていく。

HSO再生への試みは続々幅を広げ、様々な分野の企業を巻き込み、クラシカル音楽の浸透を促進した。特に注目されるのは、企業（東洋工業と中国新聞社の共催による「ファミリー・コンサート」）自治体、美術館（「ひろしま美術館」）、等が主催する「ガーデン・コンサート」、小編成による「サロン・コンサート」（星ビルＫＫ社）等など、コンサートの種類が多様化し、更に「定期化」へと発展して行ったことである。

　これらのプロジェクトは、HSOの活動が市民の支持を広げてきたことの証左であり、また同団が「地域の財産として認知されつつあること」を示し、また同団が「それらの冠コンサートを、新聞等を通じて漏れなく市民に紹介している」ことを表すものだ。そしてそのような図式は、同団と市民との絆が深化を続けていることを意味するものである。

　演奏芸術団体がそのようなレヴェルまで達しているとなれば、行政も結局看過するわけには行かなくなる。そして楽団関係者の期待した通り、広島市はHSOへの補助金増額を決定するのだった。

　しかしそれでもオーケストラは金の要る組織であり、ましてやその当時社会全体を襲った不況の風の影響で冠コンサートの企画が低調になり、行政からの補助金もその動きに連動する形で減額されると、HSOの財政は又しても危機的状況に陥らざるを得なくなってしまう。それでも同団は、懸命の企業努力で難関を乗り切り続ける。

　それとHSOの抱える問題は財政面だけではない。楽団の生命線ともいえるアンサンブル作りの面の整備、同団の場合は特に「もう一つの楽器ともいうべき本拠地」（要するに「楽団が拠って立つべき場所＝定期公演会場」）の確保であった。

　当時は決まった練習場さえなかったHSO。同団にとってその確保は、将来的発展を確固たるものにしていくための必須条件であり、何より喫緊の課題と言えた。

　HSOは本稿が書かれている2019年度シーズン現在、定期公演会場（本拠地）を「広島市文化交流会館」においている。それ以前には、広島市公会堂（1963～1984、2月）、郵便貯金ホール（1984～1986、4月）、広島厚生年金会館（1986～1990、2月）、広島国際会議場（1990～1998、4月）、そして再び広島厚生年金会館（1998～　）、現在の広島市文化交流会館と、計6回も本拠地を移転してきた。

　この点は、同団が将来、グローバル・スケールのオーケストラを目指すのであれば、特色あるアンサンブルを作り出すための重要課題として、今後検討されるべきだと思う。

　次にそのアンサンブルの創出を狙い、歴代の音楽監督および首席指揮者達がいかに挑んできたのか、その足跡を俯瞰してみたい。

　草創期を支えた人々については既に述べてきた。そのためここでは、1984年5月ＭＤに就任した渡邊曉雄から始めることにしよう。

　渡邊招聘の狙いは、「HSO芸術水準向上の起爆剤とするため」であった。彼の輝かしいキャリアからすれば、一介の地方弱小オーケストラの音楽監督ポストを引き受け

ることは、いくら同団再生への試みに加担するためだとはいえ、まさしく破天荒というしかない決断であった。

　しかし終始一貫渡邊は、幅広い視点で、「我が国全体のオーケストラ育成」を考え、その実践に情熱を傾けてきた人物である。HSO のポストを引き受けた時、彼が構想したのは「同団を日本のクリーヴランド管弦楽団（CO）にする」ことであった。

　北米中西部オハイオ州クリーヴランドに本拠を置く田舎楽団（CO）が、伝説の指揮者ジョージ・セルの猛烈極まる特訓の下、ついに同国を代表するアンサンブルに成長した“音楽史に残る事件”に倣い、渡邊はそれを HSO で再現しようと意気込んだのである。

　当初、渡邊効果は抜群であった。彼の就任により、楽員のモラリティは格段に向上。いずれも日々の経済闘争の煩わしさを忘れ、アンサンブルに磨きをかけていく楽しさを味わい、演奏家としての誇りを倍加させて行ったからである。

　就任後しばらくは、「HSO にもやっと、演奏三昧で生きられるムード」が生まれたかのような、充実感が満ちていた。そのような気分が演奏水準を高めぬ筈はなく、同団のサウンドは格段の向上を遂げる。そして渡邊は 1985 年 3 月 15 日、鍛えまくった HSO 定期公演でのデビューを果たす。

　ヴァイオリン独奏に数住岸子を迎え、チャイコフスキーの協奏曲を含むプログラムを指揮。会場に詰め掛けたファンは終演後一様に、渡邊時代の始まり、HSO の新時代の到来、という二つの出来事を知らされたのだった。

　それは事実そうなって行きそうな勢いを見せる。が、現実はそう甘いものではなかった。

　それから間もなくして HSO は又しても、もはや慢性的と言うしかない資金不足、聴衆動員力低下の悪循環へと戻って行くのである。

　我が国の楽壇を代表するスター指揮者・渡邊の力をもってしても、HSO の組織総体を完全な再生軌道へ乗せることが出来なかったのだ。

　結局渡邊は、わずか 6 回の定期公演に登場したのみで、「健康上の理由」により HSO のポストを辞任する。北米ではＣＯがジョージ・セル体制下で大成功を収めたが、日本の HSO は残念ながら、渡邊のバトンで大成功へ導かれることはなかった。

　渡邊が去ったあと HSO に残された方策は、規模を縮小し、地道な指揮人事で延命を図ることだけとなる。

　渡邊の後任に選ばれたのは、若手の高関健であった。その人事は、渡邊の推薦によるものである。

　カラヤン・コンクール・ジャパンで優勝するなど、指揮者としてのキャリアには申し分のない彼には、HSO で長期間の在任し、じっくり時間をかけてアンサンブルを錬磨し行くことが期待された。

　高関はそれに応え、定期公演の大半に登場。マーラーの大作「復活」交響曲をはじめ、

意欲的なプログラムを組み、レパートリーを拡大しながら、在任中約80回のコンサートを指揮している。

が、やはり指揮活動の出発点がグローバルな形で始まっていたため、懸念していた通り、他団体への客演スケジュールが次第に多忙なものとなり、HSOとのコンビネーション作りはその逆に希薄さを増していく。

とはいえ高関はHSOで様々なプロジェクトを組み、組織総体の活性化、アンサンブルと動員力向上への足固めを築いたものの、十分な再生への成果を残せぬまま、わずか4シーズンで退任する。

地方オーケストラを育成し、いつかは世界的水準へ近づくことを目指したものの、高関も個人的には、東京など中央での活動に重点を置かざるを得なかったと思われる。

高関に続く後任たち二人（田中、十束）も前任者同様長期の在任を期待されたが、再々度いずれも短期（4シーズン）に終わっている。それでも在任中単発的には、ヨーロッパへ出向き、「ウィーンとプラハ」で「広島国連平和コンサート」を開き世界の注目を集めたり、地元広島では、ポーランドの作曲家ペンデレツキを定期公演（第149回）に招き、彼の作品「広島の犠牲者に捧げる哀歌」を取り上げた。

また戦後50年の節目のシーズン中には、「ヒロシマ・レクイエム」（細川俊夫・作曲）、「交響曲第6番 "HIROSHIMA"」（団伊玖磨・作曲）る等、大きな話題を提供している。

だがやはり「独自のHSO・サウンド」を確立することは叶わなかった。

ローカル楽団が優れたアンサンブルを作り出すためには、やはり才能にめぐまれた指揮者が、それこそまさしく「常任態勢」で長期間鍛え上げる、という形が不可欠であるのは、幾多の成功例によっても既に証明済みだ。

それは中央から単に大物指揮者を呼び寄せるだけでは、絶対といってよいほど解決できない問題である。いわゆる大物起用は、多くの場合、単なる応急処置、もしくは「インテリウム＝繋ぎ」でしかない。

田中そして十束の両監督は、前者がレパートリーの拡大と多彩なゲストの招聘、及び海外遠征と楽員のモラリティ（士気）向上を実現し、後者がなお一層「国際性」の促進を実現したとはいえ、わずか4シーズンという短期の在任で、アンサンブル総体のグレード・アップを実現するのは至難の業である。

アンサンブルを鍛えまくれば、それが「商品としての価値」を高めることになり、商業録音に結び付くことだってありえるのだ。

既に「ヒロシマ」が国際的名称となった今、「同地に本拠を置くアンサンブルが作る音を聴いてみたい」と願う音楽ファンは、世界中に多くいるはずだ。

そういうわけで、HSOのMD達の一人が、そのような音楽ビジネスの世界に参画出来るまで演奏水準を高めようと思うのであれば、同団はきっと現状とは異なる存在になっていたと思う。

HSOにはやはり、長期在任でアンサンブルを鍛える覚悟を持つMDの招聘が不可欠、

ではないだろうか。

　そのため同団の管理中枢が、まさしく「満を持して」という形で秋山和慶を首席指揮者兼音楽顧問に迎えたのは、望外のＢＥＳＴ人事であった。

　しかしそこには手放しでは喜べない一面もある。それは秋山に送られた「ＴＩＴＬＥ」だ。彼に送られたのは「音楽監督」ではなく、「首席指揮者兼音楽顧問」なのだ。（正直に言えば、「我が国の場合、音楽監督と首席指揮者あるいは主席指揮者、および音楽顧問＝アドバイザー、そして最近見られるミュージック・パートナー等が示す職名（肩書）は、具体的にどのような職務内容を持つものなのか」理解しにくい、と筆者は思っている）

　広島は今や世界で最もその名を知られた都市の一つであり、先次大戦の戦禍を後世に伝えることと、演奏芸術文化の育成を両立させている場所でもある。

　ＨＳＯのＭＤは、人類にとってそのように価値のある都市の看板アンサンブルを牽引する役目、を担っているのだ。もしその役目を引き受けるよう求められたら、希望者は世界中に数多くいるのではなかろうか。

　広島市のテーゼは「国際文化都市」である。そのフロント・ランナー役を務めるＨＳＯの牽引役名にはやはり、「音楽監督」の方がＢＥＳＴであり、採用条件としては、既にグローバルなビッグ・ネームか、あるいはそうなる可能性を持っていること、だと筆者は思う。理由は、そのような条件を満たしている人間が、上述の市のテーゼに相応しい、と考えるからだ。

　そういう意味からも秋山招聘は、タイトルに多少の不満は残るものの、まさに望外の人事であった。その理由は、彼がオーケストラ運営のノウ・ハウを、世界最大のオーケストラ王国アメリカ（アメリカ響、シラキュース響の両団でＭＤ）およびカナダ（ヴァンクーバー響でＭＤ）で長期間学び、しかも堂々たる結果を生み出したことである。

　そんな彼がＨＳＯとの間で「ヒロシマ効果」を生み出さぬ筈はない。その先陣を切ったのは地元の新聞が組んだ特集記事だった。なんと秋山自身を筆頭に、ＨＳＯの全楽員をカラー版で紹介し、前人気を煽ったのである。

　この思い切った楽団からの市民に対する大々的な発信は、ＨＳＯを一気に茶の間へ売り込んだのだった。

　ＭＤの秋山自身も、さすがにＰＲの国アメリカで鍛えたＭＤの業務を心得ており、様々な機会を捉えてアンサンブルの売込みに務めた。その活躍が歴代指揮者中群を抜くものであるのを、残された資料が雄弁に物語っている。つまり彼は身をもって、オーケストラの生きる方向性を示したのであり、楽員に「つまらぬエリート意識」を捨てるよう、示唆してきたのである。

　秋山体制下で、アンサンブルのグレードとスケールが共に躍進を遂げたのは予想通り、期待通りであった。

　2000年には定期公演回数もめでたく200回に到達。その間、数多くの受賞（例え

ば文部大臣の表彰する「地域文化功労者賞」や「広島市政功労者賞」さらに「第54回中国文化賞」等など）に輝く一方、様々な記念イヴェントを開催した。

更に内外の主要現代作曲家の新作初演（細川俊夫作曲「記憶の海へ」、トゥビン作曲の「交響曲第3番 " 英雄的 "」等）にも意欲的に取り組み、加えて2003年にはロシアのサンクトペテルブルク建都300年記念祭の実行委員会の招きにより、同地で公演を行うなど、グローバル・スケールの活躍も目立ってきた。

ところが残念なことに秋山は、定期会員数の伸び悩みや、未だ実現していないフランチャイズの確保、そしてお定まりの運営資金難等など、問題山積のHSOのポストを、2017年4月を以て降板する。そのあとは終身名誉指揮者として側面から同団を支える方へ回った。秋山の後任には下野達也が決定。正式就任は2017年4月である。

なおそれに加え、2019年度現在では、首席客演指揮者（クリスチャン・アルミンク）、およびミュージック・パートナー（フォルクハルト・シュトイデ）の二人が、秋山の抜けた穴を埋め、下野体制を支えていく。（完）

＊推薦ディスク

1. 「歌劇 " 魔笛 " 序曲」（W・A・モーツァルト）、「ヴァイオリン協奏曲」（F・メンデルスゾーン）、交響曲第5番（Ｌｖ・ベートーヴェン）：指揮・Vn.独奏・フォルクハルト・シュトイデ
2. 「交響組曲 " シェエラザード " 作品35」（リムスキー・コルサコフ）「バレエ音楽 " スパルタカス " ＝フィリーギュアとスパルタカスのアダージョ」（A・ハチャトリアン）、「ヴォカリーズ作品34－14」（S.ラフマニノフ）：指揮・秋山和慶、Vn.独奏・田野倉雅秋）
3. 「交響曲第2番ホ短調作品27」（S・ラフマニノフ）：指揮・秋山和慶
4. 「交響詩 " ローマ三部作 "」（O・レスピーギ）：指揮・秋山和慶
5. 「アヴェ・ウェルム・コルプス KV618、歌劇 " フィガロの結婚 " 序曲 KV492、ヴァイオリン協奏曲第4番 KV218、交響曲第41番 " ジュピター "KV551」（W・A・モーツァルト）、「それ行けカープ、若き鯉たち」（宮崎尚志）：指揮・渡邊一正、Vn.長原幸太

13. 山形交響楽団
(YAMAGATA SYMPHONY ORCHESTRA)

米沢藩第9代藩主「上杉鷹山」の「政治スローガン」＝「なせば成る、なさねば成らぬ、何事も　成らぬは人の　成さぬなりけり」を、現山形県が誇る看板バンド＝山形交響

楽団（以下「山響」と記す）の運営に当てはめるとどうなるだろう。

　上杉公は、質素倹約を旨として自ら人々の先頭に立ち、逼迫の極にあった藩の財政を見事に立て直した。

　彼の頭にあったのは、日々の「生き様を支える"改革遂行への闘志"」だったろうし、まさに「堅忍不抜の達成への意欲と、不断の創意工夫およびそれらの実践」であったに違いない。

　端的に言えば、現代の楽団経営者に求められるのは、そのような上杉公の抱く「GUTS」だと思う。（ましてや、LOCAL BAND を牽引する人々にとっては、不可欠だ。）

　さて西洋から輸入された「クラシカル音楽」が日本人を魅了し、その勢いが東北の山形にも押し寄せ、同地の好楽家たちは敢然と「プロフェッショナル」オーケストラを立ち上げる。今から約50年前の1972年1月のことであった。

　その好楽家たちを牽引したのは、地元山形出身の村川千秋である。村川は、東京芸大音楽学部器楽科を卒業し、更に同大作曲家に進む。同科を出た後渡米（1963年）し、インディアナ大大学院で理論科助手を務める傍ら指揮を学び、音楽修士号を得た。

　注目すべきは、NYへ赴き、レオポルド・ストコフスキーの下で研鑽を積んだことである。

　1966年帰国した彼は、東京交響楽団の客員指揮者としてデビューを果たし、その後・札響、日フィル、京都市響等を次々と指揮してキャリアを積んだ。

　そのような背景を持つ村川が、山形のフリーペーパー「やまがたコミュニティ新聞」のインタビュー（2010年1月22日）に応え、山響創設の動機について次のように述べている。

（なお同インタビューのタイトルは「東京と山形の文化の差、音楽で埋めたかった」）

「山形ではね、山響が各地の小中学校を回るスクール・コンサートをやっていて、子どもたちは中学を卒業するまでに最低2回は聴きます。子どもたちに生の音を聴かせてクラシックの素晴らしさに触れさせてあげたいというのが山響設立のボクの理念でしたから。

　　　　————中略————

「周りからは「「オーケストラなんて仙台にもないのに（山形では）無理」」と言われました。ボクも諦めかけた瞬間はありましたが、仲間に恵まれ、支えてくれる人がだんだん増えて最後は報われた。感謝しています。」

　　　　————中略————

「(山響創立に情熱を傾けた理由は）それはもう郷土への想いからですよ。高校を出て進学で上京しましたが、山形と東京との文化格差に打ちのめされました。同時に恥ずかしい思いや悔しい思いも。」「都会が地方に対して持つ差別意識は今でも感じます。テレビなんかで田舎をバカにしたり、甘くみたりする番組のなんと多いことか。」「ですが彼我（ひが）には歴然とした文化の差が存在するのも事実。とすれば地方が胸を張っ

て都会と対峙していくには誰かがその差を埋めていく運動を起こさないと。」

　というわけで、村川は「音楽を通して自らが山響の礎（いしずえ）になる決意」を固めたのであった。

　そしてその推進力となるのは、あの米沢藩の後身「現山形県人」の心の中の底流に今もある「なせば成る！」のスローガンだったと筆者は思うのだ。

　しかしどのような形で発足したにせよ、プロの楽団が「金食い虫」であることに変わりはない。それはどこで活動しようが、不変の事実なのだ。そのため、管理運営者は常に、必死になって資金集めに奔走しなければならなくなる。

　山響の本拠地は山形県山形市。当市は「東京から概ね北に300キロ、山形新幹線で約3時間の東北地方は日本海側に位置する、秀麗な山々に囲まれ、母なる川「最上川」が流れる「美しい自然豊かな地域」にある。

　山形県の県土面積は全国9位、地勢および幕藩体制のなごりから方言や食べ物など、文化の違いも多少異なり、南から置賜（おきたま）、村山（むらやま）、最上（もがみ）、庄内（しょうない）の4地域に区分されている。

　実質的に山響を支える山形県全体の人口は約110万（平成29年10月1日現在、同県統計企画課の資料による）で、同団の巡回公演にとって重要な市町村の数は、35（13市、19町、3村）となっている。このような県勢のなかで山響は、常設楽団としてのコンサート・シリーズを毎シーズン提供し続けているのだ。

　さてそれでは、ここからいよいよ山響の沿革史の紹介に入ろう。まず断っておきたいのは、同団はいきなりプロ団体として発足したのではない、ということである。

　村川千秋をリーダーとする関係者たちは、例によって楽団創設のための準備期間を設け、大小規模のアンサンブルを組織して、試験的模擬的なデモ・コンサートを行ない、市民の反応を分析検討した。

　そして発足の目途が付けられたのが1971年である。その年村川達は、実質上の山響の母体となる「準備オーケストラ」を組織。翌年8月には楽団の運営母体「山形交響楽協会」を設立して、いよいよ「東北初のプロ・オーケストラ」創設宣言に漕ぎつけた。

　その歴史的ともいえる創立第一回目の「定期演奏会」（指揮を執ったのは村川千秋）が行なわれたのは、同年の9月である。ついに船出した山響は、それからあと関係者の構想通りのプロジェクトを、次々とこなしていくが、そのカヴァーする範囲は次第に広くなり、東北6県および新潟県にまで拡大した。

　また一方では、（特に北米のローカル・オーケストラに見られる例だが）、山響もやはり首都東京での公演の定期化をめざす。

　山響の東京初公演（於「サントリー・ホール」）は、1987年に行なわれ、その後（2003年から）は、毎年6月に上京。東京オペラ・シティを会場に、「さくらんぼコンサート」と銘打って、「オーケストラ公演と山形物産展」をセットに同時開催を定期化した。こ

の試みは「地方からの発信」の先駆けとなり、毎夏の風物詩となっている。

　更に山響は 2012 年度から同様のプロジェクトを大阪で開始（「さくらんぼコンサート」大阪公演）、活動範囲を大阪まで広げることに成功した。

　それらの企画が地元山形での活動をバネに行なわれるのは勿論である。県外の公演も含め、同団が提供するシリーズ全体での公演名と回数は以下の通りだ。(2021 年度シーズン現在)

＊定期演奏会＝年 16 回（内訳は、同一プログラムを土、日曜日に提供）：会場・
　山形テルサ

＊庄内定期演奏会＝年 2 回：会場・鶴岡市文化会館、または鶴岡市中央公民館（1 回）
　　　　　　　　　　　　　：酒田市民会館（1 回）

＊さくらんぼコンサート＝年 2 回：会場・東京（1 回）、大阪（1 回）

＊やまぎんホール・シリーズ＝年 2 回

＊ユアタウンコンサート＝年 3 回：会場・米沢市、村山市、南陽市（各 1 回）

＊その他＝依頼公演（年約 30 回）、スクールコンサート（年約 100 回）、東京楽旅、
　海外楽旅（不定期）

　続いて、山響関連の、これまでの主要な出来事（特に節目となる記念演奏会や国内外での楽旅を中心に）を、クロノロジカルに列記しておく。

＊ 1979 年・・・仙台フィルハーモニー管弦楽団（宮城県在）の創立に際し、山響
　楽員の三分の一が同団への移籍を目的として退団する。にもかかわらず、以下は
　山響は今日までに以下の到達点を記録してきた。

＊ 1985 年 8 月・・・第 50 回定期公演（指揮・渡部勝彦）

＊ 1988 年・・・山響楽友合唱団発足

＊ 1991 年・・・北米コロラド州音楽フェスティヴァルへ参加

＊第 100 回定期公演（1995 年 6 月 18 日・独奏者：安永徹（Vn）市野あゆみ（Pf）・
　指揮：村川千秋）

＊第 150 回定期公演（2003 年 7 月 12 日：指揮：黒岩秀臣）

＊第 200 回定期公演（2009 年 11 月 21, 22 日：指揮：黒岩秀臣、工藤俊幸、村川
　千秋、飯森範親）

＊第 250 回定期公演（2016 年 1 月 16 日・独奏者：成田達輝（Pf）：指揮：ミハウ・
　ドヴォジンスキー）

　（注）世界を震撼させている COVID19（新型コロナ・ウィルス）のため、山響も
2020 年 2 月から同 7 月 17 日の間に、定期公演会シリーズ（第 284 〜 286 回）を含め、
約 60 公演をキャンセルした。定期公演の再開は第 287 回（2020 年 9 月 12、13 日）
からであり、その流れの中で記念すべき第 300 回定期公演は 2022 年（月日、指揮者、
プログラム、独奏家などは未定）に行なわれる模様。（但し、その前の第 299 回定期
公演は、2022 年 2 月 12、13 日＝

指揮・飯森範親、ピアノ独奏者・三浦謙司、プログラムは「ピアノ協奏曲第27番変ロ長調、K.595」（モーツァルト）、交響曲第4番変ホ長調"ロマンティック"（ブルックナー））に行なわれると告知されている。＝2021年8月3日現在、筆者の調査による）

　さて以下の名表は、これまで述べた様々な難局を、まさに不屈の闘志と音楽愛で乗り越えてきた山響のポディアム史を飾った歴代の指揮者達である。与えられたポジションの業務内容が「我が国の例によって不明確」なため、一応「常任扱い」またはそれ以上の責任を伴う地位をこなしてきたという理解のもとで作成したことを断っておく。（なお「職務、職名が明確なもの」はその通り、不明なものは「タイトル不明」と記した）

＊村川千秋（初代指揮者、音楽監督）：1971 〜正指揮者：1983 〜（常任指揮者）：1989 〜（創立名誉指揮者）：2001 〜

＊内藤彰（タイトル不明）：1980 〜 1982

＊渡部勝彦（常任指揮者）：1983 〜（首席指揮者）：1985 〜 1993

＊佐藤寿一（タイトル不明）：1998 〜 2003

＊黒岩秀臣（首席客演指揮者）：2000 〜（常任指揮者）：2001 〜：（名誉指揮者）：2004 〜

＊工藤俊幸（タイトル不明）：2001 〜 2012

＊飯森範親（常任指揮者）：2004 〜（音楽顧問＆常任指揮者）：2006 〜（音楽監督）：2007 〜（芸術総監督）：2019 〜

＊坂　哲朗（首席客演指揮者）：2007 〜 2009（常任指揮者）：2019 〜

＊大井剛史（タイトル不明）：2009 〜（正指揮者）：2013 〜 2016

＊鈴木秀美（首席客演指揮者）：2013 〜

＊ミハウ・ドヴォジンスキー（首席客演指揮者）：2013 〜 2016

＊ラデク・バボラーク（首席客演指揮者）：2018 〜

　例えば欧米の楽団と比較して、山響の上述のリストには、不明な部分が散見される。例えば鈴木秀美とミハウ・ドヴォジンスキーは同年に「首席客演指揮者」のポストを得ており、どちらが「首席」なのか理解不能だ。（このような表記は、欧米ではまず見当たらない。）

　それはさておき、このあとは主要指揮者達の主だった功績を紹介していこう。創立指揮者の村川千秋が山響草創期に、楽団の必須事項の大半を整備した事は既に述べた。その際彼が、北米で修業を積んだ経験を可能な限り生かし、アンサンブル作りに邁進したことは想像に難くない。

　そんな村川の情熱を受け継ぎ、新しい発想で大胆かつ細心に、現代的なオーケストラ運営を展開していくのが、飯森範親である。演奏面では独自の解釈で楽員に刺激を与え、経営面では様々なアイディアを提供して、アンサンブルのグレード及びスケールを高めた。

　いわば「中興の主」的な大活躍を展開して、山響の知名度を「全国区」に押し上げ

たのが飯森最大の功績と言える。

更に彼は勢いに乗って、商業録音に積極的に取り組む。その金字塔ともいえる「モーツァルト交響曲全集」は、ローカル楽団にとってはまさしく「夢の実現」と称して良い成果だ。

また飯森体制で忘れてはならないのは、彼自ら世界のアンサンブルを「振ってきた」指揮者で、その経験で得たエキスを山響に注ぎ込んだ点である。彼のバトンで、同団楽員は「グローバル・センス」を多少なりとも植え付けられ、ある種のコンプレックスを回避できているのだと思う。

その飯森の理想を受け継ぎ、更なる発展を期しているのが坂哲郎だ。坂は飯森を追走するような勢いで国内外での指揮活動キャリア（特に独墺仏スイス等のオペラハウスでの）にも恵まれ、交響管弦楽声楽作品を高水準に、しかもバランスよく提供できる「ブザンソン国際指揮者コンクールの覇者」となった実力者である。

このような才能が日本のローカルに本拠を置くと、我が国の演奏水準は大きな底上げを期待できるのだ。

更に今後は、山響が発信源となり、世界の演奏サーキットを狙える水準を実現できるかもしれない。

そういう意味でこれからの「坂＝山響」体制は、非常な魅力に満ちているのだ。（完）
＊推薦ディスク
 1.「交響曲全集」（W.A. モーツァルト）：指揮・飯森範親
 2.「チェロ協奏曲ホ短調作品 85」（E. エルガー）、「コル・ニドライ作品 47」（M・ブルッフ）、「鳥の歌」（カタロニア民謡）：チェロ独奏・新倉瞳、指揮・飯森範親
 3.「交響曲第 1 番ニ長調作品 82」（F. シューベルト）、「交響曲第 100 番ト長調"軍隊"」（J. ハイドン）：指揮・鈴木秀美
 4.「ピアノ協奏曲第 25 番ハ長調 K・503/ ピアノ・ソナタ第 10 番ハ長調 K・330」（W.A. モーツァルト）：ピアノ独奏・田部京子、指揮・飯森範親
 5.「交響曲全集」（R. シューマン）：指揮・飯森範親
   （準）「交響曲第 4 番変ホ長調"ロマンティック"」（A・ブルックナー）：指揮・飯森範親

14. 日本センチュリー交響楽団
(NIPPON CENTURY SYMPHONY ORCHESTRA)

オーケストラにとって、自らを守ってくれる「理想の政治形態、理想的な政府」と

いう存在とはどのようなものであろうか。それともそのようなものは存在するだろうか?

　いまこの惑星上のどこを探しても、残念ながらそのようなものは存在しない。それに極めて近い、あるいは「完璧ではないが、もう少し是正すれば、オーケストラにとって最も望ましい形になるはず」と思えるものすらも見当たらない。

　オーケストラが生き抜く、あるいは生き続けるためにはやはり、「十分な運営資金」「十分な数の聴衆」「いつでも使える練習場」「優れた音響効果を持つ定期演奏会場（すなわちフランチャイズ＝本拠地」等の「属性項目」に加え、「高水準の演奏力を持つ楽員を常時雇用できる条件」を完備していること、そして何よりも「オーケストラの活動を支えている地域社会、特に聴衆層の保護育成」が第一条件だと思う。

　しかし繰り返すが、いま世界でそのような項目を全て整備できている団体の数はかなり少ない。例外なく常に何かが欠落し、「完備」の二文字を殺いでいる。

　だがよく考えてみると、この世の中、「NOTHING IS PERFECT」であるという点も、人間の日常には不可欠な要素、ではなかろうか。そしてその思いをアナロジーすれば、「NOBODY IS PERFECT」ということになる。

　つまりオーケストラであれ何であれ、作るのはいつも「PERFECT」ではない人間なのだ。従って、「オーケストラの存在を理想形に近づける努力は出来るが、その努力の結果あるいはその努力の途中においてでさえ、決して PERFECT な状態ではない」、というわけである。

　そういう考えに落ち着くと、オーケストラの世界にも、離合集散、閉鎖、再開はあって当然だし、かつそれを何度繰り返しても少しも構わない、ということになる。

　問題は結局、そのいずれに帰着しようと、「クラシカル音楽がどうしても好きで、しかもその LIVE を聴きたい」、と思い願うのであれば、「ナマのオーケストラを存続させるための努力」を必死になって実践せねばならないのだ。

　それが「世界中を旅してオーケストラを聴きまくり、リサーチを重ねる中で得た筆者が主張し続けていきたい点」である。

　さて本稿の「日本センチュリー交響楽団」(NCSO) も、「オーケストラの理想形」の現出を目指す人々が創設したアンサンブルだ。それも発足後暫くの間は、官営という恵まれた身分の中で、練習場、国内外楽旅、録音ビジネス、そして楽員募集等々、殆どの部門が最高度と言えるほどの高い機能性を誇っていた。

　同団の発足は 1989 年、本拠地は大阪府である。創立までの経緯を述べると以下の通りだ。始まりは「財団法人・大阪文化振興財団」が設立（平成元年＝ 1989 年 5 月 25 日）されたことである。

　同団および大阪センチュリー交響楽団の設立については以下の説明パンフレット（「Century Orchestra Osaka・法人会員のご案内」「大阪センチュリー交響楽団の設立趣旨」）が存在する。以下はそれらを引用したものだ。

「大阪府は 1988 年からの 10 年間を "大阪文化創造の 10 年" と位置ずけ、積極的な文化への取り組みを展開することである。先にその推進の指針となる "文化振興ビジョン" を策定した。"財団法人大阪府文化振興財団" とは、同ビジョンに基ずき、"文化首都大阪" を目指した文化事業の推進を図るため、府行政と役割分担しながら、密接な連携の下に、「交響楽団の運営」や「大阪 "トリエンナーレ"」(「絵画、版画、彫刻の各分野ごとの作品を世界各国から募集して実施するコンクール」)、「優れた舞台芸術を鑑賞するための府民劇場の開催」等、文化事業を実践する団体である。」

　端的に言えば同財団は「民法第 34 条の財団法人」として上記の年月 (1989 年 5 月 25 日に設立＝基本財産は 20 億円＝大阪府出資) に船出し、併せて管理業務の一つ「楽団創設」部門も始動した。

　新楽団に限って述べると、基本的には、それまで同府が運営していた「大阪府音楽団」(吹奏楽団) を発展的に解団し、それにかわる団体として「本格的な交響楽団」(創設当初は仁管編成で楽員数 55 名) を創設するという形になった。

　新楽団発足前後の経緯をクロノロジカルに列記すると以下の通りである。

＊ 1989 年 8 月:新楽団常任指揮者に「ウリエル・セガル」を指名、指揮スタッフに「岡田司、小田野宏之、梅田俊明」を指名

＊同年 9 月:新楽員オーディション開始

＊同年 12 月 1 日、同団直営の大阪府管弦楽団 (仮称) が発足の運びとなる。

　(なお楽員募集に関しては、当初から高水準のアンサンブルを実現する目標を定めたことにより、全国公募がかけられた。楽団関係者の狙い通り、オーディションには多くの参加者があり、その中には勿論、解団後の「大阪府音楽団」のブラス・プレイヤーも含まれていた。)

＊ 1990 年 2 月:新楽団の名称を公募する (応募数 800 余) その結果「大阪センチュリー交響楽団」(OCSO) に決定。

＊同年 3 月 27 日:デビュー・コンサート (楽団の英語名称は「CENTURY　ORCHESTRA　OSAKA」) (会場：ザ・シンフォニー・ホール) プログラムは、1. ブランデンブルグ協奏曲第 3 番 (J S バッハ)、2. 交響曲第 41 番 "ジュピター" (W A・モーツァルト)、交響曲第 7 番 (L V・ベートーヴェン) 指揮：ウリエル・セガル

　草創期から一見万全の体制で出航したように思える新楽団 (OCSO)。同団はその後も「第一回特別演奏会」(於：いずみホール) そしてファンの期待を集めた「第一回の定期演奏会」(ザ・シンフォニー・ホール) と順調に成功を重ねていく。

　ちなみに創設後 10 シーズン目 (1999 年度) までの動静の主なものを、上記同様のクロノロジカルなスタイルで拾い上げてみると、

＊ 1992 年・・・東京特別演奏会開始 (第 1 ～ 12 回＝会場は「サントリー・ホール」(第 1 ～ 6)「東京オペラ・シティ・コンサートホール」(第 7 ～ 8 回)、「すみだトリフォニー・ホール」(第 9 ～ 12 回)

＊同年 12 月・・・初録音（交響曲第 2 番＝ R・シューマン）

＊1994 年 10 月・・・創立 5 周年記念北米楽旅（SF, シカゴ、ボストン、NY 他で公演）

＊1996 年 4 月・・・首席コンサートマスターにルーベン・ゴンザレス（シカゴ響）就任（1998 年 5 月まで在籍）

＊同年年 11 月・・・東南アジア楽旅（シンガポール、クアラルンプール、ブルネイ、ジャカルタ、台北で公演）

＊1997 年 4 月・・・常任指揮者に高関健就任、ウリエル・セガルは名誉指揮者へ

＊1999 年 9 月・・・創立 10 周年記念シーズン、定期演奏会を従来の年間 6 回から 8 回に増やす

以上だが、組織内の様相は依然として順調を維持している。問題は 21 世紀に突入してからどうなるか、である。

その前に、ここで OCSO のポディアムに君臨した歴代指揮者達を紹介しておきたい。そして彼らの足跡を辿りながら、同団の沿革史を（場合によっては前後しながら）併記して行くことにしよう。

さてその歴代指揮者のリストだが、例によって職務の内容が分かりにくいところがあるため、楽団側の発表通りに記録しておく。

＊歴代指揮者リスト

1. ウリエル・セガル（1989 〜 1997＝常任指揮者）、（1997 〜＝名誉指揮者）
   ＊小泉和裕（1992 年 4 月〜 1995 年 3 月＝首席客演指揮者）
   ＊佐渡　裕（1994 年 4 月〜 1997 年 9 月＝首席客演指揮者）
2. 高関健（1997 〜 2003 年 3 月＝常任指揮者）
3. 小泉和裕（2003 年 4 月〜 2008 年 3 月＝首席指揮者）、金聖響（2003 年 4 月〜 2006 年 3 月＝専任指揮者）
4. 小泉和裕（2008 年 4 月〜 2014 年 3 月＝音楽監督）、沼尻竜典（2008 年 4 月〜 2014 年 3 月＝首席客演指揮者）
5. 飯森範親（2014 年 4 月〜＝首席指揮者）、アラン・ブリバブエ（同年 4 月〜＝首席客演指揮者）

次に彼らの主な実績だが、世界の演奏サーキットで積み上げたものを草創期の OCSO に惜しげもなく注入し、早くから高水準のアンサンブルを実現したのはやはりセガルであった。

1991 年 7 月、総工費 16 億円をかけて練習場（センチュリー・オーケストラハウス）を作り、セガルの実力を余すところなく発揮させようと支援体制作りに力を入れた大阪府文化振興財団。その努力も見事だが、期待に応えて高水準のアンサンブルを実現したセガルの力も一級品であった。

しかし何よりアンサンブルにとって幸運だったのは、セガル以降の諸後任人事がう

まく行ったということである。

　高関健、小泉和裕、沼尻竜典そして現常任の飯森範親、と、他では見られないほどの粒ぞろいであった。この事実が、経営面での危機（大阪在の４つのプロ楽団の統合問題、2008年度に起きた「大阪府の補助金カット」問題、府政側との交渉難航など）に次々とOCSOが襲われた際も、アンサンブルに大きな揺籃を生じさせなかった最大の因、だと思う。

　大阪市職員労働組合のなかで「OCSOを応援する会」が結成されるほど、府民の同団に対する愛着には深いものがあった。が、残念ながら同団は、その絆を断ち切り、新規まき直しを図るかのように、2011年４月から楽団名称を「公益財団法人・日本センチュリー交響楽団」（NCSO）へとあらためる。

　その改称は「数多くの苦難を乗り越えた証を刻印するため」とも取れるが、しかしそのことによって同団は、大阪府から独立し、府外での活動を積極化する機会を得たのであった。

　補助金が廃止され、民営化組織になると、楽団は当然自活の道を模索しなければならない。管理運営側は早速、スポンサー探しを始め、様々な支援体制の構築に着手し、演奏者側も、多彩なコンサートの創出に乗り出した。

　そして今のNCSOは、世界中のオーケストラ同様、可能な限り高水準のアンサンブルを実現する中で、「オーケストラ存続のための創意工夫」を怠らず、「聴衆層の保護育成そして拡大」を目的としたキャンペーンに取り組んでいる。

　その取り組みの密度の濃さは、他の団体に比べ際立って高い。一つの例が「OUTREACH活動の充実」ぶりだ。

　本邦オーケストラ界でも、「聴衆の心を掴むことを目標とするOUTREACH活動」に重点を置く団体は年々増えている。
「楽員はひたすら名義主義を念頭に置き、PERFORMING FIRST（演奏第一）を貫徹して聴衆に感銘を与えるべし」

　という、これまでの「楽団の在り方が次第に変質し始めた」のである。

　そのような形は、これまで軽視されてきた「聴衆の音楽の向き合い方の多彩さ」と、演奏する側（または楽団の管理運営担当者）が真剣に向き合い出したからだと思う。

　NCSOの場合、「OUTREACH活動を、総じて”オーケストラの未来に資する取り組み”である」と判断したているフシがあり、その熱の入れ方は他の比ではない。

　その例証の一つが、同団が長期間に渡って継続してきた「OUTREACH活動の記録（同団はそれに”音楽の根っこ：オーケストラと考えたワークショップ：2020年３月31日初版”）」というタイトルを付け、その内容を出版（令和元年度大阪府豊中市文化芸術振興財団助成金交付事業）している。

　この多層な聴衆層に関するリサーチは、同団関係者の「オーケストラを是が非でも守り抜こう」とする意欲の表れであり、随所に未来へつながるマネージメントのヒン

トがちりばめられて興味深い。

　まるで北米の「交響楽団連盟」の手法を取り入れたような、「ローカル色豊かな楽団運営についてのアプローチ」であり、他の団体も可能な限り真似して欲しい「楽団と聴衆およびコミュニティ」を繋ぐ方法の実践例だ。

　さてここで NCSO が提供する公演の種類（2020 年度シーズンに基ずく）を述べておこう。

　1. 定期演奏会…会場：ザ・シンフォニーホール（年 8 プログラム、公演回数 16 回）
　2. いずみ定期公演…会場：いずみホール（年 4 回）
　3. センチュリー豊中名曲シリーズ…会場：豊中市立文化芸術センター（年 4 回）
　4. 琵琶湖定期公演…会場：びわ湖ホール（年 1 回）
　5. その他の公演…東京特別演奏会、京都特別演奏会、地方公演、海外公演等
　最後に現在の首席指揮者、飯森範親の活躍を紹介しておく。

　飯森は桐朋学園の指揮科を経てベルリンとミュンヘンで研鑽を積み、中堅若手の中で国内外でのキャリアの豊富さは群を抜く存在だ。特にヴュルテンベルク・フィルの音楽監督時代、同団を指揮して完成した「ベートーヴェン交響曲全曲録音」は、本邦洋楽界の記念碑的偉業（外国の楽団と邦人指揮者の組み合わせによる初の全曲録音）である。

　国外（特にヨーロッパでの活躍が多い）での評価は高く、そこで得たエキスを手兵の NCSO に注入する構図は、同団の成長発展にとり、これからも願ってもない出来事だと思う。（完）

＊推薦ディスク
　1.「交響曲全集」（J・ブラームス）：指揮・飯森範親
　2.「チェロ協奏曲第 2 番ニ長調 Hob.VII ｂ－ 2」（J・ハイドン）、「コル・ニドライ」作品 47」（M・ブルッフ）：チェロ独奏・水野由紀、指揮・飯森範親
　3.「交響曲第 1 番ハ短調作品 11、交響曲第 5 番ニ短調作品 107”宗教改革”」（F・メンデルスゾーン）：指揮・沼尻竜典
　4.「交響詩”大地の歌”」（G・マーラー）：（T）福井敬、（B）与那城敬：指揮・飯森範親
　5.「交響曲集 Vol.1 〜 10」（J・ハイドン）：指揮・飯森範親

15. 神奈川フィルハーモニック交響楽団
(KANAGAWA PHILHARMONIC SYMPHONY ORCHESTRA)

衆知の通り、楽団の経営には難しい面が多い。演奏水準の問題に関していうと、その最たるものは、楽員と経営者側との労働争議だと思う。理由は、争議の発端が、「演奏芸術という、目に見えない、そしてその品質や価値を、得体の知れない"人それぞれの持つ独自の感覚でしか判断できない、というものを商品をとしているため」、だからである。

　ゆえに、演奏者と組織の管理委運営者との両者がよほど歩調を揃えないかぎり、そこで意見の一致点を見い出すことは難しい。神奈川フィルハーモニー交響楽団（以下KPSO）も、多かれ少なかれそのような経験を積んで今日に至ったアンサンブルである。

　同団が本拠を置く神奈川県には現在、何と４つプロ楽団が存在する。同県の人口が921万人（平成27年度調査による）なので、例えば欧米風に解釈すると、聴衆の固定数を獲得するのが困難という部類に属するだろう。そして事実はまさにその通りである。

　距離的に言うとKPSOの本拠地神奈川県は、9つのプロ楽団を抱える首都東京の隣に位置しており、同地へのアクセスは数時間で済む。そのため同県の聴衆の大半は、在京楽団のいずれかの公演へ出かけてしまうのだ。おかげでKPSOは本拠地のホールを満席することさえ出来ず、興行収入面で相当な苦戦を強いられる。

　このような状況は、長引くと楽団の存続および、楽員の死活問題に直結するだけに、KPSOは聴衆獲得のための工夫（要するに楽団組織延命のための努力）を、毎シーズン続けねばならない。

　事実KPSOは、創設以来、解散あるいは規模縮小解散の危機に絶えず晒されてきたし、実際そうであった。（というよりそのような状況は、他の団体同様、同団でも現在進行形なのだ。）

　同団が1972年神奈川県横浜市で産声を上げた時、同地あるいは全国のオーケストラ関係者は一様に、「どれだけの期間持つか？」と思ったことだろう。

　ところが同団管理中枢はまさしく不退転の決意で粘りまくり、1978年には現名称で財団法人の認可を受け、更に1995年には「特定公益増進法人」の認可を勝ち取り、神奈川県、川崎市、横浜市そして文化庁からの助成を獲得するという勢いを見せる。

　それらの集大成として到達したのが1998年10月3日の「第150回定期演奏会」（会場は新開館の「横浜みなとみらいホール」）であった。以後KPSOの定期公演会場は、従来の神奈川県立音楽堂から、神奈川県民ホール及び「横浜みなとみらいホール」の2会場へ移行し、2007年3月からは「横浜みなとみらいホール」一本に纏められている。

　話を元に戻そう。KPSO最大のピンチは、創設から約40年後（2012年）に労使間の対立（楽員と運営者）で存続の危機を迎えた時であった。当時人々の脳裏に蘇ったのは、あの泥沼化した「日本フィルハーモニーの争議が齎した悲劇の再現」だと思う。

　しかしその危機を見事に乗り越え、更に2014年のシーズンには「約4億6千万余」の寄付を集め、その前のシーズンの約3億円の債務超過を解消し、何と「公益財団法人」

へと移行する。その頑張りは特筆すべきものであり、他の楽団も大いに参考にすべき成果だと考える。

　かくのごとく KPSO 楽団管理中枢は、依然として「未来への展望を必死に模索」しながら、ひたすら神奈川県の「看板バンド」としての矜持を死守しているのである。

　さて前置きが長くなったので、ここからは早速、同団の沿革史及び現況について具体的に述べていこう。

　KPSO 事務局が公表した「ホーム・ページ所収の楽団史」によると、同団の発足は1970 年（昭和 45 年）である。具体的には同年 3 月、鎌倉市で活動を続けていたアマチュア楽団（ロリエ管弦楽団＝指揮者・金子登、前田幸市郎）が「プロ楽団」に改組、同年 10 月 7 日に「第一回定期演奏会」（指揮：大木孝雄）を実施（会場＝神奈川県立青少年センター）、プロとして正式に船出を実現したしたのが始まりだ。

　以下のリストが、今日まで同団のポディアムを飾った歴代音楽監督、首席指揮者、または常任指揮者達は以下の面々（いずれも KPSO 広報部の資料に基ずくが、「客演指揮者の時代」の記述に関しては、筆者の独断によるものである。）である。

1. 1971 〜 1972 ＝前田幸市郎（初代指揮者）
　 ＊ 1972 〜 1985 ＝客演指揮者の時代
2. 1985 〜 1990 ＝黒岩秀臣（常任指揮者）
　 ＊ 1990 〜 1991 ＝客演指揮者の時代
3. 1991 ＝山田一雄（初代音楽監督に任命されるも、この年に急逝したため、「桂冠指揮者」のタイトルが贈られた。）
4. 1990 〜 1994 ＝佐藤功太朗（首席指揮者）
5. 1992 〜 1996 ＝外山雄三（音楽監督）、1996 〜 2001 ＝芸術顧問
6. 2001 〜 2009 ＝現田茂夫（常任指揮者）、2009 〜＝名誉指揮者
7. 2002 〜 2006 ＝ハンス・マルティン・シュナイト（首席指揮者）、2007 〜 2009 ＝音楽監督
8. 2009 〜 2013 ＝金聖響（常任指揮者）
9. 2013 〜 2017 ＝サッシャ・ゲッツエル（首席客演指揮者）
10. 2014 〜 2021 ＝川瀬賢太郎（常任指揮者）
11. 2014 〜　　　＝小泉和裕（特別客演指揮者）
12. 2022/4 月〜 2025/3 月＝沼尻竜典（音楽監督）

　続いて同団の広報が公表したプロファルを参考に、(一部重複する部分も出て来るが)特に注目すべき出来事を、クロノロジカルに紹介して行こう。
　 ＊ 1970（昭和 45）：第一回定期演奏会（指揮・大木孝雄）
　 ＊ 1978：財団法人として認可さる
　 ＊ 1985：特定公益増進法人として認可さる
　 ＊ 2002：「ＰＯＰＳ　Ｏｒｃｈｅｓｔｒａ」を立ち上げる。

＊ 2003：第 200 回定期公演達成（指揮・現田茂夫）

＊ 2010：創立 40 周年記念公演（指揮・金聖響）

＊ 2013：「横浜音祭り」に合わせ、「ヨコハマ・ポップス・オーケストラ」を始動。
以後ジャンルを超えた幅広い音楽に挑戦し、聴衆層の開拓に乗り出している。

＊ 2014：公益法人として認可さる

＊ 2016 年 4 月（2012 年 4 月〜に端を発した「楽員解雇争議」）で「和解」が
成立

次に KPSO が現在提供しているのはコンサートの種類は次の通り。

＊定期演奏会…1.「横浜みなとみらいシリーズ」（会場「みなとみらい」＝ 10 回）
2.「県民ホールシリーズ」（会場「神奈川県民ホール」＝年 3 〜 4 回
3.「音楽堂シリーズ」（会場「神奈川県立音楽堂」＝年 3 回

＊特別演奏会…1.「ヴィアマーレ・ファミリー・クラシック」（会場＝はまぎんホール・ヴィアマーレ）
2.「神奈川フィル・モーツァルト・ディスカバリー」（会場＝神奈川県民ホール・小ホール）
3.「神奈川フィル・ベートーヴェン・ディスカバリー」（会場＝神奈川県立音楽堂）

結びに、KPSO のポディアム史を飾った主要常任指揮者の足跡に言及しながら、KPSO の現状を総論の形で添えておきたい。

KPSO 最大の特長は、「組織の総力を挙げて神奈川県民と協同している」ことだ。楽団の存在は「県民の支持なしには考えられない」という思想が、楽員の身体に沁みついている。

そのため、県内各地で大中小の特別公演を提供し、楽団組織のイデオローグが、「オーケストラは県民のためにある」という盤石の骨格で支えられているのだ。簡単に言えば、北米の楽団に普通に見られる「コミュニティ」との連携が強力なのである。

そのような場所で生きる楽団は、「おらがバンドが潰れるのは、おらたちのせいだ。だから潰さないよう互いに協力しよう」という思想が住民の中に生まれる。

そういう機運が徐々に広がり、音楽教育の水準もひと頃よりは格段の上昇を遂げてきたお陰で、楽員の演奏力も長足の進歩を遂げ、加えて腕利きの面々が入団するようになってきた。

そして今では KPSO のグレード及びスケールが大幅に向上し、在京の楽団にもヒケを取らぬほどの地平に達している。そのため優秀な指揮者が来れば、アンサンブルの質的向上が一気に実現する可能性を秘めるようになった。従ってこれからの勝負は、いかに有能な指揮者を常任に招き、更なる向上を目指すか、ということになる。（完）

＊推薦ディスク

1.「交響曲第 6 番 ” ヘ長調作品 68” 田園 ”」（L.v. ベートーヴェン）：指揮・H・M・

シュナイト

2.「交響曲第 4 番ト長調 ”大いなる喜びへの賛歌 ”」(G・マーラー)、「ディヴェルティ
メント二長調 K・136」(W.A. モーツァルト):指揮・山田一雄

3.「交響曲第 9 番ホ短調作品 95B・178” 新世界より ”」(A・ドヴォルザーク):指揮・
川瀬賢太郎

4.「交響曲第 2 番ハ短調 ”復活 ”」(G・マーラー):指揮・金聖響

5.「交響曲第 1 番ハ短調作品 68」(J・ブラームス):指揮・H・M・シュナイト

16. 中部フィルハーモニック交響楽団
(CHUBU PHILHARMONIC SYMPHONY ORCHESTRA)

　本邦では、西洋クラシカル音楽が輸入されてから百年余が経ち、その間、音楽大学
などの教育機関が年々充実度を増し、海外への音楽留学生が増え、楽団間の楽員交流
制度が活発になり、更に情報面でのそれらを支える「音楽ビジネス界」が世界に類を
見ないほど発展を遂げた。

　加えて「箱モノ」と呼ばれる「行政主導による演奏会場造り」が経済好況の波に乗っ
て活発に行なわれ、気が付くと我が国はいつの間にかプロ・アマ併せて「50 以上のア
ンサンブルを擁する音楽大国への道」を驀進中である。

　そこには「良悪様々な影響」が混在し、良法へ脱皮する「過渡期」なのか何なのか、
一概に即断できない状況がある。

　しかし「こと楽団の場合」、一つだけ言えることは、「それに対する一般大衆の支持」
が昔日とは比べ物にならぬほど「向上かつ強化している」ことだと思う。それを現出
した理由は幾つかあると考えるが、筆者が思うに、最も説得力のあるものは、「大衆が
長期間に渡る学習の結果、いずれかの楽団の積極的な聴衆に成長してきたこと」だと
断じたい。

(その考えをもとに、一つにはそれを実証的なものとするアプローチとして、本シリー
ズでは二つのローカル楽団＝中部フィルハーモニック交響楽団とセントラル愛知交響
楽団＝を個別に取り上げる)

　中部フィル（以下 CPSO）、の正式名称（英語）は「CHUBU PHILHARMONIC
SYMPHONY ORCHESTRA」である。現在の所在地は、愛知県小牧市(人口 15 万 3 千人：
2020 年度の調査による)。楽員数 39 人を擁するプロ楽団のフランチャイズとしては、
かなり小規模の地方都市だ。

　そのような環境下で 20 年余に渡り活動を続けてきた CPSO。アマチュアならいざ

知らず、レッキとしたプロ団体である CPSO は、いったいどのような沿革史を有しているのだろう。

主要な部分のみを紹介すると以下の通りだ。

* 2000 年（平成 12）2 月…小牧市交響楽団として発足（注＝名古屋フィル、セントラル愛知響に続く、愛知県内では 3 番目のプロ楽団である）
* 2001 年（平成 13）…NPO 法人として認定される（交響楽団としては初のケース）
* 2007 年（平成 19）1 月…NPO 法人「中部フィルハーモニー交響楽団」へ改称
* 2010 年（平成 22）4 月…秋山和慶を芸術監督・首席指揮者に招聘
* 2015 年（平成 27）12 月…「認定」NPO 法人（＝会費と寄付に対して減税が可能）
* 2019 年（平成 31）4 月…「TOP」制度（＝首席制度）開始
* 2020 年（令和 2）4 月…首席客演指揮者（PGC）に飯森範親を指名

フランチャイズの人口が 15 万人余といった環境下で組織を維持し、遂には創立 21 回目のシーズンを迎える程粘り抜く力を付けてきた事実には、称賛の二文字しか贈る言葉はない。

それを現実のものにした最大の原因は、上述通り「楽団を支える市民の力」であり、シーズンごとにそれが強化され向上を続けてきたことだ。

西洋クラシカル音楽の歴史の浅薄な場所で、しかも近在の三つのプロ楽団が血眼になって定期公演会の聴衆争奪戦を繰り広げるという悪条件の下、それを生き抜くためにはその市民の力と、更に楽団管理中枢独自の創意と工夫が必要である。

その創意工夫の実践例を幾つか紹介すると・・・。

1.「文化芸術による子どもの育成事業－巡回公演事業」
2.「NEW YEAR　コンサート」
3.「中部フィル・クラウド・ファンディング開始」（窓口は「小牧市役所・本庁舎 3 F・健康生きがい支え合い推進部・文化・スポーツ課」）
4. 定期公演シリーズの拡大

等が挙げられる。（なお、上記 1．は 2009 年、同 2．は 2011 年度の開始、同じく 3 は 2020 年に開始されている）

続いて CPSO が提供する公演の種類を細かく述べると、自主公演（定期公演会を含む）＝ 8 回、依頼（契約）公演＝ 44 回、その他（室内楽での活動含む）＝ 82 回、また都道府県別公演＝ 51 回（以上、2015 年度版「日本のプロフェッショナル・オーケストラ年鑑」の発表した資料に拠る）という具合だ。

概して、「組織の総力を結集した取り組み」といった感じがする。もし注文を付けるとすれば、海外公演と商業録音等の「他流試合」の機会を増やすこと、であろう。

次に同団のポディアムに君臨した歴代指揮者の足跡を辿りたい。が、実質的に該当者は秋山一人だけなので、ここでは草創期に残した業績を述べるだけに留めておきたい。

さて秋山は、世界に誇る我が国の「指揮の泰斗」斎藤秀雄の愛弟子である。というより、偉大なる小澤征爾の弟分だ。1941年1月2日生まれだから本年80歳を迎えた。

名伯楽斎藤の愛弟子として、本邦では1964年東京交響楽団を指揮してデビュー。その後はキャリアを順調に積み上げ、大阪フィル、トロント響（カナダ）副指揮者、バンクーバー響 MD＝音楽監督（カナダ、現在は桂冠指揮者）、アメリカ響 MD, シラキューズ響 MD（現在・名誉指揮者）等の要職を次々とこなしてきた。

小澤のような華々しさはないが、「優秀なオーケストラ・トレーナー」としての手腕を高く評価され、特に北米の中堅や地方楽団を見事に育成した。

北米における「楽団とコミュニティ」との様々な連携の成功例を実体験した彼は、そこで得たエキスを日本へ持ち帰り、オーケストラ後進国である我が国楽壇の底上げに寄与し続ける。

とりわけ札幌響、広島響、九州響、そして現在の CPSO へ注入されている様々な功績、「楽団の管理運営面における KNOW HOW」は、今後も有効不滅な財産」として活用され続けていくと思う。(完)

＊推薦ディスク

1.「序曲・コリオラン」（L.v. ベートーヴェン）、「ピアノ協奏曲第2番変ロ長調 Op.83」（J・ブラームス）：ピアノ独奏・佐藤麻里、：指揮・秋山和慶（LIVE・「第7回名古屋定期演奏会」で収録＝ CD、DVD）
2.「交響曲第1番ハ短調 Op.68（J・ブラームス）：指揮・秋山和慶
3.「交響曲第2番ニ長調 Op.73（J・ブラームス）：指揮・秋山和慶
4.「交響曲第3番ヘ長調 Op.90（J・ブラームス）：指揮・秋山和慶
5.「交響曲第4番ホ短調 Op.98（J・ブラームス）：指揮・秋山和慶

17. セントラル愛知交響楽団
(CENTRAL AICHI SYMPHONY ORCHESTRA)

「セントラル愛知交響楽団」（以下 CASO) は、創設年が1983年と随分若いアンサンブルだ。しかし積極的に聴衆を育て、同時に自らも成長発展を遂げてきた。

詳しく述べると、同団は当初「ナゴヤシティ管弦楽団」の名称の下で登場（1983年＝昭和58）した、中部地方では名古屋フィルに次いで「二番目」のプロ・オーケストラである。

本拠は創設時も今も名古屋市(フランチャイズは「三井住友海上しらかわホール」)で、1997年（平成9）に名称を「セントラル愛知交響楽団」と改称。2009年4月には「一

般社団法人」となり、現在に至っている。

　同団は我が国の地方オーケストラがロール・モデルにすべき「企業努力」を積極・果敢に推し進めており、それらの例には「岩倉市、半田市等の名古屋圏内の市町村で、大小の定期シリーズやアウトリーチプログラムを作り出す」（年間の公演回数は計百回以上）などの取り組みが見られる。

　さてここからは、創設以来 CASO のポディアムに君臨した歴代あるいは主要指揮者達の足跡を辿りながら、同団の沿革を概観して行こう。

　例によって、「タイトルの職務内容は不鮮明であることをまず断わり」、CASO の歴代首席指揮者、又はそれに準ずる指揮者達の顔ぶれを列記すると以下の通りになる。

＊小松一彦（1983 ～ 2003 年）：芸術顧問、正指揮者

＊古谷誠一（1983 ～ 2003 年）：常任指揮者

＊松尾葉子（1999 年 4 月～ 2004 年 4 月）：常任指揮者

＊小松長生（2004 年 4 月～ 2009 年 3 月）：音楽監督

＊古谷誠一（2004 年～不明）：正指揮者

＊松尾葉子（2004 年～不明）：首席客演指揮者

＊小松長生（2009 年 4 月～不明）：名誉指揮者

＊斎藤一郎（2009 年～不明）：常任指揮者

＊レオシュ・スワロフスキー（2014 年 4 月 ~2019 年）：音楽監督

＊レオシュ・スワロフスキー（2019 年 4 月～　）：名誉音楽監督

＊角田鋼亮（2019 年 4 月～　）：常任指揮者

次に上記リストの中の各指揮者が君臨した治世を、特に注目すべき内容のものだけをクロノロジカルに紹介しながら概観しよう。

　まず楽団創設時にアンサンブルを任された小松一彦（1947 ～ 2023）は、自他共に認める「貴志康一の伝道師」であった。貴志の作品を可能な限り発掘し、公演で取り上げたり録音するなど、その普及に務めたのは後世に残る偉業だ。

　またクラシカル以外に、アニメーション作品のサウンド・トラック製作にも熱心で、両者を巧みに融合する事を通じて新しい聴衆層を開拓した点も高く評価される。

　更に「アマチュア・アンサンブルの保護育成」にも進出、毎月一回のペースで広島県福山市に出かけ、「福山夢のオーケストラ」の創設を牽引（指揮者兼音楽監督を引き受けた）。

　同団はのちに「NPO 法人・福山シンフォニー・オーケストラ」となり、小松はその名誉指揮者に就任している。

　海外への客演にも意欲的だった小松は、サンクトペテルブルク響、プラハ響、スロヴァキア・フィル等、地味ではあるが有力なアンサンブルでキャリアを伸ばし、そこで得たものを帰国後国内バンドに注入した。

　小松一彦に続く業績を刻印したのは、同じく小松性を持つ小松長生である。長生は

1985年エクソン指揮者コンクールを制覇したあと、まず北米のメジャー中堅(ボルティモア響やバッファロー・フィル等)～下位クラスのアンサンブルで修業を積んだ。

イーストマン音楽院（北米）で実力者デビット・ジンマンに師事、指揮術に磨きをかけるも、国外でのサーキットでは小澤征爾のような幸運に恵まれず、本格的な活躍は帰国後である。

CASO は彼に「音楽監督」のタイトルを与え、北米カナダ並の大活躍を期待する。が、その目論見は残念ながら外れてしまった。

(筆者・追記) 筆者は北米のシカゴ市在のオーケストラ・ホール（当時の呼称で、シカゴ交響楽団の本拠）で、師匠のデビット・ジンマンに随行していた小松と遭遇、その修業ぶりを目にした経験がある。当時のジンマンは、手兵チューリヒ・トーンハレ管（スイス）を率いて、ベートーヴェンの交響曲全集を廉価盤として録音。世界中を席捲する勢いだった。彼とジンマン、そして筆者を加えた3ショットは、今でも筆者の中では「興味深い一枚として」コレクションの一角を占めている。

松尾と古谷の治世は、いずれも可もなし不可もなし、という形で推移した。二人はCASO を、大きく飛翔を遂げるための「跳躍台」と考えたかもしれない。だが、同団は当時、創設間もない、全体的に「非力な」、しかも地方都市のアンサンブルである。特にブザンソン・コンクールを制し、しかも当時は数少ない女性指揮者としてその将来が注目されていた松尾の場合、巡り合わせが悪かった、と片づけたら酷すぎるだろうか。

しかし有望株がシェフになろうが、単なる短い間の付き合いであろうが、アンサンブルは生きて行かねばならない。そのためにはまず「自己向上に努め、組織的体力を強化」し続けねばならないのだ。

国外でコンクールに優勝した実績を持つ面々を管理職に招いたのは、CASO の企業努力に他ならない。招かれた指揮者自身のその後の向上は、本人の努力次第だと思う。

さて本題に戻ろう。小松長生が名誉指揮者のタイトルを贈られ、第一線を引く形でCASO の本流から外れたあと、その後釜役を任されたのは斎藤一郎である。東京学芸大、東京芸大指揮科を卒業した斎藤は、岩城宏之、若杉弘、佐渡裕、レオポルド・ハーガーらの BIG　Names に師事。更に文化庁の派遣でウィーンに留学するなど、修業密度は濃い。

しかも帰国後は N 響のアシスタントに招かれ、サヴァリッシュ、ブロムシテット、スヴェトラーノフの薫陶を受けたというから、これ以上ないほどの名匠との豊かな交流に恵まれている。

ただ客演に関しては、(国内のそれは名流楽団が大半を占めるが、国外へのそれは殆どが低水準のアンサンブル)であるため、特に目立った成果は認められない。

斎藤の業績と言えば、邦人作品を熱心に取り上げたこと、および映画音楽やポップスまでレパートリーを広げ、ファン層を拡大したことの二点に尽きると思う。

続くレオシュ・スワロフスキーは、小松長生に続く音楽監督（MD）として招かれた。MDとしての在任期間は5シーズン。その後（2019年以降）は名誉MDという珍妙なタイトルを贈られ、CASOとの関係を保つ。

　スワロフスキーの出身はチェコで、プラハ芸術アカデミーでヴァツラフ・ノイマンに師事、プラハ国民歌劇場でズデニェック・コシュラーの助手を務め、さらにカラヤン財団の招きでザルツブルク音楽祭にも参加している。CASOの楽員（現在の楽員数は約55人）にとって、スワロフスキー体制下でのシーズンが、最も実りのあるものとなったようだ。

　当のも彼はCASOに招かれる前、プラハ国立歌劇場芸術監督・首席指揮者、ブルノ国立フィルの首席指揮者を歴任していたからである。

　そして2019年4月からCASOはいよいよ、若手実力者の一人「角田鋼亮」を常任指揮者に迎えた。

　東京芸大の指揮科を出てベルリン音大へ留学、同地でコンクールに挑み最高位を収めた彼は、帰国後ほぼ順調に指揮のキャリアを伸ばしている。

　そして最後になるが、これからCASOが提供するコンサートの種類、およびその演奏会場を付記しておきたい。

　＊定期演奏会＝年7回を、本拠地の「しらかわホール」で提供

　　　　　　　＝年1回を愛知県岩倉市総合体育文化センターで提供（岩倉定期演奏会と呼ばれる）

　　　　　　　＝年1回を三重県四日市市文化会館で提供（四日市市定期演奏会と呼ばれる）

　　　　　　　＝年1回を東京公演に充てている

　＊その他の演奏会（特別公演、OUT REACH企画、学校公演など）

＊推薦ディスク

　1. 交響曲第2番ホ短調作品27（S・ラフマニノフ作曲）、組曲「諸国から」作品28（モーリツ・モシュコフスキー作曲）：指揮・角田鋼亮

　2. クラリネット協奏曲（P・ヒンデミット作曲）、クラリネット協奏曲（J・ヴァンデルロースト作曲）、ロマンス変ホ長調＝クラリネットと管弦楽版（R・シュトラウス作曲）：クラリネット独奏＝エディ・ヴァノオーストハーゼ、指揮・セルジオ・ロサレス

　3. 日本の管弦楽曲100周年ライヴ！：独奏（Vn）・長原幸太、（Flt）大西宣人、（復元）松本敏晃、指揮・斎藤一郎（全曲）、

　　　作曲者＝松村禎三（ゲッセマネの夜に）、黛敏郎（セレナード・ファンタスティック＝世界初演、ほか）、山田耕筰（序曲ニ長調）、團伊玖磨（シネ・ファンタジア、ほか）、古関裕而（ひるのいこい：テーマ）、北爪道夫（NHK-FM ベスト・オブ・クラシック・テーマ音楽）、芥川也寸志（赤穂浪士・テーマ）、伊福部昭（交響ファ

ンタジー「ゴジラ VS キング・ギドラ」)、深井史郎（鳩の休日）、斎藤一郎（映画「眠
狂四郎女妖剣」) ＝（注：なお、この作曲者「斎藤一郎」は、本 CD の指揮者「斎
藤一郎」とは同姓同名の別人である。)
　・・・他（全体で計 15 曲を収録）（完）

18. 関西フィルハーモニック交響楽団
(KANSAI PHILHARMONIC SYMPHONY ORCHESTRA)

　筆者の住む沖縄県宮古島での最大の「音楽の楽しみ」の一つといえば、「関西フィル
ハーモニック」が出演する同団占有の週一番組「Enter the Music」を視聴することだ。
　LIVE を聴く機会が極端に少ない地方都市あるいは遠隔地または離島に住む音楽ファ
ンは、名流楽団の本格的な LIVE を聴くためには、上京するかあるいは大枚をはたい
て欧米諸国へ出かけるか、しか方法はない。
　FM 放送や音盤等で演奏を楽しむ方法も確かにある。しかし、「百聞は一見に如かず」
（厳密には、「百聴は一実演鑑賞に敵わず」だろうが・・・）なのだ。
　というわけで、筆者も過去半世紀もの間、様々な方法を使って外国へ赴き、時間の
許す限り、LIVE を聴きまくってきたし、これからもそうする積りでいる。
　その経験を基に述べることで最も強調したいのは、過去半世紀の中で我が国のオー
ケストラが実現してきた驚異的な演奏水準の向上ぶり、である。
　それはとりもなおさず、「わが国民がいかにアンサンブル作りに秀でているか」の証
佐だと思う。
　西洋クラシカル音楽を輸入してから百余年が過ぎ、グローバルな楽器製造が本格ビ
ジネスとして認知されてから約百年が経った。それと併行して、音大等の教育機関が
数と充実度を増し、演奏者が育成され、海外への音楽留学者が激増した。その成果がオー
ケストラに結実し、しかもその数は年々増している。
　現在関西地方で有力楽団の一つに躍進を遂げている「関西フィルハーモニー交響楽
団」（以下 KPSO)。同団もそんなせ世情に後押しされて今の地位を築いた団体である。
　KPSO の出発は、一人の情熱溢れる音楽家の登場によってなされた。その音楽家と
は宇宿允人（別名・山口治）である。宇宿は京都市西陣の出身。表具師の家庭に生まれ、
京都市堀川高校普通科に入り、のち音楽科へ転科後、東京芸大器学科へ進学。卒業後
は近衛管弦楽団へ入団し、のち NHK 響へ移籍した。1960 ＝ 68 年の間、同団の首席
トロンボーン奏者を務め、その間、フルトヴェングラーの指揮に感銘を受けて指揮者
を志す。

近衛秀麿に指揮法と管弦楽法を師事し、佼成ウィンド・オーケストラを指導するなど、指揮活動を本格化。指揮者としての初公演（自主リサータルという形でのデビューであった）は、1962年である。同公演で率いたのは、ABC響にNHK響の有志が加わった混成団体であった。

　その後宇宿は渡米（1968年9月）し、NYで同地のNYフィルの演奏をリサーチ。それから朝比奈隆の要請を受けて帰国、大阪フィルの専任指揮者（1973年2月まで）となった。

　大阪フィル時代の1970年、宇宿は神戸女学院大学の学生オーケストラを母体としたアンサンブル＝ヴィエール室内合奏団（VCO）を結成し、厳格に鍛錬する。同団はその甲斐あって「大阪文化賞」を再度受賞するなど、長足の進歩を遂げるが、それが後の「関西フィルハーモニック」の前身となった。

　気鋭のマエストロ宇宿の鍛錬で着々と演奏水準を上げて行ったVCOは、その後プロとしての一本立ちを目指し、文化庁の助成金獲得を目標に「ヴィエール・フィルハーモニック」（VPO）と改称（1975）し、楽員組合を整備しながら組織のスケール・アップを図る。

　波に乗ったリーダー宇宿と手兵VPOは、創立間もない時期の1976年、ルーマニア音楽祭から招待を受け、「1時間以上もアンコールを繰り返すほどの熱演を繰り広げ」、地元紙の絶賛を浴びる大成功を収めた。

　しかしアンサンブルの活動状況が順調だったのは1981年度初頭までである。その後は楽員労組と対立が深まり、結局宇宿は同団との関係を断つ。一方VPOは、再出発を目指して小松一彦を常任指揮者に迎え、かつ楽団名を「VPO」から「関西フィル」（以下KPSO）へと改称（1982）し、現在に至っている。

　ここで同団のポディアムを飾った歴代常任指揮者（例によって、そのタイトル名は他の団体同様様々であるが・・・）を列記すると以下の通りだ。

　1. 宇宿允人（1970〜1981）：初代常任指揮者
　2. 小松一彦（1982〜1988）：常任指揮者
　3. 黒岩秀臣（1988〜1994）：常任指揮者（3月まで）
　4. ウリ・マイヤー（1994〜2000）：藤岡幸夫（2000〜正指揮者、2007〜首席指揮者）
　5. オーギュスタン・デュメイ（2008〜2011）：首席客演指揮者、2011〜音楽監督）
　6. 飯守泰次郎（2001〜2011：常任指揮者、2011〜：桂冠名誉指揮者）

　次に各人の同団に残した実績の中で、注目すべきものだけを紹介しよう。

　まず初代の宇宿は当然ながら、アンサンブルを鍛えまくる一方で、プロとしての心構えを楽員その他の組織関係者に植え付けながら組織総体の基盤を作った。良い意味での「熱血派指揮者」だった宇宿は、草創期になくてはならないパトスの持ち主で、宇宿の後任に指名された小松は、セントラル愛知響の稿でも述べてきたように、戦前の邦人作曲家「貴志康一」の熱心な研究家、演奏家であった。

更に横浜に居住し、毎月一回は広島県の福山市に通い、現地のアマチュア・オーケストラを指導し、同団体をNPO法人化するなど、地方楽団の発展に尽くすなど、西洋音楽の裾野を広げた。

小松は新しく出発したKPSOに常任として6シーズン関わる間、プロ楽団としての組織総体を纏めあげ、アンサンブルの整備に力を注いで黒岩秀臣（1942年生まれ）にバトンを引き継ぐ。

桐朋で斎藤秀雄に師事、同大の学生オーケストラの北米巡演に随行し、NY, LA, SFの各都市でバトンを任されるなど、早くから実戦経験を積んだ黒岩。桐朋卒業（1964）後は、日本でバリバリ指揮のキャリアを積むものと期待された。

ところが実際には1975年まで修道士の生活を送る。そしてその日常は専ら、神学、哲学、ラテン語、グレゴリオ聖歌、ポリフォニー等を研究。バトンを握る機会と言えば、典礼音楽の指揮および作曲活動などのストイックさである。

キリスト教徒という身分にすれば宗教音楽は得意であって当然だが、こと一般大衆が相手のオーケストラと共生していくには、それだけでは不十分だ。

結局、指揮のメインはオラトリオ、レクイエム、ミサ曲におき、いうまでもなくその部門では比類のない名演を展開した。

黒沼が再び「幅広いレパートリーの音楽に専念」を始めたのは、1976年頃からである。翌年には東京都交響楽団のファミリー・コンサートに登場して絶賛を浴び、その2年後の夏には渡米。バークシャー音楽センターで、「クーセヴィッツキー記念フェローシップ指揮者」として参加し、指揮術に錬磨をかけている。

帰国後は九響（1981～88年）常任、神奈川フィル（1985～89）常任を順次経て、KPSOの常任に招かれたのは1988年4月である。彼は同団で6シーズン在任し、我が国の地方楽団に重点的な客演を重ねながら、KPSOでは特に声楽曲のレパートリーを充実させた。

そんな黒岩の後を引き受けて、KPSOのローカル・ムードを一気に国際色のあるものに変えて行ったのは、ウリ・マイヤー、藤岡幸夫、そしてオーギュスタン・デュメイで三人である。

3人のバトンは、それまで極めて薄かった「国際性」の欠如を次々と無化し、「地方オーケストラがそこまで挑むのか！」と感心するような、冒険と意欲に満ちたプログラムを紹介し続ける。

まず1946年ルーマニアの地方都市で生まれ、その30年後にカナダへ移住したウリ・マイヤーだが、ヴァイオリニスト出身だけあって、着任後は特に弦部を鍛えまくった。

更に彼は1958～64年の6シーズン、イスラエルのテル・アヴィブ音楽院で学び、その後6シーズンは現地の優秀な才能を持つ青少年だけで構成された「イスラエル国立青少年オーケストラ」のアシスタント指揮者を務め、その間には世界に誇る「イスラエル・フィル」(IPO)の楽員（1967～68）となっている。

IPO を離れたのは、1968 年名誉ある「ダムロッシュ指揮奨学金授与者制度」の受賞者にに選ばれたからである。彼は早速 NY へ飛び、同市のジュリアード音楽院で、指揮とヴィオァの両方を専攻する。(指揮はジャン・モレル、ヴィオラはウォルター・トランプラーに師事した。)

　その結果マイヤーは名伯楽モレルの期待に応え、名実ともに新世界で指揮者への道を本格的に踏み出す。更に当時は NY 青少年響のアシスタント指揮者を務めながら、NY フィルの楽員、およびレオポルト・ストコフスキー治下のアメリカ響で首席ビオラ奏者をこなすという活躍ぶりであった。

　1970 年ストコフスキーはマイヤーを、同団のアシスタント指揮者に招こうとする。ところがマイヤーはそれを断り、同年今度は何とカナダのモントリオール響の誘いに応じ、同団の次席ビオラ奏者に納まったのであった。(マイヤーはその後、1981 〜 1994 年の 13 シーズンに亘り、同国のエドモントン市にある「エドモントン響」の MD を務めている。)

　そのような形でマイヤーは、楽団組織のほぼ全貌が露呈される北米、カナダ、そしてイスラエルの各地で有益な経験を豊富に積み、しかも幾つかの大学では学生オーケストラ（例えばミシガン大学）にも参加している。

　これらの経験は後年 KPSO で生かされ、有形無形の形で、同団のグレードとスケール・アップに寄与したのだった。

　マイヤーが外様の貢献者なら、邦人で国際色に溢れたセンスを注入した人物は藤岡幸夫（1962 年生まれ）である。

　渡辺暁雄の最後の愛弟子であり、G・ショルティのアシスタントを務めた経験を持つ藤岡は、1990 年「英国王立ノーザン音大」の指揮科を出て、1992 年「サー・チャールス・グローヴス記念奨学賞」を特例で受賞した。

　翌年には BBC フィルの定期に招かれて「ロンドン・タイムズ」紙に激賞され、更にその翌年（1994）には同団の副指揮者に招かれる。

　以後手兵を率いて「PROMS」に出演するなど、ロイヤル・フィル、ロイヤル・リヴァプール・フィル、等の英国主要楽団をはじめ、ヨーロッパ本土の各地(スペイン、ベルギー等)へ客演して、交響管弦楽、オペラのプログラムを次々と振って大成功を収めた。

　藤岡は我が国では少数の「国際派」であり、本来なら国外で「主要ポジション」を与えられてしかるべき人材だと思う。が、国外で活躍の場を求める欲はあまり強くないらしい。

　それより、自国のオーケストラを鍛え上げ、世界のサーキットへ打って出る気持ちを秘めているのだろうか。

　もしそうであるなら、年月が過ぎぬうちに「本拠地を置くのは自国内か外国か、のいずれかを決断すべき」だと思うのだが・・・。

　さて藤岡の去就はさておき、音楽作りの現場は結局、2021 年以降は、ベテランの

飯守泰次郎、Ａ・デュメイらが占めるところとなっている。藤岡は欧米楽団のの組織的視点から見れば、表面的にはデュメイの補佐的なポジション（MD はデュメイ、藤岡は首席指揮者）だ。意味がよく理解できないのは飯守のタイトルである。「桂冠名誉指揮者」という珍妙な名称は職務内容はおろか、そのポジションの軽重さえ推測できないほどややこしい。

　最後になるが、KPSO は 2021 年に行った「楽団創立 50 周年記念記者会見」で、「2021年 9 〜 10 月に二度目のヨーロッパ楽旅を（約 5 公演）行なう」と発表した。デュメイの弾き振りをメインに、藤岡も随行して邦人作品を紹介する」という内容。

　同企画がＣＯＶＩＤ 19 の猛襲でどう変わったのか。ファンとしてはもちろん楽旅の実施を望みたいが、しかし何より安全・安心が第一である。（完）

＊推薦ディスク
1.「交響曲第 5 番変ホ長調作品 82」、「カレリア」組曲作品 11（J・シベリウス作曲）：指揮・藤岡幸夫
2.「ロマンス第 1 番ト長調 Op.40」、「ロマンス第 2 番ヘ長調 Op.50」（L.v. ベートーヴェン作曲）、「セレナード第 1 番ニ長調 Op.11」（J・ブラームス作曲）：Vn 独奏＆指揮・Ａ・デュメイ
3.「交響曲全集」（J・ブラームス作曲）：指揮・飯守泰次郎
4.「交響曲第 2 番ホ短調 Op.27」（S・ラフマニノフ作曲）：指揮・Ｕ・マイヤー
5.「ピアノ協奏曲第 4 番 JAZZ」（独奏 Pf ＝山下洋輔）、「ピアノ協奏曲第 5 番フィンランド」（〜左手のための・2012）（独奏 Pf ＝館野泉）、「マリンバ協奏曲（2012）」（独奏マリンバ＝種谷睦子）（いずれも一柳慧・作曲）：指揮・藤岡幸夫
6.「交響曲第 1 番 "The Border"」（管野祐悟・作曲）：指揮・藤岡幸夫

19. 東京シティ・フィルハーモニック交響楽団
(TOKYO CITY PHILHARMONIC ORCHESTRA)

　プロ楽団のみに限って述べると、わが国最古のプロ楽団とされる東京フィルハーモニック交響楽団(TPSO) が創設されたのは 1911 年。その 15 年後の 1926 年に NHK 響、更に 1945 年に群響、翌年の 1946 年には東京響、そして 1947 年に 5 番手として大阪フィルが続いている。

　創設された地域は例によって大都市、あるいは地方の中心都市であり、集客および支援者確保の可能性の高さの面からも仕方のないことだが、現代はそのようなステレオタイプ的状況が崩れつつあり、クラシック音楽文化の熟成が進んでいることを窺わ

せる。

　ところで日本では長い間、音楽文化の中心地・東京が、地方文化特に地方オーケストラにかなりの影響力を与え、更に牽引役を果たしてきたことを忘れてはならない。

　例えば、地方のオーケストラは常に、「東京のオーケストラと密接な繋がりを持って自らの欠落点、および是正すべき点」を見出していたし、そのような関係の維持は「いずれ国家レヴェルの演奏芸術文化の底上げに寄与するもの」と理解していたのである。

　地方と中央（東京）の両者は、当初から「連絡会議」のような集まりを持ち、相互理解を図っている。（このようなスタイルは北米で既に長い歴史を持っていた「アメリカ交響楽団連盟」(ASOL) ＝（現在の LEAGUE OF AMERICAN ORCHESTRAS の前身）に倣ったものだ。我が国でそのような集まりが正式に発足したのは 1964 年で、組織の名称は「東京オーケストラ・クラブ」であった。

　同クラブはその二年後 (1968 年) に「日本交響楽団連絡会議」の名称の下で改組され、「オーケストラ運営に関する諸問題について意見交換」をするようになっていく。

　しかしこの時点までは、同会議の目的は専ら「中央に本拠を置く楽団間の情報交換」であり、地方楽団との密接な連携までは至っていない。

　そのような動きをよそに、地方は地方で独自に動きを展開し始めている。それは（東京以外の都市に本拠を置く楽団が参集して組織した「地方交響楽団連盟」（1972 年）である。

　これで地方と中央との正式な窓口が出来たわけだが、両者の目的はあくまでも「楽団維持の KNOW HOW」を出来るだけ多く得ること。というわけで、両者が密な交流を始めるまで、時間はかからなかった。

　そして交流を深めていくうちに、両者は 1989 年「合同会議」を開く。そこで共通項だらけであることを互いに認識、確認し、「統一組織」を作ることで互いの組織を発展的に解消する道を選ぶ。その結果生まれたのが任意団体の性格をもつ「全日本オーケストラ連盟」の創設が決定する。

　1990 年 7 月、18 の交響楽団が理事となって正式に「日本オーケストラ連盟」が発足し、初代理事長に長岡寛理が選出された。その後同団体は内容の整備充実を進めていく。そして同団体が、文部科学省＝文化庁より、待望の「社団法人日本オーケストラ連盟」の設立認可、を許可されたのは 1995 年 1 月 31 日である。（更に同連盟は発展を続け、2012 年 8 月には、「公益社団法人」へ移行した。）

　これで我が国にも、先行する北米の ASOL に倣い、本格的な「プロ楽団の相互扶助組織」＝具体的に創設目標を述べると、（交響楽の振興と普及を図り、以て我が国の文化の発展に寄与すること）＝日本オーケストラ連盟（参加資格には「正会員」と「準会員」の 2 形態があり、2014 年現在における加盟数は前者が 25、後者が 8 つの計 33 団体）が始動したのであった。

　さて東京シティ・フィル（以下 TCPO）は、以下の加盟団体のリスト（注：創設年

代順に作成した。但し＊＝正会員、＊＊＝準会員に区別してある）からも分かるように、そのオーケストラ連盟に属する団体の中でも、創立が1975年という浅い歴史を持つ楽団である。

1. 東京フィルハーモニック交響楽団（1911）＊
2. NHK交響楽団（1926）＊
3. 群馬交響楽団（1945）＊
4. 東京交響楽団（1946）＊
5. 大阪フィルハーモニー交響楽団（1947）＊
6. 九州交響楽団（1953）＊
7. 日本フィルハーモニー交響楽団（1956）＊
8. 京都市交響楽団（同上）＊
9. 札幌交響楽団（1962）＊
10. 読売日本交響楽団（1962）＊
11. 広島交響楽団（1963）＊
12. テレマン室内管弦楽団（同上）＊＊
13. 東京都交響楽団（1965）＊
14. 名古屋フィルハーモニック交響楽団（1966）＊
15. 神奈川フィルハーモニック交響楽団（1970）＊
16. 山形フィルハーモニック交響楽団（1972）＊
17. 新日本フィルハーモニック交響楽団（同上）＊
18. 京都フィルハーモニー室内合奏団（同上）＊＊
19. 仙台フィルハーモニー管弦楽団（1973）＊
20. 東京ユニヴァーサルフィルハーモニー管弦楽団（同上）＊＊
21. 東京シティ・フィルハーモニック管弦楽団（1975）＊
22. 大阪交響楽団（1980）＊
23. 関西フィルハーモニー管弦楽団（1982）＊
24. セントラル愛知交響楽団（1983）＊
25. ニュー・フィルハーモニー・オーケストラ千葉（1985）＊＊
26. 奈良フィルハーモニー管弦楽団（同上）＊＊
27. オーケストラ・アンサンブル金沢（1988）＊
28. 静岡交響楽団（同上）＊＊
29. ザ・カレッジ・オペラハウス管弦楽団（同上）＊＊
30. 日本センチュリー交響楽団（1989）＊
31. 東京ニューシティ管弦楽団（1990）＊
32. 中部フィルハーモニー管弦楽団（2000）＊＊
33. 兵庫県立芸術文化センター管弦楽団（2005）＊

TCPO は当初、自主運営の団体として、若くて才能のある演奏家達（具体的に言えば、1974 年英国のアバディーン市で開かれた「青少年音楽祭 1974」に参加した堤俊作の率いる「東京ユース・シンフォニーの楽員有志」）が結集。その翌年（1975）、堤俊作を指揮者に招いて発足した。

　同団楽員は若い、そして意欲満々の人間の集まりだけに、良い意味での怖いもの知らずで、最初から溌溂と活動する。創設の年、何と、ヨーロッパ、香港、マカオ公演を敢行したのである。しかもいずれの取り組みをも成功させ、プロ楽団への道を確実なものにして走り始めたのだった。以後同団は、間断なく押し寄せる経営危機の波とぶつかりながら、今日に至っている。

　そして以下の指揮者達が常任又は音楽監督として、ポディアムに招かれている。

1. 堤　俊作（1975 年 TCPO を創設〜 1997 年 4 月まで初代常任指揮者）
2. 十束尚宏（1992 〜 1997：二代目常任指揮者）
3. 飯守泰次郎（1997 年 9 月〜 2012 年 3 月＝三代目常任指揮者、2012 年 4 月からは桂冠名誉指揮者）
4. 矢崎彦太郎（2002 年 4 月〜首席客演指揮者）
5. 宮本文昭（2012 年 4 月〜 2015 年 3 月＝初代音楽監督）
6. 高関　健（2015 年 4 月〜四代目常任首席指揮者）

（筆者注：我が国では、大半の楽団で、ポディアムの責任者（欧米のシステムで言えば、音楽監督＝ MUSIC DIRECTOR ＝ MD）に相当するポジションが「常任指揮者」と呼ばれている。しかし本来は、常任指揮者と MD は別々の職名である。そのため、我が国の楽団の沿革を語る場合、その点をどう区別すればよいのか迷うことが多い。本シリーズでも再々繰り返してきたことだが、念のためにここでもあらためて明快に、楽団の発表通りに記述していることを申し上げておきたい）

　それではここから本題に戻り、上記の指揮者達の在任時における業績（客演のキャリアを含む）について、注目すべき内容、と思われるものだけを述べておこう。

　最初は楽団創設者の堤俊作から。1946 年生まれの彼は、桐朋学園で指揮を専攻、斎藤秀雄に師事した。卒業直後から国内外の指揮コンクールに挑み、ルパート指揮者コンクール（1974 年＝英国ロンドン）で入賞、ジュネーヴ国際音楽コンクール指揮部門（1978 年＝スイス・ジュネーヴ）で最高位を納め、ロンドン響、スイス・ロマンド管、シモン・ボリヴァル響等の中・上位アンサンブルへ客演を果たしている。

　TCPO 草創期には、ヨーロッパ各地での豊富な客演経験で得たものを、ひたすらアンサンブルの水準向上に注ぎ込んだ。在任期間が 17 シーズンという長期に渡ったのは、楽団にとって実に有益だったと思う。

　堤は TCPO のポストを離れて後も、国内では主として吹奏楽、客演ではヨーロッパを中心にオペラ、管弦楽曲を振り歩き、自らのスケールとグレード・アップを実現。TCPO との絆をも保ちながら各音大で教職にも就いた。

堤の後任に招かれたのは、当時本邦指揮界で最も将来を嘱望されていた十束である。32歳という若さで、しかも大学（桐朋）在学中に指揮コンクール（第17回民音）を制覇したという実力者。

　更に北米マサチューセッツ州のタングルウッド音楽祭で、フェローシップ・コンダクターに選出され、S・クーセヴィッキー賞を受賞。おまけに小澤征爾の率いるボストン響の副指揮者に任命されるというスター指揮者でもあった。

　名手の集まりとは言え、TCPOにとってそんな十束のアンサンブルとなるのは、やはり前途洋々の幸運を引き当てるのと同じである。同団のファンなら、十束に長期在任を望むのは当然と言えた。が、彼の在任は僅か5シーズンのみであった。

　十束の心中にはやはり、TCPOとの関係を深化させながらアンサンブルを錬磨するより、国内外の主要楽団への客演に活力を向けようという固い思いがあったのだろうか。

　TCPOを降板して後の十束の生き方から筆者が感じるのは、「奨学金を得てウィーン国立歌劇場へ研修に赴いたり（2002～）、その他の欧州各国のオペラ劇場およびオーケストラへの客演回数を増やしていたのは、まるで脱日本を目指していたからではないか・・・」ということである。

　かなりうがった見方だと批判されるのは百も二百も承知だが、欧米の主要音楽都市が「指揮者として大成するのに不可欠」と思った当時の、十束のように才能あふれた若い人々の中では、当然生まれて来る考えだったと思われる。

　だが十束は結局、本場（欧米楽壇）の有力団体から客演の依頼はあるものの、MD等の定位置のオファーを得られず、今日に至っている。しかも十束がTCPOの中で刻印した実績の中には、注目を引くようなものは殆どない。

　十束の後任を務めたのは、満州は新京生まれの飯守泰次郎だ。名門の一族には閣僚や最高裁長官、裁判官の経験者がおり、芸術の分野で名を挙げたのは泰次郎のみである。

　飯守はTCPO在任中、プログラム編成、独特のコンサート創出、商業録音などの各分野で比類のない貢献を果たしている。

　桐朋で斎藤秀雄に師事し、渡米してミトロプーロス・コンクールに挑戦し入賞。帰国後はカラヤン・コンクールにも入賞するなど地歩を固めた彼は、バイロイト音楽祭で音楽助手を務める一方、短期ではあるがドイツ各地の劇場で指揮の経験を積んだ。

　帰国後暫く経ってから十束の後任としてTCPOの常任指揮者に招かれるが、同団にとって飯守が在任したシーズンは、あらゆる意味で豊穣の日々となった。

　特に録音の面で群を抜く成功を納めている。具体的にそれらの成果を記すと、ベートーヴェン・サイクル（マルケヴィチ版による）、2000～2004の4シーズンに渡って上演したワーグナーの楽劇「ニーベルングの指輪」全曲、更に「オーケストラル・オペラ」という構想で実施された「ローエングリン」(2004)、「パルジファル」(2005)、「トリスタンとイゾルデ」(2008)、シリーズは、我が国のワーグナー演奏史上モニュ

メンタルな快挙である。

　次の矢崎彦太郎は、1979年以来、パリに本拠を置き、TCPOでは唯一首席客演指揮を務めた。パリ在住だけあってフランスものが得意なため、TCPOでは飯守がドイツ作品、矢崎は専らフランスものを引き受けている。

　続く宮本文昭（1949年11月3日生まれ）は、TCPO初の音楽監督。男女共学だった桐朋女子高音楽科を出て渡独、北西ドイツ音楽アカデミーへ入り、オーボエの名手H・ヴィンシャーマンに師事した。同校卒業後はエッセン市立響、フランクフルト放送響（首席オーボエ奏者）で活躍。

　2007年3月31日オーボエ奏者のキャリアを終えると、日常を教育と指揮活動に転じ、2012年4月からはTCPOのポジションに専念する。とはいえ、重要な録音を連発するわけでもなく、日常の指揮活動以外は専らマスコミや音楽専門ジャーナル等に露出回数を多くする程度であった。

　結局宮本は、僅か3シーズン限りでTCPOのポジションを降板。あとは高関健にバトンを譲る。在任期間が短期であるため、宮本の足跡に特別注目すべき部分は見当たらない。

　そして最後は現職の高関健である。東京出身の高関は、幼少期にピアノとヴァイオリンを始め、桐朋に進んで指揮法を修めた。師事したのは、斎藤秀雄、秋山和慶、小澤征爾他のスター指揮者達である。

　同大在学中の1977年に「カラヤン指揮コンクール・ジャパン」で優勝。指揮一本で人生を切り開く決意を固める。

　同大卒業後はベルリン・フィル・オーケストラ・アカデミーに進み、カラヤンのアシスタントを務める（1979年3月〜1985年12月）という超エリート・コースを歩んだ。

　更に1981年の夏にはタングルウッド音楽祭に参加、バーンスタイン、小澤征爾、クルト・マズア、アンドレ・プレヴィン、イゴール・マルケヴィチの指導を受けるという豪華版だ。

　仕上げはニコライ・マルコ指揮コンクール（第2位）、ハンス・スワロフスキー指揮コンクール（優勝）を制し、国際舞台への道をも開いた。

　これだけのキャリアからすれば、世界の主要アンサンブルの一つのシェフの座に就いてもおかしくない。が、高関は一貫して、客演の機会を国外に、常勤の場を国内に求めている。

　TCPOでは、就任以来専らアンサンブルの錬磨に集中してきた。5シーズンが過ぎた今、「高関カラー」と呼べるような独自性を発揮するまでに至っていないが、本年発売されたブルックナーの交響曲第8番（ハース版）を聴くと、目指すアンサンブルが構築され、もうそろそろ彼の世界がほの見えてきたと思う。（完）

*推薦ディスク
1.「交響曲全集」（L.v. ベートーヴェン作曲）：指揮・飯守泰次郎
2.「交響曲第 6 番 " ロ短調 Op.74 " 悲愴 "」、「幻想序曲 " ロミオとジュリエット "」
　（P.I. チャイコフスキー作曲）：指揮・ヴァレリー・アファナシェフ
3.「オペラ " 夕鶴 "」（作曲・團伊玖磨）上演 600 回記念 LIVE」：指揮・團伊玖磨
4.「交響曲第 4 番 " 大いなる喜びへの讃歌 "」（G・マーラー作曲）：指揮・堤俊作
5.「交響曲第 3 番ハ短調 Op.78" オルガン付き "」（S・サーンス作曲）、「バッカス
　とアリアーヌ」第 1、第 2 組曲 Op.43（A・ルーセル作曲）：指揮・矢崎彦太郎
6.「交響曲第 8 番ハ短調（ハース校訂による原典版)」（A・ブルックナー作曲)：指揮・
　高関健

20. 読売日本交響楽団
(YOMIURI NIPPON SYMPHONY ORCHESTRA)

　プロフェッショナル・オーケストラのように公共性が強ければ強いほど、巨大マス
コミが運営母体になる形は、組織にとってより有利さを増す。

　一方そのマスコミにとっても、オーケストラのようにその公共的色彩の強い団体を
組織の一部に組み込むことは、自らの存在意義を高めるだけではなく、文化の積極的
な社会還元を実践するという意味からも、大いに賞賛されるといった側面を持つ。

　そのため、資本主義国家では、有力な新聞社や放送局等のマスコミがオーケストラ
を運営するという例は古くから数多く見られたし、また社会主義国家においても、資
本の投下はさておき、国家権力が管理運営面を領導するというシステムが存在してい
た。

　結論を言えば、企業的体質から見てマスコミは、「オーケストラの管理運営母体とし
て理想的な存在」だと思われる。

　更に資本力のあるマスコミなら、かつてのアメリカの放送局（CBS や NBC）が引
退前の超大物指揮者の芸術を記録として残すために、コロンビア交響楽団（ブルーノ・
ワルター）、NBC 交響楽団（アルトゥーロ・トスカニーニ）のようなアンサンブルを、
臨時に編成することも可能である。

　その例に倣えば、今や高齢となった世界有数のマエストロ〜＝小澤征爾のため
に、我が国の有力マスコミ（あるいは IT 産業）が、臨時編成の「BEST PICKUP
ORCHESTRA」を誕生させることも可能（尤も小澤は既に、サイトウ・キネン・オー
ケストラ＝ SKO）でその形を先取りした格好になっているが・・・）だと思う。

ことほどさようにマスコミを後ろ盾にしたオーケストラは、他の形態に比べ有利な点が多い。が、我が国では労働争議で揺れた日本フィルハーモニー交響楽団の例でも分かる通り、その実態は常に安定的なものとは言えないのだ。それでもマスコミ各社は、オーケストラを運営し続けており、それは音楽文化に対する一つの高度な見識として高く評価されるべきだと思う。

　さて読売新聞社、日本テレビ放送網、読売テレビの三社が母体となり、最初から財団法人組織として世界的水準のアンサンブルの創出を目標に、読売日本交響楽団（YNSO）が創設されたのは、1962 年 4 月 6 日のことであった。

　当時は日本オーケストラ界が急激な発展を遂げている時期で、YNSO は既存の楽団（主要メンバーを引き抜き（日本フィルから 25 人、インペリアル・フィル＝旧 A 響＝から同じく 25 人）、それらを中核体として楽員を整えた。

　同日行われた記者会見では、「新楽団の正式名称を財団法人読売日本交響楽団とする」「管理運営は上記三社の協同出資金によるものとする」との二点が発表された。

　続いて同年 7 月 3 日には、読売ホールで結団式が行われ、楽団事務所を報知新聞社内に置き、会長には正力松太郎が就任し、更に 80 人の楽員、11 人の事務局員の人事が明らかにされ、初代常任指揮者にアメリカ人のウィリス・ページが招聘された点に加え、披露演奏会が 9 月 6 日＝東京文化会館で挙行されることなどが公式に発表された。

　こうして YNSO は、長期的展望の下で活動計画を立案し、内外への積極的なアピールを続けながら、強固な組織力を背景にして、日本楽壇にその巨大な一歩を踏み出す。

　その全体像は、かつて我が国の演奏芸術界では見られなかった充実度の高いもの、となっていた。が、唯一不満（これはあくまでも筆者の独断ではあるが）を感じさせたのは、最重要課題ともいえる初代音楽監督のポストに、ウィリス・ページが招かれたことである。

　すなわち当時の彼の力量が、「創設当時我が国において、圧倒的ともいえる組織力を背景に船出した新アンサンブルにしては不釣り合いな人事、と受け取られかねないほどの水準」、であったからだ。

　その常任指揮者人事はともかく、発足当時から楽団独自の「強烈な存在感」をアピールしたのは、スタッグ・パーティ方式（男性のみの楽員構成）であった。

　同方式は、今となっては希少価値となってしまったが、それまではウィーン・フィルにのみで継承されていた独自のスタイルだった。（が、今やそのウィーン・フィルでさえ、「男女の雇用機会均等方式の適用により、楽員採用は男女平等」となっている。その是非はともかくとして、女性楽員の数は結果的に、シーズン毎に増える一方だ。具体的な数字で言うと、2019 年 10 月発行の同団機関紙「MONTHLY ORCHESTRA 10」に掲載されている楽員一覧によれば、全楽員のうち女性奏者が 21 人＝特にヴァイオリン群の 25 人中 14 人が女性、また特別客演コンサートマスターにも女性一人＝日下

紗矢子が招かれている＝というのが現状である。）

　オーケストラも時代の流れと共に変化を遂げており、その形は今後も続いていくと思われる。

　さて話を元に戻して、上述した9月の東京公演（指揮：ウィリス・ページ、演奏曲目：レオノーレ序曲第三番＝ベートーヴェン、モザイク＝H・ハンソン、交響詩「ドン・ファン」＝R・シュトラウス、交響曲第一番＝ブラームス、会場：東京文化会館）を皮切りに始まった披露演奏会は、その後全国巡演シリーズ（10月3日＝浜松市民会館、同月4日＝大阪フェスティヴァル・ホール、同月5日＝名古屋市公会堂、11月7日＝新潟市体育館、同8日＝富山市公会堂、同9日＝金沢市金沢観光会館）へと展開されて行くが、それらの公演に集まった聴衆は、まずそのことに驚かされると同時に、関係者の並々ならぬ意欲を感じさせられたのであった。

　更にそのオープニング・シーズンで特筆すべきもう一つの取り組みは、外国から著名な指揮者、ソロイストを招いてファンの期待に応えたことである。

　それらの公演シリーズは、披露演奏会とは別に特別演奏会と銘打たれ、1962〜63年度シーズンに計13回提供（YNSO創立30周年記念誌による）された。主な出演者はカルロ・ゼッキ、アラム・ハチャトリアン、レフ・オボーリン、ジュリアス・カッチェン等の錚々たる名流で、特にハチャトリアンの招聘は同団の歴史に重要な1ページを残すものとなった。

　1963年8月23日に記念公演（会場：東京文化会館、指揮・ウィリー・シュタイナー）を終え、YNSOはいよいよ以下の歴代常任指揮者の下で、定期公演活動を深化充実させて行くこととなる。

　1. ウィリス・ページ（1962年4月〜1963年3月）
　2. オットー・マツェラート（1963年9月〜1963. 11月日本にて病没）
　　＊客演指揮者の時代（1963〜1972）
　3. 若杉　弘（1972〜1975）
　　＊客演指揮者の時代（1975〜1980）
　4. ラファエル・フリューベック・デ・ブルゴス（1980年4月〜1983年10月）
　　＊客演指揮者の時代（1983.10〜1984.1）
　5. ハインツ・レークナー（1984年1月〜1989年12月、＊特別客演指揮者（1990〜2001）
　　＊客演指揮者の時代（1989〜1992）
　6. 尾高忠明（1992年4月〜1998年3月）
　7. ゲルト・アルブレヒト（1998年4月〜2007年3月）
　8. スタニスラフ・スクロヴァチェフスキ（2007年4月〜2010年3月）
　9. シルヴァン・カンブルラン（2010年4月〜2019年3月）
　10. セヴァスチャン・ヴァイグレ（2019年4月〜　　　）

YNSO は我が国で最も多く、外国籍を持つ常任指揮スタッフ、あるいは客演指揮者を保持してきたアンサンブルである。

　NHK 響のそれがドイツ偏重であった時代から、ロシア（旧ソ連）、アメリカ、イギリス、スペイン、オランダそしてドイツと、多彩なゲスト指揮者の招聘を絶やすことなく、高度な音作りに力を注いできた。

　にもかかわらず、そのような努力を空転させるような事態に見舞われたことは、大変残念である。その事態とは、常任指揮者の大半が、あまりにも短期間の在任で終わっていることだ。

　ビッグ・ネームの実力派指揮者を客演させたり、あるいは同様のソロイストを絶えず招き続けたのは、そのように高度な音作りを目指した結果には違いない。だが長期の在任が可能な音楽監督（MD）または首席指揮者がいてこそ、その高度な音作りは安定的に継続そして実現できるのである。

　グローバル・スケールで名流指揮者やソロイストを招き続けることが出来たのは、ひとえに YNSO の運営母体が本邦屈指の資本を持っていたからだ。が、名実共に国際級の演奏団体を目指すのであれば、やはり長期間在任可能でアンサンブルを徹底鍛錬できる常任の指揮スタッフ、の確立こそ最重要事である。

　いわばその点こそ YNSO の到達目標であり、近年の同団はその路線に沿って歩んでいると思う。

　そのような視点に立って、ここからは同団のポディアムに君臨してきた歴代 MD 達の足跡を辿ってみることにしたい。

　まずアンサンブルの基盤作りに最も重要な役目を任された、初代常任指揮者ウイリス・ページ（1918 ～ 2013）から始めよう。

　ズバリ結論から言うと、ページはアンサンブルの草創期に大役を任されるほどの、指揮の逸材では残念ながらなかった。

　NY のロチェスターで生まれた彼は、同地在の高名な「イーストマン音楽院」で学び（専攻楽器はコントラバスとチューバ、指揮法をピエール・モントゥに師事）、卒業後はボストン響（＝ BSO ＝当時の MD は S・クーセヴィッキー）のコントラバス奏者となった。

　当然 A・フィドラー体制下のボストン・ポップスにも参加したが、指揮者としてキャリアを築き始めて後は、BSO の副指揮者（1940 ～ 1955）を足掛かりに、バッファロー・フィル（NY ＝当時の同団 MD はヨーゼフ・クリップス）の準指揮者（1955 ～ 1960）、更に 1960 年からはナッシュヴィル響（NSO）の MD に抜擢されている。

　いずれも北米では中～下級のレヴェルにあるアンサンブルで、そのため当時も今も我が国での知名度、そして評価はかなり低い。とはいえ、世界最大のオーケストラ王国アメリカ楽壇では重用されており、リリースされた録音盤の数も 9 点に上るほどだ。

　ページに関して興味深い出来事がある。それは、NSO から東京の YNSO へ就任す

る際に起こった事件だ。彼は公式には「日本の楽団に MD として招聘された初のアメリカ人指揮者」ということになるが、NSO が許可したのは何と 14 か月の離団（あるいは出張措置）。　そのため彼は就任先のある東京へ着いた時、事情聴取のため空港で何と 30 分間も Kidnap（留置、誘拐）されてしまった。

　その窮地を救ったのがフォード財団だが、その辺の事情と解決に至るまでの内容は、同団のマクニール・ロウリーの手記で明らかにされている。

　結局ページはその後、YNSO と NSO を兼任することとなり、更に離日後はドレイク大学指揮法講師（1968 〜）、ジャクソンビル響（1971 〜 1983）MD、St. ジョーンズ・リヴァーシティ・バンド（1985 〜創設者兼 MD）を歴任。2013 年 1 月 19 日、94 歳で他界した。

　常任指揮者（外国のスタイルで言えば音楽監督）でありながら、定期公演を一度も振ることなく離団したページ。彼のようなケースは、世界のメジャー楽団でも稀である。そのページは退任後 10 シーズンの間すら、一度も YNSO から客演に招かれることはなかった。

　彼がようやく同団の聴衆の前に再び姿を現したのは、1992 年度のシーズンで第 309 回定期（4 月 10 日、会場＝サントリー・ホール）に久方ぶりの登場を果たした時である。R・シュトラウスの祝典前奏曲（オルガン独奏は今井奈緒子）、リストのピアノ協奏曲第一番（独奏は北米出身の J・シーゲル）、チャイコフスキーの交響曲第五番を指揮し、健在ぶりを示した。とはいえ、なんとも論評のしにくい初代の常任指揮者である。

　晴れの第一回目の定期公演を振らなかった、という「理解し難い扱いを受けたページ」に代わってその任を執ったのは、彼の後任 O・マツェラート。ドイツのデュッセルドルフ出身（1914 年 10 月 26 日生まれ）。

　R・シューマン音楽院でヴァイオリン、ピアノ、音楽理論を修め、指揮は独学だった。卒業後はメンヘングラード・バッハ市立劇場のコレペティトーアを皮切（1935）りに、クレフェト劇場オペレッタ指揮者（1936）、次いでヴュルツブルク歌劇場指揮者（1938）を歴任。　その後バーデン国立劇場MD(1940)、ヘッセン放送響(首席指揮者)へと進み、YNSO 就任前にはトルコ国立響を率い（1962 〜）、キャリア豊富な本格派としてファンの期待を集めていた。

　マツェラートはしかも就任当時まだ 40 代後半という成長株。当然、長期在任でアンサンブルを錬磨するものと思われたが、何と就任二か月で急死（座間にて）する。

　結局彼の存在がファンの思い出として残ったのは、たった二回の定期公演（その上述の第一回目の定期公演プログラム＝ 1963 年 9 月 19 日：会場・東京文化会館、曲目＝ベートーヴェンの「交響曲第 3 番 ” 英雄 ”」、ブラームスの「ピアノ協奏曲第 1 番」- 独奏・園田高弘、R・シュトラウス＝「ティル・オイレンシュピーゲルの愉快な悪戯」）を振った希少な機会だけとなってしまった。

YNSO の音楽監督人事は、かくのごとく出だしから問題含みだったと言える。その
ような波乱に満ちたスタートを何とか乗り越え、草創期の混乱を修復しながら音作り
を安定軌道に乗せて行ったのはやはり、綺羅星のごとく並んだ世界の巨匠たちの相次
ぐ客演であった。

　K・ザンデルリンク、K・マズア、G・ロジェストヴェンスキー、RF・デ・ブルゴス、W・V・
オッテルロー等など。後年 YNSO の「名誉指揮者」リストに名を連ねる Big Name の
オン・パレードである。彼らの尽力により、YNSO のサウンドは大きく破綻すること
なく、高水準を保持したのだった。

　その彼らが作り残し続ける財産を継承し更に発展させて行くのが、三代目の常任・
若杉弘である。若杉は YNSO 初の邦人 MD であり、マツェラートの急逝後 10 シーズ
ン近く続いたブランクを埋めるという大役を任された。

　期待通り、若い情熱をぶつけて若杉はアンサンブルを纏めていくが、その際役になっ
たのは、就任 7 シーズン前から既に築いていた YNSO との関係であった。MD として
正式に就任した後、その経験を基に自らの理想の実践を目指す。

　若杉が同団に残したもので最も注目すべき点は二つある。一つ目は「日本初演とな
る大作紹介への積極的な取り組み」（例えば、バーバーの「ピアノ協奏曲」、シェーン
ベルクの「グレの歌」、ペンデレツキの「ルカ受難曲」、バルトークの「ピアノ協奏曲
第一番」、ベルリオーズの「演奏会形式による"歌劇トロイア人"」等）だ。そして二
つ目は「重要演目を組む際に必ず、安易に名流の外国人指揮者に頼らず、自ら積極的
にポディアムに立ち、"外国勢に一歩もヒケをとらぬ形で邦人指揮者の実力の確かさ"
をアピールし続けた」という点である。

　若杉の進取性、開明性は既に、彼の定期公演デビューとなる第 23 回定期（1965 年
11 月 15 日：会場は東京文化会館）プログラムから早くも窺えると思う。同プログラ
ムは何と、ドビュッシー"神秘劇""サン・セバスチャンの殉教"、ラヴェルの「マ・メー
ル・ロア」「舞踊音楽"ダフニスとクロエより、第二組曲"で組まれ、都民をアッと言
わせているからだ。

　そんな調子で若杉は、「当時の本邦オーケストラ界で慣例化していた、経費節減のた
めに来日中の複数の外国人指揮者をたらい回しにする、ようなアプローチ」に断固抗し、
あくまでも「JAPANESE　FIRST」を前面に押し出したのであった。

　しかしその一方で、いわゆるスタンダード作品に対しても正攻法で挑み、既に年末
行事となっていた「ベートーヴェンの交響曲第九番"合唱付き"」を、真正面から定期（第
24 回）で取り上げ、自ら指揮を執って「通俗に堕するムード」を一掃していくことも
忘れていない。

　ちなみに YNSO の定期に登場した初の邦人指揮者は第三回目（1963 年 11 月 14 日：
会場は東京文化会館。プログラムは、シューマンの「交響曲第 3 番"ライン"」、ペルティ
の「四つのトランペットと弦楽合奏のためのソナタ」、R・シュトラウスの「オーボエ

協奏曲」、ラヴェルの「スペイン狂詩曲」）に登場した近衛秀麿で、二人目が岩城宏之（第10回定期）、三人目が飯守泰次郎（第20回定期）、そして若杉は4人目であった。

　MDとしての在任期間が短かった割に、若杉はINSOを最も多く指揮した邦人指揮者となっている。（二人目の日本人MD＝尾高忠明が就任するまでの17シーズン、YNSOは主に東欧系の指揮者を中心に、アンサンブルを錬磨した。）

　若杉の退任後1980年までの5シーズンは、客演指揮者の時代である。その期間内にYNSOは次期MDの人選作業を進めねばならない。

　それにしても、我が国の看板アンサンブルの一つが、後任のリクルートに5シーズンを要したとは、あまりにも長すぎる不幸な話だ。

　その理由の一つとして考えられるのは、世界の指揮者達の間で当時のYNSOの知名度があまりにも低すぎ、かつその実力もよく認識されていなかったから、ということではないだろうか。とはいえ、当時のゲスト指揮者の顔ぶれには, 正直驚かされてしまうのも又事実である。

　残念なのは、そのような名流たちの中に、常任ポストを引き受ける人がついに現れなかったことだ。それでもMD不在のまま、長期間のシーズンを乗り切ることが出来たのは、（再三強調しておくが）ひとえに楽団の運営母体が我が国有数の大企業だからだ。

　しかし一方ではそのことが、「並の指揮者にはMDを任せられない」、という一種の「企業の矜持」というか、楽団管理中枢の心意気と相対していたからかもしれない。

　だがそのジレンマも、スペインの名称デ・ブルゴスのMD受諾でようやく幕となる。彼とYNSOの初顔合わせ、1974年6月19日の第103回定期でゲスト指揮者に招かれた時であった。それからMD就任前にも4回連続（第155回定期＝1979年7月6日＝から～第158回定期）で登場。更に一つ飛んで第160回定期にも登場、日本の音楽ファンの心を掴んでいた。

　就任した年の1980〜81年度シーズンには、第163,164,168,169回目の各定期をはじめ、人気プログラムの「名曲シリーズ」（第165,172回目の公演）を振るなど、集中的にMDとしての役目を果たし、聴衆の支持を一気に獲得した。

　だが翌年のシーズンからは、定期公演および名曲コンサートへの出番を各々2〜3回に減らし、MDとしての拘束期間を欧米のそれに比べ、かなり少ないものにした。

　そうすると、欧米の楽団に比べ定期公演数の数もかなり少ない本邦楽団において、MDがアンサンブルを十分に錬磨していくにはかなり困難な面が出てくる。そのため長期にわたってフィラデルフィア管を鍛え上げ、ついに「フィラデルフィア・サウンド」なる独自の音色を獲得したE・オーマンディのような芸当を、デ・ブルゴスが短期の拘束期間で実現するのは所詮無理な話であった。

　結局デ・ブルゴスも僅か3シーズン限りでYNSOを去り、活動の拠点を祖国スペインに移して、その後はスペイン国立管、ウィーン響、ベルリン・ドイツ・オペラのグロー

バル・スケールのメジャー団体の GMD（音楽総監督）・MD（音楽監督）を歴任して行く。

　デ・ブルゴスの後任として招かれたのはドイツの名匠 H・レークナーである。彼は着任前既に、ライプツィヒ放送響首席指揮者（1958 〜）、ベルリン国立歌劇場（MD ＝ 1962 〜）、ベルリン放送響（首席指揮者：1973 〜）と、重要なキャリアを積み上げていたベテラン。

　レークナーの YNSO 定期デビューは第 177 回目の公演である。彼は同公演でアンサンブルの支持を集め、MD に指名され受諾した。そして MD 就任後の定期初登場は第 204 回定期（1984 年 2 月 10 日）。同公演ではブルックナーの交響曲第 8 番を振り、聴衆を熱狂の渦に巻き込んでいる。

　以後シーズンごとにアンサンブルとの絆は深みを増し、1994 年 12 月発表された「ベートーヴェン交響曲全集」録音は、その結晶体である。

　レークナーはどちらかと言えば地味で堅実を絵に描いたような「職人気質の指揮者」であり、かつ YNSO「中興の祖」的存在として在任期間の長期化が期待されたが、当時の政治状況がそれを許さなかった。

　つまり当時はドイツが東西に分断されていた時代であり、レークナーも祖国ドイツの統一後に起こった演奏芸術界の混乱状態を少しでも収拾するため、退任を決断せざるを得なかったのだ。

　YNSO 管理中枢は、そのようなレークナーの功績に対し、「特別名誉客演指揮者」というタイトルを贈り、引き続き関係を継続していく。

　レークナー退任後に YNSO を待っていたのは再び、客演指揮者の時代である。同団理事会はこれまで同様、その MD 空白の時代を「国際級の客演陣」（デ・ブルゴス、レークナー、そしてロジェストヴェンスキーらが中心となった）で乗り切ることになった。

　そんな中で第 6 代目の MD に指名されたのは、若杉に次ぐ二人目の邦人指揮者・尾高忠明である。ウィーン音楽アカデミーで名伯楽 H・スワロフスキーに師事。帰国後は NHK 響の指揮研究員（1968 年〜）を振り出しに指揮者としてのキャリアを積み始めた彼は、以後東京フィル（1974 〜 1991 ＝常任指揮者）、札幌響（1981 〜 1986 ＝正指揮者）、そしてイギリスの BBC ウエールズ響（1987 〜 1995 ＝首席指揮者）の各ポストを歴任。いずれの地でも成功を収め、その実績を買われてついに YNSO の MD へ招かれる。

　尾高のキャリアは、例えばアメリカ人指揮者が国内ではその実力が中々認められず、ヨーロッパで重要な地位を与えられてのち、祖国のメジャー楽団から重要な地位を与えられ呼び戻されるという構図の日本版、と言えるものだった。

　その後、彼が辿ったような形で祖国の重要な地位を得る若手（過去の小澤征爾は別格として、朝比奈隆の後任として大阪フィルの MD に招かれる大植英次はその好例だ）が、続出するが、そういった意味でも尾高が果たした役割には大きなものがある。

　ところで尾高の YNSO デビューは名曲シリーズ（1976 年 3 月 26 日）で、予約定

期公演へのそれは第 225 回目（1986 年）と、思いの他遅かった。しかもその後の 6 シーズン近くは同団との密な関りはなく、定期公演への再登場は何と第 294 回目（1992 年 4 月 25 日）となっている。

　尾高は 7 シーズン在任したが、その間は若杉に負けず劣らず新旧多彩なプログラムを組んで、読響ファンを喜ばせた。ブルックナーの没後百周年記念シリーズは特にファンの注目を集め、前任者の H・レークナー、F・デ゠ブルゴス、そして H・フォンクと連携をとりながら全交響曲を分担し、絶賛を博した。

　更に「団伊玖磨」の全交響曲を紹介したり、ロジェストヴェンスキーに「ショスタコーヴィチの交響曲サイクル」、「スクリャービン・サイクル」を振らせ、これまた絶賛を博すことになった。

　それとヴェルディのオペラをコンサート形式で上演（指揮を任せたのは、イタリアの名匠ネロ・サンティ）するなどの野心的プロジェクトをも実現している。

　加えて YNSO との海外楽旅も、尾高時代の大きな功績である。1993 年 9 月、彼は同団を 12 年ぶりとなる欧州楽旅へ連れ出し、ウィーンのムジークフェライン・ザールその他で巡演した。

　また 1996 年 7 月には、ゲスト指揮者山下一史の指揮でタイ国への楽旅を、翌 1997 年 9 月には MD 尾高自ら中国北京での公演を敢行、いずれも大成功を収めている。

　総じて尾高時代の充実ぶりは録音の面で顕著に表れることになったが、それを促したのは、「常に YNSO の国際的知名度の上昇を狙い、世界市場を目標とする取り組みを積極的に実現したこと」である。（ショスタコーヴィチの交響曲第五番「革命」の録音のため、イギリスから録音技師を招いたこと等も、その一つの例として挙げられる）

　そのような形で好評のうちに幕を下ろした尾高の時代を引き継いだのはゲルト・アルブレヒト。1997 年 12 月の第 358 回定期を振って YNSO デビューを果たした彼は、翌年 4 月に第 7 代 MD に招かれる。

　政治的な理由で前職チェコ・フィル MD を解任された彼の獲得は、YNSO の放ったまさしく適時打であった。前任尾高に負けず劣らずの知恵者であり、アイディアマンのアルブレヒトは、就任早々から本領を発揮する。

　まず力を入れたのは、新しい聴衆層の開拓を図るための啓蒙プログラムを整備、充実させること、次いで録音活動の積極化（特に彼が成し遂げたベートーヴェンとブラームスの交響曲全集は、その結晶体である。）だった。そして彼は、そのいずれの面でも先頭に立ったのである。

　注目の啓蒙活動面における実績としては、新作オペラ（リーバーマンの「メディアの無罪」、ヒンデミットの「聖女スザンナ」、ツェムリンスキーの「フィレンツェの悲劇」の公演、小中学生を対象にした教育プログラム「響の博物館」（1999 年 10 月 29 日より開始）、更に幼少年を対象にした「わくわくクラシック」（2001 年 3 月より開始）等のシリーズを創設等が挙げられる。

また一般聴衆を対象にしたプロジェクトの始動にも配慮し、刺激的な内容に満ちた日本人作曲家委嘱シリーズを創設（1999 年 10 月）した。（同シリーズでは、第一回目の作曲家に「伊東乾」、第二回目には「望月京」が選ばれ、両者の作品はアルブレヒトによって世界初演されている）

　かくしてアルブレヒトは、創作現場を活性化する新作の紹介にも積極的な姿勢を持つ側面を日本聴衆に印象付け、スタンダード・レパートリーの巧みなプログラミングと併せ、ファンの支持を更に強固なものにしていった。

　そもそも彼は就任前から世界の楽壇事情に精通するマエストロ（26 歳＝ 1961 年＝で、早くもリューベック歌劇場のシェフに招かれ、次いでカッセル、ベルリン・ドイツ・オペラ、チューリヒ・トーンハレ管、ハンブルク州立歌劇場、同州立フィルハーモニー管、それから YNSO 着任前の不幸な解任劇＝チェコ・フィル＝に遭遇するまで、欧州の主要アンサンブル、オペラ・カンパニーのシェフを歴任してきた）であり、その経歴を一見して分かる通り、キャリア・メイキングの初期から、グローバルな演奏芸術界を多角的かつ総合的視点で捉えてきたのだ。

　その彼が、それまで蓄積してきたものを YNSO に注ぎ入れようと行動を始めると、どのような結果が想定されるか。そんな彼に周囲が望むことは唯一、可能な限り長期の在任を実現してくれることだった。

　そして YNSO 管理中枢とファンの期待に応えるかのように、アルブレヒトの快進撃は続く。特に彼の体制下におけるハイライトといえる出来事は、2001 年からの猛チャージだ。

　同年 12 月 4 日に行われた第 400 回定期公演における「テレージェンシュタットの作曲家達」を皮切りに、翌 2002 年 2 月の「モーツァルト・グランド・ガラ・コンサート」、同 9 月「パルシファル」（全曲上演＝ YNSO 創立 40 周年記念公演）、と BIG EVENT を続け、更に今度は待望の「一般向け教育プログラム」（KLASSISCHE MUSIK）を創設。総体的な聴衆層の整備・充実を図ったのである。

　端的に言えばアルブレヒト体制は、「YNSO の本格的な飛躍・飛翔の時代」と断じてよいと思う。予想されたこととはいえ、アルブレヒトは長期間 YNSO に君臨し、その間実に比類のない実績を残したのであった。

　彼の後任 S・スクロヴァチェフスキーは、北米のミネソタ管 MD を経験しているだけに、アルブレヒト同様楽団の組織力学に通暁した人物。

　だが彼の着任前から既に前任者が奮闘し、組織力は相当強固なものとなっていた。そのためスクロヴァチェフスキーは、自らの作曲活動をはじめ、専らグレード・アップに力を注ぐ役回りとなり、おかげで伝説に残る名演の数々を連発する幸運に恵まれた。

　演奏家としてのキャリアをピアニストで始める計画だった彼は、ポーランドの自宅がナチス空軍の攻撃に遭って壁を崩され、手を負傷したためにそれを断念し、作曲と

指揮に転向する。

　作曲家としては「序曲1947年」（シマノフスキ・コンクール優勝作品）を始め、かなりの作品数を完成しており、それぞれが各国の主要楽団で初演されている。（YNSOは、特に21世紀に入ってから新作の委嘱・初演を活発化したが、スクロヴァチェフスキーがその推進役を務めたのは間違いないと思う）

　指揮者としては、まず地元のブロツワフ・フィル、カトヴェツ・フィル、カトヴェツ・フィル等の指揮者を務めて地力をつけ、1956年に祖国の看板バンド「ワルシャワ国立フィル」MDを歴任し、更に同年「ローマ国際指揮者コンクール」で優勝を収めたあと、1958年からは本格的に国際的演奏サーキットへ躍り出た。（その橋渡し役をしたのは、当時クリーヴランド管MDの任にあったG・セルであり、彼の招聘により同団を振って北米デビューを飾った）

　スクロヴァチェフスキーは作曲家でもあるだけに、その思想は指揮にも通底しており、「作曲家はスコアに無駄な音を一音たりとも書かない」し、従って「スコアに書かれている音は全て、聴衆の耳に入らねばならない」という確固たる信念を貫徹したマエストロだった。

　そのため、彼の紡ぎ出した音は、各楽器間のバランスを考慮しながら細部の彫琢に拘りすぎるあまり、「レントゲン写真のような演奏」だの、「箱庭的演奏」等という批判を浴びることがあり、更に楽譜に修正を加えることを躊躇わないやり方を通したため、それに抵抗を覚える向きもあった。

　にもかかわらず、演奏の完成度は常に高いため、ファンの支持も総じて高い水準のままで推移した。（そうでなければ、彼の登場が他の指揮者に比べこれだけ数多く待望され、実現されることはなかったと思う。参考までに述べると、彼はYNSOで計84公演（内訳は、MD就任前の客演で26公演、MDとして37公演、桂冠指揮者として21公演）、NHK響に43公演＝二団体の総計127公演登場している。またそれ以外の来日機会は、「ジュリアード音楽院学生オーケストラ」と1回、首席客演指揮者を務めていた「ザールブリュッケン放送響」（後に「ザールブリュッケン・カイザースラウテルン・ドイツ放送フィル」と改称）と2回＝いずれも「ベートーヴェン・サイクル」を指揮）の二つがあった）

　かくしてYNSOは紛れもなく、スクロヴァチェフスキー体制下で豊穣の時を過ごした、と言うことが出来ると思う。

　スクロヴァチェフスキーの後任はフランスはアミアン生まれ(1948年7月2日)のS・カンブルラン。パリ国立高等音楽院でトロンボーンを専攻した彼は、同院卒業後リヨン国立管などで演奏者としてのキャリアを始める。また指揮デビューを飾ったのも同管（1975年）で、本格的にはブザンソン国際指揮コンクールを制して後だ。

　最初の管理職はベルギーの王立モネ歌劇場（MD）＝1981〜1991＝で、その後フランクフルト歌劇場（GMD）、フランクフルト・ムゼウム管（MD）＝1993〜1997、

バーデンバーデン・フライブルク SWR 響 (PC) = 1999 ～ 2011，そして YNSO (常任)
＊なお、同団との兼任という形でシュトットガルト州立歌劇場（MD)・シュトットガルト州立管（MD) = 2012 ～ 2018 ＝にも君臨している。

　指揮者カンブルランの特質は、何といっても作品に対する無類のフレキシビリティだと思う。特に近現代作品に真骨頂を発揮する（ドナウエッシンゲンでの現代音楽の頻繁な紹介、ルール・トリエンナーレでの同様の活動等）といった印象が強いが、それは我が国の楽壇にとって比類のないほどの恵みをもたらすものであった。

　祖国フランスではしばしば「アンサンブル・アンテルコンタンポラン」に客演するなど、そのフット・ワークは素晴らしく、その柔軟性を我が国の楽壇でも披露したのであるから、YNSO の演奏水準が向上しないはずはなかった。

　そんな全方位型の活躍を見せたカンブルランの後方支援役を務めたのは、盟友であり欧州楽壇の実力者でもあったジェラール・モルティエである。彼のタイムリーなアドヴァイスのおかげで、カンブルランが期待以上の活躍を見せたことは特筆されねばならない。（なおカンブルランは YNSO = MD の就任時、61 歳の働き盛りであった）

　そして最後に現MDのヴァイグレだが、優れた音楽家の血を引く家系(甥のイエルク・P・ヴァイグレが指揮者、ヴィオラ奏者のフリーデマン・ヴァイグレは兄弟）の生まれであることもよく知られている。

　さてヴァイグレも前任者同様、オーケストラの楽員から身を立てた人物だ。楽歴によると、東独のハンス・アイスラー音大の出身。同大でホルン、ピアノ、及び指揮を学び、卒業後はベルリン国立（州立）歌劇場管に入団。15 シーズンに亘って首席ホルン奏者を務めている。

　その後は 1997 年に同団のカペルマイスターに昇格、ドレスデン、フランクフルト、ウィーン、そして NY の MET などへ客演。次々と実力を認められ、2003 年フランクフルト歌劇場で指揮した「影のない女」(R・シュトラウス) がオペラ専門誌「Openwelt」から激賞され、「年間最優秀指揮者」に選出された。

　それを契機に世界各地から出演依頼が殺到、2004 年にはリセウ大劇場の招請を容れて音楽総監督に就任。更に 2008 年からはフランクフルト歌劇場の音楽総監督を務めてきた。

　オペラ指揮者として高い評価を定着させたあとは、2007 年ついにバイロイトにも登場。「ニュルンベルクのマイスタージンガー」を指揮して大成功を収め、2012 年には「ニュルンベルクの指輪」サイクルをも二回上演した。

　今や世界のコンサート・サーキットの常連となったヴァイグレ。先ごろ YNSO 管理中枢が発表した「2019 年度（第 8 期）事業計画書」（自 2019 年 4 月 1 日～至 2020年 3 月 31 日）を見ると、同団の公演数は計 104（内訳は自主公演＝国内 = 59 回、依頼公演 45 回）となっている。

　定期公演の数が 10 回と、同団のサイズにしては少ないのが依然として気になるが、

問題はやはり中身（つまりプログラム）だろう。

　新シェフ＝ヴァイグレがいかなる Lead を見せるか、そして同団の音色が、これまでのフランス・タッチから、彼の手によってジャーマン・タッチにどう変わって行くか。興味は尽きない。

　更に、ヴァイグレ体制下で期待されるのは、ディスコグラフィの充実である。2020 年度シーズンは、楽聖ベートーヴェンの生誕記念にあたる。そんな時期に、ドイツの TOP CLASS のマエストロが、その交響曲全集を録音してくれると実に有難いし、またそれを是非実現して欲しいと思う。（完）

＊推薦ディスク

1. 「三大バレエ名曲選」（P.I. チャイコフスキー）：指揮・G・ロジェストヴェンスキー
2. 交響曲第 2 番ハ短調「復活」（G・マーラー）：指揮・L・マゼール：片岡啓子（Sp）、伊原直子（Alt）・武蔵野音大合唱団（指揮・佐久間哲也）
3. 歌劇「アッシジの聖フランチェスコ」（全曲）（O・メシアン）：指揮・S・カンブルラン、ヴァンサン・ル・テクシエ他
4. 交響曲第 5 番ハ短調 Op.67「運命」、交響曲第 6 番ヘ長調 Op.68「田園」：指揮・ハインツ・レーグナー
5. 交響曲第 5 番ニ短調 Op.47「革命」（D・ショスタコーヴィチ）、劇的交響曲「ロミオとジュリエット」Op.17 より「愛の情景」（H・ベルリオーズ）：指揮・S・スクロヴァチェフスキー

21. 東京交響楽団
(TOKYO SYMPHONY ORCHESTRA)

　Talkie(トーキー：発声フィルム) が開発されて本格的に実用化されて以来、欧米のメジャー・フィルム・カンパニー＝映画製作会社）はまず作品を完成し、その後の音入れ（サウンド・トラック録音）に際しては、会社専属ではない別の演奏団体起用する場合が多い。

　あるいはかつてクロード・ルルーシュ監督がやったように、複数の名流オーケストラからさらに名手を募り、臨時のアンサンブルを編成（「愛と哀しみのボレロ」）して録音するケースもみられる。

　そのいずれの場合も、これまで映画用音楽を演奏録音するオーケストラとして抜群の実績を誇っているのが、イギリスの団体（特にロンドン交響楽団＝ LSO、とロイヤル・フィルハーモニック管弦楽団＝ RPO）であろう。

ジュリアード音楽院出身でボストン・ポップス管弦楽団（BPO）の音楽監督を務めたこともあるジョン・ウィリアムスと LSO のコンビネーションは、映画史に残る超大作「STAR WARS」等で、空前の成功を収めてきた。また RPO も、名作曲家エルマー・バーンスタインとのコンビネーション等で、数多くの傑作名作に登場。コンサート・ステージとは異なるパワーを発揮している。

　欧米ではすっかり馴染みとなったそのようなスタイルを、日本のフィルム・カンパニーはどのような形で扱っているのだろうか。ズバリ、我が国のフィルム・カンパニーで、現在上述のような専属楽団を有している例は皆無である。

　トーキーの出現以前、我が国の各劇場や映画館は、無声映画伴奏用のオーケストラ編成していた。（サウンド・トラック録音を目的とした専属楽団を保有するフィルム・カンパニーは、東宝株式会のみであった）

　同社は 1933 年 12 月 5 日、紙恭輔を指揮者に招き、当初 PCL 管弦楽団（PCLO）という名称の下、PCL（東宝映画の前身）製作のフィルムを上映する際、伴奏音楽の演奏を行うことを主たる目的として楽団（PCLO）を設立したのだった。

　映画や様々なショーが娯楽の中心であった当時、PCLO はその後 8 シーズンにわたって活発な演奏活動を展開する。が、1941 年には山田耕作が自作自演（「夜明け」）を行った際（東京宝塚劇場）、東宝交響楽団の名称の下でも演奏している。（この名称が後年 PCLO にとってかわることとなった）

　創設したばかりの年から数シーズンは演奏会も多く、活発な動きを見せていた PCLO だが、第二次世界大戦が勃発そして長期化に従い、その活動は急激に狭められていった。

　そして終戦時には半ば休止状態にまで追い込まれ、1945 年 8 月（12 シーズン目）にはついに、新規まき直し図るため、新楽団の創設を目指すことになる。その中核体となったのは、東宝映画撮影所の楽員 40 人。主に劇場音楽の演奏を活動の中心に据えていくことを確認した上での決断であった。

　そして翌年（1946 年 4 月）、近衛秀麿と上田仁を常任指揮者に迎え、新楽団＝東宝交響楽団（以下東宝響）が船出する。TSO は発足直後ただちに練習を開始、翌月 14 日には 70 人の楽員を擁して第一回定期演奏会（会場は日比谷公会堂。第一部が午後 1 時、第二部は 4 時半開場であった）を提供した。

　指揮を執ったのは上田、ヴァイオリニストの辻久子と貝谷八重子バレエ団、が特別出演で花を添えている。なおプログラムは、ドヴォルザークの交響曲第 9 番「新世界より」、ラロのスペイン交響曲ニ短調（Vn. 独奏＝辻久子）、イヴァノフの「コーカサスの風景」（舞踊＝貝谷バレエ団）の三作品であった。

　またその翌年 3 月には「東宝音楽協会」が設立され、東宝響のコンサート、オペラ伴奏、バレエ伴奏等の活動全般のマネージメントに乗り出した。

　東宝響が本格的なシンフォニー・コンサートを行ったのは、創設一年後を経てから

の1947年からである。アンサンブルを十分に整備してからの取り組みだった。

その指揮を執ったのは、アメリカ経由でドイツ留学から帰国して間もない近衛秀麿。近衛は常任指揮者に招かれ、自らの留学の成果を確認すかのように、十分なリハーサルを行ってから、オール・ベートーヴェン・プログラムを提供する。

彼が取り上げたのは、交響曲第1、2番、およびピアノ協奏曲第3番(独奏は原智恵子)会場は日本劇場)であった。当時としては国内最高水準のサウンドで演奏された同プログラムは、聴衆を堪能させ大成功を収めた。

終戦直後に行われた同公演は、その後の日本オーケストラ界に提示された指標となり、「演奏芸術にとって最重要かつ不可欠なことは、十分なリハーサルと真剣さである」ことを再確認させた。

ところで東宝響は当時、戦後の娯楽の少ない時代背景の中で、オペラを年間130公演、バレエ伴奏を同80公演もこなすといった、今日では考えられぬような超過密スケジュールを強いられていた。

そのような、いわば出ずっぱりの団体が、その間隙を縫って本格的なシンフォニー・コンサートを提供するのである。いくら時代のせいだとはいえ、気を抜けばとんでもない低水準の公演になることは目に見えていた。

近衛が危惧したのはまさにその点である。彼は出来るだけ時間をかけて準備を行い、定期公演本番に臨んだのであった。

そしてその後 TSO は、以下の歴代音楽監督あるいは常任指揮者の下で、名称変更(1951年に「東京交響楽団＝TSO と改称」)や様々な苦難の時期(1964年＝TBS との専属契約を打ち切られ、以後経営破綻のため財団法人を解散。その後は自主管理体制下でオーケストラを改組し再出発。1980年には再び財団法人化され、1988年からは「スカイラーク社」、2012年からは「エイチ・アイ・エス」がスポンサーシップを引き受けている)を乗り越えながら進むことになる。

1. 近衛秀麿(1946〜1951)
2. 上田 仁(1946〜1964) ＊1951年5月8日東宝響は団名を「東京交響楽団＝TSO」と改称、同名称下での第一回定期公演を実施。
3. 秋山和慶(1964〜2004 ＝1968〜から音楽監督)＊財団法人として再認可(1980年)を受ける。
4. ユベール・スダーン(2004〜2014 ＝音楽監督)
5. ジョナサン・ノット(2014〜　＝音楽監督)

次に各歴代音楽監督(あるいは日本特有のタイトルに従えば、常任又は専属指揮者など)の足跡を辿ることにするが、その前に押さえておきたい楽団の内情が幾つかある。そのため上述の項目の追跡はそのあとで、ということにしたい。

押さえておきたいのは、(繰り返しになるが)、まず一つ目は同団の指揮スタッフ構成の分かりにくさ、である。それは上田体制下で既に始まっていた。例えば同体制下

での常任指揮者三人制（上田仁＝ 1946 〜 1964 年在任、斎藤英雄＝ 1951 〜 1953 年在任、森正＝ 1953 〜 1954 年在任、）という形である。

　洋楽クラシカルを、本場西欧に比べオーケストラの伝統の浅い我が国で、しかも離合集散の激しい中において本格的に行うのだから、一面仕方のない事ではあった。(今日でもガイドブックがなければ、TSO のレギュラー指揮スタッフのタイトルおよび役割分担を、外国人のオーケストラ関係者（特にアメリカ人）に説明するのは時間がかかる)

　それはともかく東宝響は紆余曲折を乗り越え、上田体制の下の創設 4 シーズン目(1951 年)、表面的にはめでたく 35 回目の定期公演を成功させるまでにこぎつけた。

　二つ目は、管理運営面での内情が常に危機的状況にあったことだ。経営母体（東宝株式会社）の財政不振から派生した数年間に及ぶ労働争議から来る重圧に、楽員たちは常に我慢を強いられていた。

　結局楽員達は、「芸術活動とは縁のない余計な重圧に苦しみながら、演奏者としての危機感に打ちひしがれる日常の中に、自分たちの未来はない」と考え、最後には東宝の傘下を離れる。

　その後の TSO の歩みを、同団の広報によりクロノロジカルに概略紹介すると、

　＊ 1951 年 5 月 8 日…TSO 再発足第一回定期公演（東宝響時代から通算すると、第
　　　36 回目に当たる）＝会場・日比谷公会堂
　＊ 1956 年…財団法人認可、楽団名称を正式に「財団法人　東京交響楽団」とする。
　＊ 1964 年…経営破綻により、財団法人解散。楽員の自主管理による楽団となる。
　＊ 1980 年…財団法人再認可

((続いてその後今日までの主な動きとしては、専属合唱団「東響コーラス」創設(1987)、「株式会社すかいらーく」代表取締役会長の横川端が理事長に就任＝（筆者・注）＝商業ビジネスで成功した大企業のトップが、楽団の管理運営の中枢に招かれるのは、例えば北米ではごく普通（例：ショルティ時代のシカゴ響では、ジョン・ハンコック・センター（99 階建てビル）社の所有者ルイス・サドラーが理事会のボスに君臨。経営的にも、CSO を世界最高の黄金時代へと導いたことはあまりにも有名である）のことである形態このような形は、し、財政基盤を強化(1988)、「東京芸術劇場シリーズ」（大友直人プロデュース）の開始(1992)、第 400 回定期演奏会（演目はシェーンベルクの歌劇「モーゼとアロン」＝演奏会形式による上演)(1994)、「東京オペラシティ・シリーズ」開始(1998)、新潟市と準フランチャイズ契約を締結(1999)、創立 55 周年および「こども定期演奏会」を開始（本邦初)(2001)、川崎市とフランチャイズ契約提携(2002)、本拠地「ミューザ川崎シンフォニー・ホール」開場（柿落し公演は「交響曲第 8 番 ” 千人 ”（G・マーラー)(2004)、創立 60 周年(2006)、「0 歳からのオーケストラ」を開始(2007)、創立 65 周年と同時に「公益財団法人」として内閣府の認可を受ける(2011)、創立 70 周年記念欧州楽旅（ウィーン楽友協会ホールを含む 5 か

国 5 都市を巡演）（2016）、））等が挙げられる。

　さてここからは、上述した二つの事柄を踏まえ、これから各歴代常任指揮者および音楽監督の足跡をたどることにしたい。まず最初は東宝響の時代に遡り、初代の近衛から始めよう。

　マイ・オーケストラを手中にして張り切る近衛は、終戦後二年目の 1947 年（昭和22 年）、早くも「ALL　BEETHOVEN」プログラムで本格勝負に出る。定期公演の目玉として全 7 回シリーズを指揮したのである。
既述のように、近衛は当初から本格的なシンフォニー・オーケストラとしてのプログラムを組み、正攻法でアンサンブルを率いたのだった。

　勢いづいた東宝響は 8 回目の定期公演から会場を日比谷公会堂と日本劇場の二か所に構え、前者を上田、後者を近衛が担当した。プログラムにも工夫が凝らされ、上田は日、米、旧ソ連の作品を、近衛はクラシカルのスタンダードをそれぞれ振り、いずれも人気を博している。このスタイルは 1949 年まで継続され、その後会場は日比谷公会堂へ一本化されて行った。

　近衛は常任指揮者のポストを離れた後、近衛管弦楽団を創設（1952 年）、し、独自の活動を始める。が、日比谷公会堂公演のポディアムには時々招かれて、かつての手兵を振っている。

　近衛の後を引き受けて東宝響を守ったのは、斎藤秀雄と森正の二人。いずれも上田のサポート役として、同団の躍進を支え続けた。

　1951 年再発足以降、東響（TSO）発展の要因となったのは、開明的なプログラム作りと、組織を上げた積極果敢な向上心の二つである。

　草創期から激務をモノともせず「ベートーヴェン・サイクル」に挑んだり、閉鎖の危機を目前にするや、組織が一丸となって方向転換を即断、そして実行するなど、危機脱出の例を挙げるとその数は多い。

　機関紙「シンフォニー」を創設間もないころから発行し、楽団の内情および運営方針を明らかにしたり、新旧作品の知識を提供するなど、常にメリハリの効いた行動力を発揮し、ファンとの絆を深めてきた。

　いうまでもなくそのような努力はすべて現代オーケストラが為すべき運営上の基本だが、TSO の場合はそれが密度の濃い形で成されてきたところに意義がある。そのため同団は、危機的状況に陥る度に、音楽ファンの支持を集め続けて来れたのだ。

　加えて TSO の業績で忘れていけないのは、以下の二点である。一点目は、創設当初から海外楽旅を積極的に推進してきたこと。（2015 年までに 58 都市を訪れ、78 公演を提供してきたが、創立 70 周年にあたる 2016 年には、ウィーン楽友協会を含むヨーロッパ 5 か国を巡演。更に 2018 年度シーズンには、日中平和友好条約締結 40 周年を記念し、日中の文化交流の役割を果たすべく、上海、杭州での公演を実現させた、という具合である）

二点目は、創立以来一貫して邦人および外国人による新作を積極的に取り上げてきたことである。（ちなみに委嘱作品数も 10 本以上（具体的には、1953 ～ 2007 年度までに 11 本を数えている）に上り、その中でも特に武満徹の傑作＝弦楽のためのレクイエム＝の初演＝ 1957 年 6 月 20 日＝は世界的注目を浴び、絶賛を博した。また外国人による作品の日本初演も多く、その中で世界的な注目を集めたのはラッヘンマンの歌劇「マッチ売りの少女」の演奏会形式による上演＝ 2000 年の第 467 回定期演奏会＝などであった）

　20 世紀末から 21 世紀初頭にかけて TSO が存続をかけて打ち出したのは、フランチャイズの複数化、および行政と連携したパートナーシップ・システムを始動させたことである。

　フランチャイズの複数化とはすなわち、楽都東京のみを本拠にするのではなく、近隣あるいは遠隔地都市（TSO の場合は川崎市と新潟市等）へも進出。それぞれの地でフランチャイズ契約を結び、各々の「定期公演シリーズ」を創出するものである。

　一方パートナーシップ・システムとは、行政と組み（教育委員会など）児童青少年を対象にした演奏活動やそのほかのイヴェントに参加する、という方式だ。

　この試みは、これまで我が国では見られなかったシステムだが、北米のメジャー楽団ではごく普通に行われており、（例えば、シカゴ響のミルウォーキー・シリーズ、同ミネソタのオーケストラ・ホール・シリーズ、最近では中西部オハイオ州クリーヴランド管のマイアミ・シリーズ＝フロリダ州＝など）、将来の定期会員予備軍の育成はもとより、幅広い聴衆層の開拓を推進するプロジェクトである。

　TSO の新しい試み（特にフランチャイズの複数化）は、「地方都市で"世界的レヴェルの音を"常時提供できる」ことを意味し、当然だがローカルで幅広く音楽ファン層を開拓し、定着するのに繋がって行く。（北米の例で言えば、クリーヴランド管のマイアミ・シリーズや、シカゴのイリノイ、インディアナそしてウィスコンシンの各州内都市での定期公演シリーズなど、がこれにあたる）

　同システムが重要なのは、不定期に味わえる「中央のプロ楽団の演奏」ではなく、ローカルの聴衆が中央の聴衆同様に、「プロ楽団の演奏」を定期的に味わえる、ということなのだ。

　さて上田のあと TSO を牽引するのは、当時 22 歳の若き秋山和慶だ。彼の奮闘、苦闘ぶりは、TSO・50 年史に詳しく紹介されているが、就任直後に「経営難を苦にして橋本楽団長が入水自殺」するという悲劇に早くも見舞われる凄まじさだ。

　が秋山はそれでもひるまずに敢然と挑戦を続け、そのあとも次々と襲い掛かる難局を乗り越え、2004 年 MD のポストをユベール・スダーンに繋ぐまで、ほぼ 40 年にわたって営々と TSO の組織総体を率いていく。

　大先輩の小澤征爾と同じ桐朋学園で名伯楽「斎藤秀雄」の薫陶を受け、同園を出ると同時に TSO を任されるのだから、かなりドラスティックな指揮のキャリア・ビルディ

ング開始だ。

　しかも秋山の場合、活動の分量を、先輩の小澤とは異なり、国内での手兵にもかなり割いている点が注目されねばならない。TSO との関りに限って言うと、同響創立45 周年（1991 年）ワールドツアー（全公演を指揮）、同 50 周年（1994 年）欧州楽旅、同 55 周年（2001 年）トルコ・イタリア公演、等への帯同はもとより、「シェーンベルク＝ヤコブの梯子」「ヤナーチェクの歌劇＝利口な子狐の物語」（1997 年＝舞台上演形式）、「ラッヘンマンの歌劇＝マッチ売りの少女」（2000 年＝演奏会形式・日本初演）、「ヤナーチェクの歌劇＝カーチャ・カヴァノヴァー」（原語による日本初演）、「ジョン・アダムス＝エル・ニーニョ」（2003 年＝日本初演）等の注目すべき大作を次々と取り上げている。

　そのような秋山の国内での文化貢献に対し、各省庁をはじめ地方自治体の関係部局は、数多くの報奨を贈り功績を讃えてきた。

　話は変わって、キャリア初期の頃から秋山は、国外でも多忙かつ困難な状況下に置かれても、そのような関門をモノとせず、それどころかその後も次々と重要ポスト（トロント響副指揮者＝カナダ、バンクーバー響音楽監督 (MD)＝カナダ、アメリカ響MD＝NY, シラキューズ響 MD＝NY の重要ポストへ挑み、こなしていく。

　更にその間隙を縫って欧米の主要楽団へも客演を続けていくのだから、まさに驚異的なエネルギー持ち主である。

　これは当然筆者の勝手な意見だが、秋山が荒波を航行する客船のような状態の TSOを敢然と率いて来れたのは、内外（特に北米）での MD 経験で培ったノウ・ハウを巧みに繰ったからだと思う。

　そのような実践で鍛えた豊富な経験があったからこそ、国内ではこれまでに TSO のMD（現在は桂冠指揮者）の他、大阪フィル（元首席指揮者）、札幌響（元音楽顧問・首席指揮者）、広島響（元 MD, 現終身名誉指揮者）、九州響（桂冠指揮者）、中部フィル（現芸術顧問兼首席指揮者）、Osaka Shion Wind Orchestra（芸術顧問）＝いずれも 2020 年 2 月 8 日現在＝と、群を抜く貢献度を誇っているのだ。

　さてそのように巨大な功績を残した秋山の後任に招かれたのは、オランダ・マーストリヒト出身の H・スダーン（1946 年生まれ）。ブザンソン・コンクール（優勝）、カラヤン・コンクール（二位）そして G・カンテルリ・コンクール（優勝）と実力は証明済み。更に欧米の主要楽団への客演でその後のキャリアも言うことなし。

　TSO 就任前の歴任ポストも、メルボルン響（首席客演指揮者) を皮切りに , フランス国立放送フィル、ユトレヒト響、トスカニーニ響、ロワール響、そしてザルツブルク・モーツァルト管（いずれも首席指揮者）、とオペラおよび交響管弦楽の両分野で経験を重ねていた。

　TSO 在任中は、シーズン毎にテーマを変え、その功績により数多くの褒章を贈られているが、中でも「シューベルト・チクルス」は各方面から絶賛を浴びる。

そのスダーンの後任（TSO 通算 3 代目の MD）は、イギリスの俊英 J・ノット。TSO へのデビュー（2011 年 10 月の定期＝会場は川崎）で「ダフニスとクロエ」（ラヴェル：全曲）を振り、大成功を収めた彼は、翌 12 年 10 月 MD 就任を受諾、発効は 2014 年となった。

　ケンブリッジ大を出てマンチェスターの王立北部大学で声楽、次いでロンドンで指揮を修め、当初はオペラ分野でキャリアを積む。その後は順調にキャリアを伸ばし、ルツェルン響（首席指揮者）、兼同歌劇場 MD（1997 ～ 2003）、アンサンブル・アンテルコンタンポラン（MD＝2000 ～ 2003、首席客演指揮者＝ 2004 ～ 2006）、バンベルク響（首席指揮者＝ 2000 ～ 2016）、そして 2017 年 1 月以降はスイス・ロマンド管（MD 及び AMD) を TSO と兼務する形になった。

　なおノットは現在、TSO での在任期間を延長、新しい任期は 2025 ～ 26 年度シーズンまで、となっており、我が国の楽団を世界的水準へさらに引き上げるよう、各方面から期待を集めている。

　そのレパートリーの広さ、深さはもとより、今や世界の第一線でウィーンやベルリンの両フィルハーモニカーの常連として、欧米の主力アンサンブルを牽引する実力の持ち主である。それだけに、彼の在任を可能な限り長期化させることが、本邦楽壇にとって重要な意味を持つ。

　同時にそのことは、「TSO の未来を洋々たるものにしていく方策でもある」、のを忘れてはいけないと思う。（完）

＊推薦ディスク（2020 年 2 月 12 日同団は、92 点のディスクを世に送っている。＝筆者・注）

1.「交響曲第 8 番ハ短調 WAB108 ＝ノヴァーク版第 2 稿」（A・ブルックナー）：指揮・ジョナサン・ノット
2.「交響曲第 5 番変ロ長調＝ノヴァーク版」（A・ブルックナー）：指揮・ジョナサン・ノット
3.「カンタータ ” 嘆きの歌 ” ＝初稿版」（G・マーラー）：東響コーラス＝合唱指導・時任康文、ソプラノ・小林沙羅、他、：指揮・秋山和慶
4.「交響曲全集＝第 1 ～ 4 番＝ G・マーラー版」（R・シューマン）：指揮・ユベール・スダーン
5.「組曲 ” 惑星 ”Op.32」（G・ホルスト）：合唱・東響コーラス、：指揮・大友直人
6.「ローマ三部作＝ローマの松、ローマの泉、ローマの祭」（O・レスピーギ）：指揮・飯森範親

22. 東京都交響楽団
(TOKYO METROPOLITAN SYMPHONY ORCHESTRA)

　1961 年、当時の東京都知事「東龍太郎」は、都の教育委員会に対し、「都営交響楽団創設のためのリサーチ」を開始するよう通達した。開都 500 年を記念して建設した東京文化会館をフランチャイズにして、常設の交響楽団を持ち、名実ともに世界の音楽文化都市の仲間入りを目指そうとしたのである。

　だがそこに障壁が立ちはだかる。当時から顕著になりつつあった「在京オーケストラの競合問題」である。

　既に我が国を代表するアンサンブルとしての名声を確立した NHK 交響楽団を筆頭に、東京交響楽団、東京フィルハーモニー交響楽団、日本フィルハーモニー交響楽団、ABC 交響楽団といった計 5 つの団体が犇めき、定期公演その他で聴衆の争奪戦を演じていたからだ。

　そこへ大編成の、しかも官営によるオーケストラを創設しようというのだから、楽団関係者からの猛烈な反発が予想されるのは当然である。だが都の教育委員会は、そのことを踏まえながらも、地道に楽団創設プロジェクトに取り組んだ。そしてリサーチの結果、新楽団創設の必要性をついに認め、その内容をまとめて報告書を提出する。

　1963 年 4 月、それを受けて東京都は、新楽団設立準備委員会を発足させる。同委員会では、交響楽団運営に関する様々な多角的調査及び研究が行われ、同年 11 月三つの基本方針を確認した。

　1. オーケストラの運営形態を法人組織とすること。

　2. 楽団の設立を、東京オリンピック記念事業の一環とすること。

　3. 楽団の発足を、1965 年 4 月とすること。

　これらの案件は、1964 年東京都議会・厚生文教委員会に報告提出され、了承された。かくて東京都は、1964 年 9 月、交響楽団の設立方針を正式に発表したのである。

　そして既存楽団の関係者からの反発は予想通りのものなった。それを受けて都議会でも創設の先送り案（1966 年以降）が検討されたが、都の方針は変わらなかった。

　楽団メンバー募集（公募方式）が始まったのは 1964 年 10 月からである。その際東京都は、既存楽団からのメンバー引き抜きを一切行わず、あくまでも他の楽団との共存共栄を図った。

　そのため草創期には、オーケストラ未経験者が楽員の大半を占めることになった。が一方では、新しいオーケストラに自分の未来を託そう、という考えで応募する人々も多かった。

　結局初年度採用のオーディションには、予定の人員 60 人を大幅に上回る 264 人が参加し、関係者を驚かせている。

その中から第一次採用（44人）が決まり、そのあと翌年秋の披露演奏会までに暫次増員。最終的には合計57人を採用した。（何より注目されたのは、採用された楽員の平均年齢が24歳と若かったことである）

　リサーチのアクション・プログラムには二年余りをかけ、案件を都議会で通過させる一方、指揮者、コンサートマスターの人選も着々と進められた。その交渉役となったのは、作曲家の諸井三郎である。

　1964年10月、彼はドイツ、オーストリア、イタリアに派遣され、設立準備調査と並行して、常任指揮者にハインツ・ホフマン、コンサート・マスターにカレル・ソビチェック（プラハ交響楽団コンサート・マスター）を、それぞれハンス・メルスマン（全ドイツ・ムジークラート＝音楽指導機関会長）、在日チェコスロヴァキア大使館及びプラハ交響楽団の協力を得てスカウトし、国内では大町陽一郎（当時は東京フィルハーモニー交響楽団常任指揮者）を、新たに指揮者として迎えることになった。

　組織面での概要が固まり、楽員、指揮者等の確保が着々進む中、都議会は交響楽団創設に関する予算案を可決。併せて、交響楽団設立委員も選出された。

　その結果、オープニング・コンサートを目前に控えた1965年2月1日、都知事を理事長、都教育長を副理事長、楽団長に諸井三郎、事務局長浅野元三郎の面々を据え、財団法人東京都交響楽団（TMSO）が発足する。

　同団はそれから今日まで、次の常任歴代指揮者及び音楽監督たちの下で、幾多の困難を乗り越えながら今日を迎えることとなった。（注：本リストは、「東京都交響楽団50年史（1965〜2015）」と、「東京都交響楽団50周年スペシャル・サイト＝歴代音楽監督」のページを基に作成されたものである。なお指揮者の在任期間やタイトルに、欧米のそれとは異なり「我が国特有の理解困難な表記事項」があるため、いわゆる音楽監督、首席指揮者、以外の招請された指揮者たちには＊＊印を付け、夫々の在任期間を明記して記載した。）

　　＊ハインツ・ホフマン（1965年4月〜1967年3月＝常任指揮者）

　　＊大町陽一郎（1965年4月〜1967年3月＝専属指揮者）

　1.森　正　（1967年4月〜1972年3月＝初代音楽監督・常任指揮者）

　2.渡邊暁雄（1972年4月〜1978年3月＝第二代音楽監督・常任指揮者、1978年12月〜1990年6月＝名誉指揮者）

　　＊モーシェ・アツモン（1978〜1983年首席指揮者・音楽顧問＝1978年4月〜1983年3月）

　　＊小林研一郎（1978年4月〜1983年3月＝正指揮者）

　　＊ズデネク・コシュラー（1978年4月〜1983年3月＝首席客演指揮者、1983年4月〜1986年3月＝定期招聘指揮者）

　　＊ペーター・マーク（1983年4月〜1986年3月＝定期招聘指揮者）

　3.若杉　弘（1986年4月〜1995年3月＝音楽監督）

＊ジャン・フルネ（1983 年 4 月～ 1986 年 3 月＝定期招聘指揮者、1989 年 12
月～ 2008 年 10 月＝名誉指揮者、2008 年 11 月＝永久名誉指揮者
＊小泉和裕（1995 年 4 月～ 1998 年 3 月＝首席指揮者）
4. ゲイリー（ガリー）・ベルティーニ（1998 年 4 月～ 2005 年 3 月＝音楽監督、
2005 年 4 月＝桂冠指揮者）
＊＊小泉和裕（1998 年 4 月～ 2008 年 3 月＝首席客演指揮者、2008 年 4 月～
2014 年 3 月＝ 1998 ～ 2008、レジデント・コンダクター、2014 年 4 月～＝
終身名誉指揮者）
＊ジェームス・デプリースト（2005 年 4 月～ 2008 年 3 月＝常任指揮者）
＊＊エリアフ・インバル（2008 年 4 月～ 2014 年 3 月＝首席指揮者、2014 ～＝
桂冠指揮者）
5. 大野和士（2015 年 4 月～＝音楽監督）
＊首席客演指揮者：ヤクブ・フルシャー（2010 年 4 月～ 2018）
＊首席客演指揮者：アラン・T・ギルバート（2018 年 4 月～　　）

さて結団式は同年 4 月 3 日、東京文化会館で行われた。続いて 10 月 1 日には披露
演奏会（指揮＝大町、ホフマン、プログラムはモーツアルトの「魔笛」序曲（指揮：
大町）、同交響曲第 41 番、気高き幻想＝ヒンデミット（指揮はいずれもホフマン）が、
都民注視の中、各分野、各界から大勢の招待客を集め、同会館で挙行された。
　一般向けの公演（第一回定期演奏会）はその翌日に行われ、NHK・TV、同ラジオ、
FM 放送を通じて全国に紹介された。（但しプログラムは、「魔笛序曲」がベートーヴェ
ンのピアノ協奏曲第 5 番「皇帝」＝独奏者はマックス・エッガー＝と入れ替わった）
　アンサンブルの水準は既存の団体のそれには及ばなかったが、会場は超満員で、若
さ溢れる楽員たちの熱気で噎せ返るようだった。ホフマンの指揮には多少不満が残っ
たが、新楽団の滑り出しは概ね上々で、先には洋々たる未来が待っているように思わ
れた。
　しかしその行く手を遮ったのが政治状況である。都議会に発足した特別調査委員会
（東京都の外郭団体の事業点検を目的とする組織＝以下「特調委」と記す）が TMSO
に調査のメスを入れ、問題あり、と結論付けたのだ。
　更にそれに追い打ちをかけたのが、1965 年 8 月の都議会議員選挙である。TMSO
運営推進派団体が議席数を減らし、その結果楽団の存続に関する論議が再度浮上、議
会は TMSO 問題で揺れることになる。
　披露演奏会と前後して TMSO 存続論争が白熱する中、12 月以後のコンサートを無
料で行い、同団の活動内容に再検討が加えられていく。
　そして特調委が導き出した答えは、「1966 年度予算編成で演奏会の規模を縮小し、
楽員増員計画を見送ること」であった。

TMSO は結局、特調委が都に提出したその勧告に基づき、同年のシーズンからコンサート・プログラムを縮小。ゲスト・ソロイストの布陣についても、当初構想されていた内外の一流どころを諦め、近在の実力者達で占める方針をとり、自主公演は「都民音楽会」と「音楽鑑賞教室」の二つのプログラムを中心に行うこととなった。

　そのような形の運営方式は、ホフマンのみならず楽員全体の士気にも影響した。つまりスタートしてからわずか三シーズン目に、ホフマン、大町、そして楽団長の諸井までもが TMSO を去って行ったのだ。

　それでもホフマンの後任森正は、TMSO の基盤整備に力を尽くす。まず彼は何よりアンサンブル作りを重視、定期公演シリーズの充実化を図り、それと並行して組織のスケール・アップにも取り組んだ。

　さらに出来るだけ多くの市民をオーケストラに惹きつけるため、多彩な企画・プログラムを実施、それぞれ成功させている。就任したシーズンにおける出演実績は、定期5回、都民コンサート5回、特別公演が3回というものだったが、次のシーズンには早くもベートーヴェン・シンフォニー・サイクルに取り組むなど、意欲全開となった。彼の勢いにつられて楽員が奮起したのは予想通りで、その熱気は都の音楽ファンにも伝わっていく。

　その結果、着任後4シーズン目を迎えると、森は楽員の増強（13人採用）を実現。待望の3管編成への足がかりを作った。

　ついに楽員総数80人の大台に乗った TMSO は、レパートリー拡大へも大きく前進する。加えて高度経済成長で都の財政が好転し出したのも、同団の躍進を後押しする因となった。

　すなわち都からの補助金が増額となったのである。森はそれを TMSO の更なる発展への好機と捉え、翌シーズンも楽員の増員（12名）を計画して補助金の上積みを要求。それも何と受け入れられたのだった。

　この計画の成功で TMSO の常勤楽員数は92人となって、念願の三管編成が日の目を見たのである。

　森を活躍により、一気にグレードとスケールの両面で向上を果たした TMSO。次の目標は、定期公演数を増やし、内外の名流を多数ゲスト出演させて、アンサンブルを錬磨していくことだった。

　そしてその目標は次のシーズンから早くも連続的に実現した。まず定期公演数が9回に増え、ゲスト指揮者およびソロイストの顔ぶれが充実、昔とは比較にならぬほど豪華な布陣となった。

　また企画と基盤整備の面で打ち出された新機軸の優れた所も、見逃してはいけない点である。例えば、一つ目は、都民音楽会を「ファミリー・コンサート」と改称し、内容の充実を図ったこと。二つ目は、第23回定期公演から新たに「定期会員制度」を設け、ファンの定着化を図ったこと等だ。((なおこの後者の試みは、シーズンごと

に高まる評価に後押しされ、かつファンの要望に応えて設置されたものである。ちなみに 2002 年度の実績を例にとると、定期演奏会会員数 1900 人（設置当時は 1000 人限定となっていた）、プロムナード・コンサート会員数 600 人、芸術劇場シリーズ会員数 700 人であった。））

　閉鎖の危機を回避し、好況の余波を受けてアンサンブルの立て直しに成功した森が、在任 5 シーズンズを以て退任すると、後任には当時我が国指揮界のエース的存在だった渡邊暁雄が招かれた。

　渡邊は就任早々から TMSO の不足分を補うかのように、次々と新企画を発表する。彼の時代を総括すると、まずアンサンブルのグレード・アップに成功したこと、二つ目に定期公演とファミリー・コンサートを更に充実させたこと、次いで三つ目に海外の名流アーティストを数多く招聘して世界のレヴェルを認識させ、それに追いつき追い越そうというムードを醸成する一方で、海外楽旅を実施したこと等、が挙げられる。

　更に渡邊は、就任後間もない時期（1974 年 4 月）に、「三か年計画で四管編成」（楽員数 108 人）を目指すという内容の公式発表を行った。

　定期公演では定評のある「シベリウス交響曲シリーズなどで聴衆を惹きつけ、特に大作「クレルボ交響曲」の日本初演（第 68 回定期）は、音楽ファンから大きな話題となった。

　またポーランドからクシシトフ・ペンデレツキ本人を定期公演に招き、自作を振らせて注目を浴びたのをはじめ、名流外国人演奏家を続々招いてアンサンブルの質的向上を図った。

　さてここからは、渡邊後今日までの出来事について俯瞰したいと思う。その方法として、TMSO50 年楽団史に紹介された記事を参考に、以下の九つの期間に分け、それぞれの概要を順次述べて行きたい。

　1. モーシェ・アツモン体制（1978 〜 1983）、

　2. 定期招聘指揮者の時代（1983 〜 1986）、3. 若杉弘体制（1986 〜 1995）、

　4. 小泉和裕体制（1995 〜 1998）、5. ゲイリー・ベルティーニ体制（1998 〜 2005）、

　6. ジェイムス・デプリースト体制（2005 〜 2008）、

　7. エリアフ・インバル体制（2008 〜 2014）、8．大野和士の時代（2015 〜）

　まずアツモンの時代から始めよう。影響力の強かった渡邊の後釜として、1978 年 4 月 TMSO を引き受けた彼のタイトルは、「MUSIC ADVISER= すなわち、音楽顧問」兼首席指揮者。最初から意欲的に飛ばした彼は、定期演奏会の回数を増やし、レパートリーを拡大し、在任中 69 回の定期公演のうち実に 20 回もの出演をこなす（更にベートーヴェン・サイクルを二度も実施した）という活躍を見せた。

　その実に大胆で細心なアンサンブル・ドライブ術は楽員からも高く評価され、新旧作品を巧みに混合したプログラム構成も、幅広い聴衆層を魅了した。

　続く定期招聘指揮者の時代は、いわゆる楽団運営の王道ともいえる「音楽監督ある

いは首席指揮者システムを導入しない」期間である。TMSO は短期間ではあるが、三人の指揮者を並列し、それぞれの特長を発揮させるという目論見で、いわば「トロイカ体制による運営」を行った。

その三人の指揮者とは、Z・コシュラー、J・フルネ、そして P・マークである。この時代、主として牽引役を果たしたのは、J・フルネ（彼は定期 58 回中 12 回を担当した）。伝説的な名演を連発し、TMSO のグレード・アップに貢献している。

トロイカ体制の後を引き受けるのは、期待の成長株・若杉弘であった。第三代目の MD に抜擢された若杉は、本邦の楽壇史に残る「マーラー交響曲全曲サイクル」、「ワーグナー舞台作品抜粋曲シリーズ」等、抜群のアイディアを発揮して聴衆の喝采を浴び、その一方でグローバルな視点を保持し、5 度にわたる海外公演（私事で恐縮だが、そのうち 1991 年に行われた NY ＝カーネギー・ホール創立 100 周年記念に参加した時の公演を、当時 NY に住んでいた筆者は聴いている。）アンサンブルの更なるグレード・アップを実現する。

また若杉の目配りの良さは、「日本の作曲家シリーズ」の開始によっても立証された。同プロジェクトは彼の退任後も継続（2002 年 1 月「新実徳英」を以て終了）され、計 32 人の邦人作曲家の作品が紹介されるという偉業を達成した。

華々しい若杉時代の後を引き受けたのは、首席指揮者に招かれた小泉和裕。残念なのは在任が短期に終わったことだ。彼は重点目標を正統的な交響曲の演奏におき、前任者とはうって変わって、地味なアプローチに終始。そのため、彼の在任中人気を呼んだのは、客演指揮者のプログラムとなってしまった。

小泉の後任は G・ベルティーニである。第 4 代目の MD として就任した彼は、前任の小泉とは反対に、大作中心の路線で人気を集めた。彼のプログラムで中核をなしたのは、得意のマーラー作品である。

TMSO では圧倒的な支持を集めていた E・インバルの解釈とは対照的に、情熱的なアプローチで情感たっぷりに押しまくるベルティーニのタクトは、在任中マーラー・サイクルとして結実。これまた TMSO の不滅の遺産に加えられていく。

また好評だった「日本の作曲家シリーズ」に代わり、2002 年 9 月から「日本音楽の探訪」シリーズが開始されたのも、ベルティーニ体制下でのことだった。（が、残念ながらこのシリーズは、2004 年 10 月の「第 3 回」で幕となる）

続いて J・デプリーストの時代に入る。彼のタイトルは「常任指揮者」。TMSO 創立 40 周年記念シーズンに招かれたデプリーストは、あらゆる意味で苛烈なハンディキャップを背負ったマエストロだ。

特に肉体的には車椅子での生活を余儀なくされていること（幼い頃患ったポリオのため）、それと黒人であるが故の人種差別の被害者、という二点。

ところが彼は終始自然体でそれらと対峙、3 シーズンの在任期間中 16 回の定期に登場、定番の新旧名作を指揮する一方で、日本の聴衆には馴染みの薄い「アメリカン・

クラシカル」の佳品を紹介し続けた。

　そして次はE・インバルの時代に入って行く。彼に与えられたタイトルは、PRINCIPAL　CONDUCTOR（いわゆる首席指揮者）で、ファンの期待はその「マーラリアン」の粋を聴けることだった。

　インバルはその期待に応える一方（新マーラー・サイクル）、在任期間6シーズンでレパートリーをも大幅に拡大、TMSO中興の主たる働きを展開する。

　特に話題を呼んだのは「作曲家の肖像」シリーズで、ベートーヴェンの2番を除く交響曲8曲、ブルックナーの九つの交響曲、ブラームスの全4曲、他にチャイコフスキーやショスタコーヴィチ等の交響曲であった。

　それから時代は大野和士の治世へと変わって行く。大野をTMSO第五代目MDへ招聘する発表がなされたのは2013年5月、正式就任は2015年4月である。ザクレブ・フィル、バーデン州立劇場、ベルギー王立モネ劇場の各MD、そして最近ではスペインのバルセロナ響のMDに招聘されるなど、国外での活動が多い彼は、早くからTMSOの国際的ステイタスの向上に取り組み、就任シーズンの2015年11月にはベルリン、ウィーンなど五か国六都市を同団と巡演、好評を得ている。

　大野の活躍でTMSOの未来は洋々たるものと思えるが、問題は監理団体である東京都との関係だ。

　石原慎太郎が都知事になって以来、同団は都の財政再建策の一つとして、補助金削減をはじめとする様々な制度の統廃合を強いられ、あげくのはては楽員のリストラなども計られるようになった。

　TMSOと同様の管理運営方式で活動する団体には、外国では独のザクセン・シュターツカペレ、墺のウイーン国立歌劇場。本邦では京都市響などが知られている。だが今後の財政状況次第では、地方自治体が今後もオーケストラの運営に関与することの是非をめぐり、TMSOの存続問題と絡んだ論議の噴出があるかもしれない。（完）

＊推薦ディスク

 1. 交響曲全集（G・マーラー）：指揮・若杉　弘
 2. 交響曲選集（G・マーラー）：指揮・ゲイリー（ガリー）・ベルティーニ
 3. 交響曲第8番ハ短調Op.65（D・ショスタコーヴィチ）：指揮・エリアフ・インバル
 4. 「ノヴェンバー・ステップス」「弦楽のためのレクイエム」「遠い呼び声の彼方へ！ヴァイオリンとオーケストラのための」「ヴィジョンズ」（武満　徹）：独奏・鶴田錦史（琵琶）、横山勝也（尺八）、堀米ゆず子（Vn.）：指揮・若杉弘
 5. 「交響曲変ロ長調Op.20」（A=E・ショーソン）、「組曲 ”マ・メール・ロワ ”」（M・ラヴェル）、「スペイン狂詩曲」（M・ラヴェル）：指揮・ジャン・フルネ

23. 新日本フィルハーモニー交響楽団
(NEW JAPAN PHILHARMONIC SYMPHONY ORCHESTRA)

　プロフェッショナル・オーケストラの世界に於いて、離合集散は特に珍しい出来事ではない。優秀な演奏者が少なかった時代にはむしろ、それが活発に行われ、各々の団体が高水準のアンサンブル作りを目指し、ディスバンド（分裂あるいは解散）やマージング（合併）を繰り返していた。が、今日のように演奏水準が向上し、定期公演会を組織して、半永久的な活動を図るようになると、状況が異なって来る。

　関東一円（東京）を本拠地にする楽団は特にそうで、聴衆の争奪、スポンサー獲得面における競合、外来団体との競合対応等など、解決すべき問題があまりにも多くなってしまう。

　北米・カナダのオーケストラ界のように、ASOL（＝アメリカ交響楽団連盟。現在の名称は LOASO = League Of American Symphony Orchestras) が、学問的ともいえるレヴェルでオーケストラ全体のリサーチを徹底的に行い、先頭に立ってその活動・運営面を多角的に指導し、かつ演奏芸術活動をナショナル・プロフィット（国有財産）として位置づけ、積極的に民間企業へ支援を呼び掛けている国ならまだしも、日本のように、実演より CD により重きを置くような未熟な音楽消費国（特に税制の面）では、オーケストラの離合集散に関して言うとマイナス面が多い、と筆者は思っていた。

　ところがそのような考えが今のところ見事に覆されているのだ。我が国では過去半世紀の間に、四つの楽団（日本フィルと新日本フィル、新星日響と東京フィル）がマージングとディスバンドを実現したからである。この出来事は世界のプロ楽団史上では例のない、単一地区におけるオーケストラの発展史だ。

　と同時に筆者は、それを敢行した関係者のその決断の見事さ、および行動の迅速さに脱帽すると同時に、各楽団の今後の発展を心から願わずにはいられない。

　関係した四つの楽団の中で最長の歴史を誇るのは、東京フィルの約 110 年（つまり NY フィルの約半分）である。そのような我が国の楽壇状況から言えば、これらの分裂・合併劇で生き残った上述の四楽団の存在は、まさに奇跡といわねばならない。

　だがその奇跡を招来した情熱こそが、我が国のオーケストラを未来に導くキー・ワードなのである。そして今日の我が国のオーケストラは、「一部の」人々のそのような熱意によって生き延びているのであり、その人々が「オーケストラという生き物に水を与え続け、その命を守り続けている」のである。音楽ファンは早くそのことに気付き、自らもその「一部」になる必要があると思う。そうでなければ、オーケストラはアッという間に、枯れ死にしてしまう。

　熱意が「実際の援助」に変わるまで、オーケストラ関係者と音楽ファンは、社会をオルグし続けねばならない。オーケストラの未来は、そのアピールの強度にかかって

いるのだ。

さて新日本フィルハーモニー交響楽団(NJPSO)は、1972年7月1日、日本フィルハーモニー交響楽団（JPSO）の財団解散後に、同団から分裂する形で結成された。

要点を言えば、小澤征爾を中心とする旧JPSOの楽員約30人が結集し、当初は彼らが一人当たり5万円から50万円の負担金を持ち寄って、任意団体として出発したのである。

芸術面における自主運営を固持し、将来は欧米並みにスポンサーを確保して財団法人化を目指す、という考えが楽団関係者の抱く構想の基底にはあった。（そこへ至るまでの経緯については既に本シリーズの「JPSO）の項目中に記した通りなので、本稿では省略する。）

創設の中心役を担ったのは、当時の首席指揮者・小澤征爾である。欧米の主要楽団を総ナメにしてきた当時の小澤にとって、企業を相手にオーケストラ楽員自ら体を張って戦いを挑むという構図は納得しがたいものであり、演奏家に何より大切なものは「演奏する場を確保すること」、そして「その機会を常時保全すること」に他ならなかった。

結局、ストライキよりも、演奏芸術により多くのエネルギーを集中しようとする団員（もとJPSOメンバーが中心であった）が集まり、NJPSOという名称の新アンサンブルが発足（創立時の楽員数は49人）した。

結成特別演奏会は1972年9月15日午後7時より、東京文化会館で行われ、小澤征爾が指揮を執った。当日のプログラムは、「ローマの謝肉祭序曲」（ベルリオーズ）、組曲「マ・メール・ロワ」（ラヴェル）、そして「交響曲第3番 ” 英雄 ”」（ベートーヴェン）である。

とはいえ、NJPSOの発足は、「祝福の中での出来事」だったとは言えない。個々の楽員は、音楽を愛するかつての同胞と袂を分かつ苦しみを乗り越えなばならぬ辛さ、資本家の都合により切り捨てられていくアルチザンの無念さを胸に秘めた再生への意欲、それらを超えて余りある音楽の力、そしてその魅力を追求する喜び、といった様々な感情が複雑に入り乱れているのだった。

その一方で、世界の音楽シーンの前線で活躍の場を確保した小澤は、ただひたすらクールに仲間をリードして行く。彼のアプローチは、演奏家は演奏が全て、といわんばかりの芸術至上主義的なものであった。（JPSOの分裂劇は後に映画化され、全国で数多くの観客を動員したが、小澤のモデルもその中で忠実に描かれ、日本オーケストラ運動史に残る重要な場面として刻印されている。

さてその小澤は国際的なキャリア・メイキングも一層加速度を増す一方で、国内では新バンド＝NJPSOでも初代の首席指揮者を務めることになるが、以下の面々は同団の歴代音楽監督（MD）、および首席指揮者（PC）達である。

1. 小澤征爾（首席指揮者＝1972～1991、名誉芸術監督＝1991～1999、桂冠名誉指揮者＝1999～）

＊客演指揮者の時代（1980 〜 1983）

2. 井上道義（音楽監督＝ 1983 年 9 月〜 1988 年 2 月）

＊客演指揮者の時代（1988 〜 2003）

＊＊＊ムスティスラフ・ロストロポーヴィチ（Friend of Seiji という特別タイトルを与えられ、頻繁に客演した）

3. クリスティアン・アルミンク（音楽監督＝ 2003 年 10 月〜 2013 年 8 月）

＊＊ダニエル・ハーディング（Music Partner of NJPSO：2010 年 9 月〜 2016 年 8 月）

4. 上岡　敏之（音楽顧問＝ 2015 年 4 月〜 2016 年 8 月、音楽監督＝ 2016 年 9 月〜 2021 年 8 月）＊（（筆者・注 1）＝上岡は任期満了を以て MD ポストを降板すると発表（2020 年 5 月）した。（注 2）その後＝具体的には同年 8 月 27 日、NJPSO 管理中枢は、上岡氏の後任＝第五代目の MD ＝に、佐渡裕を迎える旨、公表する。なお佐渡の任期は 4 年＝ 2023 年 4 月〜 2027 年 3 月））

さて NJPSO は発足後、小澤を軸に活動を広げ、彼の人脈をフルに活用して、在京のアンサンブルとしては他に例を見ないような、豪華なゲスト指揮者(特に後述する「指揮者団」という名称の下で小規模のリーグを編成し、その中に顧問、幹事を置いて定期公演の継続を図った。同ポストは、世界でも類を見ない特殊なグルーピングである。)、およびソロイストを続々招いた。(中でもチェロの巨匠 M・ロストロポーヴィチとの親密な関係は、同団の大きな財産となった)

それでも NJPSO の実力が当初から、小澤の高度な要求を十分に満足させるほどのもの、であったわけではない。小澤はあくまでも、シカゴ響やベルリン・フィル、更にボストン響やウィーン・フィルを振り、祖国日本のアンサンブルの向上のために、NJPSO との時間を捻出するというやり方だったのである。従って指揮者小澤が終局の目標にしていたのは、当然 NJPSO ではなかった。

更に言い方を代えれば、NJPSO は当初から「脱小澤」の姿勢を貫き、そしてそれを実現しなければ同団に未来はない、と考えられる。言うまでもないことだが、それは単に小澤への盲従ではなく、小澤の薫陶を受けながら独立するといった構図である。

幸いその構想は次第に実現されて行き、小澤の後任と共に過ごすシーズンが増えるにつれ、いわゆる「オザワ・カラー」も薄まって行った。それは NJPSO にとって歓迎すべきことである。理由は、それが自ら成長を遂げつつあることの証だからだ。

誤解を恐れずに言えば、日本のみならず、世界の音楽ファンが小澤に望むのは今や、彼が NJPSO に多くの時間を割くことより、他のグローバル・ベスト・バンドを振ってくれる方だと思う。

さてそんな小澤との関係はさておき、ここからは NJPSO のこれまでの歩みを、クロノロジカルに述べて行く。(だがそれでもやはり小澤との絆を外すわけには行かない。そういう意味で NJPSO は、世界で最も幸せなアンサンブルの一つである)

JPSO から分離・独立への道を歩み始めた NJPSO は、自主運営のオーケストラとして活動を継続。当初は上述したように正式な音楽監督制を採用せず、複数の指揮者が多忙な小澤の穴を埋めるという形で、「指揮者団」という名称の変則的なポストを創出。

　更に「顧問」のタイトルで、斎藤秀雄、朝比奈隆を招き、加えて山本直純、秋山和慶、手塚幸紀の三人を幹事に据え、その中で小澤が事実上の首席指揮者を務めた。

　同システムは小澤との関係を維持するための苦肉の策、とも言えるが、しかしそのような試みがなければ楽員のモラル（士気）を急激に高めることは不可能だったのである。

　というのも当時の小澤は国外で充実したキャリア・メイキングの最中にあり、当然のことながら NJPSO は、彼との関係を継続することでその余禄を期待できたからだ。

　極言すれば、小澤の向上躍進は、即 NJPSO のそれと直結していた、ということである。唯一の問題は、どちらの成長のスピードが早いか、だった。

　小澤との関係が濃密に推移していた時代に実現した成果（例えば、楽旅、録音、世界のメジャー楽団に招かれる常連ゲスト奏者等など・・・）を数え上げればキリがない。不十分だったのはおそらく、楽員のサラリーと常設の公演会場くらいのものであった。

　同団の歴史の浅さを考えれば、小澤時代は総じて破格の待遇に浴していた、ということが出来るが、そこには勿論不満も残る。それは、商業録音の分野で、肝心の小澤と組んだものが期待したほどの点数に達しなかった、という事実である。

　その理由は「小澤が多忙なためだった」ことだろうが、自ら鍛えたアンサンブル＝ NJPSO を起用して録音を連発しておれば、「BEST OF JAPAN」の一角を、グローバル・スケールで音楽サーキットに紹介できたはず。
（当時の小澤は、NJPSO がまだ「自らの芸術を忠実に映し出す鏡」にはなりえていない、と思っていたのかもしれない、という見方もできるが・・・）

　とはいえ NJPSO は、小澤との録音点数に不満は残るものの、他の指揮者との間には、か也の本数の録音を成し遂げている。その中で特に注目されるのは、何と朝比奈隆との録音だ。驚くべし、ワーグナーの大作楽劇「ニーベルングの指輪」全曲（＝キャストは全て日本人）、更に「ベートーヴェン交響曲全集」（CD,LD）といった破天荒なプロジェクトを完遂しているのである。

　この朝比奈の力業とでも呼ぶべき「大胆不敵なプロジェクト」は、日本が世界に誇れる「演奏芸術の金字塔」と言っても過言ではない。

　その一方で、これらのプロジェクトを任された朝比奈の偉大さに脱帽すべきなのか、あるいはそれに取り組まなかった小澤に対してとやかく言うべきなのか、筆者には今でも判断できない部分が残る。

　ただそのことについて一つ言えるのは、欧米楽壇で一つの楽団がこれだけの大型プロジェクトを実現する際には、同団の音楽監督（あるいは首席指揮者）が外されることはない、というのが慣例、又は少なくとも事実である。

特に NJPSO が挑んだ ALL JAPANESE CAST による「指輪」の全曲盤は、まさしく比類のない企画であり、同団の歴史に燦然と輝き続ける記念碑的ディスクだ。それだけに一層、同団の牽引役小澤が指揮しなかったのは、（拘りすぎる考えかもしれないが、）いつまでも疑問符の付いたままになると思う。

　音楽監督として招かれた小泉と井上の二人は、偉大過ぎる小澤の陰に隠れてしまい、結局何がやりたかったのか、一般には分かりづらいところがある。

　それと音楽監督というタイトルで招いたにも関らず、例えば小澤との契約は年間 12 週という短いもので、芸術上の明瞭なコンセプトが出しにくい、ということもあった。更に腕利き楽員の十分な確保が出来ず、世界の名流ゲストを招いても、消化不十分の出来で終わることが散見された。

　しかしそのような状況は、スタートしたばかりのルーキー・アンサンブルにとって、一面仕方のないことかもしれない。アンサンブルのグレード・アップを図りながら、スケール面を充実させて行くのは至難の業だからである。

　だがその否定的な側面も、時間の推移と共に解決の方向へと加速度を強めて行く。すなわち管理中枢の努力で組織力が強化され、更に芸術大学のグレードが上がり、留学生及びそのシステムが充実の度合いを高めて、優秀な奏者が続々育ってきたからだ。加えて好景気も後押しを始め、内外の有力楽団の来日公演の増加も刺激となった。

　アンサンブルの整備が徐々に加速度を増し、動員力が格段に上昇を遂げ始めたのは、1997 年に東京都墨田区とフランチャイズ契約を結び、同地区に完成した「すみだトリフォニー・ホール」（以下 STH) を常設会場として、本番と同じ環境下でのリハーサルが可能になってからである。

　続いて組織力の面も、2012 年 4 月 2 日に公益財団法人に移行したあと強度を増し、NJPSO は名実ともに在京楽界で盟主の座を狙える態勢を固めて行く。

　それではこれから、小澤の業績を踏まえながら、1997 年ついにフランチャイズ制を施行（我が国初の本格的導入であった）から今日（2020 年 2 月）に至るまでの足跡を、クロノロジカルに俯瞰してみよう。

　STH への移転後に開催され、大評判を呼んだ公演では、まず「ショスタコーヴィチ・フェスティバル」（指揮・M・ロストロポーヴィチ）および井上道義の「マーラー交響曲全曲演奏会」等が挙げられる。

　相次ぐプロジェクトの成功で、NJPSO はますます勢いに乗り、2003 年 9 月からは MD に新しくクリスチャン・アルミンク、翌 2004 年度シーズンからは新たに「新日本フィル・ワールト・ドリーム・オーケストラ」（NJPSOWDO）を発足させ、「世界中にはよい曲が沢山ある。ジャンルに囚われず伝えて行こう。」のテーマ（スローガン）の下、MD に久石譲を招いて、積極果敢な形でフレキシビリティ溢れるアプローチを展開した。

　同団はいわば、「和製ボストン・ポップス」や「シンシナティ・ポップス」あるいは

「ハリウッド・ボウル・オーケストラ」同様のスタイルを持つ「LIGHT MUSIC」または「EASY LISTENING」をレパートリーの中心に据えたアンサンブル。

映画音楽を得意とする久石は、同団を縦横に操り、幅広い聴衆層の開拓に乗り出し、そして成功を収めることになった。

またこの時期までの注目すべき実績には、国外公演の敢行が挙げられる。既に成功を収めた 1985 年の欧州公演（指揮者は小澤）を皮切りに、1998 年の日ロ親善・ロシア公演（小澤とロストロポーヴィチが帯同）、2002 年の日中友好 30 周年記念・中国公演（小澤指揮）、2004 年のスペイン公演（同）等、創立間もないアンサンブルとは思えないほどの速度で、国際的演奏サーキットを疾走した。

また音楽ファンの評判を呼んだのは、2006 年度から定着した「演出付きコンサート・オペラ」のプログラムである。同年は「火刑台上のジャンヌ・ダルク」（指揮は当時のMD＝C・アルミンク）が絶賛を浴び、続いて翌 07 年の「ローエングリン」、更に 08 年の「薔薇の騎士」、(09 年には F・シュミット作のオラトリオ＝「七つの封印を有する書」全曲)、10 年の「ペレアスとメリザンド」そして 11 年には「トリスタンとイゾルデ」が上演され、いずれも各方面から激賞された。

2010 〜 11 年度シーズンにおける新しい動きは、Music Partner of NJP として、ダニエル・ハーディングが指揮者団の一角を占めるようになったことである。特に評価を高めたのは、東日本大震災でのチャリティ公演の指揮であった。

その一方で、同天災は楽団指揮陣にも不幸なトラブルを齎した。2011 年 4 月に新国立劇場で「薔薇の騎士」公演を指揮する予定だった MD アルミンクが、原発事故の影響を危ぶんで来日を断念、同公演の初日がキャンセルとなったのである。パニックに陥った劇場関係者は代役（マンフレート・マイヤーホーファー）を立て、急場をしのいでいる。この事件が元でアルミンクと NJPSO との関係は一時悪化し、結局 2 シーズン後、彼は MD ポストを退くことになった。

また同時期（2011 〜 12）は楽団創立 40 周年記念シーズンに当たり、祝祭行事の一環として中国公演（指揮は MD のアルミンクではなく、元 MD ＝小泉和裕が担当した）が行われ（同時に日中国交正常化 40 周年祝典の年でもあった）、成功を収めている。

続く 2013 〜 14 年度シーズンの主な動きは、ドイツの鬼才インゴ・メッツマッハーが新たに指揮者人に加入（2015 年 8 月まで）、ハーディングと二頭体制を組んだこと、および韓国公演（釜山、水原、ソウル）に帯同したことである。

最後に 2016 〜 2020 年度シーズンに起きた主な出来事に移ろう。同時期の主役は勿論、上岡敏之。2015 年 4 月から芸術顧問に迎えられ、MD への正式就任は 2016 年 9 月からである。（だがその上岡は、MD ポストの任期満了を以て同職を退くことを発表した。しかし NJPSO は 2021 〜 22 年度シーズンに於いては、MD ポストを置かないと公表している。）東京芸大で指揮をマルティン・メルツァーに師事、その後ドイツのハンブルク音楽大学へ進んで研鑽を積み、キール市立劇場（ソロ・コレペティトー

ル及びカペルマイスターを歴任)、ヘッセン州立劇場音楽総監督（GMD）、北西ドイツ・フィル首席、ヴッパータール市立劇場 GMD, ザールラント州立劇場 GMD, ヴッパータール響首席指揮者、ヴッパータール市立劇場インテンダントの各ポストを歴任してきた。

　NJPSO の MD と同時期（2016 ～ 17 年度シーズン）には、デンマークのコペンハーゲン・フィル首席指揮者にも就任。欧日を股にかけての、オペラ、交響管弦楽の指揮に加え、ピアニストとしての活躍が始まった。更に数多くの受賞歴も注目すべきで、60 代前半では今や日本指揮界の盟主的存在となった。

　さて最後に、本体の NJPSO が提供するコンサート・シリーズの変遷を見てみよう。創立 30 周年の記念シーズン（2002 ～ 2003）では、六つのシリーズ（1. トリフォニー（公演会場）・シリーズ＝各 8 回、2. オーチャード（同）・シリーズ＝ 4 回、3. サントリー・ホール（同）・シリーズ＝ 4 回、4. 名曲シリーズ＝各 8 回、5. ベートーヴェン交響曲全曲演奏会＝ 5 回、6. 特別演奏会）を提供するまでに躍進を遂げている。

　それが 2020 年度の現在には、TOPAZ シリーズ（＝トリフォニー・シリーズ）＝年間プログラム数 8 回、演奏会回数 16 回、JADE シリーズ（＝サントリー・ホール・シリーズ）＝年間プログラム数 8 回、演奏会回数 8 回、RUBY シリーズ（アフタヌーン・コンサート・シリーズ）＝年間プログラム数 8 回、演奏会回数 16 回を定期公演として確保。それらの他に「特別演奏会」というスタイルで、下記の公演を提供する。

＊ SAPPIRE（サファイア）＝横浜みなとみらい（公演会場）シリーズ＝年間プログラム数 3 回（上記の JADE シリーズと同じプログラム、演奏会回数 3 回

＊ベートーヴェン「第九」演奏会（会場＝すみだトリフォニー・ホール 1 回、Bunkamura オーチャード・ホール 1 回、サントリーホール 1 回）

＊年越しコンサート（すみだトリフォニー・ホール）

＊ニュー・イヤー・コンサート（すみだトリフォニー・ホール）

＊楽員独自の編成による室内楽コンサート

＊多摩定期コンサート

等が組まれている。

　NJPSO は更に、上述した通り、映画や TV 音楽等の伴奏プロジェクトへも積極的なアプローチを見せ、これまでに映画（15 作品以上）、TV（2 作品）、OVA（4 作品）と、かなりの本数にも参加。それと並行して、テーマ曲をはじめとする硬軟取り混ぜた数多くのディスク（HMV のリスト＝ 2020 年 1 月現在で、そのディスク点数は 85 本以上に上っている）を録音。これまで大人気を博し続け、音楽ファンの底辺を広げてきた。

　そのようなフレキシビリティの結晶体となったのは、繰り返しになるが、もう一つのプロジェクト＝ NJPSOWDO である。（完）

＊推薦ディスク

1. ベートーヴェン交響曲全集（DVD）：指揮・朝比奈隆

2. 交響曲第 1 番「巨人」（G・マーラー）：指揮・上岡敏之
3. ピアノ協奏曲第 20 番（W・A・モーツァルト）：ピアノ独奏・マルタ・アルゲリッチ
   三重協奏曲（L.V. ベートーヴェン）：独奏・M・アルゲリッチ（Pf）、R・カプソン
   （Vn）、G・カプソン（VnCello）：指揮クリスチャン・アルミンク
4. アランフェス協奏曲（J. ロドリーゴ）：ギター独奏・村治佳織、指揮・山下一史
5. 楽劇「ニーベルングの指輪」全曲（R・ワーグナー）：指揮・朝比奈隆

24. 紀尾井ホール室内管弦楽団
(KIOI HALL CHAMBER ORCHESTRA)

　新たに小中編成のプロフェッショナル・アンサンブルを組織する場合、その活動目標形態によって、楽員の集め方には幾つかあると思う。

　特に世界的にも高水準の団体としての活動を目指す場合は、大抵既設のプロ楽団に属している人を不定期に参加させ、それに音大等で現役の教授職にある人のリクルートを優先しつつ、無所属の人をオーディション方式により採用する、といった形が概して普通だ。

　現在国際的演奏サーキットの常連として認知されている団体、又は少なくとも国内で最高級の水準と評価されるアンサンブルの大半に関しても同様のことが言える。

　本稿で紹介する、我が国の室内管弦楽団の代表的存在＝紀尾井ホール室内管弦楽団（KHCO）も、そのタイプの一つである。

　それは同団楽員達の履歴を見れば分かることだ。同団以外の在職先は国内外の様々な団体で、それも高水準の多岐にわたるものだ。

　例えば2016〜17年度シーズンのメンバー表に限って言うと、まず楽員総数が54人。そのうち34人が他の演奏団体（バイエルン放送響の首席コンサートマスター、パリ管弦楽団の副コンサートマスターを筆頭に、在京の有力楽団で首席や次席のポストにある人々など）に属しており、そして残りの24人が音大の教授職や室内楽チーム等で活躍中の面々となっている。

　端的に言うと、KHCOの楽員達は、「楽員として契約を結んだ人々が年に何回か行なわれる定期公演、商業録音、あるいは特別公演やOUTREACH等のプロジェクトに合わせて各々の所属先からKHCO本拠地に集合、前もって企画された演奏会に参加する」、というスタイルで活動するのだ。

　乱暴な例えかもしれないが、いわば織姫と彦星が年に一度やって来る日に、束の間の逢瀬を楽しむ「七夕オーケストラ」のような存在形態である。

しかもそんな活動形態の中では、所属する団体の都合でKHOCの公演に参加できない楽員も出てきて当然だ。

　にも関わらず、KHCOの水準は常に高止まりで推移し、作られたアンサンブルの精度は他にヒケをとらぬほど優れている。

　それを可能にしているのが関係者の努力であるのは当然だが、何より管理中枢、特に運営母体の「経営理念」の強固さ、迷いの無さ、のためであろう。

　関係者の努力、と言ったが、KHCOの場合、具体的には同団の管理運営母体＝「公益財団法人日本製鉄文化財団（旧称「新日鉄住金文化財団」）のことである。

　同財団は「紀尾井ホールを拠点に、音楽分野（洋楽及び邦楽）に於ける音楽家の育成、演奏会等の開催、優れた音楽活動に対する支援を目的として、1994年4月に設立された。運営資金面で苦しむ他の団体をよそに、同財団は初代音楽顧問および首席指揮者（PC）に尾高忠明を招き、KHCOの運営に乗り出す。

　それから楽団名称の変更等の「新機軸導入の発表」（2016年5月26日）が為されるまでの22シーズンの概略を、クロノロジカルに纏めると以下の通りである。

＊1995年…紀尾井ホール開館時に「紀尾井シンフォニエッタ東京」の名称の下で発足

＊2000年…初の欧州楽旅（公演地は、ウィーンのムジークフェライン、アムステルダムのコンセルトヘボウ、ザルツブルクのモーツァルテウム等）

＊2005年…ドイツの「ドレスデン音楽祭2005」から招待され、ペーター・レーゼルをソロイストに迎えて「ベートーヴェンのピアノ協奏曲全曲」公演を4回提供する。

＊2009・2010年…韓国ソウル公演

＊2012年…「日米桜百周年記念公演」を「フィラデルフィア、ワシントンDC、ボストン、ニューヨーク」を巡演

＊2015年…第百回定期公演を実施（指揮・セミヨーン・ビシュコフ）

＊2015年…「別府アルゲリッチ音楽祭」（5月大分で伴奏楽団を務める）

　そしていよいよKHOCの運営財団は、2016年5月26日、新機軸の内容を発表する目的で記者会見を開くことになる。

　その際、同財団が掲げた活動目標の内容は次の通りだ。

「1.音楽家の育成、2.演奏会などの開催、3.優れた音楽活動に対する支援、4.音楽ホールの管理運営、5.その他目的を達成するために必要な事業」

　なお当日会場で配布された資料には、次のようなタイトルが付けられている。

　「紀尾井シンフォニエッタ東京、新機軸導入のお知らせ

　紀尾井ホール室内管弦楽団への改称、ロゴの導入

　首席指揮者にライナー・ホーネック氏就任

　2017年度からの新体制始動」

同レジュメの要点をかいつまんで言うと、「新日鉄住金文化財団」＝当時＝（公益財団法人：理事長・佐久間総一郎＝当時）は、同財団が管理運営に当たる「紀尾井ホール」専属アンサンブル「紀尾井シンフォニエッタ東京」を、「紀尾井ホール室内管弦楽団」（以下 KHCO）に改称（2017 年 4 月から）し、それに伴って首席指揮者（PC）ライナー・ホーネック招聘という新機軸（テーマは「求心力」と「発信力」）の下、更なるグレードとスケール・アップを目指すこと」を明らかにしたのである。

　再び話は過去に遡るが、KHCO が発足したのは 1995 年 4 月。それから上述のホーネック体制に至るまでの歴代 MD あるいは PC は、尾高忠明（タイトルは PC）一人である。

　しかしその尾高は、1998 年より札幌響常任（2004 年より MD）に指名され、業務もかなり多忙となってきたため、KHCO では 2003 年から桂冠名誉指揮者となり、エネルギーを他へ割くようになった。

　とはいえ、KHCO の歴史は、新機軸発表前が尾高体制、その後から今日まではホーネックの体制、という二つの時代に分けられる。（が、それも 2022 年度からは三つの時代に分けられることとなった。後述するが、理由は、ホーネックが 2021 年度に PC を降板する旨を明らかにし、かつその後任が決まったからである。）

　さて新機軸発表後、すなわちホーネック治世に入ってから 3 シーズンの月日が流れ、その間 KHCO は、名実ともに我が国を代表する室内アンサンブルへと躍進を遂げた。

　録音・国内外への楽旅、プログラムの多彩化等など、どの面をとっても今や我が国の室内楽アンサンブルの代表格となっている。

　そしてその素地作りを立派にやり遂げたホーネック。彼は上述した通り、自らのスケール、グレード・アップを目指し、次なる高みを目指して今シーズンで降板することを明らかにした。（2021 年 8 月 15 日の後任人事発表によると、新首席指揮者に決定したのは、イギリス・カンタベリー出身のトレヴァー・ピノック。彼は第三代目の首席指揮者として 2022 年度シーズンに就任（初期契約は 3 年間）予定である。

　さて本稿が書かれている 2021 年 8 月末現在、我が国には沖縄県の「大度室内楽団」をはじめ、プロ・アマ合わせ約 100 近く＝筆者の調査によれば、それらの内訳は、普通のスタイルの室内楽団数が 80 余、弦楽だけの室内楽団が 15 以上となるの室内楽アンサンブル）が活動中だ。

　その中で群を抜く実績と組織力を有するのは明らかに KHCO で、同団の最大の魅力はズバリ、楽員個々の演奏技術の群を抜く高さ、である。

　その理由の一端は、上述の同団楽員個々のキャリア紹介と同団以外の在職先を見るだけで、十分理解できると思う。

　最近我が国の音楽ファンの間でも、国内外の主要室内アンサンブルに対する注目度が高まってきた。KHCO との演奏水準を比べる一つの目安として、今海外の室内アンサンブルで評価の高い団体をあげておきたい。（ただし同部門では演奏団体の数が多く、

かつ運営形態もかなり多岐にわたっているため、敢えて10団体だけを厳選しておく。）
＊KHCOのライバルと目される海外の団体＊
　1．セント・ポール室内管（北米ミネソタ州セントポール市在）
　2．カナダ国立芸術センター管（カナダ・オタワ市在）
　3．アカデミー室内管（UK・ロンドン現在解散）
　4．LA室内管（北米カリフォーニア州ロスアンジェルス市在）
　5．ヘンデル・ハイドン協会管（北米マサチューセッツ州ボストン市在）
　6．NYオルフェウス室内管（北米NY州NY市在）
　7．NYセント・ルーク室内管（NY州NY市在）
　8．グスタフ・マーラー室内管（ドイツ・ベルリン在）
　9．ヨーロッパ室内管（UKロンドン在）
　10．アンサンブル・アンテルコンタンポラン（フランス・パリ在）
＊次に我が国の団体をも参考のため同様に10挙げておく。（カッコ内は所在地）
　1．水戸室内管弦楽団（MCO）（茨城県水戸市在）
　2．オーケストラ・アンサンブル金沢（OEK）（石川県金沢市在）
　3．横浜シンフォニエッタ（YS）（神奈川県）
　4．ジャパン・チェンバー・オーケストラ（JCO）（東京）
　5．東京ヴィヴァルディ合奏団（TVE）（東京）
　6．テレマン室内管弦楽団（TCO）（東京）
　7．ロイヤル・チェンバー・オーケストラ（RCO）（東京）
　8．トウキョウ・モーツァルト・プレイヤーズ（TMP）（東京）
　9．愛知室内オーケストラ（ACO）（愛知県）
　＊「トヨタ・マスター・プレイヤーズ、ウィーン」（TMPW）（愛知県）
　上記団体のうち、KHCOと並んで名実ともに国際級の水準に達したアンサンブルと
呼べるのは、MCOとOEK、特別な存在と呼べるのがTMPW（メンバーはウィーン・
フィルの楽員主体）だ。
　いずれも「国際的なName Value」と「商業録音の点数」の点で他の団体を大きくリー
ドしており、支援組織の充実ぶり等の点では豊かな将来性を感じさせる。だが、組織
力の強さの点ではやはり、KHCOが一歩も二歩も抜きん出ている。
　ところでKHCO管理中枢は、上述のレジュメの中で、幾つかの運営上の改善点等を
発表している。それによると、今後は基本的に「楽団メンバーによる運営参画機能を
強化する」方針だ。団員の中から「運営委員」を選出し、中長期的な事案を検討、実
践するという。具体的には、各楽器セクションに「音楽的課題を解決する目的のため」
にパートリーダーを置くとか、楽団の発信力を高めるための「PR委員」を置く等の
工夫をするという。
　それらの方針に加え、筆者が敢えて今後の問題点を探すとすれば、演奏内容を如何

に創意し工夫して行くかという企画面と、国内外への楽旅を更に増やすための取り組みのグレード・アップ更に実現していくこと、である。（完）

＊推薦ディスク＊＊ KHSO＝紀尾井ホール室内管弦楽団、KST＝紀尾井シンフォ
ニエッタ東京

1. 「交響曲第 7 番イ長調作品 92」「ロマンス第 1 番ト長調作品 92」（L.v. ベートーヴェン）、「交響曲第 25 番ト短調 K.183」（W.A. モーツァルト）：（Vn 独奏・指揮＝ライナー・ホーネック）・KHCO
2. 「交響曲第 1 番ニ長調作品 25” 古典 ”」（S.S. プロコフィエフ）、「弦楽のためのディヴェルティメント Sz.113」（B. バルトーク）、「管弦楽のためのセレナードニ短調作品 44」（A. ドヴォルザーク）・KST （指揮者なし）
3. 「交響曲第 4 番ホ短調作品 98」（J. ブラームス）、「ジークフリート牧歌」（R. ワーグナー）、「弦楽のためのアンダンテ」（M. コゴイ作曲、F. アヴセスク編曲）：指揮・アントン・ナヌート・KST
4. 「ヴァイオリン協奏曲集・四季」（A. ヴィヴァルディ）：Vn. 独奏・川久保賜紀・KST
5. 「交響曲第 4 番イ長調作品 90” イタリア ”」（F・メンデルスゾーン・バーソロディ）、「アダージョと変奏」（O. レスピーギ）、「エレジー・作品 24」（G.U. フォーレ）：指揮とチェロ独奏・マリオ・ブルネロ・・・KST

25. 兵庫県立芸術文化センター管弦楽団
(HYOGO PREFECTURAL ARTS AND CULTURE CENTER ORCHESTRA)

　世界のオーケストラ界には、民営、公営、あるいはその混合スタイル、更に個々人の理想を実現する形が発展したような活動形態で運営される等、創設体の抱く目的（例えば期間限定で楽員を採用し、演奏家としての様々な知識＝ KNOW・HOW ＝を教えながら演奏経験を積ませるとか、短期間の夏季音楽祭のみへ向けた一時的な楽団を編成したりとか、又はオペラの座付き一過性の楽団を編成する等）を反映した管理運営の違いこそあれ、「次代を担う若い演奏家を育成するための様々な取り組み」を実践した楽団が多数見られる。

　それらの中から、具体的な例として、「ほぼ常設と考えてよい活発な演奏活動を継続し、かつ知名度も世界的と呼べる団体」を幾つか挙げてみよう。

　まずヨーロッパでは、同全域から楽員を募って組織した「ヨーロッパ青少年オーケストラ」や「マーラー・チェンバー・オーケストラ」の二つが代表例として挙げられる。

純粋なヨーロッパの楽団ではないが、本拠地をセヴィリア（スペイン）に置く団体もある。楽員の構成をアラブ人とユダヤ人の半々に設定し、更に民族間及び国家間の対立という政治色の介入を断固拒否する「WEST -EASTERN DIVAN ORCHESTRA」（指揮者のダニエル・バレンボイムが創設）がそれだ。

　続いて北米では、フロリダを本拠にした「NEW WORLD SYMPHONY」（指揮者のマイケル・ティルソン・トーマスが創設）や、NY のカーネギー・ホールに本拠を置く「アメリカ青少年オーケストラ」、また南米でも「シモン・ボリヴァル響」等々がこの数シーズン世界的なスケールでの活動を展開して注目を集める等、将来の更なる発展が期待され実に頼もしい。（しかも世界各地には、それら以外にも若者だけで構成されたアンサンブルは多数存在するのだから、順調に行けば「オーケストラの未来は洋々たるもの」となる筈だ）

　ところでもし同様の存在を我が国に求めるとすれば、それは文句なしに「兵庫芸術文化センター管弦楽団」（通称「PAC」）である。同団が創設されたのは 2005 年、歴史はまだ始まったばかりの、若いオーケストラ だ。

　世界に数多ある楽団のうち、地方自治体が創設者、管理運営団体となり、しかもその楽員を世界中から募集するという破天荒な形で活動を続ける PAC のような団体の例は、皆無か、あるいは存在するとしても極小であろう。

　PAC が創立に至った理由は、「兵庫県・芸術文化振興ビジョン」冊子（平成 27 年 3 月改訂版）の巻頭ページに、明快に書かれている。（筆者・注＝全文紹介する紙数はないため、主要部分のみを述べる）

　＊以下「同冊子の巻頭ページから抜粋」したもの。

「・・・あの阪神・淡路大震災から 20 年が経ちました。21 世紀の成熟社会を先導する創造的復興をめざした歩みのなかで、芸術文化が果たした役割は大変大きなものがありました。震災直後に行なわれた音楽、演劇、美術などの活動は、被災者の心に染み込み、復興への意欲を生み出してくれたのです。

　兵庫県は、こうした経験と成熟社会における芸術文化の重要性を踏まえ、芸術文化が暮らしに息づき、芸術文化で人や地域を元気にする社会の実現をめざし、平成 16 年（2004）に「芸術文化振興ビジョン」を策定いたしました。

————中略————

（それから 10 年後の平成 27 年 3 月、上記ビジョンは更に意欲的な内容を持つものに改定された。）

　こうした状況を踏まえ、兵庫県は、このたび「芸術文化振興ビジョン」を改定しました。
　基本目標と基本方向は維持しつつ、
　1. 県民誰もが身近に芸術文化に親しむ環境の充実
　2.「ふるさと意識」に根ざした兵庫の文化の継承・発展
　3. 兵庫の分厚い文化力の国内外への積極的な情報発信

4. 芸術文化施設の適切な維持、保全と活性化の推進

の４つの重点取組項目を新たに設定し、兵庫の文化力を生かした多彩な取り組みを展開して行きます。

————中略————

ともに力を合わせて、「芸術文化立県ひょうご」をめざしていきましょう。

平成 27 年 3 月

兵庫県知事　　　　」

そして上述の冊子に出て来る「課題と展開方法」（11 ページ）に「芸術文化を担い、育て、つなげる人材を育成する」という小見出しの中に、「・・・兵庫芸術文化センター管弦楽団の運営等により人材育成を進めている。」と書かれ、そこから数ページ読み進めば、同県が PAC を多方面に活用し、演奏芸術文化を保護育成そして発展させていることが容易に理解できる。

我が国の、しかも西洋音楽の伝統の乏しい地方で、欧米の本流にもヒケをとらない壮大な到達目標を掲げてプロ楽団を創設し、管理運営する自治体が存在するとは、まさに破天荒ともいえるほど「勇気に満ちた挑戦」であろうか。PAC 組織体の紹介に進む前に、その事実をまず強調してきたい。

それでは早速同団の本格的な紹介である。まず楽員の募集から始めよう。

その方法は例によってオーディションだ。世界中から 35 歳以下のプロ演奏家志望者を三か所のオーディション会場（日本＝兵庫県西宮市、ヨーロッパ＝ドイツのミュンヘン市、北米＝ニューヨーク市）に集めて行う。

それぞれの地で合格し採用された奏者は、楽団の中核を成す「コア・メンバー」（同メンバー数は一定せず、48 人の時もあれば、2021 年度シーズンのように 35 人の時もある。ちなみに 2021 年度シーズンの契約者は、外国人＝ 17 人、邦人＝ 18 人の計 35 人である）と呼ばれる。

コア・メンバーの任期は 3 年。それらを中心に「レジデント（座付き）奏者」、「アソシエイト（準奏者）」の楽員を期限付きで「演奏プログラムに応じて」採用し、一般公演又は録音等に参加させるという形を取っている。

コア・メンバーとして契約した外国人楽員には、日本への渡航費（レートによって変動するが、基本的には邦人なら 10 万円、ドル使用圏なら約 943 ドル、同ユーロ圏なら 843 ユーロ）が援助され、ビザ（査証）取得の際の便宜供与が図られ、入国後は国民健康保険への加入、納税指導や日本滞在中の宿泊施設（コア・メンバー向けのアパートメントが宝塚市にある）等が用意される。

更にコア楽員に対しては、（これまたレートの変動にも影響されるが）基本的に「邦人なら 360 万円、外国人でドル使用国家の出身なら 3 万 3 千 962 ドル、ユーロ圏なら 30,354 ユーロ」という額の報酬が支払われる。

そしてコア・メンバー達は PAC での活動した 3 年後には、それぞれの進路先へ向け

て離団するのだ。(彼らは PAC 在団中、あるいは在職中、機会があれば各地の楽団その他の入団オーディションを受け、退団後の進路を決める。なお平成 27 年発行の「芸術文化振興ビジョン冊子によれば、PAC 終了後のコア・メンバーの行先＝平成 26 年 12 月時点での資料＝は国内外のオーケストラ・68 団体に上っている)

　話を元に戻して、次に公演の回数だが、一般の常設楽団と比べその数は非常に少ない。2019 年度シーズンを例にとると、定期公演回数(会場＝兵庫県立芸術文化センター大ホール) 27 回 (9 プログラム)、名曲コンサート回数 1 回 (会場＝同上) で構成され、それにアウトリーチ活動や室内楽シリーズ等が追加され、また団員によるリサイタルも加わるという仕組みだ。(なお PAC コンサートの中で特に名高いのは、創設年の 2005 年から「年末恒例行事となった「サントリー 1 万人の第九」である。同団は「1 万人の第九オーケストラ」という名称の下、常時参加している)

　再びコア楽員の話に戻るが、彼(彼女)らには現地(兵庫)入りに際しても、出発地からの旅費や宿泊費の援助をはじめ、必要な諸経費も支払われる面倒見の良さだ。(同様の援助がコア楽員以外のメンバーに対しても行なわれるため、この点を考えるだけでも、PAC 運営向けの財政基盤はよほど強力なもの、だということが伺えよう)

　またコンサートでは「本格的なオペラの演奏会形式上演」なども行なわれる。そのため、運営予算は更に膨れ上がることが予想される。多少大規模な私企業はもとより、よほど鉄壁ともいえる運営信条を持つ行政団体でさえ、そんな形の運営に着手するのには二の足を踏むと思う。

　そういう意味でも、それを可能にしてきた地方県・兵庫の存在は、何度も繰り返すが、我が国では極めて稀であり、かつ尊敬に値する驚異的なものだ。(完)

＊推薦ディスク

1.「フルート協奏曲」(J・イベール)、「交響詩 "海 "・三つの交響的スケッチ (C・ドビュッシー)、「交響詩 "魔法使いの弟子 "」(P・デュカ)：フルート独奏・工藤重典、指揮：パスカル・ロフェ

2.「交響曲第 1 番変イ長調、作品 55」、「ヴィオリン協奏曲ロ短調・作品 61」(以上 E・エルガー)：Vn. 独奏・漆原朝子、：指揮・ジョゼフ・ウォルフ

3.「交響詩 "ローマの祭り "、"ローマの噴水 "、"ローマの松 "」(O・レスピーギ)：指揮・佐渡裕

4.「Sonority of Japan 点と面」・「箏とオーケストラのための協奏曲」(坂本龍一)、「樹影にて〜アジアの箏とオーケストラのための〜」(S・グバイドゥーリナ)：箏独奏・沢井一恵、指揮・佐渡裕

5.「交響曲第 9 番ニ短調作品 125" 合唱付き "」(L.v. ベートーヴェン)：独唱・マリア・コンスタンツア・ノチェンティーニ (S)、手嶋眞佐子 (Ms)、ポール・ライオン (T)、キュー＝ウォン・ハン (Br)、合唱：神戸市混声合唱団、オープニング記念合唱団：指揮・佐渡裕　(特別収録：「G 線上のアリア」(J.S. バッハ))

＊本ディスクは「兵庫県立芸術文化センター・大ホール・落成記念コンサート」 における本番の「LIVE・DVD収録盤」である。（収録日：2005年10月22、23日）

26. 九州交響楽団
(THE KYUSHU SYMPHONY ORCHESTRA)

　1953年10月31日、九州初のプロフェッショナル・オーケストラを目指す九州交響楽団（以下KSO）は、福岡市の電気ホールを会場に、創立題1回目のコンサートを行った。

　戦後間もない時期ゆえ聴衆動員記録は不明だが、ホール内は同団の門出を祝う人々の熱気で溢れていたと思われる。（だがその後のプロへの道のりは遠く、同団が正真正銘のプロフェッショナル・アンサンブルへと発展するのは、それから20年後の1973年後のことになる）

　KSOのオープニング公演プログラムは、交響詩「フィンランディア」（シベリウス）、同「悲しきワルツ」、「ヴァイオリン協奏曲第5番」（モーツァルト）＝独奏は鈴木秀太郎、そして交響曲第9番ホ短調「新世界より」（ドボルザーク）。指揮を執ったのは石丸寛であった。

　同公演は福岡市民のみならず、九州全域，否全国の音楽ファンの注目を集めることになる。その理由の一つは、演奏に参加した全楽員70人の中で、専属楽員がゼロだったということ。更に全体の半分（35人）がアマチュアで占められていたこと、等である。（ちなみに、残りの半分は、ＮＨＫ福岡放送局専属楽団員と、ＮＨＫ熊本中央放送局専属楽団員達であった）

　このような体制でプロフェッショナルとしてフル活動を目指そうというのだから、将来は大変な苦労が予想されて当然である。

　まず定期的な公演が果たして可能か、という点が危惧された。たとえもしそれが可能だとしても、そこには「聴衆が安心して聴ける水準に達した演奏という商品を供給できるか」という問題が付随してくる。

　更に、管理運営面における費用の問題・・・結局それがプロ楽団にとって最も深刻なものになるのだが・・・が否応なく浮上する。という具合に、KSOの将来を考えれば考えるほど、オーケストラ関係者は否定的にならざるを得なかった。

　そしてそこで予想された結論は、「これまでの多くの例に漏れず、KSOも創立後まもなく潰れる運命を辿る」、ということであった。

　それにしても、戦後わずか8年目、しかも中央から遠く離れた九州という土地で、

これほど積極的にプロ楽団の発足を促したものは一体何だったのだろうか。

　潰れる運命と遭遇することが予想されながら、人は何故、敢えてオーケストラを作り続けるのであろうか？

　それに対する答えは勿論、音楽関係者及び音楽ファンのやむにヤまれぬ音楽への愛情があるから、という以外にない。

　町興し、産業の活性化、教育的効果、知的衒気、音楽演奏職業創出、その他何でもカンでも、オーケストラ創設の理由は考えられる。が、究極的に言えばやはり「音楽が好きだから」であり、「それに愛情を抱いているから」である。そして問題は、オーケストラを創設した後どうするか、となる。

　KSOに関しては、まず創設第一回目の演奏会パンフレットに載った挨拶文に触れ、そこで感じとったこととをもとに、同団を支える関係者たちの将来の活動への意気込みに期待するしかない、と思う。

　上述のパンフレットはいわば、「ローカルの地でも人々は何故、オーケストラを作るのか？」「作ってからどうするのか？」の二点に対して、宣言文の形をとりながら、明確な心構えを明示している。以下、その骨子を紹介すると、以下の通りだ。

「ご挨拶

　国あるいは都市を例にとりましても、音楽文化水準は常に、交響楽団を中心に動いて居ります。日本に於きましても、日本交響楽団（N響の前身）の創設を以て画期的な躍進を遂げ、以後日本の楽団というものは常にこれ等楽団を中心に動いてきた、と言っても過言ではありません。―――中略―――日響の創立以前とそれ以後とを比べてみます時、自ら其処に交響楽団の重要性が浮かび出て参ります。かかるとき九州に於きましては、大正末期に榊博士の創設せられました九大フィルハーモニーの古き尊き伝統にも拘わらず本格的な交響楽団へと発展することなく今日に至ったのが現状で御座います。―――中略―――過去の歴史を顧みましても、交響楽運動は正に茨の道であります。幾多の困難が前途に横たわって居ることは覚悟の上ではありますが、好楽家諸兄御支援の下、郷土文化発展の為、此の光輝ある事業に邁進する覚悟で居ります。―――以下、略　　　九州交響楽団」

　そして当時NHK交響楽団の事務長を務めていた有馬大五郎は、KSO船出へのはなむけとして以下のようなメッセージを寄せ、オーケストラに生きる覚悟を決めた人間の心得を説いている。

「"道心のうち衣食あり、衣食のうち道心なし。"という先人の言葉があるが、これがオーケストラに属する凡ての人が生きていく唯一の方法であると思う。―――中略―――人間が衣食のみを求めて一時は何とかなっても、道心なきものは生きのびないと言うことを最も明らかにしてくれるのが交響楽運動である。指揮者や経営者が高いところに立っている惰性で必要以上に英雄になりたがったり、英雄になれなかったが故にオーケストラのメンバーになって反動的に衣食のみの配分を要求したのでは事壊しである。

ここには仕事の為の差別は厳然として存在する。平等に徹して後、差別を観ることを
忘れてはならぬ。そうして道心のうちに必ず衣食が保証されることを疑ってはならな
いのである。」（原文のまま）
（いずれも 1953 年 10 月 31 日、第 1 回公演：於：電気ホール（福岡市）でのコンサー
ト・プログラム・パンフレットより）

　それから 66 年の歳月が流れ、2019 年度のシーズンを迎えた KSO 。今では 1 シー
ズン公演数が 100 ～ 130 回を維持し、69 人の常勤楽員を擁する堂々たる中堅アンサ
ンブルにまで発展を遂げている。

　そして同団のグレードとスケール・アップを牽引したのは、下記の歴代音楽監督及
び首席指揮者達であった。（短期間のタイトル、例えば「首席客演指揮者、名誉指揮者、
永久名誉指揮者、桂冠指揮者等」を与えられた人々は全て除いた。）

　1. 石丸　寛（1953 ～ 1958 ＝常任指揮者、1995 ～ 1998 ＝音楽監督）
＊＊＊以下・全て常任（首席）指揮者
　　＊安永武一郎（1958 ～ 1981 ＝首席指揮者）
　　＊森　　正　（1958 ～ 1981）
　　＊フォルカー・レニッケ（1976 ～ 1981）
　　＊黒岩英臣（1981 ～ 1988）
　　＊小泉和裕（1989 ～ 1996）
　　＊山下一史（1996 ～ 1998）
　　＊大山平一郎（1998 ～ 2004 ＝常任指揮者）
　　＊秋山和慶（2004 ～ 2013 ＝音楽顧問後に首席指揮者）
　2. 小泉和裕（2013 ～　　　＝音楽監督・首席指揮者）

　KSO の草創期を石丸の存在を抜きにして語ることは出来ない。彼はプロとしての指
揮契約を精力的にこなす一方で、アマチュア・アンサンブルの育成にも情熱を注いだ。

　オーケストラ界の裾野を広げるべく、青少年を対象としたオーケストラ鑑賞プログ
ラムの企画を推進したり、数多くの TV 番組（「題名のない音楽会」「ゴールド・ブレンド・
コンサート」等）に出演する等して全国を飛び回り、クラシカル音楽の啓蒙に努めた
のである。

　石丸のそのようなアプローチは九響でも生かされ、彼の持つ「一流プロへの志向性」
を根底から支える聴衆数の拡大増加に大きく貢献した。

　自ら培った中央楽壇との人脈をフルに活用しながら、石丸は KSO の錬磨に繋げて
い行くが、残念なことにその一方で、KSO 以外とのスケジュールが多忙を極めるに従
い、彼と同団の関係は次第に希薄さをも増して行った。

　そんな多忙な石丸に代わって、宿願であるプロ化への道を推進していったのが安永
と森の二人である。特に前者は子息(安永徹)がベルリン・フィルのコンサートマスター

を務めていた関係から、アンサンブルのグレード・アップとその維持にかける情熱も、群を抜くものであった。

　ここで見落としてならないのは、この安永体制下で楽団内に強まった士気の上昇傾向である。簡単に言えばそれは、「九州の看板バンドに相応しい誇りを持とうとする機運の高まり」だった。

　その傾向は、KSO の本拠地福岡が、1970 年代中盤からアジアに向けた重要な玄関口として成長発展を遂げていくに従い、ますます強くなる。KSO の周辺事情が、同団のソーシャル・スティタスの確立に影響を及ぼし始めたことをも意味していた。

　そんな組織全体の意識をバネに、楽団管理中枢はより精力的な行政へのロビーイングを継続し、1973 年にはついに念願の国、県、市からの援助金の増額を実現させることに成功。その結果、プロ化への夢が実現する運びとなる。そして常勤契約楽員数がわずか七人という体制で、宿願のプロ化を宣言したのであった。

　KSO は 1953 年の創立年度から 1973 年のプロ化宣言シーズンまでの 20 年間に、40 数回の定期公演シリーズを提供。それから後も、その数を徐々に増やしていく。

　またそんな変遷の中でも石丸は KSO との関係を保持し、機会があれば積極的に助言・提言を行った。それが結実した一つの例は、同団専属の合唱団創設である。その KSO 専属合唱団は、1996 年 1 月に実現し、そのあと同団の声楽作品レパートリーを飛躍的に拡大、向上させることになる。(同合唱団は、専属という名称を持ちながら、実際には自主運営の組織であり、オーディションにより入団者、出演者を決めるという進取的方式で運営されている)

　さて話は前後するが、地元出身の首席指揮者安永の後釜に、KSO はより高度な水準の演奏を目指すべく、ドイツ人指揮者フォルカー・レニッケと契約。ミュンスター市立オペラを振り出しに、バーゼル（スイス）市立オペラの首席指揮者を経て KSO 入りしたレニッケは、着任当時 47 歳の中堅であった。

　彼はクラシカルの本場から来た芸術家に相応しく、ローカルといえども KSO では中央と大差ない堂々たるスケールの大曲を据えたプログラムを連発。5 シーズンに渡って KSO を鍛えまくる。彼のバトンで特に注目されたのは、マーラー（「亡き子をしのぶ歌」）、ストラヴィンスキー（「火の鳥」）等である。レニッケとのシーズンを総括的に言えば、「グローバルな視点が強まったこと」だった。

　そのレニッケが退任すると、KSO は若手を中心に起用する形に方針を転換。黒岩英臣、小泉和裕、山下一史と常任ポストをリレーする。が、目立った活躍を見せたのは前者二人で、山下は僅か 2 シーズン在任しただけに終わっている。

　小泉が残した注目すべき成果の一つは、録音と初の海外楽旅（韓国・釜山）だ。後者のプロジェクトは、KSO の位置的な関係で実現したものだが、それでも楽員の士気を高めるのに大きな役割を果たした。

　山下の後任には招かれた大山平一郎は、長くロスアンジェルス・フィルハーモニッ

クで活躍していた。アメリカ仕込みの効率的なドライヴでアンサンブルを鍛えまくり、更にコミュニティとの関係構築でも、北米楽団のマニュアルを導入、積極的に活用し、楽団への支援態勢作りに役立てた。

　レニッケ体制がKSOの本格的な向上の時期だとすれば、大山体制のそれは「発展の時期」と捉えることが出来る。そのことを何より明らかに示すものは、演奏契約週の長さ、およびコンサートの種類の多さだ。

　まず前者では、何と年間50週もの長期契約を実現しており、後者では6種（内訳は、定期演奏会＝10回、巡回演奏会＝12回、移動音楽教室＝24回、依頼演奏会＝52回、特別演奏会＝4回、東京公演＝1回）という多彩さだ。

　特に東京での公演は、例えば北米で「地方楽団＝各州に存在するメジャー・オーケストラのこと＝が、毎シーズン定期的にNYのカーネギー・ホールを訪れ、公演を提供する」ようなものであり、いわば国内最高の「他流試合」に参加するのと同様の行事だと思う。

　大山の敷いたそのシステムは、結果的に楽員のやる気を引き出し、向上心を植え付ける効果を生み出した。彼に続く秋山和慶、小泉和裕にもその形は受け継がれ、今日に至っている。（完）

＊推薦ディスク

　1.「序曲1812年・他・ロシア名曲集」（P・チャイコフスキー他）：指揮・小泉和裕
　2.「交響曲第1番ニ長調“巨人”＜花の章・含む＞」（G・マーラー）：指揮・秋山和慶
　3.「交響曲第9番ニ長調」（G・マーラー）：指揮・秋山和慶
　4.「幻想交響曲」（H・ベルリオーズ）：指揮・小泉和裕
　5.「シュトラウス・ファミリー名曲集」（J・シュトラウス他）：指揮・大町陽一郎

27. 琉球交響楽団
(RYUKYU SYMPHONY ORCHESTRA)

　2021年3月1日現在、沖縄県の人口は146万652人。同県では八百人以上もの聴衆を収容可能なホール（その大半は多目的仕様）が約15館存在し、様々なイヴェントに使われ稼働中である。

　しかもそれらのホールには、沖縄本島から更に南に位置する離島先島（宮古八重山、石垣）の「マティダ市民劇場」（宮古島市）、そして石垣市民会館（八重山島）の二つも含まれている。いずれも「大編成によるオーケストラ公演が可能」な施設だ。

ということはつまり、「同県の市町村区域には概ね大小の演奏芸術発表会、およびそれらの鑑賞会が開かれる施設が整備されている」、というわけである。

　個人の所得が全国最低水準にあり、演奏会（特に外来団体によるもの）を開くのに不利な地理的条件を抱えながら、同県はこれだけ多くの公演会場を設置してきた。驚くべき意欲と言うしかないが、筆者の見た所その理由はひとえに、県民の「歌舞・演劇に対する強い嗜好性」だと思う。

　だが喜ぶのはまだ早い。というのも、ホール設備の充実ぶりに反し、舞台上の演目の中味がかなり貧弱なのだ。特に、今日では「演奏芸術の華」と断じてよい「オーケストラ関連の催し物」が、他所に大きく後れを取っている。

　極言すれば、これだけ多くのホールがあるのだから、大小いずれかの規模のプロ・オーケストラの活動が見られてしかるべきだ。ところが、同県でその種の団体が発足したのはごく最近のことなのである。

　端的に言えば、同県では、プロ志向のオーケストラ創設運動がかなり拙速に進められてきた。勿論それには様々な理由がある。中でも最大の障壁となったのはやはり、第二次世界大戦であった。その辺の事情説明を抜きにして、同県オーケストラの沿革を語ることは出来ないと思う。

　というわけで、まずその時代、すなわち先次大戦の直前から施政権の返還直後辺りまでの推移を述べながら、同県オーケストラ発展史の概観、を述べて行こうと思う。

　先ずその創設時期だが、それについては、戦前（第二次世界大戦）は「1930年代より開始されたラジオ放送」との関り、一方戦後は駐留米軍との関り、が大変深いという点をまず押さえて置く必要がある。

　各々の時代を概観すると、戦前は「オーケストラ史」というより、「大小いずれの規模のアマチュア・バンドの競演が盛況時代」、という表現が的を射ている。理由は、沖縄の置かれた地理的状況、有力指導者や楽器、そして楽譜などが不足していたことだ。そのため同地のアンサンブルの実相は、存在形態、および活動の様子も、離合集散の激しいものであったと言える。

　更にそれらの公演内容を記録したもの、すなわち図書館や公文書館等で収蔵されている資料的な価値をもつもの、の存在を見つけ出すのは困難である。というか、たとえ行き当たったとしても、資料的価値はほぼ無きに等しいか、記述内容は不正確そのものと断じざるを得ないという始末。

　そのため本稿を編むにあたっては、当該バンド等のアンサンブルの創立に関わった存命中の楽員、あるいはその他の関係者又は事情を知る者の居所を何とか探し当て、取材と資料収集を重ねるしかなかった。その結果が、これから順次述べていく内容に、多少なりとも厚みを加えるものとなっている。（但し、「記載する際はあくまでも、筆者の独断に基づき、資料分析と取材の結果明確と判断したものに限る」ことにした点を断っておく）

再々話を本筋に戻そう。

戦後（すなわち「沖縄県の楽団創設は駐留米軍との関わりが深かった」時代）の実相について、である。

沖縄県に初の「常設と言えるアンサンブル」が創設されたのは、終戦直後（1945〜6年頃）である。その第一号は、「警察バンド」であった。当時の米軍保安課長＝ポール・H・スキューズ（1909〜94）＝（筆者・注：1946〜58年の13年間に渡り「米国軍政府時代から一貫して沖縄県の公安のTOPに従事した。彼に関しては数多くの研究論文がある）の熱心な斡旋によって実現したものである。指揮を執ったのは比嘉盛人であった。

「警察バンド」は当時の世相を反映した団体であり、いわば戦勝国アメリカ、すなわち権力者側の主導により組織され、演奏作品の内容も「古今のスタンダード」ではなく、あくまでも勇壮なマーチングが主流を占めていた。

その一方で、民間にも動きがあった。沖縄県に初めて、その民間主導によるアンサンブルが組織されたのは1947年12月である。

楽団の名称は「南の星楽劇団」。創設のリードを担ったのは新垣弦二郎。それも何と「準常設の団体」であった。

しかも同団は驚くべきことに、創設時に早くも「演奏活動内容」を堂々と明確にしているのだ。（その内容は「西洋古典ならびに軽音楽、日本歌曲、ならびに軽演劇を取り上げていく」、というものであった）

更に同団は創設目的の中で、一般有料興行、慈善興業の他に、米軍慰問を行なうことを明示、かつ実践している。

この内容は、「米軍の慰問公演等、当時の社会情勢を考えれば無理もない」、と受け取るるしかない。が、同団の根本姿勢はくまでも、「沖縄文化高揚ニ資スル目的ヲ以テスル沖縄官民慰問」、であったのだ。

このことは、高く評価されねばならないと思う。（ただ残念ながら、既に述べたように、同団の演奏記録は沖縄県内の図書館のどこにも残されていない。全ては、当時を知る関係者への取材の中で得たものである）

ところで同団の設立目標には「プロ志向も灰の見え」ている。創設参加メンバー15人（うち5人は歌手）で行った旗揚げ公演が、名実ともに、「沖縄オーケストラ史」の幕を開いたのは間違いない。

県内ではそれからのち各所に、その新垣弦二郎が主宰する「南の星楽劇団」に続いて新しくアンサンブルが陸続として発足する。主な例を挙げると、寺田俊治が指揮を執った「ディック・ドレーシー・バンド」、亀田潤一郎が率いる「タイガー」、仲里朝宜が指揮した「グラマン・シックス」等がそれだ。

いずれの団体も、折から盛んになりつつあった県内の舞踊団体と組み、「沖縄芸能文化連盟」なる組織を発足させている。

またこの時期（1950年7月）に特筆すべき出来事として、兼村寛俊が創設した「私立沖縄音楽学校」が挙げられる。同校は生徒数150名、職員数8名体制で始動、戦後の混乱期に堂々と音楽教育を実践したのだ。

　戦後の歳月の流れに抗しながら、沖縄県の楽壇ではかくのごとく「南の星楽劇団」、「各バンド」、「兼村らの音楽教育の成果」等が次第に底上げを実現し、アンサンブル活動形態面でも思想的纏まりを促進し続けた。

　そんな状況の中で特に注目しておかねばならぬことが二点ある。一つは、沖縄に駐留する米軍兵士（GI）、就中「沖縄へ派遣される前、祖国のオーケストラに参加（特にレジョナル・オーケストラ＝REGIONAL ORCHESTRA＝所属が多かった）楽歴を持つ面々」の動き、そしてもう一つは、終戦直後に沖縄県知事（注）を務めた志喜屋孝信の存在だ。（注：米国統治下時代の「沖縄民政府」初代知事のこと）

　米軍属の中にそのような上述のようなキャリアの持ち主がいる場合、彼や彼女達は「沖縄のアンサンブル作りに一役も二役も買っていた」。そして志喜屋は、各アンサンブル（すなわちバンド）活動を前向きに支援した。

　志喜屋が行なった支援の具体的な例を一つ述べると、「南の星楽劇団」の設立認可を即出したことだ。その後も雨後の竹の子のように、多くのバンドが認可を求めて彼の下へ来たのだから、彼の決断は演奏家にとってまさに福音であり、大きな勇気を与えるものとなった。

　そして以上の出来事の集大成が、いよいよ現われる。1956年6月20日、今日まで続く「沖縄交響楽団」（OSO）の前身「チェンバー・オーケストラ」（沖縄室内楽団＝以下OCO）の、歴史的な旗揚げ公演だ。

　この歴史的演奏グループは、
「真栄城隆司・著：”沖縄キリスト教短期大学紀要第17号、1988、沖縄におけるアマチュア・オーケストラの現状・第144ページ”」によると、
「（OCO発足の）4年前＝1952年＝からクァルテット（第一Vn＝チャールズ・ハイドン（GI）、第二Vn＝数和子、Vla＝本部茂、Cello＝渡辺文男）で演奏活動を行っていた。渡辺、数、ジョエル・リッシュ（GI＝Vn.）を中心に、ダブル・クァルテット、フルート、クラリネットを各一本ずつ加え、チェンバー・オーケストラの名称で、旧琉球大学の瓦屋根教室で産声を上げ、一か月後、崇元寺（那覇市）跡にあった琉米文化会館に練習場を移し、そこを中心に活動を始めた。（原文のママ）」

　という体制で、（スケールは微々たるものだが）西洋音楽の伝統に本格的な対峙を始めたのである。

　話がいきなり横道に逸れるが、「第二次大戦後占領軍(特に米軍)は、日本に限らずヨーロッパ各地でも、敗戦国の軍、政、文の各官はおろか、稀代の演奏芸術家（例えば、フォン・カラヤン、W・フルトヴェングラー等）に対してさえ、厳格な活動規制を加えた」のは衆知の通りである。

しかし占領軍はその一方で、音楽文化の乏しい国に於いては演奏会を創出し、絵画芸術の貧困な地方では展覧会を提供するなど、不足分を充足させるための施策をも、「占領政策の重点課題」、として実践し続けた。ここ沖縄県に於いても、その論理は当然のごとく貫徹されている。

その結果同県で生まれたのは、演芸会や琉米親善行事等の公演企画である。それらを取り仕切ったのは、演芸担当将校のマルコニ中尉だった。彼は「占領期間初期の米国の琉球軍司令部＝通称”ライカム”＝RyCom（RYUKYU COMMAND HEADQUARTERS の略称）第 20 号コンセット内に事務所を構え、「沖縄県人演奏家募集」業務を行った。

彼が牽引した演目の中には、琉米親善行事として企画実践した「ロサンジェルス・フィルハーモニック」と「シンフォニー・オブ・ジ・エア」等の沖縄慰問公演、レイ・チャールス等の大物ジャズ歌手らを招いての特番等がある。

沖縄の演奏家そして好楽家達は、そのような軍側の提供する公演や演奏家出身の GI 達との交流を深める中で刺激を受け、更に自ら演奏の機会を与えられることで、演奏力の向上を実現させていく。

ちなみに代表的な GI 達との交流の例を挙げておこう。特に積極的な動きを見せたのは第 18 空軍部隊所属のジョエル・リッシュ（Joel Lish）である。彼は、米本国で Regional Orchestra（アメリカ交響楽団連盟の「オーケストラ・ランキング」によれば、それはアマチュア・タイプの大編成による楽団をさす）のコンサート・マスターを務めていた経験を活かし、演奏活動を通じて県人との交流を深めた。その一つが 1956 年 6 月 24 日「嘉手納空軍基地内にある KEYSTONE 図書館講堂内に 17 歳から 40 歳までの沖縄県の演奏家、音楽ファンを聴衆として招き、上述した「OCO」のデビュー公演を自ら指揮したことである。（同公演の予告記事が、嘉手納第 313 連隊機関誌「Vangaurd」に掲載されている。だが、同 OCO が、上述の「真栄城論文に登場する OCO と同一団体であるのか否かは不明だ）

GI かつ演奏家でもあるリッシュは、本国での経験を活かし、自らの駐留軍務期間内に「沖縄にオーケストラ活動を本格的に根付かせよう」と試みた。

彼の帰国後、その後釜役を果たしたのがシーザー・リッチ（彼は OCC を「沖縄オーケストラ」へと改称した）、そしてロバート・ウエスト中尉、更にジョン・シプリー大尉（彼は特に副指揮者として活躍した）であった。

アンサンブルの牽引役が GI なので、戦後 10 数年間のメンバーにはいわゆるアメリカ人が多い。演奏水準を保つためには仕方のないことである。

それでも楽員の士気は徐々に高まり、1960 年にはジョージ・バラーティ（当時ハワイ・ホノルルのメジャー楽団「ホノルル響」の MD（音楽監督）をゲスト指揮者に招き、たった一作品だけではあるが、沖縄初の「交響曲全曲演奏」（ハイドンの交響曲第 86 番）を成功させている。

戦後の混乱、混迷期が次第に落ち着きを取り戻し、県民に洋楽（クラシカル）への関心が徐々に高まり出すと、演奏家の中にも上昇志向が生まれるようになった。

　志の強い人々の中には、更なる研究修業、及び勉学の機会を求め、本土へ渡航するものも現れ始める。彼の地で自らの演奏水準、あるいは知識の幅を広げたあと帰郷し、郷土の芸術レヴェルとスケール・アップの実現に寄与しようという願いからであった。

　実業界にはそのような動きに胸を打たれ、広範囲に「洋楽」への支援を始める人物も現われる。特にラジオ沖縄社主の新垣淑哲が自ら音頭を取って創設したROK・CO（＝ラジオ沖縄室内管）や、沖縄県の二大クォリテイ・ペーパーの一つ、「琉球新報」社主の親泊一郎（彼は沖縄交響楽団に伴奏、県内の主要合唱団と主要独奏者の共演を固定化し、年末恒例行事としてヘンデル作曲の「メサイア」上演を継続。クラシカル・ファンの関心を引き寄せていた）らがその代表である。

　そのような努力が続けられる一方で、県内の演奏家達も、「プロ志向」を決して忘れず様々な取り組みを展開する。が、それを現実化する決定打のような出来事が、なかなか現われては来なかった。実際には、ひたすら既存の沖縄交響楽団を中心に、同団のスケール・アップを願い続けるのみである。

　結局プロ化実現は不発のまま、半世紀という時が流れていく。当時の沖縄楽壇の状況は総じて、「まさしく隔靴掻痒というムードであった」と言うしかない。

　が、それから更に時は流れ、そのような事態を正面から打破する人物が現われる。その人物は、遅々として進まぬプロ化への動きにメスを入れ、挑戦状をたたきつけるように動き出したのだ。同人物の名は祖堅方正。祖堅はプロ化への具体的な形で布石を打ち出した。

　祖堅のプロフィールを記すのは後回しにして、その前にまず、彼が生みの親となった沖縄県唯一にして待望のシンフォニー・オーケストラ、琉球交響楽団(RSO)が発足し、初代音楽監督（MD)に大友直人が着任するまでを、クロノロジカルに記すと以下の通りである。

＊ 2000 年：RSO 設立準備会発足＝主宰者の祖堅方正を含め、構成メンバーは、岩崎セツ子（沖縄県立芸大教授）、山畑馨（同大客員教授）、上原正弘（元・仙台フィル・ホルン奏者）、宇座喜美恵（オーボエ奏者）、新垣伊津子（ヴィオラ奏者）、稲嶺哲也（チューバ奏者）、与那嶺里香（ヴァイオリン奏者）ら８人。

(注) 上記委員会は、（１）定期演奏会にキチンとした指揮者を招くこと、（２）安定した給料制に移行するまでは、琉響以外の音楽活動も自由に行えること、の２点を確認してから組織した。

＊ 2001 年 3 月 30 日：RSO 設立コンサート（楽員構成の主体は沖縄県立芸大音楽学部の出身者で、他に県出身者で本土の楽団＝仙台フィル、NHK 響など＝に在籍する者、又は県外出身の楽員らが参加。それらの客員を含め、楽員総数 72 名）：指揮・大友直人）

＊2001 年 11 月 26 日：第 1 回定期演奏会（指揮・大友直人）

＊2006 年 5 月：特定非営利法人「沖縄音楽文化交流機構」創設（初代理事長：當眞嗣吉、理事 13 人＝設立目的は、「琉響の演奏活動を通して、沖縄県の音楽文化の振興発展及び人材育成を推進する」。

＊2015 年 10 月 18 日：第 28 回定期演奏会（指揮・大友直人）

＊2016 年：大友直人・初代音楽監督に就任

次に楽団創設を主導した祖堅方正の紹介に移ろう。

彼の Bio. を見ると、生年は 1940 年。出身地は大阪府とある。（おそらく彼の祖先が沖縄から大阪へ移住したものと思える。そのため彼の心中には常に、「郷里は沖縄」、という強い思いがあり、それは終生変わることはなかった，と推察できる。）

さて彼の演奏家としてのキャリアは以下の通りだ。

1963（または 64）年：NHK 交響楽団トランペットセクションへ入団

1979 〜 89 年：同セクションの首席奏者を務める

1990 〜 2005 年：沖縄県立芸術大学音楽学部の教授となる（のちに学部長となる）
　　　　　　　：RSO 設立構想の具体化へ向かって動き出す

2001 年：RSO を創設する

2013 年 10 月：同団の第 24 回定期公演を目前に控えて急逝（享年 73）

さて祖堅の悲願だった RSO は創設され、県民の期待は大いに高まった。好楽家の心中には、「プロと宣言しているからには、新旧の名曲がタップリ楽しめ、定期会員券は外国のそれなりに家宝扱いされ、一家の誇りになるだろう」等と期待も膨らんでいたに違いない。

だが創立者の祖堅は、創設後 13 年目に 73 歳の若さで急逝する。「沖縄県芸の教え子達が将来、RSO の楽員となり、同団の未来を一層強力に領導していく道筋を作る」という彼の目標は、途中で暗礁に乗り上げるかに思えた。

が、彼の意志は後進に受け継がれ、その後大幅なスケール・ダウンは続くようになるものの、何とか困難を乗り越えて、発足後 15 シーズン目では、通算 28 回目の定期公演を達成し、今日を迎えているのは見事だ。

さて話は逸れるが、祖堅が RSO 創設前後から同団の前身となるアンサンブル、およびそれが RSO へと発展するまでの LEAD 役を託したのは大友直人である。二人は、祖堅が N 響楽員、大友が同団の指揮研究員であった時からの知り合いであった。

それ以来交流を保っていた大友に、ある日祖堅から電話が入る。その内容を大友は、自らがゲスト出演した TBS ラジオ番組＝（コシノジュンコ MASACA「沖縄にオーケストラの花を咲かせて 20 年〜大友直人さん」）で、祖堅からの電話の内容を以下のように述べている。

「・・・（沖縄県芸の）音楽学部を始めて、やっと去年卒業生を出したんだよ。1 〜 4 年生がやっと埋まって、学生だけで小さなオーケストラが出来るようになったから、

指揮しに来てくれないかな。」

　そう言われて大友が沖縄へ行ったのは25〜26年前であった。

　以来大友は、祖堅の思いに深い理解を示しながら、更にその期待にも応え続けていく。彼と同団との絆は、祖堅が志半ばで不帰の客なった後も深まりを増す。祖堅は没後RSOの永久代表というタイトルを贈られたが、同団を取り巻く課題は数多く、しかも大半が未解決のままである。

　それでも大友と楽員達は、少しも怯むことなく前向きにアンサンブルを守り続けている。現在のRSOを会社組織にたとえるなら、楽員全員が営業部員であり、更に各部署の役割を引き受けるという「全員戦力」スタイルで「組織防衛」「企業努力」を実践している団体と断じてよい。

　つまり普通のプロ楽団なら当然別々の人間で構成される「管理中枢」と「演奏行為」の2分野を、全て楽員が兼務するといった家内工業的存在なのだ。

　しかもその形を解消し、上述のプロ楽団の在り方に移行する道は、本稿が書かれている2021年5月30日現在も、目下不明のまま、なのである。

　そのような現状が創設以来続いているのに、大友は音楽監督の座を引き受け、「過去（中止を含め）39回提供した定期公演のうち32回を指揮」してきたのだ。

　さてここからは、現在のRSOの現状を俯瞰しながら、同団が抱える問題点、コンサートの種類、日常の活動ぶり等を通し描くその将来像等を述べて行きたい。

　まず最初に指摘されるのは、組織総体の持つ脆弱性だ。それを明瞭に表す例を一つだけ挙げておきたい。創設時に於ける「西洋クラシカル音楽の伝統のない地方のプロ楽団を支える要素に関する総合的リサーチ不足」だ。

　端的に言えば、「地域総体の経済的、人口動態、西洋クラシカル音楽文化の浸透度、地域全体の幼稚園、小中高校における音楽教育の深度と進度、レコード屋等音楽ソフト販売業の流通状態の実状等を時間をかけてリサーチすること」である。

　その点は、かつて「オーケストラ・マン」だった祖堅も、管理中枢にいた経験がなかったせいだろうか、認識不足であったことは否めない。

　オーケストラを創設し、管理運営まで責任を持とうという覚悟を固めて動き出すのであれば、例えば「百パーセント」信頼は出来ないにしても、「アメリカオーケストラ連盟」の発行している「膨大な楽団経営に関するKNOW HOW」冊子、資料類等に目を通してあと、実践に踏み切るべきだと思う。楽団の経営は、「他人の援助任せ」では、決して長続きはしないのだ。その事実は、日本本土の各地に存在する「地方楽団」の例に散見される。

　充分なリサーチがなされぬまま、ひたすら企業家や行政にすがって「援助要請」のみを繰り返す習慣が、同団から「自主独立」の精神を萎えさせ、それが習慣化し、「最後は体質化」してしまった。

　しかし、頼みの綱だった「企業や行政の応援」が露と消え、最後は自助努力しか残

されていない、ということを楽員が強く認識したのは大きな収穫である。その時点で
RSO の再生の時代は始まったと言える。人間、困れば頭を使い、工夫をして難事を打
開するものだ。

　RSO の場合、それは志ある楽員がより一層結束を固め、互いに知恵を出し合いなが
ら「コンサートの種類を増やし、作る」という形で現出、昇華した。
その結果が現在ような、地域の特性を巧みに取り入れた多彩な種類のコンサート創出、
そして実践である。(しかもこれらのコンサートは、今後も種類及び回数を増やすこと
が予想される)
　　＊0 歳児からのコンサート（これまでの実績は何と 30 回以上を数える！）
　　＊子供のためのコンサート（学校コンサート＝県内各小中高校への訪問公演）
　　＊春、夏、秋、冬の音楽会（各々の季節に実施）
　　＊パレット市民劇場シリーズ（那覇市の都心部に存在する劇場での公演）
　　＊大小規模のオペラ伴奏（その WORKSHOP にも出演）
　　＊大人のためのティータイム・コンサート
　　＊県主催の様々な行事（「世界のウチナーンチュ大会」「沖縄県芸術文化を支える環
　　　境形成推進事業」）での演奏会を提供
　　＊沖縄本島周辺の離島への巡回公演
　　＊その他
　かくて上記の取り組みに、予約会員向けの定期演奏会（年 2 回）を合わせると、
RSO の 1 シーズンの平均公演数は約 80 回（RSO の発表による）となる。

　数の上だけで判断すれば、1 シーズン中にこれだけの公演をこなすのは、プロと断
じてよいのかもしれない。が、総体的に見て、RSO には欠落している箇所が多すぎる
と思う。

　そのためこの後は、あくまでも「日々組織維持のために奮闘を続ける楽員諸氏に対し、
更に発奮材料となるのを願いつつ」、ある種のエールとなってくれるよう提言めいた内
容の文を幾つか付記しておきたい。言うまでもないが、これらはいわば筆者からの「参
考意見」だと受け取って欲しい。

　それらを箇条書きにすると以下の通りだ。(なお大半が RSO の運営資金と、支援団
体の創出に関するものであるのを断っておく。)

　1. 県民税を「1 円」余計に徴収し、それに「琉響維持支援費」と名付ける。(実施例
＝創設間もない頃の北米「サンフランシスコ交響楽団」を救うために行なわれた特別
課税＝ 1935 年の大恐慌時、同市では"閉鎖の危機に直面している同団を救援するた
めの市民投票"が行なわれた。その内容は、「市民個々人が納める税金の 2 分の 1 セ
ントを、同団の運営資金に拠出して良いか否かを決めるもの」であった。結果は YES
と出て、そのおかげで楽員の士気は大いに高まり、市民の理解を得た楽団理事会も勇
気を得て、楽団は見事に危機を脱することが出来た)

2. 各市町村自治会に「琉響 ASSOCIATION（援助会）」を創設し、「自治会費の一部を使って琉響の OUTREACH ＝訪問公演＝を実施する。：その際 RSO の CD 頒布会をも許可してもらう。

3. より積極的な音楽ファンを中心に、「琉響婦人会」（北米風に言えば「RSO WOMEN'S ASSOCIATION」）を組織し、全県民あるいは地域住民を対象に、バザーや野菜などの即売会、FLEE MARKET 等を実施する。その際、RSO のコンサートを添え、入場料を徴収する。（料金設定は責任者同士で話し合う）：その際 RSO の CD 頒布会をも許可してもらう。

4. 沖縄野球連盟、県高野連、県大学野球連等の開閉式行事に、高校のブラス・バンドと共演、もしくは「プロの音による "勇者は帰りぬ"」を「フル・オーケストラ」の演奏付きで参加する。

   （出演料の件は、相談して決める。が、営業活動の一環としてとらえ、少なくとも RSO の CD 頒布会は実施してもらう）

5. 当県で「プロ野球団」「クラブ・野球団」が試合をする時は、RSO の「トランペット部隊」を吹奏させるよう交渉する。（内地のプロ楽団では一般的な取り組みである：実施例＝広島交響楽団など）

6. 「PENSION FUND CONCERT」（「楽員年金基金造成コンサート」の創設および定期的実施

7. 定期公演あるいは諸々の公演を実施する度に、ホールのロビーなどに募金箱を設置し、県民からの浄財を募る。（参考実施例：広島カープ球団。同団は「セ・リーグのお荷物」等と言われた弱小時代、球場前に大きな「樽」を用意し不特定の市民から寄付金を集め、経営資金造成に役立てた）（注）：他にも追記したいものは多くあるが、敢えて実現が容易と思えるものだけを記した。

さてここからいよいよ結びに入ろう。

NSO は既述のように、「現在は、本当の意味で、とてもプロとは呼べない演奏団体」だ。強いて言えば、「プロを目指すプロ楽団」とでも呼ぶ方がいいと思う。むしろそれが、同団の現状を正確に伝える言葉だ。

しかしそのような団体が、2021 年 6 月 21 日、初の本土演奏旅行に挑み、何と「東京赤坂にあるサントリー・ホール」でデビュー公演を行ない、入場券完売の奇跡をやり遂げてしまうほどの大成功を収めた。

筆者もその公演を聴きたい一心で上京し、そして目的を果たした。が、唯一気懸りだったのは、その行為がその日だけの「打ち上げ花火」に終わるのではないか、ということであった。

この先、今流行中（本稿は 2021 年 7 月 21 日に脱稿された）の「COVID19」の勢いが治まり、日常が元に復帰したら、MD 大友のスケジュールは多忙となり、RSO だけに集中するわけには行かなくなるだろう。

更に、多忙が高じて同団との連携が難しくなり、MD を降板することだってあり得る。そんな事態になると、楽団の維持存続は更に難しくなり、前途には最悪の結果が待っているかもしれない。

　そのため RSO は、いかなる局面に陥ろうと、それを乗り越えるだけの組織力、そしてアイディアを備えていなければならない。そうするためには、楽員に限らず同団の関係者一人ひとりが問題意識を持ち、広く社会に援助協力を求めていくことが必要だ。

　狭量なエリート意識（例えば楽器がひけることをひけらかしたり、お山の大将的な態度をとったりすること）を捨て、音楽的ナロードニキ（大衆の中へ）に徹しなければならないと思う。

「オーケストラは支援者、ファンがいてこそ存在できる」という思想を遵守し、それを鋭意実践して行くことが肝要だ。（完）

＊推薦ディスク
　1.「沖縄交響歳時記」（萩森英明・作曲）：指揮・大友直人
　2.「美ら歌よベスト」（沖縄ベスト・ソング・コレクション＝琉響は１作品のみ伴奏　　オーケストラとして参加）
　3.「琉球からの風」：指揮・大友直人
　4.「琉球交響楽団」（オーケストラによる沖縄音楽集）：指揮・大友直人

あとがき

　本シリーズもついに最終編となった。沖縄本島のさらに３百キロ南にある宮古島の、さらに田舎の一角で生まれ育った筆者にとって、本シリーズの上梓は夢想だにしなかった出来事である。

　その一方で、そうなる方向へ導いてくれた出来事らしき思い出は浮かんでくる。その思い出とは、小学校入学と同時に母親が、一方的に購読（六年間）を言い渡した某月刊誌に、付録の一つ（当時の雑誌には、毎号付録がついていた。大半は組み立て式の様々な器具だった。常に設計図が添えられ、それを見て組み立てれば、目の前にはいつの間にか完成品が現われる、という仕組みだった）として付いて来た「鉱石ラジオ」の「組み立て模型」であった。付録に魅入られた筆者は、以後雑誌が届くのを心待ちにするようになる。

　組み立て式ラジオの付録が届いた時、筆者は早速設計図を見ながらそれを組み立て、完成後は同じく附属品の電池が無くなるまでそれを熱心に聞いた。そういうラジオとの付き合いの中で、ある日、「毎朝決まった時間に流れて来る決った曲」が気に入る。そしてそれを耳にするうちに、そのメロディを覚えてしまった。

　そのメロディは、聴けば聞くほど当時筆者が置かれていた環境をそのまま音で表現しているように感じられた。それはやがて確信へと変わって行った。すっかり心を奪われた筆者はやがて、その曲が流れ出すのを待つようになる。が、そのメロディと決別する日が来た。ラジオが壊れ役に立たなくなったのだ。

　それから七年後、筆者はある出来事がキッカケで、あのラジオで耳にしたそのメロディが、ベートーヴェンの第六交響曲第一楽章の冒頭の部分だと知る。

　大学に進み、夢だった電気と水道のある環境下に住み始めて数週間後、街を歩いているとレコード屋を見つけた。足が止まったのはそのまま店の前を通り過ぎようとした時である。

　筆者の耳に、あのメロディが飛び込んで来たのだ。一瞬筆者は立ち止まり、入り口のガラス越に店内を見た。カウンターに妙齢の美女がいた。彼女の姿を目にした途端、筆者の中で電光が一閃する。気が付くと筆者の両脚は、いつの間にかその美女のいる場所をめがけて動き出していたのだった。
丁度客の少ない時間帯らしく、それに威を借りて筆者は彼女に例のメロディの冒頭部分を口笛で吹き、それから題名を尋ねた。

　彼女は半ば憐れむような顔色で筆者を見た。が、筆者の疑問には実に明快に、かつ丁寧に応えてくれた。その直後から、当時18歳だった筆者とクラシカルとの距離は、マッハの速さで接近を始めた。

　地元の大学を出て渡米し、中西部のシカゴに５年近く住んだ。その間、同市を本拠

とするシカゴ交響楽団の定期会員（リハーサルまで含めると、約1300回は聴いた）となり、同団の職員と親戚付き合いのような仲になった。おかげで同団の隅から隅までを知り尽くす一方、それがグローバル・スケールでオーケストラの組織論研究に繋がった。

　その内容を実体験を加えて文字化するため、機会を捉えて全米を行脚し、調査の傍ら、いわゆるメジャー団体のほぼ全てを本拠地で聴きまり、帰国後も公私両方で約10回程渡米し、NYでは一年ほど大学へ通いながらマンハッタンの各ホールで現地と世界各国から訪れる数多くの楽団、そして近隣州へ出かける際には旧知の各楽団を再々訪するなどした。

　日本の楽団に関しては、資料類でリサーチを行なう一方、主として東京、九州、北海道、群馬、京都、大阪で楽団の本拠地、公演、等へ赴いて取材を重ねた。それらに加え、外来オーケストラの公演にも出来るだけ足を運び、関係者らとの会見を通じて実情把握に務めた。

　加えて時間が出来ればヨーロッパ各地（特にベルリン、アムステルダム、ウィーン）を訪れ、綿密な取材行脚を続けた。また合計2百人を超す指揮者や独奏、独唱者らにインタビューを行い、可能な限り本シリーズのスケールとグレード・アップに役立てたり、オーケストラへの視点をより複眼的な内容にするよう心がけた。

　それでも本シリーズの発表は、（オーケストラが生き物であるだけに）、途中経過の報告、という形にならざるを得ない。そのことを理解し、その発表を引き受けてくれたのが「月刊・音楽現代」誌、当時編集長の大坪盛氏である。彼の協力で、合計160団体の記事）を同誌は掲載した。が、全編掲載終了後、筆者には「宿題」が残る。「オセアニア」「中東」「アジア全域」「日本」（特に筆者の住む「沖縄」では、プロ楽団が誕生したばかりであった）における楽団研究の内容に対する「深化」が不充分であり、その是正は必至だ、という信念だった。

　そこで取り組んだのがシリーズ最後の本編である。これで筆者は、ほぼ半世紀をかけて関り続けてきた本シリーズに一応幕を引くことが出来たと思う。

　最後に本書を亡き母と父に捧げたい。得に父には渡米を許してくれたこと、母には幼い頃にあの雑誌を購読させてくれたことに対して、深々と感謝の言葉を贈りたい。
（完）

　　　2021年9月28日

著者紹介

上地 隆裕（うえち・たかひろ）

1948 年沖縄県宮古島市（旧城辺町）生まれ。

琉球大学法文学部卒業後最初の渡米。通算約 5 年の滞米生活を経験。最終学歴はメリーランド大学教育学部大学院修士課程修了（専攻は心理学・カウンセリング）更にその後沖縄県の派遣によりニューヨーク大学にて 1 年間研修。

学業の傍ら全米各地の演奏団体・音楽院の取材を続け、その内容を「音楽現代」（芸術現代社）、「音楽芸術」（音楽之友社・現在廃刊）、「String」「レッスンの友」「ショパン」等の各月刊誌上で発表してきた。

研究の分野では、日本心理学会、日本比較文化学会、日本カウンセリング学会等で発表を行っている。

現在は永年勤めた教職を退き、沖縄を拠点に海外へ出かけ、専らフリーの音楽ジャーナリスト、小説家として活動を続ける。

《主な著書》

「アメリカ・オーケストラの旅」（自費出版）、「アメリカのオーケストラ」（泰流社・絶版）、「遥かなるオルフェウス」（新報出版）、小説「シャイアンの女」（九州芸術祭地区最優秀賞）、「世界のオーケストラ(1) 北米・中米・南米編」、「世界のオーケストラ(2) 上、下＝英・露・パン・ヨーロピアン編」（芸術現代社）他

世界のオーケストラ (3)
～日本、オセアニア、中東、
アフリカ、アジア全域編～

著　者	上地　隆裕
発行者	大坪　盛
発行所	株式会社 芸術現代社
	〒 111-0054
	東京都台東区鳥越 2-11-11
	TOMY ビル 3F
	TEL 03（3861）2159
	FAX 03（3861）2157
制　作	株式会社ソレイユ音楽事務所
印　刷	モリモト印刷株式会社

2022 年 2 月 11 日初版発行　　ISBN978-4-87463-221-5